U0138758

老年學導論

蔡文輝、盧豐華、張家銘　主編

白明奇、李紹嶸、吳晉祥、林金立、林麗惠、邱靜如、
周學雯、官大紳、范聖育、黃基彰、陳麗光、張家銘、
楊登棋、楊宜青、楊靜利、蔡文輝、劉立凡、盧豐華　著

五南圖書出版股份有限公司

推薦序

　　第二次世界大戰結束後，所誕生的第一波嬰兒潮如今已經是進入65歲的老人族群。近幾年來，由於醫療的進步，先進國家平均壽命延長，老年人占全國人口的比率逐年增高。台灣因為新生兒出生率的下降而使得老年人口的比率急劇的上升。老年人口增加所衍生出來的問題勢必為現今台灣社會要處理的議題。

　　國立成功大學於2006年10月3日於教育部的支持下，通過於醫學院成立老年學研究所。由於老年人相關的議題涵括甚廣，包括：老人生活空間、長期照護、老人福利、老人心理認知、營養與老年醫學等。幾乎國立成功大學各學院老師的專長都與老年學有關。

　　為了教學上的需求，老年所客座教授蔡文輝博士特邀請盧豐華所長、張家銘主任共同編寫這本老年學教科書，以老年所教授為骨幹並廣邀國內外學者專家共同參與執筆，提供研讀老年學的學生與其他從事老年事業專業者參考。

　　這本老年學的付梓，象徵及展現國立成功大學老年學研究所同仁帶動學習老年學風氣的用心以及對社會老年人議題的關懷，是老年學研究所相當重要的里程碑。

林其和 教授
國立成功大學醫學院前院長

編者序

　　二十一世紀的人類社會正面臨著一個巨大的挑戰：人口的急速老化。無論是在東方或西方社會，老年人口在總人口的比例皆有明顯的增長。人的壽命延長再加上新生嬰兒生育率的低減，造成很多社會的人口結構金字塔變形。人口的增加就是人類適應能力增強的表證之一。臺灣老人人口的增加也隨著世界的趨勢：在1966年的總人口比率僅占2.7%；到2013年已達到11.0%，早已超過聯合國「老化國家」（aging nation）擬訂的標準。且預估到2061年還將增加至38.0%，亦即屆時臺灣每三人中就有一個是65歲以上的老人。

　　依據2014年9月內政部統計處表示，臺灣平均壽命為79.12歲，其中男性為75.96歲、女性82.47歲，居亞洲排名第3，僅次於日本的82.7歲，以及韓國的81.1歲，這項調查是配合每10年辦理一次的戶口普查計算得出。壽命的延長毫無疑問是全球及臺灣老年人口增加的一個最主要原因。另一項原因則是出生嬰兒人口的降低，於民國102年臺灣育齡婦女平均每年只生1.065個嬰兒，而且未來還有逐漸下降的趨勢。老的是長壽延年，小的是遲遲生不出來，導致人口明顯老化。臺灣在1980年通過《老人福利法》、1981年通過《老人福利法施行細則》、2007年1月30日由總統公布《老人福利法修正法》以及其他相關法案，皆是政府制法協助和保護老人的努力。

　　對老人的學習和討論在臺灣其實並非是最近才有，國內大專院校已有不少開設老人方面的課程。這些課程分散在醫學、護理、公共衛生，及社會福利工作等科系內；有些則是跨科系的學分學程。這些課程大多數寄人籬下，又缺乏整合，選修的學生難獲老人問題的全貌。該些問題要有效解決是需要眾多與老年照護相關之各領域人才的投入，且這群人才需要有跨領域思維並共同合作才能奏效。但就如同大家所知，要訓練出跨領域的人才並不是一件容易的事，或要讓不同領域的人才一起討論相同的主題而有共識，也不如想像中的簡單，但現實上要有跨領域的人才及讓不同領域人才間能有共同語言去討論臺灣所面臨的老化問題，是刻不容緩的事情，這件事也就只有由人才的培育來著手。

　　臺南市韓內科醫院韓良誠院長，同時擔任國立成功大學醫學院的兼任教授暨成大醫院急診部兼任主治醫師，在多年行醫的經驗裡，深深感受到老年病患診治的複雜與綜合性，以及培殖老年學專科研究和教學的急迫性，因而有推動老年學研究所成立的構想。爾後在韓院長照顧急診時的一位病人感謝機緣、醫學院宋瑞珍院長及內科部林錫璋主任的積極奔走下，國立成功大學醫學院老年學研究所於2006年10月3日獲教育部准予成立，為國內第一所培養老年學實務及教研人才的研究所。

　　2007年9月第一屆研究生正式報到入學，新任醫學院院長林其和教授同時兼任老年學研究所所長。新任所長面臨兩項挑戰：教師陣容人選的確定和課程的安排。當時大多數的老年醫學師資是來自成大醫學院老年醫學相關專科醫師兼任；老年社會學則聘請旅居美國的蔡文輝教授回國規劃，同時並定期邀請國內外專家學者來所做專題演講。

　　成大老年學研究所既然是國內第一所此類碩士班科系，創所之初課程資源的缺乏可想而知。外文書籍雖然可用，但畢竟缺乏臺灣本土資料。本書編者三人故討論合撰一本適用於臺灣地區大專院校相關科系的大學用書。

　　籌畫之初，三位共同編者分頭邀請相關教授和專家撰寫各章節。本書宗旨在於綜合老年醫學和老年社會學兩大層面，因此本書整合了老年醫學、老年心理、老年社會及老年政策等四大課程領域的相關教師共同合作。全書內容主要分為三部分，第一部分介紹老年學發展史、理論及研究方法。第二部分為老年醫學，重點在於老人與疾病，章節內容包括老年醫學總論、身體器官的老化、老年人的預防保健、老年人的健康促進、老年人的心理、老年人的認知功能、老年人的活動功能及健康照護體系與政策等；第三部分為老年社會學，重點在於老人與社會，章節內容包括老年社會學總論、老年人口、老人與家庭、老人與休閒活動、老人福利及成功老化等。這些知識的總合可以給予有志於從事老年相關產業的讀者，對老年學有全面性的概念，在未來從事老年產業的推展或與其他領域人士的溝通合作，相信都會有深遠的影響。

　　本書編撰過程中由於一方面老年醫學相關領域醫師們的工作繁忙，另方面三位編者分居國內外溝通不易，使得編輯的過程一延再延變成相當艱辛，但的確是國內第一本包納老年醫學和老年社會學的中文大學用書。希望借重每位參與撰稿教授和專家之所長，將老年學全貌系統性的提出介紹和詮釋。文字的運用也以易讀易懂為原則，期使讀者能消化和接受老年學的廣泛知識領域。由於編撰這樣的一本大學用書並非易事，故首先要感謝所有作者能在百忙之中，抽空完成其負責的章節。同時我們也要感謝國立成功大學醫學院的林其和院長的指導和支持，他擔任前四年的老年學研究所所長，具有深厚的專業知識和平易近人的個性，老年所的師生皆有感受並受到他的照顧。另外，也必須提到上過我們課的學生們，經由課堂內外的交談與討論，充實了這本書的內容和品質。

蔡文輝、盧豐華、張家銘 序於2014冬

目錄

編者序 / 蔡文輝、盧豐華、張家銘

第一篇　緒　論

第一章　老年學的範疇與理論 / 蔡文輝

第一節　老年學的興起 ……………………… 16

第二節　老年學的層面 ……………………… 21

第三節　老人學相關之學科 ………………… 23

第三節　老年學在臺灣 ……………………… 28

第二章　老年學研究設計與方法 / 邱靜如

第一節　研究設計的基本概念 ……………… 39

第二節　老年學研究之特別議題 —— 年齡、世
代及時期效應 ……………………… 46

第三節　橫斷與縱貫性研究 ………………… 48

第四節　真實驗與準實驗設計 ……………… 55

第五節　研究品質 …………………………… 59

第六節　結論 ………………………………… 63

第二篇　老年醫學：老化與疾病

第三章　老年醫學概論 / 張家銘

第一節　前言 ………………………………… 72

第二節　老年與老化 ………………………… 73

第三節　老年病症候群及羸弱 ·· 76

第四節　老年人健康問題的特徵 ·· 79

第五節　老年人常見的急慢性疾病問題 ·································· 87

第六節　老年醫學的內涵 ·· 89

第六節　周全性老年醫學評估 ·· 96

第七節　結論 ··· 116

第四章　老年人之生理變化 / 楊登棋、黃基彰、張家銘

第一節　前言 ··· 122

第二節　心臟血管系統 ·· 124

第三節　呼吸系統 ·· 126

第四節　胃腸肝膽系統 ·· 128

第五節　腎臟與泌尿系統 ·· 131

第六節　內分泌系統 ·· 134

第七節　造血系統 ·· 137

第八節　免疫系統 ·· 138

第九節　生殖系統 ·· 140

第十節　肌肉與骨骼系統 ·· 142

第十一節　神經系統 ·· 143

第十二節　感官系統 ·· 145

第十三節　皮膚 ··· 148

第十四節　結論 ··· 149

第五章　老年人的疾病預防與健康促進 / 吳晉祥、楊宜青

第一節　緒論 ··· 154

第二節　老年人疾病預防（disease prevention）與健康促進
　　　　（health promotion）的內容——以實證為基礎 ············ 163
第三節　結論 ··· 199

第六章　老年人的心理 / 盧豐華、范聖育

第一節　前言：心理問題的重要性 ······································· 204
第二節　老年的心理發展與變化 ·· 206
第三節　面對身體老化的心理變化 ······································· 208
第四節　面對退休的心理變化 ··· 214
第五節　面對疾病與死亡的心理變化 ···································· 219
第六節　面對重要親友死亡的心理變化 ································· 222
第七節　老年心理相關之常見精神疾病 ································· 227
第八節　如何管理心理健康達到成功老化的目標 ·················· 233
第九節　結論 ··· 237

第七章　老年人的認知功能 / 白明奇

第一節　緒論 ··· 242
第二節　基本感官知覺系統在老人的變化 ····························· 244
第三節　憂鬱對老人認知功能的影響 ···································· 258
第四節　失智症：老人認知功能的大敵 ································· 261
第五節　家有一老，如有一寶？ ·· 273
第六節　結論 ··· 277

第八章　老年人的活動與運動 / 官大紳

第一節　高齡化社會中老年人體能活動 ································· 282

第二節　老年人體能活動的分類與評估 ················· 284

第三節　與體能活動有關的生理系統老化現象 ················· 286

第四節　體能活動的好處與適當的運動計畫 ················· 291

第五節　體能運動與老年人常見之病況的關係 ················· 301

第六節　老年人體能活動發生障礙 ················· 309

第七節　體能活動與老年失能障礙之改善 ················· 311

第八節　老年人體能運動時的安全考量 ················· 314

第九節　結論 ················· 319

第九章　老年健康照護體系與政策 / 劉立凡

第一節　人口老化的健康與照護需求 ················· 324

第二節　老年健康照護體系 ················· 328

第三節　高齡照護的相關政策 ················· 343

第四節　結論 ················· 356

第三篇　社會老年學：老人與社會

第十章　社會老年學總論 / 蔡文輝

第一節　社會老年學的範疇 ················· 365

第二節　老化的社會學理論 ················· 368

第三節　老年社會研究法 ················· 376

第四節　社會老年學研究議題 ················· 382

第十一章　人口老化與老年人口 / 楊靜利

第一節　前言 ················· 388

第二節　人口老化的測量指標 …………………………… 391

第三節　世界的人口老化 …………………………………… 393

第四節　人口老化的原因與結果 …………………………… 398

第五節　臺灣老年人口的組成 ……………………………… 404

第六節　壽命延長與健康發展 ……………………………… 409

第十二章　老年與家庭 / 李紹嶸

第一節　家庭與社會 ………………………………………… 422

第二節　老人家庭生活 ……………………………………… 428

第三節　老人的居住型態 …………………………………… 447

第十三章　老人與休閒活動 / 周學雯

第一節　前言 ………………………………………………… 456

第二節　休閒對高齡者的效益 ……………………………… 458

第三節　高齡者休閒參與的相關理論 ……………………… 461

第四節　老人休閒活動的參與類型與頻率 ………………… 465

第五節　老人休閒參與的影響因素及休閒阻礙 …………… 467

第六節　未來老人休閒趨勢 ………………………………… 470

第七節　提供高齡者休閒遊憩服務的建議 ………………… 471

第十四章　老人福利 / 林金立

第一節　老人福利的中心價值 ……………………………… 478

第二節　老人福利政策的發展 ……………………………… 481

第三節　老人福利政策內容 ………………………………… 495

第四節　未來與展望 ………………………………………… 504

第十五章　老人的社會參與 / 陳麗光

第一節　前言 ·· 506

第二節　五種老人參與社會的管道 ······················ 507

第三節　結論 ·· 531

第十六章　成功老化 / 林麗惠

第一節　成功老化之界定 ···································· 541

第二節　成功老化的相關理論與模式 ···················· 547

第三節　成功老化之決定因素與測量工具 ··············· 555

第四節　成功老化的因應策略與途徑 ···················· 562

第一篇

緒　論

第一章　老年學的範疇與理論

/蔡文輝

第一節　老年學的興起

在二十世紀的前五十年間，很少有人注意到老年問題。因為人的壽命不長，老年人口不多，不值得注意。生老病死是很自然的過程，何況很少能活到60歲以上。考古學家們估計人類在四萬年以前，80%的人活不到30歲、95%的人在40歲前都已過世，能活到50歲幾乎是難如登天。在一萬年前時，還有86%的人活不到30歲，而只有約3%的人能活到50歲。（Fischer, 1978; Minois, 1989）

另外一個研究則推算出十萬年前，人的生命餘命（life expectancy）大約是在20歲以內，到八千年前時仍然低於20，古希臘時代增長到20歲及30歲之間，中古歐洲時代的英國亦大約是33歲。美國麻薩諸塞灣地區在十七世紀中葉的生命餘命約35歲，到1900年時的美國人才提高到48歲。資料顯示：十七世紀歐洲人只有1%的人口位在65歲以上，到十九世紀時的歐洲，65歲以上人口也不過是4%而已。中國傳統社會裡的生命餘命並無資料可查，但以古人常說的「人生七十古來稀」來推測，能活到70歲以上者是少而又少的。中國傳統社會裡大致上認為50歲以上的人為老年前期，因為人的身體器官已開始衰弱退敗。真正進入老年的老人應是60歲。七、八十歲者則是老年中的「高年」，百歲以上者為「天年」。（蔡文輝，2011）

人類能活到65歲以上是最近的事。在古時候裡，饑荒、戰爭、天然災害等等，往往使得人們難以活到老，特別是體弱者總是先被淘汰。死亡是人生過程裡一個正常的自然現象，人們也常親眼看到其他人的死亡，因此活到老幾乎是一個很難達到的夢想。即使有人能活到老，其總人數僅占社會人口的一小部分，不值得注意。有不少的初民社會鼓勵年老者在有疾病時自生自滅，以減少社會的負擔。尊敬老人是道德的理想，可是直接關懷處理老年人事務並非易事。在西方社會裡，老年人被視為一群無用的廢人；在傳統中國社會裡，老年人則是一群「安養天年」的孤獨者。兩種社會裡老年人的處境雖不同，但受社會歧視隔離則是事實。

活到老既然在以往的人類歷史裡是很稀有的現象，對老年人生活的研究與了解自然未受到學者的注意。但是當代人口結構的變化引出了更多的老年人，也連帶產生了相關的社會問題，亟需社會全力的解決。農業社會裡的老人人數不多，而且都由子女奉養，對整個社會負擔不大。但工業化的社會則對老年人有巨大的影響。葛蘭德（Richard C. Crandall）指出工業化對老年人至少有下列四項重要影響：

第一個影響是：工業化的新生產制度擾亂了原有的傳統社會結構。在傳統社會裡的社會秩序，基本上是由擴大家庭（extended family）或宗親（clan）來維持的。因此，老人的生活和安養問題總是交由家庭或宗親組織負責。工業化增加人們地域流動的可能性，離鄉外出工作成為一種新的社會現象。年輕者出外、年老者留守家鄉變成新的社會型態。可惜的是，社會並未能在工業化過程中發展出一套可以代替家庭或家族養老的方式來照顧那些仍然留守家鄉的老年人。

第二個影響是：工業化社會求新求速。新的工藝技術日新月異，逼使老年人畢生所累積之經驗技術變得毫無用處。新的機械及生產知識總是偏好於年輕人，老年人在新的工業勞動市場中無用武之地。因此，老年人的社會經濟地位逐漸減退。

第三個影響是：工業社會在西方資本主義的影響下以利潤的獲取為最主要目標。按照馬克斯（Karl Marx）的講法，勞力本身就是一種可以用來交換的商品（Commodity）。老年人體質較弱，無法勝任較艱苦的工作，生產力低，其在勞動市場上的交換價值（exchange value）自然低於年輕者。因此，工廠裁員時往往以老年勞動者為對象，以提高生產力及增加利潤。

第四個影響是：葛蘭德認為上面的三種影響對老年人所獲得的是負面的效應。但是他同時也認為還有一種工業化的影響對老年人是比較正面的，那就是退休制度和保險制度的產生。以往的舊傳統社會沒有退休保險的概念，勞動者往往做工做到人死才停。但是工業化的結果逼迫年紀大者不得不在身體仍然健康的情況下退休。此種情況提醒了工人組織工會保護自己的利益，由工資的爭取擴大到退休後的經濟保障。保險與退休金的制度由此而生。（Crandall, 1980）

　　工業化的結果亦帶來了都市化（urbanization）。由於工廠往往集中在大城市裡或其外圍，年輕人往都市遷移以尋求工作機會的現象在許多工業化中的國家出現。雖然都市化往往造成老年人獨守家園的現象，但都市化的結果也產生了一套可用來協助老年人的社會服務，例如：醫療設備的增加，醫院集中一地，新型娛樂設施的出現，以及個人工資的增加都間接對老年人有所助益。

　　行為科學，包括心理學、社會學，以及其他社會科學皆源自於西方社會，也盛行於西方社會。二十世紀下半期的行為科學對少數或弱勢團體（minority groups）的研究相當熱心。老年人在西方社會屬於弱勢團體、研究弱勢團體的學者常對老年人的處境非常關心。

　　老年學的產生一方面是由於老人人口增加，另一方面則亦是針對社會上對老年人的無知而來的。科學家中尤其是生理學家注意到人類體質變老（physical aging）的過程及其產生的生理疾病；心理學家注意到老年人心理老化（psychological aging）的過程，其他行為科學家則強調老年人與眾不同的行為規範；而政府福利部門則注意到老年人口增加所帶來的社會負擔及其應付之道。

　　老年學（gerontology）這名稱是俄籍猶太裔生物學者Elie Metchnikoff在1903年首創。近些年來，老年學逐漸受到學術界重視的最主要原因，可能是由於美國聯邦政府近幾年來對老年人口的重視、對老人研討會的支持，及研究基金的大幅增加。在1950年，聯邦政府曾首次召開有關老年人口問題的會議。1961年和1971年兩次的老年白宮會議（White House Conference on Aging）更把老年問題正式浮上檯面。隨後，美國國會組織了四個委員會來處理老人相關的問題。這四個委員會包括參議院的老年特別委員會（Senate Special Committee on Aging）、勞工與大眾福利委員會所附設的老年小組（Subcommittee on Aging of the Senate Committee on Labor and Public Welfare），及退休、安全及老年小組（Subcommittee on Retirement, Security and Aging）；眾議院則另設有老年委員會（House of Representatives Select Committee on Aging）。這四個組織的成立具體地反映了聯邦政府對老年人的重視。美國聯邦政府投資在大學裡之研究經費往往影響一個學科研究的方向，尤其美國在1965年通過的美國老年法案（The Older Americans

Act）裡對研究有明文的規定及經費補助。因此，學術界對老年研究漸趨活躍。

　　早在1939年美國24位對老年人研究興趣的科學家和醫生曾共同組成了一個老化研究小組（the Club for Research on Ageing）。1945年美國老年學會（The Gerontological Society of America）於1945年在紐約正式成立，決議總部設於聖路易（St. Louis, MO）以促進對老人的科學研究。1946年正式出版《老年學學刊》（*The Journal of Gerontology*）。1952年為了應付日漸增多的會員和研究主題的複雜多元化，學會將其會員分為四組：兩組基礎科學部（basic science sections），包括生物科學（biological sciences）和社會心理科學（psychological and social sciences）；兩組應用部（applied sections），包括社會工作及行政（social work & administration）和健康衛生科學（health sciences）。該學會在1957年間獲得聯邦政府的國家心理健康機構（The National Institute of Mental Health）之巨額補助得以展開對老年的研究，該研究結果發展出了三部頗具影響力的老年學著作。這三部分別是1959年出版的《老年與個人手冊：心理與生物觀》（*Handbook of Aging and the Individual：Psychological and Biological Aspects*）；1960年出版的《老年社會學手冊：老年的社會觀》（*Handbook of Social Gerontology：Social Aspects of Aging*）以及同年出版之《西方社會之老年》（*Aging in Western Society*）。

　　1960年代和1970年代相繼推出一些老年研究的主要學術性刊物。其中包括：《實驗老年學》（*Experimental Gerontology*, 1966）、《老年精神病理學刊》（Journal of Geriatric Psychiatry, 1967）以及《老年與人的發展》（*Aging and Human Development*, 1971）。美國兩位學者發現在1954年至1974年之間共有五萬篇牽涉到老年的論文（Woodruff and Birren, 1975）。此後，1980年代出版品更有《老年與社會》（*Aging and Society*, 1987）、《老年與健康學刊》（*Journal of Aging and Health*, 1989）及《應用老年學學刊》（*Journal of Applied Gerontology*, 1982）等。

　　考德禮（E. V. Covdry）是美國老年學之開路先鋒。他早在1939年就已出版了第一部有關老年的書：《老年問題》（*Problems of Aging*），還在1948年協助成立了國際老年學會（International Association of Gerontology）。在1957年，芝加哥大學的社會心理學家紐家敦（Bernice Neugarten）首次在大學內講授老年問題課程。美國的幾個著名大學相繼設有研究老年的機構，特別是芝加哥大學（University of Chicago）、杜克大學（Duke University）、南加州大學（University of Southern California），以及布蘭德斯大學（Brandeis University）。即使至今日，這幾個大學對老年研究仍然相當重視。在大學裡老年的課程已經相當普遍，根據1991年美國高等教育老年學會（The Association for Gerontology in Higher Education）的統計，設有老年學正式課程的有320所大學。其中不少更正式授予學位或修業證書。（Kart, 1994）

　　1962年東京大學醫學院是日本第一個把老年醫學獨立設系的學校，1991年時日本的81個醫學院中有13個設有老年醫學科。大學部的課程已包括老年醫學和老年病床實習。研究所課程主要附屬於大學體系內，老人科病床的診治和觀察。1989年有687位醫師獲得日本老年學會認證，正式的執照考試測驗在1992年首次舉辦（Fukuchi, 1992）。日本老年學學會（The Japanese Gerontological Society）則成立於1999年，目前大約有六千多會員。歐洲國家大多數亦有其各自的老年學組織，全球性的學術組織則有國際老年學和老年醫學學會（The International Association of Grontology and Geriatrics, IAGG），2009年此會會員共有45,100人，分布於64國家。

　　1957年當社會心理學家紐家敦在芝加哥第一次教授老年學課時，老年學還不能算是一門獨立的學科。目前，西方國家的大學裡雖然均教授老年研究或老年學的課程，甚或授與學位或專業證書，但是老年學跟其他學科的密切關係仍然存在。老年學和老年研究的知識與理論對老年人的世界已具相當正面的貢獻，正如兒童發展的心理社會研究大大幫助了人們對兒童成長的了解，老年研究目前已成為學術界對人生最後階段之了解所不可忽視的一環。

第二節　老年學的層面

老年學所研究的層面牽涉得十分廣闊。一般人往往以年齡來做界定的標準，但是事實上年齡只不過是年紀的一個抽象的記號。老年學者指出老年的概念牽涉到下面幾項重要的層面：

一、體質的老化（physical aging）

對生理學者來講，老化（aging）是人體器官功能性的逐漸衰敗而終至死亡的過程。有些學者認為人一生下來，在體質上的成長就是一種漸進的邁向老化的過程。人類的身體由稚弱而成熟，終至退化；在生理上，年紀大的人對疾病的抵抗力消退，體力及耐力都不如前，生育力及視力等都在減退；而齒牙動搖，頭髮變白，皺紋出現等，都不在話下。雖然這些老化徵象似乎是必然，不能避免的，但是新進醫學知識卻提出新的看法：認為許多是可預防的，否則，至少也可延後發生。這些新知識指出人們如能在生活習慣上、飲食起居上，以及文化習俗上有所改變及修正，上述的老化徵象是可以避免或延遲的。例如，戒菸、運動、少油少鹽少糖多纖維的飲食不僅增進身體的健康，對老化過程是絕對有助益的，是能延緩的。

二、心理的老化（psychological aging）

心理的老化過程包括人格、心理功能以及自我概念的改變。心理學家發現個人的人格與自我觀在童年社會化訓練過程中就已定型。因此，人格與自我觀不會隨年齡的增長有大改變，特別是在中年後就很少有變動。例如，人們不會因年紀大而變得聰明些。同時，頑固的人格也不會因年紀大而變爲開放明朗些。有些指出：記憶能力的減退是由疾病引起的，而非因年歲增長而產生。有大多數的老年人仍然擁有良好的記憶力。

三、社會的老化（social aging）

生理和心理上的老化雖然對個人有無可避免的影響，但是個人可以經由本身的努力（例如改變飲食習慣或保持樂觀進取的人格態度）來將老化的負面影響減低；社會的老化卻往往不是個人可左右的。社會的老化是指社會對老年人所設定的行爲模式和社會制度，社會往往認爲老年人因年歲已大就應該有不同的行爲準則和社會規範。例如，一般社會都認爲老年人不應該再過分重視職業的成就，應該靜靜地家居含飴弄孫安養天年。常聽人說：「這麼老了，還……」就是這種社會的老化徵象。角色的轉換也往往影響到社會資源的分配，在這方面，對老年人更是不公平。

四、人口的老化（population aging）

人口老化雖然是老年人口的增加。但是至於什麼年齡才算老人卻是由社會釐定的。有些社會把40歲以上的人看做老人，有些社會則是以50歲或60歲爲準。年齡定的愈低，老年人口就愈多。在就業市場上，40歲以上的人往往找尋工作困難，而有排拒的負面現象，而有些福利機構則把老年定爲65歲或70歲，其目的仍在減輕負擔。

第三節　老人學相關之學科

　　老年學所涉及的學科包括教育、心理學、社會學、醫學、政治學、人類學、經濟學等學科。老年學最近的發展，上述這些學科的貢獻相當地大。

一、教育學

　　教育學本來對老年教育並不太重視，主要的原因是西方的教育著重在對幼年人口及青年人口的社會化（socialization）教育。許多教育學者相信教育如果做得好，是一種社會投資，可以解決並防範社會問題。教育更被看做是個人事業的必備條件，年輕人在準備一生事業之前應接受良好的教育。但是近幾年來，有些教育學家開始呼籲成年人及老年人的教育應受重視。他們指出社會化不止於青年成長時期，而是終生的學習過程，因此，教育也應該是終生的教育。白宮老年會議就聲明：

　　　「教育是所有年齡團體裡所有的人的一種基本權利。它是持續性的，因此是使老年人能有一個完善和有意義生活的方式之一，也是促使老年人發揮其潛能貢獻社會的方式之一。」（Neahaus and Neuhaus, 1982）

　　此種新的教育觀點，使大學裡開設的成年教育（adult education）和永續教育（continuing education）在近幾年來逐年成長。尤其是當許多學校當局發現青年子弟直接進大學接受教育的人數日減的情況下，增加成年教育課程是一個值得推廣的代替辦法。同樣地，老年教育亦受推廣。他們同時發現青年人受大學教育的直接目標是技藝訓練、找職業；而成年和老年人則是為知識而接受教育，因此文法科和社會科學大受後者之歡迎（Lin, 2013）。美國老年學學會裡的高等教育老年學組織（The Association for Gerontology in Higher Education，簡稱AGHE）從1974年以來就以推廣老人教育為其目標，一方面推展學術機構裡的老年教育，另一方面則培訓大學科系的師資與學生（www.aghe.org）。

二、心理學

　　心理學對老年心理的興趣由來已久；然而，真正用科學方法來研究，則是最近的事。心理學理論發展受佛洛伊德（Sigmund Freud）之影響很大，較重視兒童心理學。因為他相信，人格是在5歲左右就定型了，成年人格只不過是幼年人格之反映而已。人的心理問題幾乎皆可以追溯到幼年時期。因此，在佛洛伊德影響下的當代心理學較少提及老年心理問題。

　　心理學真正對老年心理做有系統研究的開始應該是在1946年當美國心理學會（American Psychological Association）在其組織內增設了一組「成熟與老年」（Maturity and Old Age）以後。他們在1955年及1973年分別出了兩本討論心理學對老年研究的文獻，這兩本是《老年的心理觀》（*Psychological Aspects of Aging*, edited by J. E. Anderson）和《成年發展和老年之心理學》（*The Psychology of Adult Development and Aging*, edited by Carl Eisdorfer and M. Powell Lawton）。近些年來，大學心理學課程論包括老年心理，而老年心理諮詢亦普遍為社會工作者所使用。

三、社會學

　　社會學的主要研究範圍是人與人之間的互動。它的興趣在於把人視為社會團體生活內的一成員。因此，不像心理學之偏重幼年，社會學比較重視成年人。社會學以往過分重視理論之建立與無價值觀的社會學（value-free sociology），因此對老年問題之研究雖有，卻不熱中。社會學第一部專攻老年的書是波拉克（Otto Pollak）的《老年的社會適應》（*Social Adjustment in Old Age*），這是

1948年出版的；而後1961年中西部社會學社（Midwest Sociological Society）舉辦了一系列有關老年的研討會，研討會中的論文由羅斯（Arnold M. Rose）及彼德森（Warren A. Peterson）合編成一本《老年人與其社會世界》（*Older People and Their Social World*）並於1965年出版。1960年代晚期更有兩本經典著作。一爲雷莉（Matilda White Riley）的《老年與社會》（*Aging and Society*），另爲雷莉強森（M. E. Johnson）及方妮（A. Foner）合編的《老年與專業》（*Aging and the Professions*）。他們三人在1972年又合編了一本《年齡階層社會學》（*A Sociology of Age Stratification*）。在所有的學科裡，社會學的老年研究最盛行，尤其近幾年來，有關社會和老年關係之著作大量出版。老年學裡的許多概念和理論觀點皆來自社會學。（蔡文輝，2011）

四、政治學

政治學以往對老年研究是少而又少。但是當1935年美國社會安全法案把老年人年齡定爲65歲以後，政治學家開始對這特殊利益團體（special interest group）發生興趣，不過著作仍然不多。尤其在1960年代以前的政治學不重視行爲的研究，把重點放在政府機構討論上，老年政治行爲乏人問津。政治學在1960年代開始轉注重政治行爲的分析，特別是投票行爲（voting behavior）的研究，促使老年投票行爲受到重視；同時，聯邦政府各種有關老年福利法案日多，於是引發政治學者在政策分析（policy analysis）中對老人政策的注意。當老年人口逐漸在總投票人口之比例增加，其政治影響力亦隨之增加，進而影響政治學者之研究興趣。（Moody, 1992; Binstock and George eds, 1990）

五、人類學

　　人類學文獻常常依賴在口述歷史（oral history）的應用，因此人類學家時常利用村落裡的老年人來做敘述。人類學家常觀察老年人和年青人在行為、習俗、價值觀念上的差別，用以了解和比較傳統和當代社會之異同，也用以研究社會文化變遷。但是以老年人本身為對象的人類學研究一直到今日仍不多見。

六、經濟學

　　經濟學對老年人的興趣也不很濃厚，重要的原因之一是經濟學家未把老年人視為一強而有力的消費團體；認為老年人經濟能力差、購買力低，因此老年人的經濟活動不至於影響到經濟學上所注意的產銷關係。不過近年來由於老年人口的急速增加，以及老年人經濟能力的提高，經濟學者亦開始注意研究老人的經濟行為，及其對整個經濟平衡的影響問題。

七、老年醫學

　　老年醫學（Geriatric medicine）可能是二十世紀晚期發展最神速的一門老年學。經由對疾病的控制及對人體基因的了解，人的壽命延長了幾十年，而且老年人口不再是疾病纏身的一群病患者。心臟病和腦中風雖然仍是死亡的最大原因之一，但初患者的生存率卻大大提高，老年人性無能的問題也在新藥品「偉哥」（viagra）的發現而增加興趣。老年痴呆症雖然尚未獲得醫療處方，但其研究已相當受到政府和醫學界的注意。（Palmore, 1970）

　　綜上所述，我們可以確定老年學的研究牽涉到許多相關的學科；老年問題的研究亦並未局限於老年這一年齡層而已。老年學是一門超越單項學科的科際整合的學科；老年學的理論與方法，因此相當借重於其他相關學科。事實上，也只有如此，才能真正了解老年人。否則以單一學科、單一理論來研究老年人可能會產生以偏概全，或如瞎子摸象般的誤解。

第四節　老年學在臺灣

　　對老人的研究和討論在臺灣並不是最近才有，國內大專院校有不少開設老人方面的課程。這些課程分散在護理系、公共衛生、社會福利工作等科系內；有些則是跨科系的課程。大多數的老年課程並不授以學位。詳細情形請參考表1-1。

表1-1　2010年臺灣設有有關老人課程之大專院校

學校	系所、中心或學程名稱
國立成功大學	老年學研究所碩士班
國立臺北護理學院	長期照護研究所
臺北醫學大學	老人護理暨管理學系
中山醫學大學	老年醫學暨老年學研究中心
長庚大學	護理學系暨研究所（老人社區護理學組）
亞洲大學	健康管理研究所（長期照護組）
開南大學	銀髮養生環境學系
	銀髮健康促進學系
嘉南藥理大學	老人服務事業管理系
朝陽科技大學	老人服務事業管理系
弘光科技大學	老人福利與事業學系
	老人照顧科
中臺科技大學	老人照顧系
明新科技大學	老人服務事業管理學系
	服務事業管理研究所（老人服務與嬰幼兒事業組）
國立金門技術學院	老年服務管理系
長庚技術學院	老人照顧管理系
亞東技術學院	老人照顧系
美和技術學院	老人服務事業管理系
	健康照護研究所

學校	系所、中心或學程名稱
大同技術學院	社會福祉與服務管理系
馬偕護理專科學校	老人照顧科
仁德醫護管理專科學校	老人照顧科
高美醫護管理專科學校	老人福利科
育英醫護管理專科學校	老人服務事業管理科
經國管理暨健康學院	老人服務事業管理系
稻江科技暨管理學院	老人福祉學系
臺灣大學醫學院	老人與長期照護學程
長庚大學	健康老化與照護學程
輔仁大學	老人長期照護學程
實踐大學	老人學學分學程
高雄醫學大學	高齡社會健康照顧學程
中國醫藥大學	長期照護學分學程
中山醫學大學	老人照護學程
輔英科技大學	老人照顧學位學程
	長期照顧學位學程
臺南科技大學	銀髮生活產業學位學程
南開技術學院	銀髮族健康促進與照顧服務碩士學程專班
美和技術學院	長期照護學位學程

（資料來源：楊靜利教授提供）

　　不過這些學程都是附屬於其他學系，或偏重於老人福利協助的應用科系，學術研究的色彩不濃。真正以老年學為學位授予科系的學術性單位，應該是國立成功大學醫學院內的老年學研究所。這是2007年成立的研究所碩士班的專業科系。其目標是「以整合性的教學研究為主軸，提供整合性老年學領域必備知識、政策思維與服務創新的課程訓練」。創系時，所長由醫學院院長林其和代理，日常行政業務則由執行祕書負責處理。目前由盧豐華擔任所長。該所授課教授主要包括醫學院老年醫學醫生教授和社會人文方面的教授。錄取學生包括三組：（甲組）社會科學與人文學科相關學生；（乙組）護理與公衛相關科系學生；及（丙組）醫科學生。每年大約15名研究生。

　　成大老年學研究所課程規劃如表1-2：包括必修課程15學分，選修課程12學分，及碩士論文6學分。第一屆學生已於2009畢業。（http://www.ncku.edu.tw/~geront/page78/page80/page 80.html）。

表1-2　國立成功大學老年學研究所課程規劃（103學年起適用）

畢業總學分數為33學分（必修15學分，選修12學分，碩士論文6學分）

修別領域　學期		老年政策	老年社會	老年生理	老年心理	研究方法	整合課程
必修	一上		社會老年學（2）	老年醫學概論（2）		流行病學及研究設計導論（2）	
	一下	高齡政策與服務傳遞（2）			老年心理學（2）		
	二上					生物統計學入門（2）	老年學實習（2）
	二下						老年學個案整合研究（1）
選修	上學期	本所（學分數） 成功老化的生活空間（2） 成功老化（3） 質性研究實作：訪談資料收集與分析（3） 老年健康心理學（3） 長期照護政策與管理（3） 健康指標與測量（3）			外所（學分數） 老人跌到預防（2） 健康促進理論與實踐（3） 老化研究特論（2） 另類補充療法概論（2）		

修別　領域 　　學期	老年政策	老年社會	老年生理	老年心理	研究方法	整合課程
選修　下學期	老人居住環境規劃與實務（2） 基礎學術論文寫作（1） 老年營養概論（2） 老年照護制度與實務、老年學研究特論（2，隔週上四小時） 成人學習理論與高齡教育研究（3） 個案管理與社區照護（3） 行為科學研究設計與統計（3） 老年經濟安全與年金制度（2） E化老年生活社區健康促進（3）			養生運動科學特論（3） 進階生物統計學（2） 醫藥衛生中的生活品質與成本效果評估（2） 論文寫作（2） 失智症特論（2）		

學生之畢業學分數須包含四學期之專題討論

　　臺灣有關老人的研究數量不少，絕大多數是老年醫療方面的研究和老年福利的討論（Tsai, 2010）。林惠生與李孟芬在1992年合編的《臺灣老人學相關研究文獻論著書目彙編》蒐集是比較完整，可惜1992後似尚無續收。較新的出版則有李宗派（2011）的《現代老人學》，梅陳玉嬋、齊銥、徐玲合著的《老人學》以及蔡文輝（2011）的《老年社會學》。雖然如此，由於老人問題逐漸受到政府的注意和民間團體的關心，有關老人的論述日後必逐漸增多。坊間有關老人養生的書籍不少，可供一般民眾閱讀。

　　研究經費依賴政府的補助，最高研究單位是國家衛生研究院。其濫觴為1988年中央研究院院士會議中，建議政府成立國家醫學研究中心；規劃小組於1991年開始推動「行政院衛生署整合性醫藥衛生科技研究計畫」業務；1994年7月設置「國家衛生研究院籌備處」，於1996年1月正式成立。老年醫學研究組為院內群體健康科學研究所單位之一。其宗旨針對臺灣老年人族群常見疾病及老年症候群之診治，進行臨床、社區及基礎之整合性研究，達成健康老化的政策目標為宗旨。任務包括設計並開展全系列老年醫學研究，包含健康危險因子之流行病學調查、老年症候群之早期診斷至介入性治療以及生活品質之提升，進行跨學科之整合性研究。任務每細列如下：

1.推動老年醫學團隊人才培訓，以落實臺灣老人照護與老年醫學研究之永續發展。

2.設計並開展全系列老年醫學研究，包含健康危險因子之流行病學調查、老年症候群之早期診斷至介入性治療以及生活品質之提升，進行跨學科之整合性研究。

3.整合各項老人醫學資源與研究成果，以持續提升老年人口的生活品質。（http://www.nhri.org.tw）。

行政院衛生署有一些老人研究計畫。規模最大的是「臺灣地區中老年身心社會與生活狀況長期追蹤調查」。調查的對象是60歲以上的人口。從1989年第一次調查到2008年已做了六次調查。行政院內政部歷年來也做了大規模的「臺灣地區老人狀況調查」，對象是50歲以上居民。這兩項調查樣本大，內容廣博，提供研究者大量使用。另外，臺灣老年醫學會成立於1982年7月10日，現有會員超過1,600人。該會係以研究老年醫學及相關科學之學術，促進老年醫學及相關科學之發展及應用，並加強國際老年醫學會之交流，增進老年健康為宗旨。其活動主要是舉辦研討會、醫師訓練，並出版刊物。（http://www.tagg.org.tw）。

老年學在臺灣到目前為止，仍然是一門新興的綜合型學科。它需要克服不少的困難。師資的培訓和經費的支援以及畢業生就業問題都是難題。雖然如此，由於臺灣急速的高齡化，老人問題必受重視，老年學未來亦必然得到肯定。

學術界對老年學是否可單獨成為一門學科的爭論由來已久。最主要的反對論點是老年的研究和討論牽涉到數種學科的理論與研究方法。葛蘭德（Richard Grandall, 1980）對目前老年學的現況提出其所面臨的主要八個難題：

1.到目前為止，真正受老年學專業訓練者數目不多。雖然大學裡面開授老年學方面的課程數目近年來有增加的趨勢，但人員仍然短缺。更糟糕的是有些人認為老年問題的了解並不需要有什麼專業訓練。

2.工作定義（operational definition）的問題亟需解決。每一個科學裡都有其共通的專有名詞，但是老年學專用名詞並不多。因此在使用上難以一致。舉一個最簡單的例子，到底哪些人才是「老人」，不僅學者專家們界定不同，各國政策釐定者也有不同。有些以65歲爲界定，有些則是50歲以上，甚或有70歲以上界定的。

　　3.沒有純粹眞正屬於老年學的理論。雖然老年學應用的理論不少，但皆是借用自其他相關學科，尤其是心理學、生物學和社會學。因此，理論顯得零碎，甚或有自相矛盾之處。

　　4.眞正爲老年研究而設計的研究方法相當少。目前所應用的方法可信度值得懷疑。普通社會科學的研究方法在使用時常忽視老年人的特性，例如問卷字體太小、訪問員聲音太小等。

　　5.長時期性的研究太少。主要是因爲這種研究太費時間和經費，而且需要龐大的研究陣容相互協調配合，才能有效地測量變遷。

　　6.抽樣（sampling）問題亟待解決。以往，研究者爲了方便起見，總是往醫院、精神病院、安養所等地點抽取樣本作爲研究對象，難免有以偏概全的問題。

　　7.種族差異的資料闕如。在美國，種族差異是一個很重要的變數，但是到目前爲止，這方面的資料很少涉及老人研究，無法說明種族與老人之關聯。

　　8.老年學文獻所登錄的研究發現往往有互相矛盾之處，難令人信服。

　　上述這些問題也有人認爲大部分都已有改善。墨達克（George Maddox）就認爲近年來老年學不僅已發展出一些跨科系（interdisciplinary）的老年理論，而且對長期性的研究方法也大致上能有共識，顯示老年學已成熟成爲一種專業的學問和學科（Maddox,1988）。雖然老年的研究和詮釋仍然與其他學科汲汲相關，老年學的未來必能加以整合，以生理、心理及社會的（bio-psycho-social）綜合觀點來討論和研究老化和老年問題（Buchanan, et. al. 2008）。

參考書目

一、英文部分

Binstock, Robert H. and Linda K. George eds. (1990). *Handbook of Aging and the Social Sciences* (3rd ed.) San Diego C. A.: Academic Press.

Buchanan, J., J. Husfeldt, and T. Berg (2008). "Publication Trnds in Behavioral Gerontology in the Past 25 Years: Are the elderly still and understudied Population in Behavioral Resesrch?" *Behavioral Interventions*, Wiley Online Libary, pp.65-74.

Crandall, Richard C. (1980). *Gerontology: An Behavioral Science Approach*, Reading, Mass: Addison-Wesley, pp.24-25.

Editor (2010). "1945 and Beyond: GSA Embarks Upon an Ever-Expanding Mission," *Gerontology News*, December, p.7

Estes, C,L, E.A. Binney & R.A. Culbertson (1992). "The Gerontological Imagination: Social Influences on the Development of Gerontology, 1945-president," *International Journal of Aging Human Development*, 35:1 , pp.49-63。

Fisher, David H. (1978). *Growing Old in America*. N. Y. : Oxford University Press, pp.6-7.

Fukuchi Y. (1992). "Gerontological education in Japan--geriatric education and training."*Nihon Ronen Igakkai Zasshi*, 29 (5) :368-71.

Kart, Cary S. (1994). *The Realities of Aging*. 4th edition. Boston: Allyn and Bacon.

Maddox, George L. (1988). "The Future of Gerontology in Higher Education: Continuing to Open the American Mind about Aging,"*Gerontologist*, v28 n6, p748-52.

Minois, Georges. (1989). *History of Old Age From Antiquity to the Renaissance.* Translated by Sarah Hanbury Tenison Chicago: University of Chicago Press.

Moody, Harry R. (1992). "Overview: what is critical Gerontology, and why is it important?" In *Voices and Visions of Aging: Toward a Critical Gerontology*, New York: Springer.

Morgan, Leslie and Suzanne Kunkel (1998). *Aging: The Social Context*. Thousand Oaks, Pine Forge Press.

Mulley, G. (2012). "A History of Geriatrics and Gerontology," *European Geriatric Medicine*, vol.3, Issue 4, pp.225-227.

Neahaus , Robert and Ruby Neuhaus (1982). *Successful Aging*. New York: John Wiley & Sons, p.5.

Palmore, Edman, ed, (1970). *Normal Aging: Reports from the Duke Longitudinal Study, 1955-1969*, Durham, N. C.: Duke University Press.

Riegel, Klaus F. (1973). "On the history of psychological gerontology," in Eisdorfer, Carl & Lawton, M.

Powell (eds), *The psychology of adult development and aging.*, (pp. 37-68) . Washington, DC, US: American Psychological Association, pp.1037/10044.

Tsai, Wen-hui (2010). "The Current Status of Gerontological Training and Research in Taiwan and Future Challenges." Paper read at the annual conference of Western Association of Social Sciences, held in Reno, Nevada April 15-17.

Woodruff. D. & J. Birren (1975). *Aging: Scientific Perspectives and Social Issues.* New York: D. Van Nostrand.

二、中文部分

李宗派（2011）《現代老人學》。臺北：洪葉出版社。

林惠生與李孟芬（1992）合編《臺灣老人學相關研究文獻論著書目彙編。臺中：灣省家庭計畫研究所。

黃富順（2011）《高齡學》。臺北：五南出版社。

彭懷眞（2014）《老年社會學》。臺北：揚智。

彭懷眞、彭駕騂（2012）《老年學概論》。臺北：威揚。

蔡文輝（2011）《老年社會學》。臺北：五南出版社。

蔡文輝、徐麗君（1985）《老年社會學: 理論與實務》。臺北：巨流。

成功大學老年學研究所網址為http://www.ncku.edu.tw/~geront

http://www.nhri.org.tw

臺灣老年醫學會網站是http://www.tagg.org.tw。

第二章　老年學研究設計與方法

/邱靜如

老年學的研究相當多元，在歷史悠久的美國老年學學會（Gerontological Society of America, GSA）中，便將各種跟老年學相關之研究，依其研究問題取向與方法之不同分為：一、生物科學（Biological Sciences, BS），指的是較基礎的老年醫學研究，這類型的研究經常需要在實驗室進行，例如研究基因與長壽的相關因子；二、行為與社會科學（Behavioral & Social Sciences, BSS），指的是以生理心理社會模型（Biopsychosocial model）為基礎的研究，這一類型的研究同時著重老年醫學相關的議題，也帶入社會老年學相關的概念一起進行研究，例如結合生物醫學指標、臨床醫學，與社會、心理學觀點和技術之研究；三、健康科學（Health Sciences, HS），為偏重臨床醫學相關之老化研究，與四、社會研究、政策與實務（Social Research, Policy, & Practice, SRPP），例如公共政策的分析，像是年齡歧視或退休金供給等探討社會結構與人口變遷所帶來之政策議題的研究等四大類。

由此可見，要將所有老年學相關之研究設計與方法全部涵蓋並不容易。筆者本身之研究領域偏重於行為與社會研究（Behavioral and Social Science）的量性研究方法部分，這類型的研究特別著重跨領域之議題探討與合作，亦與當今被重視之科學研究典範一致，因此以下之章節，將著重在這些研究方法與設計之介紹。

第一節　研究設計的基本概念

　　老年學的研究中，我們經常會詢問：什麼樣的因子會預測老化？或者了解這樣的因子是透過什麼機轉而影響老化？甚至我們經常也想知道這樣的機轉是否在不同的人群中有相似的狀況？諸如此類的問題，其實便是在考驗良好控制干擾變項（confounding variable）以找到正確的影響因子、中介變項（mediating variable）以及調節變項（moderator）的過程。以下分別介紹這些概念：

一、干擾變項（Confounding variable）

　　又稱混淆變項，如圖2-1所示，是一個讓兩個因子產生關係或是改變關係的噪音變項（David P. MacKinnon, 2000）。干擾變項在因果關係中，是與自變項和依變項皆有關係之變項，其與中介變項最大的不同點在於，干擾變項並沒有對於變項間的因果關係有實質的解釋作用，自變項與干擾變項間的關係並沒有確切的因果關係且其對依變項有影響作用，使得研究的因果關係混淆，並直接影響了內在效度。

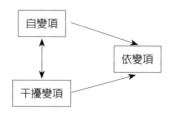

圖2-1　自變項、依變項與干擾變項之關係

　　尋找及控制干擾變項的方式有五種（FRANK, 2000）：

(一) 樣本特性一致（make it a constant）

　　例如將樣本設計成同性別或是同年齡層，減少因樣本特性造成的問題。例如，在研究家庭照顧者時，如果沒有區分樣本，則照顧兒童或是照顧失能老人，便會讓研究結果不一致，因為照顧兒童及失能老人所需要的技能與承受之壓力是不同的，所以就必須選擇兩種照顧對象中的其中之一，並視研究而定，聚焦在不同疾病上，例如照顧阿茲海默症老人的婦女。

(二) 樣本等比例（balance）

　　亦可稱為配對（matching）。以類實驗設計（quasi-experimental study）為例，在研究設計階段將實驗組與對照組的樣本根據疑似的干擾變項進行配對，使干擾變項的分布在兩組間為等比例，則能控制干擾變項的影響。例如，在探討科技使用對長者健康的影響時，研究者從過去文獻中發現性別與年齡是潛在的干擾因素，因此將實驗組與對照組依照性別與年齡進行配對（若採取1：1配對的方式），亦即當實驗組招募到1名51-60歲的男性受試者時，就要在對照組找1名51-60歲的男性長者進行配對，所以實驗組和對照組在性別與年齡的分布會是等比例的。

(三) 直接將干擾變項控制（make it a variable）

　　亦可稱為分層分析（stratification），在資料分析階段直接根據研究中疑似的干擾變項進行分組，即表示將研究樣本依照干擾變項重新分組後，在進行分析與比較。例如，在探討抽菸與肺癌的關係時，因為年齡上升可能會提升罹患肺癌的機率，且不同的年齡族群其吸菸量亦有所差異，所以推斷年齡為可能的干擾因素，會影響研究結果。因此，依照年齡將樣本區分為數組，則可個別了解到不同年齡層其抽菸行為與罹患肺癌間的關係。

(四) 隨機分配（Random assignment）

　　依據某種特性隨機分配，可以降低抽樣偏誤（Selection Bias）。例如，假設有個研究是要了解美國學生進入私立高中成績是否較就讀公立高中的學生成績來得高，但比較時可能會受到種族的影響，故使用隨機分配，使樣本成為沒有種族差異的私立高中樣本與公立高中樣本。（FRANK, 2000）

(五) 統計模式控制（statistical control）

利用統計方法控制干擾變項後，能削弱干擾變項的影響，使研究欲探討之因果關係趨向真實。例如，研究探討中風後，患者其生活功能獨立性是否存在性別差異，此時性別為主要的自變項，而生活功能獨立性是依變項，其他會導致中風的因素為可能的干擾變項，包括年齡、教育程度等，藉由多變項迴歸模式進行分析控制後，才能正確地估計出中風後患者其生活功能獨立性是否因為性別有所差異（Whitson HE, 2010）。

二、中介變項（Mediation）

又稱解釋變項，其在因果關係中，依變項與自變項的關係其實是由中介變項而解釋成立的，也就是中介變項可以解釋一部分自變項對依變項的影響。其三者的關係可由圖2-2得知。中介變項、依變項及自變項能分為兩個路徑解釋，第一個路徑是自變項與依變項的直接關係（direct effect），另一個路徑是自變項與依變項的關係係由中介變項成立 （indirect effect）（David P. MacKinnon, 2000）。

如何判定中介變項，有一定步驟，Baron & Kenny於1986年對於中介變項的定義（Baron and Kenny, 1986）指出有四個步驟可以估計中介變項（Shrout and Bolger, 2002），要測量中介變項大多使用多層次迴歸分析（Hierarchical Multiple Regression），藉由影響係數的變化，可以了解是否有中介變項的成立（Shrout and Bolger, 2002, Stone-Romero and Rosopa, 2011）。

確定自變項與依變項在統計迴歸上有所關係的步驟：

1.檢視自變項與依變項因果關係成立，確定a路徑為正確；

2. 確定自變項與中介變項關係成立，且確認自變項與中介變項關係是單方向的，並非干擾變項；

3. 當自變項控制後，中介變項與依變項之關係成立。

4. 將所有變項放入迴歸中，檢視自變項與依變項之相關係數，若自變項與依變項仍有相關，則為部分中介；若無相關，則中介變項在此關係中，便扮演完全中介的角色。

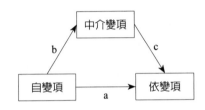

圖2-2　自變項、依變項與中介變項之關係

在經歷四步驟後，若自變項及依變項之關係因中介變項加入而使關係不顯著，代表中介變項、自變項、依變項關係成立，且稱為完全中介效果；若加入中介變項後，自變項與依變項仍然顯著但關係有下降，代表中介變項仍然存在，但此因果關係仍然有其他中介變項需要被尋找，稱為部分中介效果。

舉例來說，社會經濟地位差異與健康差異的密切關係已討論許久，且老人的身體功能限制（functional limitations）與健康的關係十分密切，功能限制更是讓老人容易邁向失能的徵兆，而社經地位的不同究竟如何讓老人功能限制差異產生關係？因為社會經濟地位與健康的中介變項相當多，所以有可能是不同社經地位的老人透過健康行為使功能限制狀況更加嚴重，而非社經地位本身所造成的健康差異（Dorynska, Pajak et al., 2012）；在Dorynska的研究中，65歲以上老人的社會經濟地位是自變項、功能限制是依變項，而健康行為便是中介變項。研究者先使用迴歸檢驗社會經濟地位是否與功能限制有所關係，再測試社經地位與健康行為之關係，隨後，控制社經地位後，健康行為與功能限制關係成立，最後放入所有變項及控制變項，檢視健康行為究竟能解釋多少社經地位與功能限制之關係，結果也可能顯示健康行為並非此因果關係之中介變項；此篇研究結果顯示健康行為確實是社經地位與身體功能限制之中介變項。（Dorynska, Pajak et al., 2012）

三、調節變項（Moderator）

調節變項與自變項的關係稱為交互作用（Interactions）。若自變項與依變項的關係會因某個變項而改變，且此變項不受到自變項的影響，則該變項便為調節變項。（Arnold, 1982）

通常使用調節變項的原因大多是因為觀察到自變項與依變項關係不是很強烈或是歷年研究結果不一致，就會使用調節變項了解自變項與依變項的關係是否受到其他變數影響（Arnold, 1982）。

圖2-3　自變項、依變項與調節變項關係

要判斷該變項是否為調節變項時，需使用交互作用（interaction）變項，而在使用交互作用變項了解影響時，可以使用因子設計（Factorial Design）。因子設計簡單來說，便是去想各種組合以達到自變項造成依變項的條件，而交互作用就是連結自變項與依變項關係的條件。

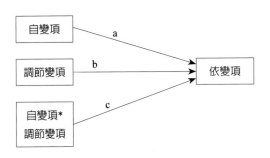

圖2-4　自變項、依變項、調節變項與交互作用關係

　　由圖2-4可知，依變項分別與自變項及調節變項有關，為測試自變項與依變項是否是透過調節變項而達成，必須要有交互作用，當迴歸模型中加入交互作用後，若路徑C達到統計顯著標準，也就代表著調節變項確實存在。

　　舉例來說，因為身體功能的衰退，讓老人降低活動與社會參與的機會，也容易使老人有憂鬱症的狀況發生，此時如果研究想了解，不同的社會支持加入後，會不會有調解緩衝的功能，則此研究的身體功能狀態便是自變項、憂鬱症是依變項，而不同的社會支持（正面社會支持、負面社會支持、工具性支持）就為調節變項；研究過程中，先了解身體功能狀況與憂鬱症之關係，以及社會支持與憂鬱症之關係，再加入身體功能與社會支持的交互作用後，就會發現原有的身體功能狀況與憂鬱症的相關關係減弱了且交互作用變項與憂鬱症關係顯著（路徑C是顯著的），這代表著社會支持的確有調節緩衝身體功能狀況與憂鬱症之間的關係；因此，根據研究結果發現，加強老年人的社會支持，對於老化初期和身體功能障礙相關的憂鬱症是有幫助的。（Hatfield, Hirsch et al., 2013）。

　　另一方面，因子設計可以幫助推論外在效度，運用不同組合及圖形表達交互作用的效果。如圖2-5所示，以社經地位與憂鬱傾向的研究為例，將研究分為對照組與實驗組，先了解社經地位與介入方案的交互作用後，再對實驗組之憂鬱傾向進行介入方案，來得知是否會因不同社經地位而有不同狀況。

	低社經地位	高社經地位	總分
對照組	4	1	2.5
實驗組	3	2	2.5
改變量	3.5	1.5	

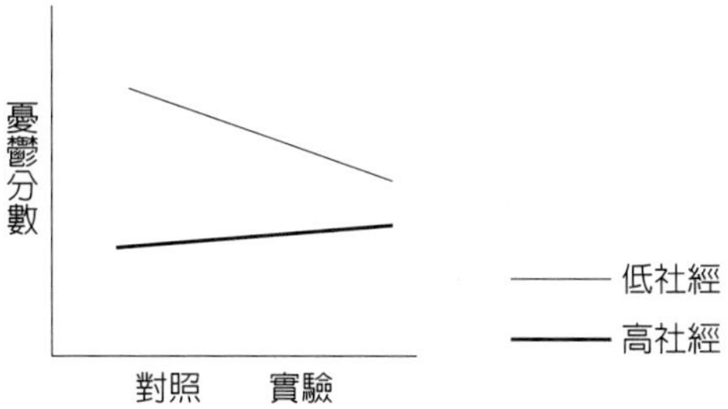

圖2-5   因子設計之2x2交互作用表與斜率圖

　　由圖2-5可知，雖然不同的社經地位到最後的總分是相同的，但其實不同社經地位者接受介入方案後，憂鬱分數的改變量是有差異的，可以發現低社經地位的斜率與改變量高於高社經地位者。

第二節　老年學研究之特別議題──年齡、世代及時期效應

在老年學的研究中，年齡經常是重要的變項，所謂年齡差異（age differences）反應出個體隨著老化的影響，也同時包含歷史時間的結果，亦即與世代或時期相關的效應。因此，在老年學的研究中，了解年齡、世代及時期效應的交疊影響，對於研究推論產生的結果相當重要。

世代效果（cohort effects）是指出生在某特定時間的一群人，因為其生活於同一個時期，因此可能發展出一個共通的生命經驗與社會意識。例如，美國嬰兒潮（baby-boomers）的世代由1946-1964年世界大戰後出生的人構成，嬰兒潮世代的成長背景特殊，經歷過社會、政治和經濟的快速波動（李瑞金、盧羿廷，2005），他們的數量龐大且擁有較高的教育水準，在他們年輕時所界定的青年文化便成為主流；成年時，他們的消費模式支配市場；2012開始退休時，可以預期他們的需求將會對公共資源造成壓力。又例如，1950年的世代在大學期間共享越南戰爭時期，有特定的經驗與這段特有的歷史。

時期效應（period effects）源於特定的歷史事件，像是戰爭、憂鬱或激進的社會改變，經常影響整個族群在老化上之差異，且歷史的過程及事件可能經由社會全體而非單一年齡族群來促使態度及行為改變。舉例來說，當研究者發現在不同年齡層的人們的認知或日常生活活動表現有所不同，老年學家必須思考這個觀察是否由於年齡、世代或時期效應所造成，年紀較大的人認知功能若較差，有可能是老化所造成的影響，但也可能是較老的世代其所受之教育普遍較少，甚至有可能是某些關鍵的歷史時期所造成的效果。雖然這三個解釋觀點不容易被分開來討論，但使用不同之研究設計方法將有機會可以逐一拆解可能之解釋因素，反之，若以不夠嚴謹的設計進行推論，便可能造成研究結果推論上之嚴重偏差。

當長期追蹤資料且樣本有不同世代的分別時，便不能單純的使用年齡作為變項，並將其解釋為年齡愈長愈有怎樣的狀況，因為有可能是不同世代的影響。舉例來說，某一追蹤18年的研究想了解職業階級的不同是否影響自評健康，使用

成長模型（Growth Curve Model）。如果此研究沒有釐清年齡、世代及時期的交互作用影響，會促使成長模型中有兩個以上的重複曲線，因此需要使用交互作用了解主效果為何，只有使用年齡與時期、年齡與世代或世代與時期的交互作用影響，才能推估每個時間點較為正確的主效果為何；研究依序控制時期、世代與年齡的交互作用做最適模型分析，發現最適模型是以年齡與時期的交互作用為主要效果，世代的影響甚小；經過這樣的迴歸檢定後，成長模型的變項就會以年齡、時期以及年齡與時期的交互作用作為自變項（Chandola, Ferrie et al., 2007）。假設，如果做了最適模型分析發現三者皆會影響因果關係，則三個變項皆要放入迴歸模型中討論；且若是皆有效果的話，成長模型並不會像舉例的研究一樣，若只有年齡與時期的交互作用，所畫出的成長模型圖會是一條曲線，然而如果年齡、時期及交互作用皆有影響，則在成長模型圖中，不同世代的人在每個時間點上皆有一小段曲線，並透過每個人小段的曲線構成成長模型圖。

第三節　橫斷與縱貫性研究

一、橫斷性研究（Cross-sectional Design）

　　橫斷性研究設計是在某一特定時間所進行之研究。各國政府單位常利用橫斷性的調查，來了解國民的整體狀況，並依想要了解的狀況來進行問卷設計與樣本選取，例如衛生署定期針對全國抽樣所執行的國民營養健康狀況調查（Nutrition and Health Survey in Taiwan, NAHSIT），其目的便是希望可以透過不同年度的調查結果，了解國民在飲食營養、健康促進及疾病預防上是否有所變化。這一類的調查可以提供概況的描述，又例如，若想知道臺灣老年人在營養的知識、態度、飲食限制的態度與其行為，就可以利用老年營養健康狀況調查（Elderly Nutrition and Health Survey in Taiwan, ENHSIT）這種橫斷性的調查，來了解整體或是不同特質的老年人在這方面的狀況，並分別檢視不同年齡、性別、居住區域、教育程度的人在這些知識、態度，與行為上的不同，其結果就可用於政策的制定建議，例如在Lin等人的研究中，發現教育程度低的老年人在營養方面的態度與行為得分都較低，則在做營養衛教的政策規劃時，應該特別考量這些教育程度低的老年人，以改善他們在這方面知識缺乏的狀況（Lin and Lee, 2005）。

　　但要小心的是，我們在橫斷性研究中雖能看到差異，卻只能夠推論這兩者間具有相關性。而在沒有時間先後順序的情形下，很難做出因果關係的推論。因橫斷性研究只在單一的時間點進行研究，諸如探討老化、發病率等問題便無法呈現，且無法估計所得到的結果是否受到所採用資料的時間點之影響。使用橫斷性資料在單一時間點觀察不同年齡的人，並不等同於不同時間點上所觀察的單一年齡族群。因為我們不清楚年齡不同所代表的是老化過程的結果，或是生命歷程中的不同經驗帶來的結果。因此在老年學的研究中，利用橫斷性資料所得出的結果，要小心推論，並盡可能釐清是否混淆老化及世代效應或時期之影響。

　　橫斷性研究法雖然有上述缺點，但仍有其優點，它的優點包含在選取同樣數量的樣本上，研究所需要之經費較為低廉，從研究開始執行到結果的獲取上也相對較為快速，在一些需要較多樣本來代表整體狀況的研究上，橫斷性研究的特點使其在樣本取得上具有優勢。單一時間點的設計也可以避免縱貫性研究設計會碰到的樣本流失之問題（Victor, Westerhof et al., 2007），另外在流行率的估算上面，也必須採用橫斷法來推估。

出生世代 \ 年代	1955	1965	1975	1985	1995	2005	2015
1985							30
1975						_30_	40
1965					30	_40_	50
1955				30	40	_50_	60
1945			30	40	50	_60_	70
1935		**30**	**40**	**50**	**60**	**_70_**	**80**
1925	30	40	50	60	70	_80_	90

圖2-6　橫斷與縱貫研究之示意圖

（有底線部分為橫斷性研究，係比較同一時間不同年齡的人之表現；粗體字部分為縱貫性研究，係比較同一群人在不同時間之表現）。

來源：Victor, C., Westerhof, G. J., & Bond, J. (2007). Research aging. In J. Bond, S. Peace, F. Dittmann-Kohli & G. Westerhof (Eds.), *Ageing in Society* (3 ed., pp. 85-112). Thousand Oaks, California: Sage.

二、縱貫性研究（Longitudinal Design）

大部分的縱貫研究涉及追蹤一群人一段時期，這段時期可能從幾天甚至是整個生命全程都有可能。縱貫性研究的好處在於，由於其追蹤同一群人一段時間的關係，可以建立時間的先後順序，有助於因果關係的推論，在橫斷性研究中因果關係的推論較受到限制，但在許多研究議題中，其實研究者與讀者最有興趣的就是因果關係：究竟是什麼導致了什麼。縱貫性研究正可以幫助我們了解這些問題。以下分別列舉兩個常見的縱貫性研究設計，並以實例說明。

(一) 世代研究（cohort study）

　　在設計上分為前瞻性及回溯性兩種，前瞻性的研究可以應用在計算發生（病）率、死亡率、相對風險上，其方法是在一開始找尋一群健康的人，長期追蹤一段期間後，比較有暴露與未暴露的人，在發病率、死亡率的不同，並可將暴露或其他相關因子當作危險因子，依此計算相對風險，且在長時間的追蹤下暴露與疾病有前後的時間順序，所以較可推論暴露與疾病的因果關聯。舉例來說，Julie等人（Will, Williamson et al., 2002）研究長期體重變化對糖尿病風險的影響，便是採取此一設計，首先選擇一群之前都沒有罹患糖尿病的人，在追蹤13年後計算這些人在各種不同的暴露下糖尿病的發生率（這邊的暴露指的是體重減少或增加），發現有意識的減重會顯著地降低糖尿病的風險。

　　但是一些罕見疾病的發病率並不適合使用前瞻性的世代研究法，因為若發病個案過少，可能會使得研究結果產生偏差，尤其在老年人的研究中，會因更多樣本流失而導致研究結果偏差的情況更為嚴重。另外像是暴露後經過較長時間才會發病的研究，若要採用前瞻性世代研究法，可能會需要更長期間的追蹤，使得研究困難度增加，如想研究童年時期的經歷對晚年失智症的影響，這樣的研究就較適合採用回溯性的世代研究設計，先比較發病與未發病的個案，再往前回溯探討其在發病前暴露的狀況，罕見疾病也是使用回溯性的設計較為恰當。

　　世代研究的測量上，若採用前瞻性的設計，則在追蹤期間內，至少需要追蹤兩個時間點以上的測量，而回溯性的研究設計雖然也是描述同一群人的長期改變，但由於可以請樣本回想過去的狀況，所以不一定需要兩個時間點以上的測量也可以看到長期的改變狀況，但回想的準確性是回溯型研究可能的研究限制。

(二) 存活研究（survival study）

　　存活分析除了可用於了解發生的機率外，更關心的是存活時間（從收案到發生事件的時間）。舉例來說，Luo等人使用2002～2008年美國全國健康與退休調查研究（Health and Retirement Study, HRS）的調查資料，該調查為美國大型的追蹤資料庫，不僅歷史悠久（最早從1992年開始），亦包含5個出生世代的中老年人，現今已有超過3萬人的樣本（Vasunilashorn, Glei et al., 2011）。Luo針對2101位50歲以上的中老年人，探討這群人2002年的孤寂感（Loneliness）與其後續追蹤時死亡風險的關聯性。經由參數風險模型（Parametric hazard models）所估計的結果發現，在控制了社會人口學與行為因素後，使用存活分析中常用的Cox hazard models來推論孤寂感與死亡風險之間的關聯，發現 2002年孤寂感分數與其存活時間有關（Luo, Hawkley et al. 2012）。

縱貫性研究在與行為相關的老年學研究有幾個優點。首先，我們可以經由長期調查同一群樣本，觀察到樣本特性隨著時間的改變。這些改變可以是連續的，或可能從一種類型轉到另一種類型；第二，縱貫性研究可以幫忙釐清個人的差異與個人隨時間的差異（interindividual variability in intraindividual change）。例如，利用成長曲線模型（growth curve model）我們有機會可以釐清扣除個人隨時間變動的改變外，真正造成個別差異的原因。第三，縱貫性研究可以提供各種改變與改變間相互關係的探討。例如，我們想探討糖尿病人體重改變的類型，與後續失能曲線的關係（Chiu, Wray et al., 2013），了解這些變化與變化間的相關，必須使用縱貫性研究。第四，可以幫助了解個體老化的決定因子，或是釐清可能的因果關係。例如，兒童時期的家庭或行為因子如何決定老化的各種軌跡。

不過長期資料的問題包含潛在變項（latent constructs）與測量變項（observed variables）相關不變性、樣本的流失（attrition），跟再測或記憶效果（retesting effects）等議題。此外，一般的縱貫性研究其研究結果也經常無法拆開老化及時期混淆的效應，例如，研究追蹤一群人從中年至老年對於同性戀結婚之看法，發現隨著這群受試者年紀變大，對於同性戀結婚有較多比例持贊成的看法，這樣的結果可能同時受到年齡的影響，也可能受到時期的因素。

附帶一提的是，從同一母群中長期的抽取不同樣本之研究，雖然跨越不同時間點，但因選取不同樣本作研究，並不屬於縱貫性研究，而屬於趨勢研究

（trend study）。趨勢研究可以看到整體狀況的變遷，像是衛生署所執行的國民營養健康狀況調查（Nutrition And Health Survey in Taiwan, NAHSIT），這一類重複的橫斷性調查，可以應用在趨勢研究上，而縱貫性研究則是可以看到同樣的樣本，整體層次與個人層次的改變。

三、序列設計（Sequential Design）

序列設計最早由西雅圖長期研究（The Seattle Longitudinal Study）之主持人Schaie所提出（Schaie, 1967）。序列設計結合了橫斷與縱貫設計之理念，並藉由樣本不同之收取順序與安排，提供可以精確地辨別年齡、世代及時期效應之研究結果。以簡單的例子來說，一個序列設計可能開始於簡單的橫斷性研究，這些初始受試樣本在後續的一個時間點再被測驗，以提供縱貫訊息，在第二個時間點有二個或更多新世代被召募，並在後續時間點被長期追蹤，以此類推，在每個測量時間點，增添新的世代。只要這研究持續，這個循環則繼續，使用這精緻類型的研究的研究者便可評估對於年齡、世代及時期效應上的不同貢獻。

如同圖2-7所示，序列設計其中又分為世代序列設計（cohort sequential design）、時間序列設計（time-sequential design），以及跨序列設計（cross-sequential design）等三種不同之資料蒐集方法以用來解決不同之研究問題。其中，世代序列設計主要用來區分年齡與世代之差異，不過世代序列設計之基本假定是時期（period）的影響效果幾乎不存在；時間連續設計則在假定世代效果不顯著的情況下，可以用來區分年齡與時期之影響；而跨序列設計則嘗試用來區分世代與時期之效果（Schaie, 2005）。

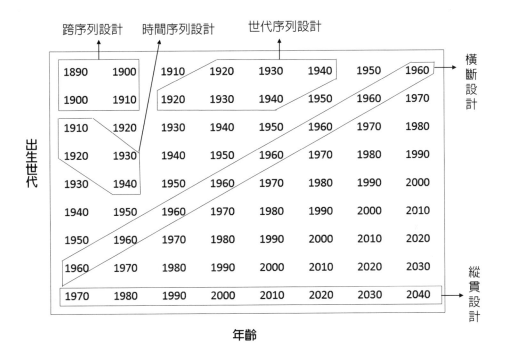

圖2-7　序列設計之示意圖

來源：Schaie, K. W. (2005). Methdological Issues. In K. W. Schaie (Ed.), *Developmental Influences on Adult Intelligence* (pp. 20-37). New York: Oxford.

　　以跨序列設計舉例來說，我們可以研究年齡及世代在認知功能上之影響，當我們使用序列設計，比較二個縱貫研究，一個為1985年至1995年之間，另一個為1995年至2005年之間，這兩個縱貫性研究便可以比較出生於1925年該世代在60歲至70歲之間的認知功能改變，以及較晚出生之世代，在60歲至70歲之間認知功能之改變，因此可以讓我們了解同樣是60歲至70歲，十年的認知功能改變在不同時期是否有差異。再以世代連續設計舉例來說，研究者在1920至1940年二十年的期間，若同時觀察兩個世代的群體，這兩群體便包含1880及1990出生之世代，則雖然觀察時間僅有二十年，但卻可以擁有30至60歲之成人變化之資料，且有機會可以藉由觀察同樣是40歲時不同出生世代的人之表現是否不同。

　　另一個在臺灣中老年人失能軌跡的研究例子中（Chiu, Wray et al., 2011），

便是採取序列設計，資料來自於臺灣中老年身心社會生活狀況長期追蹤調查
（Taiwan Longitudinal Study on Aging, TLSA），這一個長期追蹤調查，自1996
年到2003年，共三波的調查，原本一開始的樣本只包含60歲以上的人，但在補
充樣本也被納入後，研究年齡擴大到50歲以上，在這些50歲以上的樣本依照其
所屬樣本群體，以一開始的年齡做分組，每5歲歸入一個世代，在描繪失能軌跡
的時候，將每個世代各描繪出一條軌跡，且追蹤期間長達7年，所以51-55歲世代
提供後續7年內的資料，其所描繪出的失能軌跡可以代表51-62歲的中老年人之
失能狀況，而下一個56-60歲世代，同理也可以描繪出代表56-67歲失能狀況的軌
跡，在這兩條失能軌跡中，可以看出會因爲年齡增加而有更嚴重的失能，這是失
能狀況在年齡效應的部分。除此之外，兩條失能軌跡在56-62歲有所重疊，研究
者可以利用重疊的部分來比較這兩組不同世代的人，同樣在56-62歲時的失能狀
況差異，這一類型研究設計最大的好處，就是可以辨別年齡效應以外的世代效應
與時期效應的影響，而縱貫性研究設計，因爲只有長期追蹤同一群人，所以無法
辨別不同世代間是否會有不同的狀況。在應用上還可在較短的追蹤期間內，拼湊
出較長的老化失能軌跡，如同上述研究中，雖然只有追蹤七年的時間，但卻可以
將51-104歲的失能軌跡都描繪出來，在老年學的研究中，這樣的研究設計可以讓
研究者得以在更短的時間內完成廣泛年齡層的老化研究。

第四節　眞實驗與準實驗設計

　　實驗性設計（experimental design）不僅廣泛運用於動物實驗中，在許多臨床的或心理學的老化相關研究中也經常使用。事實上，只要涉及介入或改變（manipulate）則屬於實驗性研究。實驗性研究根據是否有進行隨機分派（randomization）又可分爲眞實驗設計與準實驗設計。

一、（眞）實驗設計

　　在老年學研究中所使用的實驗設計與所有其他科學之實驗設計是一樣的，也就是至少一個操作變項和單位是隨機分配到不同級別或類別中（Cavanaugh and Whitbourne 1999; World Health Organization, 2013）。隨機化（randomization）在實驗設計中扮演重要的角色，隨機分配意味著每個分析單位（這個單位可能是個人、家庭、社區或機構），在研究中必須有相同機率被分配至實驗組或對照組。隨機分配的作用在於控制外在因素（extraneous variables），外在因素就是研究所關注變項以外，不被觀察到或操作的其他變項。所以利用隨機分配降低外在因素，使獲得的研究結果，便是建立在「當所有其他因素相等」下所觀察到的。

　　舉例來說，假設我們有興趣了解近年來推出的連續性血糖監測器（Continuous Glucose Monitoring）對於糖尿病人的血糖控制是否有正面之影響，我們便可抽取適當數量之研究對象，將研究對象透過隨機化的原則，將樣本隨機分配，使實驗保持在客觀的基礎上。例如，可依丟銅板的結果做樣本分組依據，因爲丟銅板的結果屬於隨機無法控制且正反面機率相同，將銅板正面的樣本分配至實驗組，銅板反面的樣本分配至對照組，其中，實驗組均配戴連續性血糖監測器，但對照組則不提供這項新型儀器，之後每隔三個月便監測血糖控制變化，了解實驗組表現是否比控制組好。

在實驗研究中，變項的設定和操作相當的重要。例如，實驗室中的研究環境，可能會造成研究結果無法推論至其他情境的結果；所以，在研究設計上，必須先選擇適合的情境設定及研究問題，透過變項定義及操作獲得預期結果。主要研究變項的操作，需要考慮變項在此研究中能夠達到的預期結果為何、因果關係是否存在，以及在此研究情境下，變項設定是否需要被調整。以藥劑效果與年齡為例，digoxin是心臟血管系統用藥，主要使用於抗心律不整，藥物劑量在年輕人或中年人身上具有治療，但在老年人身上，因為老化使得藥物代謝減緩、藥物半衰期延長，若使用同樣劑量可能會是無效，甚至是有毒，所以要降低劑量使用（Cavanaugh and Whitbourne, 1999）。因此，了解每一種變項對於不同年齡層的人是否意味著同一個概念或效果，在老年醫學研究關注這些問題是特別重要。

另外，除了變項的定義，區別自變項與依變項也很重要。例如，年齡不能成為一個獨立的自變項，因為年齡不能操作，也不能隨機分配。因此，研究較少會以檢查年齡因素對某特定群體行為的影響作為實驗研究，在最好的情況下，我們只能找到與年齡相關的自變項對依變項的影響。另外，若兩種不同層次的自變項之間的關係是依賴第三個變項成立，則代表有交互作用的影響。例如，當我們發現血糖連續監測器的使用與男性及較低的糖化血色素（Hemoglobin A1C）有關，但女性則沒有這樣的關係，此即代表我們的實驗變項與性別有交互作用，亦即，血糖連續監測器對於血糖控制的效果依性別而有所差異。

除使用單純的實驗組與對照組外，也有二組以上的實驗設計，例如，想要了解如何運用高科技教育老年人開車技巧，有證據指出直接上路開車指導老年人開車比在課堂上上課來的有效；為了了解是否運用影片及GPS能更有效幫助老年人開車技巧與安全，所以研究就將參與的54名70-89歲老年人隨機分配成三組，三組為教育組、影片組及控制組，且測驗分為春秋兩個季節四個階段進行且確保道路環境是相同的，在第一年的春天及秋天進行前側，過後接受介入教育，教育組及影片組會共同上傳統的課堂交通教育，透過影片指導錯誤的駕駛方式如何改正，而影片組除了共同上課外，還有額外的一對一教育，先透過影片一對一指導錯誤駕駛方式如何改正後；在隔年的春秋進行後側，發現，教育組的開車狀況比控制組好，但影片組的開車狀況比教育組好、錯誤開車情形也降低許多，這樣的研究結果顯示了對於老年人的開車教育，除了課堂外，親身參與及影片教學是非常有用的（Porter, 2013）。

　　由舉例可知，透過隨機分配組別，可以控制外在因素，並透過不同的實驗設計了解怎樣的介入方式及因素才是影響老年人行為改變（或產生）的因子。

二、準實驗與非實驗（統計）設計

　　在許多情境底下，研究者因受限於現實或倫理的考量，無法採用隨機分配將受試者分配至實驗組或對照組，此時研究者就需使用準實驗設計。準實驗和真實驗設計之間的主要區別是——對於實驗組與控制組的分派是否以隨機化進行（Mayeda, Haan et al., 2013）。儘管準實驗設計無法完全控制影響實驗效果的干擾變項，但此兩種實驗設計方法在老年學研究中仍扮演重要角色。例如，研究人員可能需要對某一特定社會服務計畫的有效性進行評估，如果在開始時樣本不被隨機分配到各組，此評估程序（或研究）將構成一個準實驗設計。又例如當我們必須評估一種新的急救方式是否可以增加急診老年人的存活率時，受限於倫理的考量，我們無法採用將病患作隨機分派，強迫急救人員對一半的病人執行舊的急救方式以成為對照組。因此我們只能比較在執行新的急救方式後（實驗組）與執行新的急救方式前（對照組）病患存活率的差異。在這樣的設計中，我們並未將病患隨機分配，因此屬於準實驗設計。

　　非實驗設計在實驗設計的分類中又稱為統計設計，係以統計方式控制並分析外在變數之設計。在非實驗設計中，研究所關切的事件（起因）並不是由研究人員安排產生，在沒有任何變項被操作的情形下，研究方式是記錄群組之間的差異，並比較兩組差異。例如，想了解綜合維他命是否會影響病情，若是實驗設計，則由研究者找來兩群病人，使用隨機分配分為實驗組及對照組，了解服用綜合維他命的效果；但如果是非實驗（統計）設計，則是由研究者藉由查閱病歷了解哪些病人有服用綜合維他命哪些沒有，藉此比較兩者差異。如前所述，橫斷以及縱貫性設計中許多相關的研究便屬於非實驗（統計）設計。在老年學研究，準實驗與非實驗設計都是常見的。

第五節　研究品質

一、信度與效度

　　信度是指針對同一群受試者，使用相同的測量工具重複測驗，所測量出來的結果相同，代表著該測量工具有其穩定性及一致性。穩定性是指在不同時間點重複衡量相同的事物或個人，比較兩次衡量的相關程度；穩定性高的問卷表示一群人在不同時空下接受同樣的衡量工具時，結果的差異很小。一致性是指在測量的各個項目之間具有一致性或內部一致性；一致性高的研究工具表示測驗的項目（題目）與測驗的功能、目的是一致的。

　　有四種方法可以檢測研究工具的信度，分別為再測信度（Test-retest method）、複本信度（parallel-forms reliability）、對分法及專家信度。再測信度是指用同種測驗對同一群受試者，運用前後測的方式測試信度，其目的在於了解不同時間使用此研究工具是否可信。複本信度是一套研究工具，擁有兩種以上複本（題目不同，內容相似），讓同一群受試者測試不同的複本，了解不同形式內容的測試是否信度相同。對分法信度是使用在沒有複本且只能做一次實驗的研究上，可將題目分成兩半計分，目的在於了解一個題目是否只能表示一個構面。最後的專家信度是由該研究工具領域之專家檢定問卷。

　　效度是指測量工具、研究資料的正確性，及研究測量是否具備真實意涵。一般研究方法有三種方法檢測研究效度，分別為內部效度、外部效度及統計效度，而研究工具的研究效度有三種方法檢視，分別為預測效度、建構效度及內容效度，透過效度的檢測讓研究者進行有效的實質性推論。

　　首先，內部效度是指實驗可以排除干擾因素，驗證真正因果關係的能力。內在效度會受到歷史（實驗時所發生的事件）、樣本個人身心成熟度、熟悉檢測內容、測量工具問題、統計迴歸、無隨機分配、樣本受損（減少）、因果關係的時間次序問題等原因影響。所以在準實驗設計和非實驗設計（這兩者都在前面章節中有詳細描述）中，容易受到因子影響，產生內部效度問題，故在實驗設計時，就須對自變項、依變項及樣本做操作，降低內部無效度問題。

外在效度表示實驗結果是否可以推論到研究對象以外的其他人，或研究情境以外的情境；如果適用性及代表性愈大，代表著實驗的外在效度愈高；影響外在效度的因素包含了樣本代表性、研究時間及研究情境等。統計結論效度就是正確運用統計方法解釋研究的程度，必須使用正確的統計推論及假設檢定，才能使結果具有意義。

研究工具的效度測試有三種。第一種，建構效度，又稱構念效度，是指一份測驗能夠測出某種理論概念或特質的程度。測驗的概念或特質通常是一個行為或理論，所以不能以單一項目測試，例如，測試憂鬱症、學業性向。通常會使用因素分析（Factor Analysis）來分析建構效度，如果測驗結果與理論所說相符，便表示這項測驗工具具有建構效度。第二種是預測效度，又稱為效標關聯效度，是指測量分數與預期表現（預期行為）的關聯程度；若測驗分數與預期行為的相關愈高，代表著預測效度愈高。第三種是內容效度，也就是測驗內容的項目間是否有相關，可藉由此方法了解項目內容有無周全。例如，測量老年歧視，但項目間卻出現與老年歧視較無關係的項目，或是納入不是研究主題的歧視相關項目。

因此，研究設計會解決信效度問題，並提出明確的測量方式、研究假設及統計方法，避免導致不正確的研究結果。

二、隨機誤差（Random Errors）與系統誤差（Bias）

隨機誤差（Random errors）的產生是無法預期及不可避免的，其又會被稱之為抽樣誤差。隨機誤差通常會存在於任何研究中，可能會因受試者填答問卷的時間點不同而有誤差，但此誤差是隨機造成的，對研究結果的傷害性較小，所以隨機誤差是可以被接受的。但若是系統誤差（bias）就會對研究結果造成影響。系統性誤差又稱偏誤，偏誤的原因在於人為操作或觀測錯誤，以及實驗設計有誤，而產生錯誤的研究結果。所以研究者可以經由較佳的研究設計來縮小偏誤的潛在性，及依據所使用的工具及方法來維持研究資料品質，例如深度晤談或調查。另外，結構方程模型（Structural Equation Modeling）在估計變數之間的相關，也同時估計隨機誤差的效果，提供研究更精確之結果；階層線性模式（Hierarchical linear modeling, HLM）的隨機誤差項分為階層一（level one）與階層二（level two），利用放入不同變項後隨機效果、殘差的變化，以及可從中計算錯誤減少的比例（proportion of reduction），來了解模型適配度是否因此而改善。

三、回覆率及樣本損耗（Response Rates and Sample Attrition）

回覆率為邀請加入研究的人們以及確實同意加入研究之百分比相關連；樣本損耗（sample attrition）則為在長期研究中追蹤的流失（loss to follow-up）。沒有回覆（non-response）可能源於不同原因，有些人對於研究主題沒有興趣，或不信任建立此研究的組織，或者有些人發現沒有時間或因為身體功能變差以致於沒有參與，如果樣本流失的原因是綜合而隨機的（Missing Completely At Random, MCAR），則對於研究沒有威脅。當受試者拒絕參與或樣本流失的原因和研究所欲測量的因素有關且無法估計時（Not Missing At Random, NMAR），研究之效度可能被嚴重威脅。例如：探討糖尿病衛教與憂鬱的關係，發現長期參與衛教的糖尿病人憂鬱分數較低，若無法釐清是否參加糖尿病衛教的次數與憂鬱及退出研究本身是否有關，此時估計將是偏誤的。沒有回覆的問題可能不止導致系統錯誤，當不同團體由於不同理由拒絕時，團體間的比較可能也是偏誤。不過如果拒絕參與或樣本流失參與，和我們所欲測量的因素有相關，且可以藉由其他變項被估計（Missing At Random, MAR），則只要利用適當之統計估計方法，例如結構方程模型（Structural Equation Modeling）、遺漏值估計（Multiple Imputation），或最大概似估計法（Maximum Likelihood based）方法，像是多階層模型（Multilevel Modeling）便可排除可能的誤差。

　　在決定縱貫性研究品質時，信效度、抽樣過程以及沒有回覆之定義的議題是重要的，研究者除了在研究設計上要注意這些問題外，在推論研究結果時，也須注意研究結果的正確性。

第六節　結論

　　近20年來，由於統計與方法學的進步，我們已經可以利用世代序列設計（cohort sequential design）的概念，只要利用數個短期的追蹤研究，就可以拼湊出人群老化長期的樣貌。另外，結合生命歷程流行病學（life course epidemiology）[1]（Ben-Shlomo and Kuh, 2002）的基本概念及生物心理社會模型（biopsychosocial model）之概念架構，過去對於老化相關的影響因子、以及各種老化現象在不同人群中隨著年齡改變的類型與機轉我們都能藉著曲線（trajectories）的概念獲得解答。例如過去以橫斷性研究來看認知功能與年齡的關係，我們很容易發現年紀越大的人，認知功能的分數較低，但事實上年紀較大的人其所代表的分數，已經包含世代效果及老化效果的混淆；亦即，較老的世代，本來受的教育就較少，因此普遍分數較低，因此我們所看到的較低的分數，不僅跟老化有關，也跟世代有關。有鑑於此，與老化相關的研究，特別著重利用長期追蹤的資料，例如探討改變的斜率，我們才能夠真正了解年齡變化所帶來的現象（effects of aging perse）。

　　此外，因為跨領域的研究趨勢，不同領域的研究人員想蒐集的變項亦趨多元，大型長期資料庫提供了這些優勢，能跳脫於單一研究學者自己收案的限制，在目前跨領域研究上有不可取代的重要性。然而資料庫的分析仍有許多的挑戰，例如，串聯資料庫的能力、處理遺漏值的能力、潛在（抽象）變項、重複觀測、處理複雜抽樣之分析、以及解決因果路徑分析等等。另外，地理資訊系統（GIS）以及整合性資料（Integrative Analytic Methods）的分析技術，重複觀測模型、分層數據（Hierarchical Data）、潛在因素（Latent Exposure）、或多個交

---

[1] 生命歷程的觀點在社會學和心理學已經歷史相當悠久，但它在老年醫學上相對處於起步階段。在老年學的研究裡，生命歷程的方法類似於社會流行病學的看法，帶領研究人員思考許多眼前所看到的生理的狀況，是如何透過不同時期潛在的健康相關的社會環境決定因子產生影響（Lynch and Smith, 2005）。例如，在人生不同階段的社會經濟因素可能透過生物或心理之機轉，不斷累積，並造成老年時期不同的健康風險。

互作用的影響，都是長期資料分析人員需要不斷精進的課題。利用許多較高階的統計，例如結構方程模型（Structural Equation Model）、多階層模型（Multilevel Model）、潛在成長模型（Latent Growth Curve Model）、潛在類別變化分析（Latent Class and Latent Transition Analysis）、或馬可夫和圖形鏈模型（Markov and graphical chain model）有機會可以處理這些議題，因此在老年學研究中顯得相當重要。

　　質量性混合研究（亦可稱混合方法取向研究，Mixed-Methods research）亦是近年來受重視之研究方法，雖然量性研究與質性研究為兩種不同的研究取向，但兩者並非全然互斥，是可相輔相成。質性研究是一種避免以數字來詮釋，重視社會事實的取向，研究者對人、地方等軟性（soft）資料進行深刻描寫（thick description）或訪談，從蒐集的資料中精粹出有價值的材料，且利用這些材料對所研究的社會現象或行為進行全面、深入式的理解。常見的質性研究方法有訪談法、焦點團體討論（focus group discussion）、文獻法、民族誌（ethnography）、扎根理論（grounded theory）方法、敘事分析（narrative analysis）、行動研究……等，端看研究者依照研究主題自行決定（Creswell, 2004）。

　　量性研究者會選擇質性研究方法，常因為研究所處的階段尚不便採行計量的方法，因此質性研究亦被視為整個研究的前導部分。但當研究探討之議題包含行為或事件，此時質化資料既可補足數字所不能充分傳達的部分，或對事物提出因果性的說明。亦即量性研究通過統計分析而發掘到可能的因果關係，不過其所揭露的結構常有相當的侷限性，但透過質性資料的詮釋，往往能補足被抽離的脈絡，使整個因果結構變得完整。

　　舉例來說，Barg等人招募102位65歲以上的老人，除了利用計量分析去探討訪談前一週是否有感到孤單與憂鬱情緒、悲傷和無望感的關聯性，並採取共識分析（consensus analysis）、半結構式的訪談（semi-structured interviews）與扎根理論方法，了解高齡者對老年憂鬱的想法與經驗（Barg, Huss-Ashmore et al., 2006）。其結果不僅能了解到當高齡者在受訪前一週產生孤寂感，則其憂鬱狀態、焦慮、無望感的分數皆顯著較高。且進一步可知曉有將近三分之二的高齡者談到憂鬱時自然而然會聯想到孤單，並從訪談中得知部分高齡者認為孤寂感是伴隨著年齡老化而來，亦有部分提及孤寂者應對自己陷入孤單的狀態負責，或者有人指出感到孤單是走向憂鬱症的最後一道關卡。

　　由上述可知，質量性混合研究特別適合在探討含括社會心理、行為的議題上，不僅能提供數據的佐證，亦能道出數字背後所代表的意涵。尤其老年學研究通常涵蓋自然科學與社會科學兩大領域，因此了解質量性混合研究之取向有其必要性。

參考書目

一、英文部分

Arnold, H. J. (1982). "Moderator variables: A clarification of conceptual, analytic, and psychometric issues," *Organizational Behavior and Human Performance*, 29(2): 143-174.

Barg, F. K., R. Huss-Ashmore, M. N. Wittink, G. F. Murray, H. R. Bogner and J. J. Gallo (2006). "A mixed-methods approach to understanding loneliness and depression in older adults," *The Journals of Gerontology Series B: Psychological Sciences and Social Sciences,* 61(6): S329-S339.

Baron, R. M. and D. A. Kenny (1986). "The moderator-mediator variable distinciton in social psychological research: conceptual, strategic, and statistical considerations," *J Pers Soc Psychol*, 51: 1173-1182.

Ben-Shlomo, Y. and D. Kuh (2002). "A life course approach to chronic disease epidemiology: conceptual models, empirical challenges and interdisciplinary perspectives, " *Int J Epidemiol,* 31(2): 285-293.

Cavanaugh, J. C. and S. K. Whitbourne (1999). Research Methods, Gerontology: An Interdisciplinary Perspective, J. C. Cavanaugh and S. K. Whitbourne. New York, Oxford University Press: 33-64.

Chandola, T., J. Ferrie, A. Sacker and M. Marmot (2013). "Social inequalities in self reported health in early old age: follow-up of prospective cohort study, " *BMJ*, 334(7601): 990.

Chiu, C.-J., L. A. Wray and M. B. Ofstedal (2001). "Diabetes-related change in physical disability from midlife to older adulthood: Evidence from 1996–2003 Survey of Health and Living Status of the Elderly in Taiwan, "*Diabetes research and clinical practice*, 91(3): 413-423.

Chiu, C. J., L. A. Wray, F. H. Lu and E. A. Beverly (2002). "BMI Change Patterns and Disability Development of Middle-aged Adults with Diabetes: A Dual Trajectory Modeling Approach, " *J Gen Intern Med*.

Creswell, J. W. (2004). 研究設計：質化、量化及混合方法取向(Research Design: qualitative, ruantitative, and mixed method approaches 2nd ed.), 學富文化(原著2004年出版).

David P. MacKinnon, J. L. K. a. C. M. L. (2002). "Equivalence of the Mediation, Confounding and Suppression Effect. " *Prevention Science*, 1(4): 173-181.

Dorynska, A., A. Pajak, R. Kubinova, S. Malyutina, A. Tamosiunas, H. Pikhart, A. Peasey, Y. Nikitin, M. Marmot and M. Bobak (2012). "Socioeconomic circumstances, health behaviours and functional limitations in older persons in four Central and Eastern European populations, " *Age and Ageing*, 41(6): 728-735.

Ford, E. S., E. B. Loucks and L. F. Berkman (2006). "Social integration and concentrations of C-reactive protein among US adults, " *Annals of Epidemiology*, 16(2): 78-84.

FRANK, K. A. (2000). "Impact of a Confounding Variable on a Regression Coefficient." *Sociological Methods Research*, 29 (2): 147-194.

Hatfield, J. P., J. K. Hirsch and J. M. Lyness (2013). "Functional impairment, illness burden, and depressive symptoms in older adults: does type of social relationship matter? " *International Journal of Geriatric Psychiatry*, 28(2): 190-198.

Lin, W. and Y.-W. Lee (2005). "Nutrition knowledge, attitudes and dietary restriction behaviour of Taiwanese elderly," *Asia Pacific journal of clinical nutrition*, 14(3): 221-229.

Luo, Y., L. C. Hawkley, L. J. Waite and J. T. Cacioppo (2012). "Loneliness, health, and mortality in old age: a national longitudinal study. " *Social Science & Medicine*, 74(6): 907-914.

Lynch, J. and G. D. Smith (2005). "A life course approach to chronic disease epidemiology, "*Annu Rev Public Health*, 26: 1-35.

Mayeda, E. R., M. N. Haan, A. M. Kanaya, K. Yaffe and J. Neuhaus (2013). "Type 2 Diabetes and 10-Year Risk of Dementia and Cognitive Impairment Among Older Mexican Americans, " *Diabetes Care*.

Pinquart, M. and S. Sorensen (2006). "Gender differences in caregiver stressors, social resources, and health: An updated meta-analysis, " *Journals of Gerontology Series B-Psychological Sciences and Social Sciences*, 61(1): P33-P45.

Porter, M. M. (2013). "Older Driver Training Using Video and Global Positioning System Technology-a Randomized Controlled Trial." *Journals of Gerontology Series a-Biological Sciences and Medical Sciences*, 68(5): 574-580.

Schaie, K. W. (1967). "Age Changes and Age Differences, " *Gerontologist*, 7(2p1): 128-&.

Schaie, K. W. (2005). Methdological Issues. *Developmental Influences on Adult Intelligence.*, K. W. Schaie. New York, Oxford: 20-37.

Shrout, P. E. and N. Bolger (2002). "Mediation in experimental and nonexperimental studies: New procedures and recommendations, " *Psychological Methods*, 7(4): 422-445.

Stone-Romero, E. F. and P. J. Rosopa (2011). "Experimental Tests of Mediation Models: Prospects, Problems, and Some Solutions, " *Organizational Research Methods*, 14(4): 631-646.

Vasunilashorn, S., D. A. Glei, C. Y. Lan, R. Brookmeyer, M. Weinstein and N. Goldman (2011). "Apolipoprotein E is associated with blood lipids and inflammation in Taiwanese older adults, " *Atherosclerosis*, 219(1): 349-354.

Victor, C., G. J. Westerhof and J. Bond (2007). " Research aging", *Ageing in Society*, J. Bond, S. Peace, F. Dittmann-Kohli and G. Westerhof. Thousand Oaks, California, Sage: 85-112.

Whitson HE, L. L., Newman AB, Fried LP, Pieper CF, Cohen HJ (2010). "Chronic Medical Conditions and the Sex-based Disparity in Disability: The Cardiovascular Health Study, " *The Journals of Ger-*

ontology Series A: Biological Sciences and Medical Sciences, 65A(12): 1325-1331.

Will, J. C., D. F. Williamson, E. S. Ford, E. E. Calle and M. J. Thun (2002). "Intentional weight loss and 13-year diabetes incidence in overweight adults, " *Am J Public Health*, 92(8): 1245-1248.

World Health Organization (2013). "Diabetes, " Retrieved May 28, 2013, from http://who.int/mediacentre/factsheets/fs312/en/index.html.

二、中文部分

李瑞金、盧羿廷（2005）〈嬰兒潮世代婦女老年生活準備之初探與因應〉《社區發展季刊》，110，頁111-127。

第二篇

老年醫學：老化與疾病

第三章　老年醫學概論

/ 張家銘

第一節　前言

　　根據世界衛生組織的定義，健康在本質上除了沒有疾病或虛弱不適（disease or infirmity）外，尚須包括身體上、心理上和社會上的安適（well-being）狀態。因此，健康不應單只是沒有疾病的身體健康，也應有更完善的心理及社會的健康狀態。

　　依據中央健康保險局2013年全民健康保險的統計顯示，65歲及以上的保險對象雖占臺灣總保險人數的11.3%，但醫療費用卻占門診病患的30.6%及住院病患的43.8%。且平均每件醫療費用，不論門、住診均隨年齡增長而上升（衛生福利部中央健康保險署，2013）。因此隨著老年人口及慢性疾病增加，老年醫療照護的重要性也隨之提高。老年人常有多種慢性病、有最高比例的失能、併有心理社會問題，以及較常有長期照護的需求等，故代表著最脆弱且有增加使用急性及慢性照護服務的危險群。然而，現今的醫療體系對於老年人仍僅著重於疾病（特別是急性疾病）的治療，但對於慢性疾病與功能方面的照護（如活動功能與心智功能）卻不太重視。在罹患急性疾病時，老年病患常易喪失活動功能的獨立性，而有較差的預後，如延長住院天數以及需接受機構式照護。活動功能的維持並非醫院的照護重心，但其對於老年病患的生活品質、身體功能的獨立性、照護的花費以及預後卻具有決定性的影響，特別是對於患有急性疾病或是身體衰弱的老年人來說特別重要，因為他們是功能退化及接受機構式長期照護的高危險族群。

第二節　老年與老化

一、老年

生物個體的年齡可由時間年齡（chronological age）及生理年齡（physiological age）兩方面觀之。時間年齡是根據出生日期所計算出，而生理年齡則是衡量生理功能及健康狀況來決定，另外人的年齡尚有心理年齡及社會文化年齡的描述方式。一般習慣將時間年齡 ≥ 65歲以上即定義為老年，但這個定義主要是為了行政管理及統計上的方便，缺乏醫學層面上的考量。相對而言，從生理功能上來評估較能實際代表個人的老化程度，然而不僅相同時間年齡的不同個體，其生理年齡會有所不同，即使同一個體內的不同器官系統，其生理年齡也會有差異。以65歲作為「老年人」分界點之始，可能是源自於19世紀80年代，德國前身之普魯士的鐵血首相俾斯麥（Otto von Bismarck）為緩和社會民主運動、推動其國家社會主義並攏絡勞工階層，而制定了許多保障工人的措施，建立了世界上最早的工人養老金、健康和醫療保險制度，及社會保險；也因此訂下超過65歲者可享國家社會提供之老人福利服務，然而當時普魯士帝國的平均壽命僅約45歲。

二、老化

老化是必經的自然過程，指的是生物體的各個層面、層級（系統、器官、組織、細胞、胞器乃至更小的組成單位）等，隨著時間經過而出現機能衰退或減弱之現象。從較通俗實用之說法來看，老化可視為生物體隨著年齡之增加，身體出現一系列生理機能和形態方面的退行性變化之總合。老化的發生有下列基本原則（簡稱CUPID）：累積性（Cumulative）、普遍性（Universal）、漸進性（Progressive）、內外因性（Intrinsic & extrinsic）、傷害性（Deleterious）（Strehler

BL. 1982）。

　　老化現象造成老年族群間彼此健康狀態及老化程度的歧異，且隨年齡增加，歧異性會更加明顯。當一個生物體老化的過程依循所屬族群的平均值或範圍，稱爲常態的老化（usual aging）。常態的老化除了眞正屬於老化本身的影響外，往往還受到飲食、環境、生活形態、失用（disuse）或潛在性疾病等其他因素的影響。（圖3-1）一個生物體在老化的過程中，若能修正上述的危險因素，將其所造成的衰退影響減至最小，再加上積極的社會參與，則可達到成功的老化（successful aging）的境界。大致而言，老化是指「一個生物體隨著時間經過，所發生之所有不能歸因於疾病之改變的總和」（陳人豪、嚴崇仁，2003）。

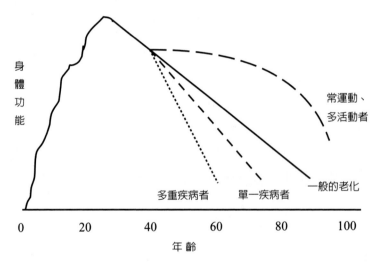

圖3-1　運動與疾病對於老化與身體功能的影響

　　人類的老化非僅爲生理上的改變，還包括許多非生理上的喪失，像是社會角色的喪失（退休）、收入的減少，以及親戚朋友的失去（如親朋死亡、本身行動不便而無法外出訪友等），也包括許多害怕與擔心，如個人安全、經濟來源的不穩定，以及長期需依賴他人等心理或情緒問題。此外，老年人常因感官或運動功能的衰退、長期慢性疾病問題、急性疾病影響以及活動程度減少，而容易出現日常生活活動功能的障礙；而活動功能障礙又更降低活動程度而造成惡性循環，最後喪失日常生活活動功能的獨立自主性（independency / autonomy），影響健康及生活品質。因此一位健康的老年人需具備四方面的健全狀況：健全的生理狀況、健全的心理狀況、健全的社會及經濟狀況，以及正常的日常生活功能。而探討老年人健康的議題，除了與年輕人一樣，要注意生理上的健康以避免疾病或死亡之外，老年人也需要注意心理及社會等各方面的健康，特別需要具備良好的功能狀態（functional status），其目的在使老年人能維持良好的日常生活活動功能，不需依賴他人而具備日常生活上自我照顧（self-care）及獨立自主的能力，方能符合健康生活與生命基本的需求。

第三節　老年病症候群及羸弱

一、老年病症候群

　　如同「代謝症候群」是指肥胖、高血壓、高血糖、血脂異常等新陳代謝危險因子的群聚現象般，老年病症候群（geriatric syndrome），或稱為老年病況（geriatric conditions）一詞來用以形容一群容易發生在老年人身上的常見病況，無論其背後可能的疾病因素為何。常見老年病況包括跌倒、活動功能障礙、認知障礙、憂鬱、營養不良及尿失禁等。老年病症候群有以下的特徵：常發生於老年人，尤其是衰弱或多重合併症者，大多由多種因素造成，或易由各種急性傷害所誘發。此外，也常在慢性疾病的中後期開始出現、典型為自然偶發，並常常伴隨著活動功能的退化。此症候群症狀的出現不一定由單一疾病所誘發，也不一定僅與特定疾病有關，形成的路徑十分多元，尚無法清楚的界定，但已知為匯集多個單一症狀、途徑與各種外在因素所產生的症候狀況，累積多種功能障礙而成，其發生的頻率和症狀數目易隨年齡的增長而增加，常見於老年人身上的複雜、高罹病率的綜合症狀（Tinetti ME, et al., 1995；Flacker JM, 2003；Cigolle CT, et al., 2010）。這些老年病症候群的病況常常同時發生，且彼此互相影響，造成惡化以及／或引起另一老年病況的產生，或導致其他疾病的發生，或導致原有慢性疾病的惡化，且常伴隨著增加的不適，終而造成老年人日漸羸弱（frailty）、日常生活活動功能的退化、存活不良（failure to thrive）、增加家庭的負擔，以及老年人和整個家庭生活品質的下降（圖3-2）。因此當老年人出現了任一老年病症候群的病況時是很重要的警訊，因其意味著整體狀況將開始加速衰退及惡性循環（geriatric cascade）的開始。老年病症候群不僅好發在老年人，由於許多中末期慢性疾病的病患也常會出現這些病況，若沒有及早發現並處理，會使原有慢性疾病的惡化，並加重疾病處理的困難。（圖3-2）

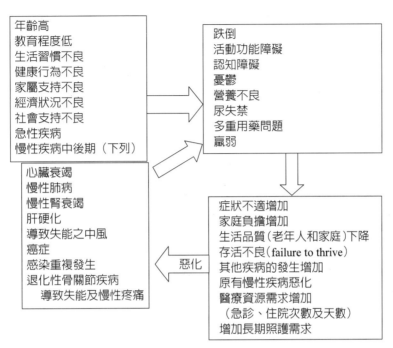

圖3-2 慢性疾病與老年病症候群的惡性循環關係

二、羸弱

　　「羸弱（frailty）」有時也被認為是老年症候群的表徵之一，或是原有疾病惡化的一個重要警訊。羸弱一詞大約在二十多年前開始被提出使用，1990年美國醫學會便指出，羸弱將會是21世紀早期老年照顧的重要任務之一。根據Fried等人的定義，「羸弱」係指：持續性、多器官的生理機能下降，包含顯著的功能喪失、生理儲存量（physiologic reserve）降低及對於疾病與死亡的易感度（vulnerability）增加（Fried LP, et al., 2004）。羸弱普遍被認為是身體多處部位、器官或系統之疾病或功能障礙，包括個體的症狀、徵候、老年病況、失能，實驗室數據異常之漸進性累積的整體結果，導致健康呈現高度脆弱的狀態。羸弱者的生理狀態非常容易受傷害，且具有惡化的高危險性。正常個體遇到外界的威脅變動與壓力時，雖暫時呈現脆弱不穩定的狀態，但大多能復原，而羸弱者便難以從這些外界干擾恢復體內平衡狀態。羸弱的早期不一定會有臨床表徵，隨著外界壓力的累積，一旦超過身體能承受的閾值，在臨床上便會呈現身體功能問題產生。Fried等人以體重減輕、費力、走路速度、手握力和身體活動量等五個面向，評估羸弱程度以作為臨床參考依據。「羸弱」的出現會增加老年人對於罹患急性疾病、跌倒、失能、入住照護機構與導致死亡的機會。（Fried LP, et al., 2001; Rockwood K & Mitnitski A, 2007）已有證據顯示，在各種專科的疾病中，將衰弱列為預後的評估，比單使用臨床疾病嚴重度分級，更能預測其不良後果。另外也有其他羸弱的評估量表，如使用於Canadian Study on Health and Aging分為九等級的Clinical Frailty Scale （Rockwood K, et al., 2005）

　　羸弱也與肌肉減少症（sarcopenia）有密切相關。羸弱可視為是肌肉減少症的結果。肌肉減少症是肌肉量減少且併有肌肉力量的減少或身體活動表現變差。（Cruz-Jentoft AJ, et al., 2010）肌肉量可以用生物電阻抗分析（Bioelectrical impedance analysis, BIA）、雙能X光吸收測量儀（Dual-energy X-ray absorptiom-etry, DXA）、電腦斷層掃描或核磁共振掃描來測量；而肌肉力量可以握力、走路速度或Short Physical Performance Battery來測量，歐盟雖已訂定標準（Cruz-Jentoft AJ, et al., 2010），但是否適用於東方人尚待進一步驗證。

第四節 老年人健康問題的特徵

　　影響老年人健康狀態表現的因素常是疾病、失用（disuse）與老化三者所共同呈現的結果。與青壯年人相比較，老年人健康問題有許多不同之處，這也顯示出老年醫療照護有其特殊性，茲簡述於下：

一、致病原因多重且複雜

　　老年人症狀表現或健康問題常非單一疾病所致，容易會因多重慢性疾病而互相影響、加成、累積而惡性循環或出現骨牌效應，偶而間雜新近急性疾病的發生，即會引發嚴重的健康問題，而使疾病的診治較單一疾病複雜困難。例如一位突然呼吸急促的老年人，若單獨評估其心臟及肺功能時，可能單一器官疾病的嚴重程度並不足以解釋其呼吸急促的表現，但若平日已有慢性疾病導致的輕微貧血，再加上呼吸道感染，即可造成其急促的呼吸症狀。而長年的慢性病纏身，也會逐漸衍生出心理、社會經濟、生活活動功能及照護的問題，且健康問題不一定僅是生理疾病或病況所致，這種多重疾患問題處理的複雜困難度，遠超過僅將多項疾病個別處理的加總。

二、表現不典型且非特異

　　老年人之健康狀態及疾病，在不同個體之間的歧異性遠超過年輕者，其所衍生的健康功能差異、臨床解讀以及實際的影響等，則更複雜。與青壯年人相比，老年人某一器官出現急性問題時較少僅以受影響器官的相關症狀（典型症狀）來表現，而可能較多會出現與其他器官系統相關的症狀（不典型症狀）或全身症狀,例如活動功能降低、衰弱、全身倦怠、跌倒、食欲不振、體重減輕、意識紊亂、暈眩、失眠及尿失禁等,特別是在過去已有多重疾患之患者更常出現,無論其背後可能的致病因素為何。因此這些症狀並不易判斷是哪些器官的疾病(非特異性),也可能是主要疾病影響了其他器官系統之後的症狀表現,也可能症狀本身並不具臨床的意義,因而不易確實掌握疾病的正確診斷及病情評估與治療。例如老年人感染肺炎時,不一定會出現發燒咳嗽,但卻可能僅以全身倦怠或直接以意識紊亂來表現,甚至出現尿失禁而被當作泌尿道感染來治療。此外,多重疾病的互相影響也會導致症狀改變、主症狀被掩蓋、相似表現,或是多重疾病的症狀表現相類似而難以診斷是哪種疾病。

三、病況潛隱且被低估

除了因表現不典型且非特異可能導致疾病的延遲診斷外,老年人所罹患的慢性疾病常因潛伏期長且無明顯的臨床症狀而被低估(under-estimated)。另外對疾病的反應不同,將疾病的表現誤認為是正常老化的表現,或常因低教育而對疾病的不了解,或擔心花錢,或怕麻煩家人,或因失智等意識功能衰退而對疾病的表現不自覺,或因照顧者的不注意,或因社會文化對某些疾病(如結核病或精神疾病)的不當觀感而不去求診,而導致疾病的低報(under-reported)而被低估或延遲診治。

四、對疾病低耐且易惡化

由於老年人維持身體健康的預留儲備潛能(reservoir)降低,因此身體維持健康恆定的能力(homeostasis)較差,且維持能力隨著年齡增加而遞減。因此當年輕人與老年人罹患同樣的疾病時,對年輕人的影響較小,病情較輕微,即使延遲治療時仍可較快恢復；但老年人若無立即治療病況易急速惡化，且較難恢復至病前狀況。

五、易影響功能且需復健

隨著年齡增加所致的自然老化過程，本就已對身心各器官、組織及系統都有負面影響，特別是活動與功能執行較有關的認知、知覺、骨骼、肌肉、神經與心肺系統等，皆因老化而出現明顯功能減退的現象。除了上述之感官或運動功能衰退外，老年人也常因長期慢性疾病問題以及其他失用性之健康問題，而易同時出現日常生活活動功能障礙；活動功能障礙又降低活動程度，加重失用現象而造成惡性循環。而在罹患急性疾病時，老年病患也常易暫時喪失日常生活活動功能的獨立自主性。此外，住院亦會因身體虛弱、活動受限制臥躺或其他住院引起合併症的共同影響，導致身體活動減少，稱為急性功能失調或急性失能（dysfunctional syndrome，deconditioning status），因多在住院時發生，也稱為hospitalization disability syndrome（Covinsky KE, et al. 2011）。大約30%~40%的老年人住院期間有功能衰退的現象，其中28.6%~41%的住院老年人無法回復原有活動功能（Boyd CM, et al., 2008; Wakefield BJ & Holman JE, 2007; Stuck AE, et al., 1993），進而導致永久性的身體活動功能障礙（Creditor MC, et al., 1993; Hoogerduijn JG, et al., 2007）（圖3-3）。老年人住院時出現急性失能會使住院天數延長、增加出院時身體活動功能衰退及入住長期照護機構的機會，最後甚至會導致永久性的身體活動功能障礙，影響健康及生活品質，也增加家屬及社會的照護負擔，提高死亡的危險（LathamNK, et al., 2004; Mallery LH, et al., 2003; Peterson MJ, et al., 2009）。前述之置放導尿管、床邊約束及不必要的輸液治療等醫療措施，也會使病患過度臥床；在特殊病況才需要的臥床休息，更加重急性失能的惡化、肌力與血管張力的喪失，以及褥瘡的形成（表3-1）。而對於老年病患出院後的生活品質、身體功能的獨立性、照護的花費也具有決定性的影響。而這種因急性疾病所造成的急性失能，可經由減少不必要的醫療措施，並縮減非必要之臥床休息時間，以及積極的復健（復調，re-conditioning），儘可能以恢復原有的活動功能爲原則。（Covinsky KE, et al., 2011）因此以周全性老年醫學評估照護，強化老年人的日常生活活動功能，是老年人健康照護必需特別強調的一項重點。（圖3-3）

表3-1　不活動（臥床）的後遺症

‧肌肉骨骼系統	**‧生殖泌尿系統**
─肌肉無力萎縮	─泌尿道感染
─攣縮	─尿滯留
─骨質流失	─膀胱結石
‧心血管系統	─尿失禁
─功能衰退	**‧精神層面**
─體內水分減少	─感覺喪失
─姿態性低血壓	─痴呆、譫妄
─靜脈栓塞	**　─憂鬱**
─血液凝集度增加	**‧新陳代謝及內分泌**
‧肺	─改變身體成分
─降低換氣量	─增加鈉排泄
─肺泡塌陷	─負氮平衡
─吸入性肺炎	─葡萄糖不耐症
‧胃腸道	─高脂血症
─降低胃腸蠕動	─藥物動力學改變
─胃食道逆流	─維生素及金屬吸收代謝下降
─食慾不振	**‧皮膚**
─便祕	─壓瘡
─糞便嵌塞、失禁	─皮膚浸潤

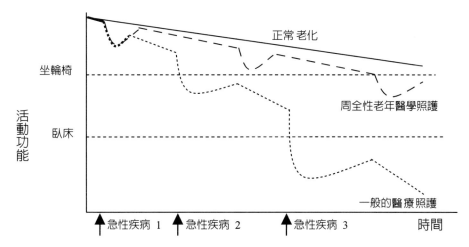

圖3 一般的醫療照護與周全性老年醫學照護對於急性疾病影響活動功能的比較

六、治療多面且個別化

　　老年人常有多重疾病狀況，且多合併有心理、社會、經濟、生活活動功能及照護的問題，再加上老年人尚存的體能狀況、自己的想法期望與家屬支持及照護程度的不同，進而影響整個照護計畫的擬定，因此在檢查治療時就需依病患的多重病況及各方面狀況做整體的考量。不像年輕人罹病時只需針對單一疾病治療即可，或是把所有疾病統統找出來全部治療就可以（Tinetti ME, et al., 2004）；也並非需要將所有異常都找出原因才能開始治療（例如慢性疾病導致的輕微貧血，可先排除因腸胃道問題導致之缺鐵性貧血的問題即可開始治療）（Current），也不一定所有的異常都非治療不可。所以面對老年人的照護時，須依個案的整體健康及體能狀態、社經狀況、老年人自己及家屬的想法與期望，以個別擬定處置計畫，即高度個人化（量身訂做），而難以依照單一疾病的治療照護準則直接比照套用或相互援引（Tinetti ME, et al., 2004）。例如一位已患失智症多年且需人照護的老年人，若發現肺部出現疑似惡性腫瘤時，考慮即使在積極檢查後以手術切除或化學治療後，其生活品質的改善可能有限，甚至會惡化至長期臥床；在與家屬討論後，了解治療的方式及其可能的結果後，或許保守性的治療，亦即不再進一步檢查治療以避免立即的醫療處置上的不良反應，可能是對病患最好的選擇。

七、復原緩慢且慢性化

如前述，老年人因身體各器官的預留儲備潛能降低，維持身體健康恆定的能力較差，因而較難也較慢恢復罹病前狀況。由於老年人所患的疾病除部分為急性病外，大多為慢性疾病及狀況，且亦大都與個人的飲食及生活型態息息相關。由於慢性疾病大多無法治癒，而只能使用藥物、控制飲食、調整生活型態與疾病照護等之持續性照護，以減緩慢性病的進展及避免合併症的發生，並加強復健以減緩功能衰退，及開始緩和療護以減輕不適，故對老年人的照顧，需將過去醫學上主要注重之急性醫療的治癒（cure）的目標加入慢性長期的照護（care）理念（圖3-4）；除需強調上述照護以減緩或減少慢性病的發生或進展外，還要經由早期發現早期介入，以防止各種併發症的發生或惡化，減輕不適及維持生活品質。

八、治療易有不良反應

老年人因生理功能衰退或多重疾病的影響，在接受治療或處置時，相較於年輕人易有藥物或醫療處置上的不良反應。個人的自主性從一住院即可能開始被剝奪，例如：夜間固定時間測量生命徵象及給藥，干擾病患的睡眠。此外，醫院的飲食限制及不習慣，以及經常為了檢查而空腹，也會影響住院病患的營養狀態。而許多醫療措施，如置放導尿管、床邊約束及不必要的輸液治療，均會使病

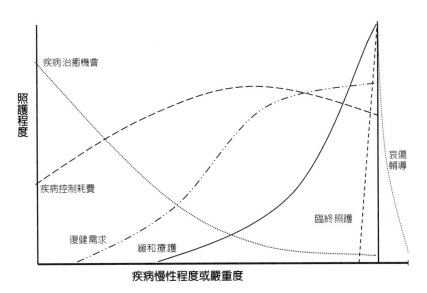

照護程度

疾病治癒機會

疾病控制耗費

復健需求

緩和療護

臨終照護

哀傷輔導

疾病慢性程度或嚴重度

圖3-4　疾病慢性程度或嚴重度與照護程度的關係

患過度臥床，甚至增加感染併發症的發生，而有較差的預後，如延長住院天數以及需接受機構式照護；而某些檢查處置，如注射顯影劑的檢查，也會增加老年人腎功能急性惡化的機會。老年人因為多重疾病而導致服用藥物與治療處置機會增多，因此在治療老年人時，除了減少非必要的藥物與處置外，也需注意疾病對於用藥或檢查處置的禁忌情況，評估若用藥或檢查預期的好處多於潛在的傷害時才考慮；在觀察藥物或處置所帶來的正面效應之時，更應隨時注意所可能併發的不良反應，以避免老年病患發生醫源性傷害，而加重原來疾病治療之困難。

九、常生併發症與後遺症

如前述，老年人因生理功能衰退、身體各器官的預留儲備潛能降低、維持（恢復）健康的能力較差，加上多重疾病的影響以及前述住院之醫療處置或藥物的不良反應，因此在罹患急性疾病時，較常發生併發症與後遺症，使原來疾病治療更困難，也使未來的健康及生活品質更難維持。

　　由於上述老年人健康問題的特殊性，因此當老年人罹病時，一般著重治療單一器官或系統疾病的專科醫師常不易處理周全，因而導致多重疾病的老年病患常需求診於多種專科治療，或是在出院後預約數個門診，除了增加醫療資源的使用外，也增加不同科別藥物重複使用的危險性，更增加病患及家屬的負擔。

第五節　老年人常見的急慢性疾病問題

　　老年人常見的急性疾病包括：急性腦中風、急性心肌梗塞、流行性感冒、意外傷害、肺炎、骨折、跌倒、急性腹症、下痢腹瀉，及藥物不良反應等。而大多的慢性疾病也多在老年人較常見（表3-2），如高血壓、腦血管疾病、心臟血管疾病、糖尿病、骨關節病變、惡性腫瘤、慢性肺病、慢性腎病變、慢性肝病及肝硬化、白內障、視力障礙、聽力障礙、腹部疝氣、痔瘡、靜脈曲張、攝護腺肥大、皮膚炎、甲狀腺功能低下、失智症、精神疾病（焦慮、憂鬱、失眠及譫妄）便秘、尿失禁、眩暈，及營養不良等。而老年人罹患慢性病的數目，也隨著年齡的增加而遞增，根據民國九十二年國民健康局於「臺灣地區中老年身心社會生活狀況長期追蹤」調查報告指出，中老年人自述曾經醫師診斷罹患慢性病的項目統計，在50～64歲、65～74歲與75歲以上的中老年人中，沒有慢性病的比率分別為36.0%、17.9%及12.2%，而罹患3項以上慢性病的比率則分別為18.0%、41.2%及48.7%（衛生署國民健康局，2006）。此外，除了各器官相關疾病外，老年人常見的健康問題主要包括：感染、營養不良、用藥問題、記憶衰退、尿失禁、便秘、性功能障礙、睡眠障礙、憂鬱、焦慮、孤獨感、經濟問題、不良於行以及跌倒等。因此在病史的蒐集方面，需特別注意這些問題的詢問及處理。

表3-2　臺灣老年人慢性病盛行率

	臺灣		臺灣	臺南市區（自填問卷）	大臺北地區
	65～74歲	75歲以上			
聽力障礙	19.5	42.2	75.0	--	17.4
高血壓	39.5	45.6	37.0	31.1	22.8
攝護腺肥大			34.0	10.3	--
白內障	28.1	47.3	30.0	32.5（眼疾）	11.5

	臺灣		臺灣	臺南市區 （自填問卷）	大臺北地區
	65～74歲	75歲以上			
肺或慢性呼吸道疾病	12.6	16.2	27.8 （X光異常）	6.8 （肺部疾病）	17.1
糖尿病	18.2	17.1	22.0（12.9）	12.2	6.8
骨折	2.5 （髖骨）	6.3 （髖骨）	15.2 （脊椎壓碎性）	--	--
肌肉骨骼疾病	--	--	--	40.0	44.3
關節炎或風溼症	22.0	25.4	--	--	--
骨質疏鬆	19.3	21.2	--	--	--
尿失禁	--	--	9.0	10.3 （攝護腺肥大）	10.1 （泌尿疾病）
心臟病	21.1	26.9	8.3	13.9	13.1
中風	7.1	10.4	6.0	6.2	5.4 （身體殘障）
胃腸疾病	22.5	20.5	3.9（消化性潰瘍）22.6	13.8	
肝、膽疾病	9.9	7.7			
痴呆症	--	--	1.2	--	--
缺牙	--	--	6.9-18.4	--	--
資料來源	國民健康局 2003		李悌愷等 1992	盧豐華等 1995	曾春典等 1990

第六節　老年醫學的內涵

一、何謂老年醫學

老年醫學中的「老年」涵義，除了強調因年齡增加所導致的生理上的病況外，同時亦著重於心理及社會層面與活動功能的考量，因此老年醫學並非僅是專注於老年人的單一器官疾病的照護，而是對老年人整體的身體、心理、社會及生活活動功能做全方位醫療照護的醫學，其目的在於照顧老年人多重複雜的健康問題，減少併發症與老年病症候群的發生，並以改善其日常生活活動的功能，維持老年人的獨立性，最終以改善老年人的生活品質為目標。（Anonymous, Merck Manual of Geriatrics, 1995）除了維持原有急性疾病的醫療品質外，亦重視對於疾病的預防以及對於無法治癒的慢性疾病長期而持續的連續性照護。（圖3-5）

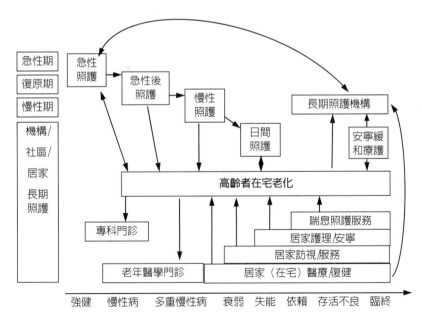

圖3-5　老年醫療之連續性照護

　　老年醫學科醫師接受過老化相關問題的診療訓練，專長對長者疾患進行診斷、治療及後續照護、預防疾病和預防失能，維持生活功能、減少依賴，希望改善長者的生活品質。（表3-3、圖3-3）因此老年醫學所要照顧的對象是「年齡較長、衰弱、病情複雜及多重問題的病患」，年齡一般雖多在六十五歲以上，但通常上述的老年病患平均年齡多已大於七十五歲以上。有些病患的年齡雖小於六十五歲，但具有多重且複雜的健康問題時，仍適合由老年科醫師做全方位的醫療照護。相反的，若年齡雖已大於六十五歲以上，但病情單純且穩定的老年病患就不一定需要老年醫學的全方位醫療照護。（張家銘、盧豐華，2007）

表3-3　老年醫學科醫師與其他專科醫師在照顧老年病患之比較

	老年醫學科醫師	其他專科醫師
病患狀況	衰弱、病況複雜、多重問題、易惡化、療效較差、復原緩慢、後遺症高	單一疾病為主
醫療面向	全方位（身體、心理、社會及生活功能）	單一疾病
醫療型式	治療、照護、疾病預防和失能預防	治療
評估方式	周全性評估後，再加上少量之儀器檢驗	儀器檢驗
醫療模式	跨專業團隊合作	醫師主導
團隊會議	有	大多無
家庭會議	大多有	少數有
醫療期程	急性、亞急性、中期、慢性至居家	急性
醫療地點	醫院、機構、社區	醫院
醫療目標	疾病治療及後續照護、維持生活功能、改善生活品質	疾病治癒或控制

二、老年醫學的源起

　　老年醫學的英文字「Geriatrics」是由希臘文的二個字根geron及iatro所組合而成，這個名詞始於二十世紀初，由美國Nascher醫師於1907年所提出，隨後他於1914年出版「Geriatrics」教科書，這本書描述到因老化所造成的人體結構、功能及病理上的改變，然而對於相關的處置卻很少談及。真正的老年醫學發展先鋒是一位英國的女醫師Marjory Warren。在1935年，當Warren醫師還是West Middlesex醫院的住院醫師（Medical officer）時，她被指派至附近的一家長期療養院去照顧七百多位慢性病患。在慢性病房內，她開始對那些被認為「無救」的病患執行詳細的評估並給予適當的復健。結果發現這些慢性病患中其實有相當比例是因被誤診，而被遺忘於此接受消極的照護。經過完整的照顧後，最後有三分之一的病患痊癒出院。Warren醫師曾提到「The creation of a specialty of geriatrics would stimulate better work and initiate research」，之後老年醫學的發展即由此開始。（Williamson J, 1994）

三、團隊合作的老年醫學

老年醫學雖需有醫學的知識為基礎，但卻非僅為醫學專科的一個次分科，反而應視為一個「超專科」（supra-specialty）較為恰當。因為除了需具備內科各次分科的知識及次分科間良好的協調關係外，老年醫學亦需各專科的共同合作。主要的合作科別涵蓋了老年人需求最大的專科，包括精神科、神經科以及復健科。而其他的醫學專科如外科、婦科、骨科、泌尿科、眼科、耳鼻喉科、皮膚科、疼痛科及牙科等也是常需諮詢的對象。此外，老年醫學的範圍並非僅在醫學領域，也包含護理、藥學、營養學、社會工作、公共衛生以及其他專業等。（圖3-6）（Hazzard WR, 2000）

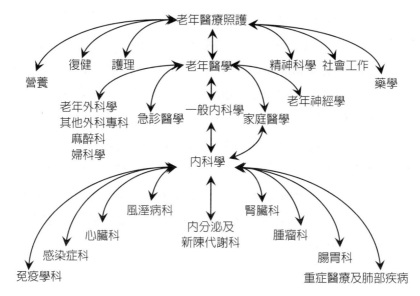

圖3-6　老年醫學與醫療照護專業（科）的關係

　　由於老年病患的疾病常合併許多方面的健康問題，因此老年醫學照護的一個特點是需以團隊合作做為照顧老年病患的主要方式。評估團隊的主要成員包括老年科醫師、護理師、社會工作師、物理治療師、職能治療師等，以及相關醫療成員，如營養師、臨床藥師、語言治療師、精神科醫師、臨床心理師、志工及宗教人員等。另外，最好有個案管理師負責每一個個案的追蹤、協調及資源整合以提供老年人持續性照顧。老年醫學照護成員除了具備本身的專業照護能力外，亦須特別熟悉常出現於老年人健康問題的照護知識及技巧。成員各司其職並相互溝通，亦即在各自評估後，再舉行病患討論會，共同決定病患的治療目標及擬定出院計劃。而病患及其照顧者亦為團隊的成員，除了有助於協助老年病患熟悉其健康照顧知識及技術，以維持並促進治療的效果外，也可在病方與醫方有共識及瞭解治療目標的前提之下，使病患獲得妥善的照護。

四、老年醫學團隊的運作

　　常見的老年醫學團隊運作模式有多專業（multi-disciplinary）及跨專業（in-ter-disciplinary）兩種型式，雖然兩者常被拿來交替使用，但其實兩者的運作方式並不太相同（表3-4）。在多專業的老年醫學團隊中，每個團隊成員代表各自的專業，不同專業各自獨立運作，針對病患發展出個別的照護計劃，但並沒有協同合作，整合出一套完整的照護計劃。每個專業只負責自己部分的工作，但並不為整個團隊的運作共同分擔責任。而在跨專業團隊，每一位成員對於老年病患的照護計劃均提供各專業觀點的意見並共同合作，以發展並執行共同的照護計劃，也對於整個團隊的運作共同分擔責任。此種跨專業團隊合作需具備以下的五個特點：持續的溝通、了解且信任彼此的能力及專業、團隊成員照護理念相近、團隊成員的地位平等、具有分擔工作以達成目標的熱枕。若此團隊運作適當的話，其醫療照護的成效將遠大於個別專業照護加總的效果，亦即具有一加一大於二的成效。（Palmer RM, 1994; Flaherty E, et al., 2009）

表3-4　多專業及跨專業團隊運作模式之比較

	多專業團隊	跨專業團隊
運作方式	各專業獨自運作，為平行工作	整合不同專業，共同合作
計劃及目標	沒有共同整合一致	各專業一致同意
團隊成員照護理念	不一致	相近
團隊會議	無	定期召開
溝通討論	少橫向溝通，必要時各自找相關專業討論	多橫向溝通，並共同討論治療目標、計劃、過程
彼此的專業及能力	不了解	了解且信任
責任及工作分擔	負責自己專業	共同協助分擔
團隊成員地位平等	不平等	較平等
領導者	多為醫師	不一定為醫師
病患及家屬	不是團隊成員	可為團隊成員

　　在篩選出適合評估的病患後，團隊開始進行老年醫學評估。團隊運作的過程有以下六個步驟：（Reuben DB & Rosen S, 2009）

1. 資訊蒐集
2. 於團隊內討論
3. 擬定治療計劃
4. 執行治療計劃
5. 追蹤治療執行的效果
6. 修改治療目標及計劃

　　一個有效率團隊的建立，需要有很好的團隊領導者且各個成員都具有使命感及專業能力，另需有足夠時間以歷經「形成—衝激—正常化」（forming-storming-norming）的三階段磨合過程。（Kresevic D & Holder C, 1998）

五、跨專業團隊討論會

　　跨專業團隊討論會是老年照護的核心，為提供回顧與討論每位老年病患各方面健康問題的溝通平臺。雖然所有被討論的病患都可能從中受益，但希望詳細討論的主要對象是那些具有複雜問題，特別是老年病症候群，或是出現照護問題的高危險病患。參加會議之成員是以主要團隊成員為主，其他專業人員，如營養師、藥師、語言治療師、心理治療師或宗教人員，則可在病患病情需要時再參與討論。

　　會議進行方式及頻次因老年病患（住民）與所處病房（機構）的特性不同而略有差異。一般先由老年醫學科醫師或主要照顧之護理人員先報告將討論之老年人的情況，包括基本資料、診斷、過去病史、用藥情況、過去及現在的日常生活活動功能、老年病症候群及現今治療計劃等。接著每位團隊成員報告他們在評估與照顧此病患的進展情形及發現的問題，之後大家再討論如何改善此病患的照護狀況並擬定新的治療計劃，這些討論主要是以活動功能、心理社會問題及照護問題為主。常會問到的問題如：「病患目前的活動功能是否已接近過去平時的狀況？」若是討論住院病患時則會問：「病患能否在預期的住院日數之內，穩定出院回到家裏？」若已無法恢復較佳的活動功能時，則需釐清「家屬是否知道在家裡需如何照顧及注意病患的狀況？」讓病患及家屬瞭解將來可能會出現的狀況後，並需進一步討論在未來狀況變化時所希望接受的治療方式（預期治療計劃；advanced care planning），以及建議或提供適合的照護資源或場所。擬定治療目標及計劃後，再依計劃來執行介入措施，同時觀察治療計劃之進行程度，進而發現問題且改善介入成效。一般每位新住院病患大約花費十分鐘的時間討論，而舊病患的病況追蹤則只需二至五分鐘，主要討論自上次討論至今的醫療狀況、活動認知及功能的變化情形，若未達預期目標時需檢討原因並改善，若超乎預期目標時可討論再上修治療目標及計劃。（Palmer RM, 1994）

常見執行治療計畫效果不佳的主要原因，包括：

1. 該病患的主負責醫師不能接受團隊的治療建議及目標

2. 與治療建議相關的資源提供並不適當

3. 病患不能持續配合治療及接受追蹤。

第六節 周全性老年醫學評估

　　老年人的一個症狀或問題表現，常非由單一因素，而是由多個原因所造成的，並常合併有許多其他方面（如活動功能、心理或社會經濟方面）的問題（Reuben & Rosen S, 2009）。因此，我們在面對老年人時，處理上亦更需謹慎小心，不宜僅是「頭痛醫頭、腳痛醫腳」，而需要有一套全面而詳盡的評估，才能找出老年人潛在的所有問題。這種評估方式超越傳統上醫學僅針對疾病方面的評估，包括心智、情感、功能、社會、經濟、環境、靈性及照護方面的評估，另外也需與病患及家屬討論所想要接受的治療方式（預期治療計劃）。這套全面而詳盡針對老年人問題的評估處置，能使老年照護專業人員執行真正「全人醫療」的照護，即是周全性老年醫學評估（comprehensive geriatric assessment，以下簡稱老年醫學評估）（張家銘、盧豐華，2007）。

一、周全性老年醫學評估的目標

　　周全性老年醫學評估是整合多種專業的診斷及處置，要特別強調的是，老年醫學評估雖名為「評估」，其實也包含了評估後的處置。（Anonymous, Merck Manual of Geriatrics, 1995）經由老年醫學評估之後，希望能使老年照護達到下列目標：

　　1.增進診斷的精確性；
　　2.篩選出適合介入的病患；
　　3.選擇適當的處置以恢復或維持健康；
　　4.建議適當的照護環境；
　　5.預測其預後；
　　6.追蹤其變化。（Palmer RM, 1994）

二、周全性老年醫學評估的適合條件

　　適合老年醫學評估的老年人包括出現日常生活活動功能不良者（尤其是最近惡化者）、出現老年病症候群者、出現多重慢性疾病者、同時服用多種藥物者、有精神層面的問題者、有支持系統的問題者（如獨居或缺乏社會支持、被疏忽照顧或受虐者）、多次住院者，或之前曾使用過健康照護資源者。雖然上述的病患年齡多已大於六十五歲以上，但有些病患的年齡即使小於六十五歲，但出現上述多重且複雜的健康問題時，仍適合接受老年醫學評估及相關醫療照護。若年齡已大於八十歲以上，即使沒有出現上述問題時，仍建議定期做基本的老年醫學評估篩檢。而不適合接受老年醫學評估者，也就是較無法藉由老年醫學評估而從中受益者，包括嚴重疾病者，如疾病末期病患、重症加護病患、嚴重失智者、活動功能為完全依賴者。另外在較年輕、健康或較少慢性疾病的老年人，醫療的重點是放在預防老年醫學，亦即生活型態的改變、飲食的調整、疫苗注射，以及疾病（包括潛在的老年病症候群）的篩檢（Reuben DB & Rosen S, 2009；張家銘、盧豐華，2007）

三、周全性老年醫學評估執行前的考量

　　執行老年醫學評估前，需考慮到評估量表的信度與效度、適用之老年族群及其所在之地域與場所、老年人的接受度，以及所需花費的人力與時間等，再決定選用何種評估量表於適用族群。而評估中所應考量的因素，包括訊息的來源（如病患自己的陳述可能與照顧者的陳述有所不同）、病患能力及負擔，另也需考慮病患本身病況的差異（Anonymous, Merck Manual of Geriatrics, 1995; Kane RL, Ouslander JG, Abrass IB, 2004; Reuben DB & Rosen S, 2009）。例如，雖然在醫院住院的老年病患有較充裕的時間接受評估，但在急性病房，因為老年病患的疾病及功能狀況有可能隨時會發生改變，再加上住院的老年病患因衰弱、意識不清及溝通障礙等問題，導致老年醫學評估常無法在短時間內完成，而主要先以處理急性醫療問題為主；隨著老年病患的急性病況較為穩定時，老年醫學評估就應儘快完成評估。此外一位老年病患的功能狀態，在剛住院時可能會因急性疾病的影響，而被評為「完全依賴」，但在急性疾病穩定之後，活動功能可能隨之逐漸恢復，或因臥床而持續在急性功能失調狀態（deconditioning status），因此病患是否需接受復健與復健所能獲得的潛在效益，常是在急性疾病相對穩定以及接近出院時才更能被確實評估。而長期住在護理之家者因機構有專人照護，部分評估及處置目標略有不同，此時老年醫學評估主要特別針對某些老年病症候群，如跌倒的危險性、認知、情緒或營養狀態等加強評估及介入，其他如工具性日常生活活動功能則較屬非評估重點（Reuben DB & Rosen S, 2009）。慢性病房或日間照護單位評估及處置著重除了跌倒、認知、情緒或營養狀態外，也更注重日常生活活動功能，乃至於社交娛樂的維持。另外住在家中的老年病患則有不一樣的評估方式，例如其飲食情形、居家環境及生活狀況（包括社交方面）較容易被直接評估。此外，在較年輕、健康或較少慢性疾病的老年人只需接受簡單的老年醫學評估篩檢即可，這群老年人的醫療重點是放在疾病預防與健康促進，亦即生活型態的改變、飲食的調整、疫苗注射，以及慢性疾病與潛在的老年病症候群的篩檢。（Reuben DB & Rosen S, 2009）

影響老年醫學評估成效的因素，包括是否選擇適合老年醫學評估的病患、有無持續追蹤病患治療狀況、是否有積極的介入處置，以及病患及家屬的配合程度等。

四、周全性老年醫學評估的內容

周全性老年醫學評估的內容基本上包含九大面向，以涵蓋各種影響老年人健康的潛在因素（圖3-7）。為避免遺漏，此九大面向可以用「MESSAGE-PC」（MESSAGE in Patient Care；病患照護訊息）的字母縮寫以方便記憶。

M：（Medical）：醫療及疾病層面

E：（Economic）：經濟層面

S：（Social）：社會支持及資源

S：（Spiritual）：靈性層面

A：（Activities of Daily Living）：日常生活活動功能

G：（Geriatric syndrome）：老年病症候群

E：（Environmental）：環境狀況

P：（Psychological）：心理層面

C：（Care，caregivers）：照護狀況、照顧者資源

也可以用「DEEP-IN」的字母縮寫來協助記憶，但許多項目與上述有重複。

D：（Dementia，Delirium，Depression，Drugs）：失智、譫妄、憂鬱、藥物

E：（Eyes，Ears）：視力及聽力狀況

E：（Economic，Environmental）：經濟、環境

P：〔Physical Performance，Phalls（Fall），Psychosocial，Pain，Pressure Ulcer〕：活動功能、跌倒、心理社會、疼痛、褥瘡（慢性傷口）

I：（Incontinence，Iatrogenesis，Institution）：失禁、醫源性問題（治療管路及約束）、入住機構

N：（Nutrition，Neglect）：營養不良、疏於照顧或虐待

但為避免直接觸及個人隱私而影響評估的進行，建議可以先從一般生活（如日常生活活動功能或老年人在一天之內會做什麼事）或醫療及疾病層面先著手，再進入老年病症候群，經濟層面與心理層面可在之後再詢問，醫療人員也可以順便了解老年人預期治療計劃。

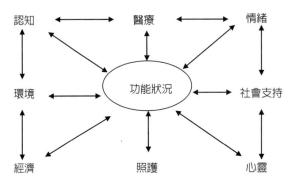

圖3-7　老年醫學評估面向間的交互關係

(一) 醫療及疾病評估（Medical）

醫療及疾病評估主要包括：1.一般醫學評估及診斷；2.藥物評估；3.感官功能評估，如視力與聽力；4.營養評估；5.步態與平衡評估。

從見到老年人的第一眼即開始整體的觀察評估，對他（她）健康狀態的第一個印象是什麼？有行走困難、無法站起來、或是出現肢體協調困難嗎？有看到顫抖、言語不清或身體半邊無力的情形嗎？先觀察姿勢、步態、活動力或使用的輔具，以及從椅子起身的困難程度。同時也觀察整體的身體狀況，包括外觀之健康狀況、情緒狀況、衣著梳洗狀況、營養狀況、使用的語言、身體或鼻息散發出的氣味等。開始詢問時，注意觀察老年人的臉、手及腳的皮膚及指甲色澤外觀、呼吸情形、面部表情、舉止行為、不自主運動（如顫抖）、認知清醒的程度及意識狀態、對周圍人事物的反應、說話流利程度、記憶力及理解力等功能，甚至與家屬的互動等。

詢問老年人過去的健康狀態，包括心血管疾病、腦血管疾病、癌症、傳染病、慢性肺病、精神疾病、新陳代謝或內分泌疾病（如糖尿病及甲狀腺疾病）、腎臟病、肝臟病、疫苗注射史、預防保健與過敏史等。另外也需了解老年人對疾患或身體狀況的情緒反應及日常生活的影響，是否因而有功能的衰退，亦即疾病對病患所造成的心理、社會及功能方面的影響如何？這些問題對於有慢性疾病的老年病患特別重要。同時詢問老年人的醫療保險，也有助於了解他們的經濟和接受醫療照護的情形。

用藥問題亦需評估，必須要求將所有服用的藥物全部加以檢視，包括處方與非處方用藥（如中、草藥及健康食品），以及已經過期與過去曾使用的藥品；查看所使用的藥物瓶罐，以確認處方的正確性，並釐清是用來治療什麼疾病。另需評估其服藥遵醫囑性以及是否清楚了解用藥方法，可以請病患親自說明使用方法及頻率來評估。

詢問老年人並正確畫出其家族譜，經仔細判讀後至少可知道下列四方面的資訊：1.家裡的成員有哪些；2.居住一起的家人為何；3.家族譜內家人的健康狀況及家庭成員具有的遺傳或傳染病等（家族病史）；4.家庭功能如何。不僅可知道家庭成員的疾病，也可了解病患是否遭遇到重大生活事件及家庭內照顧該老年病患的資源使用及需求情形，從而可推測知道病患的可能心理影響，如焦慮或憂鬱等，以及是否有照顧者的壓力問題。

另外需評估常發生於老人且易影響其功能的病症，包括視力及聽力狀況、四肢功能、行動障礙、以及其他老年病症候群，如最近活動功能衰退、跌倒、營養不良及尿失禁等，會引發老年病症候群的原因也是評估重點，例如：導致營養不良可能因為吞嚥困難，或是活動功能減退而自行取得食物不方便，也可能因老年人的口腔和牙齒狀況改變，易生蛀牙、牙周病與缺牙等問題而造成。

(二) 經濟因素（Economic）

尊重老年人的個人隱私很重要，但經濟因素的評估可能會觸及個人隱私的問題，導致評估困難。然而如果老年人知道回答你的問題可能可以幫助他們改善生活，對於錢的問題的答案就會得到更多。至少仍應了解：1.經濟來源及能力，可否負擔基本的飲食與生活開銷、醫療及藥物、輔具、家事服務、看護工等，是否有錢可供急用？2.個案目前的保險狀態，如：健保（或勞、公、農、福保）及其他個人保險之有無。這些資訊有助於老年醫學評估團隊在擬定治療計劃時的參考。

(三) 社會功能評估（Social）

在詢問老年人的家族譜時即可順便了解部分的社會功能狀況。對於社會功能的一般評估內容應包括：1.老年人的婚姻、家庭狀況、與家人和親友的互動關係、對自己生活的安排與需求、社會角色、社交活動與個人嗜好。2.老年人自己、家人或照顧者對老年人的支持協助與期望，是否有預立醫囑？個案是否有能力作上述之醫療決定？若無，是否有預設醫療代理人？3.社會網路系統：了解目前個案可利用或正在使用中的社會資源及支持資源，例如：送餐服務、家事服務、慈善組織、老人大學等。

支持系統包含非正式的（如親屬、朋友及鄰居）、正式的（如居家服務、送餐服務、家事服務及敬老津貼）以及半正式的（如慈善組織、鄰里守望相助組織、老人大學及廟會活動）資源（Anonymous: Social assessment, 1995）。支持資源也包含工具性與情感性的支持：工具性支持指的是老年人可以得到的任何外在協助，比如財務支持、協助做家事或跑腿。另外老年人可能不便將個人的感覺與他人分享，並尋求特定的協助，但是朋友與鄰居卻可能可以提供最重要的情感性支持，一般的社會接觸是無法由家庭成員完成的。而情感性支持與家人或好朋友的關聯性更深，因此可詢問：常接觸的親戚或朋友有那些？有重大事情或決定時，老年人會跟誰聯絡？有需要時會找誰談？需要協助時會找誰幫忙？親戚朋友中有誰會主動關心或給予協助？有可以分擔煩惱或困擾（或討論私人問題）的人嗎？在這方面，女性就比男性更能發展並維繫社會關係網絡。

Lubben與Gironda研發了六個簡短問題的社會網絡量表（Lubben Social Network Scale, LSNS-6）（Lubben JE & Gironda ME, 2003）。分別為了解親屬與朋友的接觸狀況：每個月見到或聯絡幾個親屬（朋友）、可以自在地與幾個親屬（朋友）討論私人問題、有幾個親近的親屬（朋友）是可以求助的。

評估老年人需求的主要目的在於希望藉著提供其需求，而儘可能維持其獨立自主生活的能力。能夠照顧老年人的社會資源愈多，如送餐服務、整理家務、代購物品、代繳稅款和雜費，或居家照護的提供，老年人就愈能留在熟悉的家庭環境中，不需住進安養機構，而花費更多人力與金錢。不同身體狀況的老年人有其不同的需求，有的可能只需要幫他購物或居家清潔，而有些可能需要餵食或置換管路等。

(四) 靈性層面的評估（Spiritual）

靈性層面的評估，常為大家所忽略，然而靈性層面的寄託對老年人而言非常重要，特別是當他們住院、遭遇重大事件或疾病時更是如此。靈性層面的寄託可以是宗教或非宗教的信仰，我們可以直接詢問病患是否有宗教上的信仰或其他靈性層面的寄託。若有需要，我們可藉由宗教團體或其他社會團體提供這方面的協助。

靈性層面的評估通常都是以老年人的信仰或宗教為開始。老年人參加的是哪種宗教活動？這種宗教連結對老年人造成什麼重要的影響？當他或她感到害怕或需要特別的協助時，是什麼幫助了他們？是什麼可以給老年人希望？

(五) 日常生活活動功能評估（Activities of Daily Living）

老年人日常生活活動功能必須定期評估，以作為個案健康狀況、治療計劃的決定、疾病預後、治療成效及決定個案照護場所的參考依據。特別是對於新近功能出現急遽變化者，更需進一步評估以期找出潛在問題並儘快予以處置，並可了解老年病患在適當的人員照護、器具輔助或環境的改善之下，其獨立自主的功能（autonomy）所能恢復之最大程度。

日常生活功能的評估可分為三層次：基本日常生活活動功能（activity of daily living，簡稱ADL）、工具性日常生活活動功能（instrumental activity of daily living，簡稱IADL）與進階性日常生活活動功能（advanced activity of daily living，簡稱AADL）。ADL代表個人為維持基本生活所需的自我照顧能力，如吃飯、梳洗、穿衣、移位、上下樓梯、排泄失禁、上廁所及沐浴等。Katz Index 及巴氏日常生活功能量表（Barthel Index）均是常被使用的ADL評估工具（Katz S, et al., 1963; Katz S, et al., 1970）。對於ADL完全不需依賴別人的老人，我們可進一步詢問較複雜功能的執行能力，即是所謂的IADL。IADL代表老年人為獨立生活於家中所需具備的能力，如購物、準備食物、使用交通工具、打電話、服藥、處理財務、洗衣、做家事及旅行等，IADL評估工具較常用的為Lawton IADL量表（Lawton MP & Brody EM, 1969）及Fillenbaum的五題問卷，但IADL項目會因性別及文化背景差異而略有不同。而AADL代表的是個人完成社會、社區和家庭角色及參與娛樂、運動、休閒或職業事務的能力，與社會層面的評估較相關。AADL項目多因人而異，可詢問老人一天的時間安排便可略知大概（Reuben DB & Rosen S, 2009）。

　　當老年人的ADLs及IADLs出現問題時，我們應當詢問其發生的時間、進展的速度，特別是最近剛出現活動功能退化時更應積極介入訓練以期恢復；並進一步詢問其居家環境及其社交狀況，以了解活動功能的降低對其影響，找出可能潛藏的問題而加以適切的處理（Fleming KC, et al., 1995）。ADLs或IADLs變差，不代表老年人就無法獨立生活，可建議或協助尋找支持服務來協助老年人儘可能地維持獨立的能力。一個有效的活動功能評估需要有老年人對於問題的回應，以及評估人員的觀察整合而成。臨床人員使用這些工具以評估老年人日常生活可能發生的問題時，可同時決定其需要何種程度的協助，如護理照護、個人生活照顧、持續的監督、餐飲的準備或是家務的協助。例如，若一獨居的老年人在ADL的沐浴項目為部份依賴時，則其居家訪視可能只需一週一次即可。若在多方面均無法獨立執行時，則欲維持其獨居狀況之難度提高，可能需要每日訪視，或雇請看護工，或送至護理之家照護（Anonymous, 1995）。

　　除了前述方法可用以評估老年人的功能狀況外，尚有其他不同評估工具可用於其他場所。例如：可用於門診評估老人整體健康及功能的Short Form 36、用於護理之家住民定期評估的最小資料庫（Minimum Data Set），以及常用於復健單位追蹤病患功能進展的功能獨立量表（Functional Independence Measure）。

(六) 老年病症候群（Geriatric syndrome）

1. 認知功能評估

　　認知功能障礙包括急性譫妄及失智症，由於失智症的進展緩慢，因此早期或輕微的失智症常被忽略而錯失治療。

　　對於譫妄的出現可用Inouye等人所發表之Confusion Assessment Method來評估。若病患的症狀同時呈現：(1)急性發作且病程波動，(2)注意力不集中，並出現「無組織之思考」或「意識狀態改變」兩者之一的情形時，則可視為譫妄（Inouye SK, et al., 1990）。

　　對於失智症的評估，測試認知功能的項目包括對人、時、地的定向能力、注意力、記憶能力、計算及書寫能力、語言能力（流暢度、理解力、複誦力）、以及建構能力是否正常。依此原則所發展出的檢測工具很多，而最常被使用的檢測工具是Folstein簡易智能狀態測驗（Mini-Mental State Examination，簡稱MMSE）（Folstein MF, et al., 1975），其總分為30分，測試分數的正常值會受教育程度的影響。MMSE在不識字者以17/18分界定異常，教育程度不超過6年者以20/21分界定異常，教育程度超過六年者則以24/25分界定異常（Fratiglioni L, et al., 1993）。雖然MMSE的篩檢可能得以篩檢出一般輕度或中重度失智症，但對於極早期失智症的病人而言，量表本身的檢測能力卻較難以得知。另外，MMSE本身的「天花板效應（ceiling effect）」，使得對受高教育程度者的失智較難區分，因而相對上較無鑑別能力。

　　另一種較簡便的篩檢評估方法是十個問題的Short Portable Mental Status Questionnaire（SPMSQ）（Pfeiffer E, 1975），小學畢業者，此問卷若答錯兩題以上即視為異常，需再做進一步的評估。SPMSQ較MMSE簡短、易記、易使用，且不需任何輔助器具。

　　而「畫時鐘」（Clock Drawing Test）也是一個有效評估認知功能的方法，特別是視覺空間及建構性方面的評估。我們可要求受檢者在紙上畫一圓型時鐘並填上阿拉伯數字1-12，並指定一時間點（如11點10分）請受檢者畫上時針與分針。畫時鐘測試的評分方法有許多種。畫時鐘測試法若加上三個名詞複述及記憶的測試即成為「迷你認知評估」（Mini-Cog Assessment），於美國老年醫學會所出版之手冊Geriatrics At Your Fingertips所建議使用，若受檢者於「三名詞複述及記憶」有問題且畫時鐘測試有錯誤時，即可懷疑有失智症（Borson S, et al.,

2000）

　　當經由初步的篩檢發現可能有認知功能的障礙時，我們應更進一步了解其發生時間的長短、病程進展的狀況、對工作及生活的影響等，並需做更進一步的檢查（如CASI: Cognitive Assessment Screening Instrument，以及完整的神經心智功能評估）來加以確認。對於失智症的嚴重程度，可用臨床失智症分期量表（Clinical Dementia Rating）來評估。在評估病患失智症的原因時，除了一般生化及神經影像檢查外，另外可用Hachinski Ischemic Score來評估血管性失智的可能性（Hachinski VC, et al., 1975）

2. 憂鬱症評估

　　在評估憂鬱症方面，可以詢問「你覺得悲傷或憂鬱嗎？」做為初步篩檢參考，如果受檢者的回答是肯定的，則需要做進一步檢查。目前我們常以Yesavage之「老年精神抑鬱量表」（Geriatric Depression Scale，簡稱GDS）來做為篩檢的工具（Yesavage JA & Brink TL, 1983）。由於原版30題的GDS過於冗長，後來便有15題的簡式GDS，也有5題及4題的GDS可供簡易篩檢（Rinaldi P, et a., 2003）。另有台語版的GDS（Yeh TL, et al., 1995）。但GDS只能作為篩檢之用，並不能代替診斷。實際的憂鬱症診斷仍以DSM-IV所條列的準則為依據。

　　其他評估憂鬱症的量表還有Beck Depression Inventory for Primary Care（簡稱BDI-PC）（Beck AT, et al., 1997），Center for Epidemiological Studies Depression Scale（簡稱CES-D）（Rodloff LS, 1965），以及Zung自評憂鬱量表（Zung Self-Rating Depression Scale）（Zung WWK, 1965）。

3. 感官功能評估

　　感官功能評估主要是在視力與聽力，在視力的評估方面，一般使用Snellen視力量表，若低於20/40則需進一步評估。而更簡便的方法，我們可要求受檢者閱讀報紙的標題與內文。老年人眼睛常見的四種疾病為白內障、青光眼、老年黃斑性退化及糖尿病視網膜病變，這幾項應為評估的重點。另外若受檢者有抱怨任何有關眼部的不適時，我們應該轉介給眼科醫師做一步的檢查。

　　至於老年人的聽力，常從較高頻的部分出現問題，而且老年人能感受的音量閾值會上升。當我們檢查老年人聽力之前，我們應排除是否有耳垢阻塞或有中耳炎等情況。聽力評估通常以聽力計來測試，若聽力於人聲交談的頻率範圍（500~2000 Hz）之聽力損失超過40dB，則需轉介作進一步聽力檢查。而簡易的測驗方式則是在受檢者後方約15公分，輕聲說出幾個字，測試病患是否能聽清楚，若受檢者不能重覆說出一半以上的字時，則表示受檢者可能有聽力方面的問題。當老年人的聽力篩檢出現問題時，我們可以轉介給耳鼻喉科醫師做更進一步的聽力檢查，並評估使用助聽器的需要。

4. 跌倒

　　可先詢問老人「在過去一年內，是否曾跌倒在地，或是跌倒撞到其他物品（如椅子或牆壁）」。若出現一次以上的跌倒事件時，就必須進一步了解跌倒之相關狀況並評估其步態及平衡性。跌倒之相關狀況，可依「SPLATT」口訣，依序詢問：

　　(1) Symptoms：跌倒之前有無症狀發生，如：頭暈、暈眩、暈厥、心悸、胸痛、呼吸困難、無力、疼痛、突發性神經學症狀、其他前兆或大小便失禁等。

　　(2) Prior falls：過去跌倒發生情況，詢問跌倒或將近跌倒（near falls）的頻次及病史，若跌倒的頻次越高，將來再發生跌倒的機會越大；另外比較與過去跌倒發生的情況是否有共同點？

　　(3) Location of the fall：跌倒的地方在在哪裡？戶外或室內？庭院、浴室、廚房、客廳、走道、樓梯或房間跌倒的地方，是評估環境危險因子需加強注意之重點。

　　(4) Activity during the fall：跌倒前正在做什麼？首先嘗試探詢跌倒的可能機制為何？是滑倒（slip）、絆倒（trip）或是無力（weakness）等，如：由坐到站立時跌倒要考慮姿勢性低血壓、拿取東西時跌倒要考慮平衡問題、被門檻絆倒要考慮下肢無力或視力障礙及環境問題、在飯後頭暈跌倒，則要考慮飯後低血壓，或是頸部彎曲時跌倒要考慮基底動脈問題等。

(5) Time of day the fall occurred：跌倒的時間、跌倒在地上所停留的時間（Length of time on the ground），及跌倒後是否可以自己站起來，如在夜間跌倒應要考慮是否有視力障礙、燈光不足、夜尿症或服用藥物所導致等可能性。

(6) Trauma or injury resulting from the falls：跌倒可造成生理上及心理上的傷害。

①生理上：急性症狀如疼痛、瘀青、傷口、骨折、顱內出血等，也可以協助了解跌倒之原因或機制。需小心注意慢性症狀，如硬腦膜下出血可在跌倒後三個月內發生，若因上述身體傷害之急慢性症狀而致臥床，或被限制活動，還可能出現更多失能或臥床等惡性循環。

②心理上：如害怕再次跌倒、沒信心而不敢活動，因而減少從事某些日常活動，最後亦落入失能或臥床等惡性循環。

5. 步態與平衡評估

首先觀察病患的走路、轉身、向上取物（reach up），及彎下腰撿拾地板物品的功能。若病患身體狀況尚可及場所合適時，觀察病患上下樓的狀況。另外也可測試往後推老年人的前胸之抗跌能力（chest nudge）；亦可請老年人試著邊走邊說，如果必須停下來才能說話，便有跌倒的危險。如老人有使用輔具，也應了解該輔具處方時的判斷，及其現時所用的輔具是否適宜，高度是否合適？

目前最常用於評估步態及平衡的方法是「起身-行走測試法」（get-up and go test）。實際的做法是讓受檢者坐於直背的椅子上，請受檢者儘量不藉用扶手而站立，希望受檢者在站立後能儘快保持穩定，然後往前行走至三公尺標示處後，轉身走回椅子處，再坐回原先的椅子上。觀察由坐姿至站立時的平衡狀況、走路時的步態及穩定度、及是否能穩定的轉身及坐下。步態的穩定與否是預測受檢者是否會發生再次跌倒的良好指標；而上述的檢測過程中，若其中有不正常即需針對該部分做進一步評估（Podsiadlo D & Richardson S. 1991）。同時計算檢測過程所花費的時間，稱為timed "up and go" test。測試方法同前，請受檢者坐穩後開始，走完三公尺來回後再坐下。若花費的時間少於10秒者，可界定為無限制的活動能力（freely mobile），若在20秒內者屬大部分可獨立狀況（mostly independent），若在20秒至29秒間者，屬變異性的活動能力（variable mobility），另若超出29秒者，則為顯著活動障礙（impaired mobility）。若受檢者能在十秒內完成此測試，則可預測其一年內的ADL將能維持穩定。大於二十秒者，需進一步評估其步態及平衡。

上述評估除了可觀察一部分的平衡性外，站立時的平衡性可用改良式的Romberg方法來檢測。此方法為先將兩腳打開站立與肩同寬，若受檢者可保持平衡，接著可將兩腳併攏，可以平衡時再進一步將一腳往後移動一半的距離（semi-tandem stand），最後將一腳之腳跟與另一腳的腳尖接攏成一直線（tandem stand），每一步驟分別評估睜眼與閉眼的平衡性。隨著腳步的移動，受檢者保持平衡的難度愈形提高（Fleming KC, et al., 1995）。此項檢查的過程可部份協助發現其可能的原因，如關節炎、周邊神經病變、足部問題、血管硬化、中風、肢體無力及疼痛等。

另一項可測試平衡的方法為功能性前伸測試（Functional Reach Test）：將一側肩膀靠牆壁站直，先將手單舉並記錄指尖位置；在保持穩定，腳不移動的狀況下，儘量將手往前伸。若往前超過25公分（10英吋）而仍能保持平衡，其發生跌倒的危險性較低；若往前無法超過15公分（6英吋）時，表示其平衡性不佳，其發生跌倒的危險性較高（Duncan PW, et al., 1990）。

除了上述評估步態與平衡的方法外，尚有其他步態觀察的量表可進行量化的評估，如：Tinetti之POMA（Performance-Oriented Mobility Assessment）（Tinetti ME, 1986），或Berg Balance Scale等（Berg KO, et al., 1992）。POMA可偵測出行動障礙外，亦可定量其嚴重度，辨識出步態或平衡項目中最受影響的部分而可進一步擬定治療計劃，並可據此評量結果做為以後功能惡化或治療進步的參考。POMA對於偵測跌倒的敏感性高，但特異性低；而Berg Balance Scale則相反。（Mancini M & Horak FB. 2010）

6. 上肢功能評估

　　手部正常功能是維持一個人獨立生活的重要部分，老年人若其手部功能異常，則其依賴社會健康資源或居住在安養機構的比例會增加。臨床上較簡單的手部檢查方法是將二根手指置於受檢者掌中，要求其緊握來測試受檢者握力的強度。至於兩手指夾東西的力道，我們可要求受檢者以拇指與食指夾住一張紙，而我們再施力將紙抽出以檢測其力量。至於手肘及肩部功能，我們可要求受檢者將兩手交叉置於頸後或相扣置於下背部，若能順利完成，則表示肩部關節的活動範圍尚屬正常，若有疼痛、無力等症狀，則需要更進一步加以評估（Fleming KC, et al., 1995）。

7. 尿失禁的評估

　　老年人常不會、也羞於自己陳述失禁的問題，所以我們應主動加以詢問，如：「在過去一年中，您是否曾經尿液漏出而滲溼褲子？」若答「是」的話則續問：「不自主漏尿的總天數是否多達六天以上？」若出現有尿失禁的問題時，除了進一步了解其可能尿失禁的類型（應力性、急迫性、滿溢性、功能性、混合型）外，我們可藉由骨盆肌肉訓練、定時排尿、控制液體進食量、生理回饋、及藥物治療等加以處理（Fleming KC, et al., 1995）。

8. 營養評估

　　營養不良（protein-energy malnutrition，protein-calorie malnutrition）是老年人常見的問題，營養不良會增加死亡率、延長住院時間、容易再次入院、容易引起褥瘡等。至於造成營養不良的原因包括疾病、貧窮、社交孤立、憂鬱症、失智症、疼痛、牙齒問題、味覺改變及多重藥物影響等。

　　評估篩檢老年人營養不良最簡單實用的方式，是評估體重減輕的程度或病患出現食慾不振的情形。在未刻意減重的情形下，當體重在一個月內減輕5%或在六個月內減輕10%，則為有意義的體重喪失。合併體重減輕、食慾及衣著鬆緊等系列性的結果是評估老年人營養狀況實用而有效的方法（Fleming KC, et al., 1995）。另外可測身體質量指數（body mass index，簡稱BMI，即體重（公斤）

除以身高平方（平方公尺））也是營養不良的指標，但需注意老年人是否有脊椎問題（駝背、壓迫性骨折）而導致BMI高估的情形。目前對於老年人BMI定義營養不良與肥胖的標準仍未確定。另外也有多種營養篩檢量表，如：MUST （Malnutrition Universal Screening Tool）、GNRI （Geriatric Nutritional Risk Index）、MST（Malnutrition Screening Tool）、NRS2002 （Nutritional Risk Screening）、MNA （Mini Nutrition Assessment）等任一種來篩檢營養不良狀況，評估營養不良可使用SGA （Subjective Global Assessment）來評估。目前並無單獨的實驗室檢查可做為診斷的依據，需靠前述之詢問評估及生化檢查（如低白蛋白、低膽固醇、貧血及淋巴球數目降低）的共同結果來判斷。

(七) 環境評估（Environmental）

先觀察老年人一般的住家修繕、整潔狀況（如門窗及地板乾淨、垃圾的清除、碗盤清潔），有無堆置易燃物，有無危險的生活空間，以及基本的安全保障設備。另外針對老年人居家環境的評估主要分為二個部分，第一為評估影響老年人功能障礙的因素以及居家環境的安全性，第二為評估所需的醫療資源或人力資源的可近性（Fleming KC, et al., 1995）。在居家安全方面，可利用Home Safety Assessment Checklist予以評估，檢視是否有適度而不閃爍的照明光源、浴室是否有防滑設施、走道是否高低不平、是否設置扶手、室內家具的擺置是否造成行動上的障礙或跌倒的危險等，以讓老年人能在其住所內安全地活動，維持其最大獨立生活性為最高原則。在資源提供方面，可觀察居住環境內各種資源的可近性，除了居家服務之外，是否需提供獨居老人緊急呼救鈴，當老人身體不適時，按鈴即可馬上與醫院或救護單位聯繫，隨時提供獨居老人必要救護。

(八) 照護狀況及照顧者資源（Care, caregivers）

除了評估老年人的需求外，我們也必須考量照顧者的負擔，特別是在照顧有認知障礙或日常生活活動功能退化的老年人時。照顧資源及支持包含家庭及社會所提供者，主要評估內容包括：1.主要照顧者與病患的關係、與家人互動情形；2.照顧者的身心負荷與健康狀況，在評估照顧者的負荷時，最好是在被照顧者不在旁時才詢問：「當您在照顧您所關心的人時，您最擔心或在意的是什麼事？」；3.照顧者的照護能力評估；4.照顧資源及支持之有無；5.照顧者資源及支持團體的需要性、可近性與利用狀況。另外也可使用正式的評估量表，如：Caregiver Strain Index或Zarit Burden Interview等來評估照顧者負荷狀況。若發現照顧者之照護能力不足時，應適時藉由老年醫學評估團隊的各專業人員，依其需求給予適當指導，以改善病患的照護環境。若發現照顧者已負荷不良時，應依其需求協助尋找提供照顧精神或經濟上的支援，或建議使用日間照護、喘息照護等資源，或聯繫支持團體協助，使照顧者獲得適當支援、資源與休息（Fleming KC, et al., 1995）。

(九) 其他資訊及專業直覺

最後是對於評估老年人過程的看法、感覺與專業上的直覺如何？有無前面沒提到或評估到但是覺得有需要警覺的項目嗎？相信自己的專業直覺，因為那可能是值得你繼續深入了解的重要部分。假如覺得無法單從老年人身上得到足夠的資訊，尤其是老年人有認知或溝通上的困難時，這時就必須轉而詢問旁邊的其他親屬、朋友或鄰居，或其他的服務提供者來進行評估作業，以便協助做出具體的評估結論。但首先需得到老年人的允許，才能從其他人那裡取得評估作業的資訊。

經常與老年人聯繫或是同住的家人有助於我們了解老年人最近三個月、半年與一年來的改變，特別是老年人最近三個月至半年間才衰退的日常生活活動功能之確切時間與項目。是否有什麼事件，比如像一場重病或喪親，造成了問題的惡化？其克服生活事件的能力如何？家人注意到心情、認知能力、或與社會接觸上有什麼變化？但需注意長久以來的家族事件，也可能會扭曲了反映的正確性。任何介入的計畫對家人也會造成影響。其他的人，如畢生好友、長期照顧該老年人的醫師、牧師、甚至是郵差，都可能有助於評估人員釐清老年人面對日常生活的問題所在。

五、問題列表（Problem list）：組織及總結評估結果

　　經由周全性老年醫學評估後，可能發現不少病患相關的問題，因此需要將這些資料組織整合成一問題列表，清楚地條列出所有問題，以有助於後續病患的照護及追蹤病況進展，此問題列表可依病況及診斷的變化隨時修改。

　　問題列表應同時包含短期及長期醫療診斷及問題（包括急性疾病、慢性疾病之惡化、亞急性及慢性健康問題與老年病症候群）、所有會影響活動功能的病況及危險因子（即使不是醫療診斷），或是任何社會狀況及過去病史，可能需要積極介入或對將來處置的決定有影響者（如獨居、與家屬及其他人際關係問題生活及居住環境問題），都需列入問題列表中。（Kane RL, Ouslander JG, Abrass IB, 2004）

　　除了一般常見的急性問題外，有些虛弱的老年病患前來求診的原因，並非是傳統上大家慣用的診斷病名或問題，例如ICD上有列出之惡病質（cachexia, ICD 799.4）、存活不良（failure to thrive, ICD 783.4）、營養不良（malnutrition, ICD 263.9）、體重減輕（weight loss, ICD 783.2）、功能退化（decline, debility, ICD 797）、不活動（immobility, ICD 728.3）等；甚至僅為單純的主訴，如衰弱（weakness, ICD 780.79）、不適（malaise, ICD 780.79）、食欲不振（anorexia, ICD 799.0）、疲倦（fatigue （senile）, ICD 797）、意識紊亂（confusion, ICD 298.9）、跌倒（accidental falls, ICD E880~E888）等常見的症狀表現，都可能成為老年病患來求診的原因。（Anonymous: Comprehensive geriatric assessment, 1998）

　　另外，對於需要接受周全性老年醫學評估的老年病患而言，有一個重要的概念需要釐清的是：這些老年病患有時候遊走各科，若只單從各科個別角度來評估時，可能難以用單一器官疾病解釋目前的所有症狀或問題；他們之所以出現目前的病況，並非其單一器官問題的結果，而是因為其多重疾病或問題共同影響所造成的表現。由於老年病患的許多問題或疾病常同時並存及互相影響，因此老年病患的問題可能需有多面向考量來處理，但也可能一種處理介入即可同時解決多種

問題，故要有周全性的評估才能有效的彙整並簡化治療的方式。

六、醫療及照護方式的決定

最後在對於老年人決定疾病的醫療及照護方式時，需先從四大面向加以考量：（Sokol DK, 2008）

(一) 醫療狀況（Medical indications）：主要的醫療問題是什麼？其疾病的自然病程及對生活的影響為何？其疾病屬性為可逆或是不可逆？需做哪些檢查？有哪些治療方式？治療目標為完全治癒、控制性治療或是支持性治療？檢查及治療可能的非預期反應有哪些？不同治療方式對於疾病可能造成的預後為何？有無替代治療方式？

(二) 病患選擇（Patient preferences）：以病患自主為原則。在病患了解上述所有的狀況後，病患都有權利決定自己要接受或不要接受某一個醫療處置。除非病患已經沒有自主行為能力，或在憂鬱時期，或是他主動的放棄自主權利，否則任何人（包括家人）都不能超越病患的自主權，即使是好意為病患作醫療決定。

(三) 生活品質（Quality of life）：需先了解病患罹病前後與治療後之生活品質的改變，特別是罹病與治療後相關症狀及功能狀態變化對於生活品質的影響。

(四) 社會脈絡（Contextual features）：包括經濟狀況、宗教因素、文化因素、疾病保密問題，家庭支持及長期照顧的考量，以及病患治療的決定對於家屬及醫療團隊的衝擊為何？

就老年醫學的角度而言，在老年病患的評估照顧過程中，努力找出所有的健康相關問題是很重要，但對每項異常問題都能作出精確的病因診斷並不一定可做的到，也並不一定有其必要、無傷害且有助於決定治療方式，且未必是病患及其家屬所想要的或需要的，而且老年人有些異常問題或數據也不一定影響其疾病病程或生活品質。其實，在較少傷害的檢查治療為前提下，除了可復原或改善的疾病需找出病因及診斷得以治癒外，若對於已預期無法復原或治療的健康問題，仍不顧老年人可能需承受的不適而極力去尋找其病因，但卻無法因診斷結果而改變治療處置方式時，對病患並無實質的幫助，甚至可能有害，且對醫病關係會有負面的影響。因此對於老年病患異常問題的影響及相關之檢查治療需先詳加衡量並解釋，以提供老年人及其家屬做出正確選擇的資訊。（Jonsen AR, et al., 2006）

七、周全性老年醫學評估及照護的優點

　　老年病患的周全性評估及照護可增進診斷的正確性及整體性，也可改善老年病患的情緒及認知狀況，以及改善功能狀態。其他可能的好處還包括增加居家保健及社會服務的使用、減少藥物的過度使用、增進機構居住的適當性。對病患實際治療及其預後的助益，早有許多研究予以證明。如Rubenstein等人經由隨機分配之臨床研究證實，認為此種介入性的評估可以最少的成本，提供老年族群相當的益處（Rubenstein LZ, et al., 1984），而Stuck等人也經由多個研究資料的分析認為，藉由評估與有效的長期照護，可以減少死亡率與改善身體的活動功能，特別是在住院或是在機構（如護理之家）的老年人更可以看到成效（Stuck AE, et al., 1993）。整體而言，經由對照式臨床試驗結果顯示，完整的老年醫學評估可以減少醫療服務的使用及花費、減少急性醫療使用，以及減少不必要的護理之家的安置（Anonymous NIH,1988），增加在宅老化的機會，減少家庭及社會照護成本的支出。（Beswick AD, et al., 2008; Ellis G, et al., 2011）

第七節　結論

　　照顧老年人是耗時費力的工作，需具有溫暖的心、冷靜的頭腦、謙遜的態度與持續的熱誠才能勝任。而周全性老年醫學評估是了解老年人整體狀況最重要的根據，跨專業團隊照護是照顧老年人的執行方式，維持老年人的生活品質是最終目標。因此不論是否有醫療背景，所有接觸與照顧老年人者均應熟悉基本的老年評估。評估老年人時，秉持以長者為中心的原則，對於包括身體、認知、精神、社會及日常生活活動功能等全面做完整的評估。藉由簡便、可行的篩檢方法，獲取詳實的訊息，再經由團隊成員跨專業的溝通、討論，提出確實可行的介入計畫，持續追蹤處置成效，並根據介入結果加以調整計畫與目標。而團隊領導者須整合團隊專業人員所提供的評估訊息及治療建議，並據此來與老年病患及家屬討論及決定的治療計劃。在這種團隊合作模式之下，才能提供老年病患完整的醫療照護，以維持老年人的生活品質及功能，期望達到「成功老化」的境界。

參考書目

一、英文部分

Anonymous (1988). "National Institutes of Health Consensus Development Conference Statement: geriatric assessment methods for clinical decision-making." J Am Geriatr Soc, 36: 342-7.

Anonymous (1995). "Comprehensive geriatric assessment." pp. 224-35. in: The Merck Manual of Geriatrics 2nd ed. edited by Abrams WB, Beers MH, Berkow R, New Jersy: MERCK.

Anonymous (1995). "Functional assessment." pp. 69-103 in: Handbook of Geriatric Assessment. 2nd ed., edited by Gallo JJ, Reichel W, Anderson LM. Maryland: Aspen Publishers.

Anonymous (1998). "Comprehensive geriatric assessment: An overview." pp. 1-23. in: Practical Geriatric Assessment, edited by Fillit HM, Picariello G. Oxford: University Press.

Beck AT, Guth D, Steer RA, et al. (1997). "Screening for major depression disorders in medical inpatients with the Beck Depression Inventory for Primary Care." Behav Res Ther, 35: 785-91.

Berg KO, Wood-Dauphinee SL, Williams JI, Maki B. (1992). "Measuring balance in the elderly: validation of an instrument." Can J Public Health, 83 (Suppl 2): S7–11.

Beswick AD, Rees K, Dieppe P, et al. (2008). "Complex interventions to improve physical function and maintain independent living in elderly people: a systematic review and meta-analysis." Lancet, 371: 725–35.

Boyd, C. M., StehLandefeld, C., Counsell, S. R., et al. (2008). "Recovery of activities of daily living in older adults after hospitalization for acute medical illness." Journal of the American Geriatrics Society, 56 (12): 171-2179.

Borson S, Scanlan J, Brush M, Vitaliano P, Dokmak A (2000). "The mini-cog: a cognitive 'vital signs' measure for dementia screening in multi-lingual elderly." Int J Geriatr Psychiatry 15:1021-7.

Creditor, M. C. (1993). "Hazards of hospitalization of the elderly." Annals of Internal Medicine, 118: 219-223.

Cigolle CT, Langa KM, Kabeto MU, Tian Z, Blaum CS. (2007). "Geriatric conditions and disability: The Health and Retirement Study." Ann Intern Med., 147: 156-164.

Covinsky KE, Pierluissi E, Johnston CB (2011). "Hospitalization-associated disability." JAMA, 306 (16):1782-1793.

Cruz-Jentoft AJ, Baeyens JP, Bauer JM, et al. (2010). "Sarcopenia: European consensus on definition and diagnosis: Report of the European Working Group on Sarcopenia in Older People." Age and Ageing, 39: 412–423.

Duncan PW, Weiner DK, Chandler J, Studenski S. (1990). "Functional reach: a new clinical measure of balance." J Gerontol , 45: M192-7.

Ellis G, Whitehead MA, Robinson D, O'Neill D, Langhorne P. (2011). "Comprehensive geriatric assessment for older adults admitted to hospital: meta-analysis of randomized controlled trials." BMJ, 343: d6553.

Flacker JM. (2003). "What is a geriatric syndrome anyway?" J Am Geriatr Soc. 51:574-6.

Flaherty E, Hyer K, Fulmer T. (2009). "Team care." Hazzard's Geriatric Medicine and Gerontology 6th Ed., edited by Halter JB, Ouslander JG, Tinetti ME, et al. New York: The McGraw-Hill Companies, Inc.

Fleming KC, Jonathan JM, Weber DC, Chutka DS (1995). "Practical functional assessment of elderly persons: a primary-care approach." Mayo Clin Proc, 70: 890-910.

Folstein MF, Folstein SE, McHugh PR: "Mini-mental state": A practical method for grading the cognitive state of patients for the clinician. J Psychiatr Res 1975;12:189-98.

Fratiglioni L, Jorm AF, Grut M, et al. (1993). "Predicting dementia from the Mini-Mental State Examination in an elderly population: the role of education." J Clin Epidemiol, 46: 281-7.

Fried LP, Ferrucci L, Darer J, Williamson JD, Anderson G (2004). "Untangling the concepts of disability, frailty, and comorbidity: implications for improved targeting and care." J Gerontol: Med Sciences., 59: 255-63.

Fried LP, Tangen CM, Walston J, et al., (2001). "Frailty in older adults: evidence for a phenotype." J Gerotol A Biol Sci Med Sci , 56: M146-56.

Hachinski VC, Iliff LD, Zilhka E, et al., (1975). "Cerebral blood flow in dementia." Ann Neurol, 32:632-7.

Hazzard WR. (2000). "The department of internal medicine : Hub of the academic health center response to the aging imperative." Ann Intern Med, 133: 293-6.

HK Geriatrics Society (1999). "A geriatrician. Defining geriatrics." J HK Geriatr Soc, 9: 43-4.

Hoogerduijn, J. G., Schuurmans, M. J., Duinstee, M. S. H., de Rooij, S. E., & Grypdonck, M. F. H. (2007). "A systematic review of predictors and screening instruments to identify older hospitalized patients at risk for function decline." Journal of Clinical Nursing, 16 (1): 46-57

Inouye SK, van Dyck CH, Alessi CA, Balkin S, Siegal AP, Horwitz RI: Clarifying confusion: The confusion assessment method. A new method for detection of delirium. Ann Intern Med 1990;113:941-8.

Jonsen AR, Siegler M, Winslade WJ. (2006). Clinical ethics: a practical approach to ethical decisions in clinical medicine. 6th ed. New York: McGraw-Hill.

Kane RL, Ouslander JG, Abrass IB. (2004). "Evaluating the geriatric patient.", in: Essentials of Clinical Geriatrics. 5th ed., edited by Kane RL, Ouslander JG, Abrass IB, USA: McGraw-Hill.

Katz S, Downs TD, Cash HR, Grotz RC (1970). "Progress in the development of the index of ADL."

Gerontologist, 10:20-30.

Katz S, Ford AB, Moskowitz RW, et al., (1963). "Studies of illness in the aged: the index of ADL." JAMA, 185: 914-9.

Kresevic D, Holder C. (1998). "Interdisciplinary care." Clin Geriatr Med, 14 (4):787-812.

Latham, N. K., Bennett, D. A., Stretton, C, M., & Anderson, C. S. (2004). "Systematic review of progressive resistance strength training in older adults." Journal of Gerontology: Medical Sciences, 59A (1): 48-61.

Lawton MP, Brody EM (1969). "Assessment of older people: self-maintaining and instrumental activities of daily living." Gerontologist, 9: 179-86.

Lubben JE, Gironda ME (2003). "Centrality of social ties to the health and well-being of older adults." Pp 319-350 in: Social work and health care in an aging world, edited by Berkman L, Harooytan L. New York: Springer Press.

Mallery, L. H., MacDonald, E. A., Hubley-Kozey, C. L., Earl, M. E., Rockwood, K. & MacKnight, C. (2003). "The feasibility of performing resistance exercise with acutely ill hospitalized older adults." BMC Geriatrics, 3 (3): 1-8.

Mancini M, Horak FB. (2010). "The relevance of clinical balance assessment tools to differentiate balance deficits." Eur J Phys Rehabil Med, 46 (2): 239-48.

Palmer RM (1994). "Geriatric assessment.". pp. 365-85 in Primary Podiatric Medicine, edited by Robbins JM, WB Saunders.

Peterson, M. J., Giuliani, C., Morey, M. C., Pieper, C. F., Evenson, K. R., Mercer, E. V., et al., (2009). "Physical activity as a preventative factor for frailty: The health, aging, and body composition study." J Gerontol A Biol Sci Med Sci., 64A (1): 61-68.

Pfeiffer E (1975). "A short portable mental status questionnaire for the assessment of organic brain deficit in elderly patients." J Am Geriatr Soc, 23:433-41.

Podsiadlo D, Richardson S. (1991). "The timed "Up & Go": a test of basic functional mobility for frail elderly persons." J Am Geriatr Soc. 39 (2): 142-8.

Reuben DB, Rosen S. (2009). "Principles of geriatric assessment.", in: Hazzard's Geriatric Medicine and Gerontology 6th ed., edited by Halter JB, Ouslander JG, Tinetti ME, et al., New York: The McGraw-Hill Companies, Inc.

Rinaldi P, Mecocci P, Benedetti C, et al., (2003). "Validation of the five-item geriatric depression scale in elderly subjects in three different settings." J Am Geriatr Soc, 51: 694-8.

Rockwood K, Mitnitski A (2007). "Frailty in relation to the accumulation of deficits." J Gerontol A Biol Sci Med Sci., 62 (7): 722-7.

Rockwood K, Song X, MacKnight C, et al., (2005). A global clinical measure of fitness and frailty in elderly people. CMAJ. 2005; 173 (5): 489-5.

Rodloff LS (1965). "The CES-D scale: A self-report depression scale for research in the general population." Appl Psychol Measure, 7: 343-51

Rubenstein LZ, Josephson KR, Wieland GD, English PA, Sayre JA, Kane RL (1984). "Effectiveness of a geriatric evaluation unit: a randomized clinical trial." N Engl J Med, 311: 1664-70.

Sokol DK. (2008). "The "four quadrants" approach to clinical ethics case analysis; an application and review." J Med Ethics, 34: 513-516.

Strehler BL. (1982). Time, Cells and Aging. New York: Academic Press.

Stuck AE, Siu AL, Wieland GD, Adams J, Rubenstein LZ (1993). "Comprehensive geriatric assessment: a meta-analysis of controlled trials." Lancet, 342: 1032-6

Tinetti ME. (1986). "Performance-oriented assessment of mobility problems in elderly patients." J Am Geriatr Soc, 34: 119-126.

Tinetti ME, Bogardus ST Jr, Agostini JV. (2004). "Potential pitfalls of disease-specific guidelines for patients with multiple conditions." N Engl J Med, 351 (27):2870-4.

Tinetti ME, Inouye, K, Gill TM, Doucette JT (1995). "Shared risk factors for falls, incontinence, and functional dependence: unifying the approach to geriatric syndrome." J Am Med Assoc, 273: 1348-53.

Wakefield BJ & Holman JE (2007). "Functional trajectories associated with hospitalization in older adults." West J Nurs Res, 29 (2): 161-177.

Williamson J. (1994). "In the past." Age Ageing, 23: S9-11.

Yeh TL, Liao IC, Yang YK, Ko HC, Chang CJ, Lu FH (1995). "Geriatric Depression Scale (Taiwanese and Mandarin Translations)." Clin Gerontologist, 15 (3): 58-60.

Yesavage JA, Brink TL (1983). "Development and validation of a geriatric depression screening scale: a preliminary report." J Psychiatr Res, 17:37-49.

Zung WWK (1965). "A self-rating depression scale." Arch Gen Psychiatry, 12: 63-70

二、中文部分

衛生福利部中央健康保險署，102年全民健保統計摘要。www.nhi.gov.tw/Resource/webda-ta/26860_2_102摘要指標分析-ch.pdf，取用日期：2014年12月9日。

行政院衛生署國民健康局，2006年9月，民國九十二年臺灣地區中老年身心社會生活狀況長期追蹤（第五次）調查成果報告，行政院衛生署國民健康局臺灣老人研究叢刊系列十。

張家銘、盧豐華（2007）。周全性老年醫學評估的一般概念。周全性老年醫學評估的原則與技巧。臺灣老年醫學會、合記出版社。

陳人豪、嚴崇仁（2003）。老化的生物學基礎與生理改變。李世代：老年醫學(一)：老年照護與老化之一般原則。臺北，臺灣老年醫學會。

第四章　老年人之生理變化

第一節　前言

　　老化是必經的自然過程，不同的個體、性別，不同的種系、族群，甚至在不同時空的條件下，生物個體的老化速度常不一致；且個體間型態與功能之差異性亦隨著老化而增加，即使是在同一個體內的不同組織、器官及系統的老化速度也不一樣，不能由某一器官老化程度推論另一器官老化的情況。再加上飲食、疾病環境、生活形態、失用（disuse）、基因或潛在性疾病的影響，因此在評估老年人時，應考量個別狀況。

　　老化通常無法治療，最後多是功能上不可逆的衰退，至生命終了為止。疾病一般只侵犯特定的細胞、組織、器官或個體，過程是或快或慢地進行、停止或改善；疾病若能了解其致病機轉，則可能介入預防、控制或治療，對功能上的影響則視損傷嚴重度而定，也可能有恢復改善之機會。在無疾病的影響下，各器官功能的退化，彼此互不影響。對老年人而言，器官功能的衰退，通常源自疾病的影響多於老化本身的影響。凡無法以常態老化來解釋的功能衰退，一定要追究病因並設法治療；任何器官系統功能的突然降低，多是因疾病而起，而非常態老化。

　　此外，單純由老化造成之功能改變通常很輕微，所以若比較年輕人和老年人在平常基礎（basal）狀態下的器官功能時，常不易看出明顯的差異。此時，若藉由一些壓力（stress）或挑戰（challenge）的測試來評估器官功能的極限，或是觀測其在面臨壓力挑戰後之回復常態的能力與效能（homeostasis recovery and efficiency），以評估其預儲復原潛能（reservoir），往往較能區辨出年輕人和老年人的功能差異。因為老化造成之基本結構及功能的變化，導致器官組織的預儲復原潛能之喪失，使得對內外壓力的反應能力變差、回復正常功能之能力降低，也需要較長時間恢復恆定狀態（常態）。因此老化可界定為「所有隨時間經過，所發生之結構及功能性變遷，導致面臨壓力時存活能力減低，甚至死亡等所有變化的總和。」此種體內維持恆定能力的退化（homeostenosis），自30歲開始，呈線性逐漸下降，大約以每年0.8-1%的比率在衰退（圖4-1）。在無疾病的影響下，體內維持恆定能力的退化應無症狀，且不應造成日常生活活動功能的衰退。

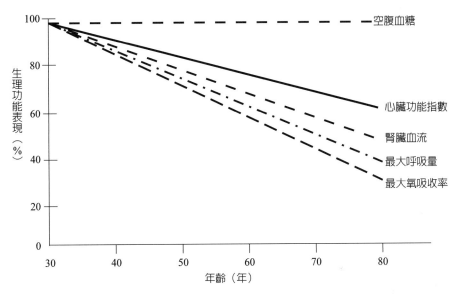

圖4-1　男性各種生理功能與年齡的關係（以20-35歲間的平均數值作為100%）

　　在照顧老年病患時，當檢視其臨床檢驗數值以評估其狀況時，須先了解建立老年人檢驗數值常模標準有其困難。因為目前對整個老化的起點、過程與機轉尚未完全了解；加上老年人疾病多樣性（multiplicity of diseases）及藥物服用等因素，難以找到合適的健康族群來建立「正常或適當」之標準常模；而且老年人的檢驗數值常無法呈現理想之單一常態分布，個體間歧異性大（heterogeneity / diversity）；此外，缺乏以「正常或健康」且具代表性之老人為對象的研究，亦缺乏長期之縱向追蹤研究結果；易受種族、性別、生活型態差異的影響，也不易測試基礎或壓力狀態下之功能（預儲復原潛能）差異等，因而會有不同的結果。

　　以下簡要敘述各器官系統隨老化所造成之結構與功能的改變及其臨床意義。

第二節　心臟血管系統

一、結構上的變化

　　目前的證據顯示，健康老年人的心臟體積並不因為年齡的增加而有所改變；與老化的相關變化包括左心室壁的厚度輕微增加，動脈的膠原與彈力蛋白增加而導致血管變硬變厚，靜脈內的瓣膜功能下降而使返回心臟的血流變慢，冠狀動脈鈣化且血流量減少，血管的完整性（vascular integrity），包括內皮細胞的增生、遷移（cell proliferation and migration）與血管壁的重塑（wall re-modeling）變差，血液流動性（blood fluidity）的維持因為細胞黏附（cell adherence）、血液凝結（blood coagulation）與致血栓特性（thrombogenic property）的增加而受到破壞，心臟瓣膜變厚、變硬而出現心雜音，竇房結（sinoatrial node）、房室結（atrioventricular node）與希氏束（Purkinje fiber）之節律細胞數目減少且活性降低。

二、功能上的變化

　　動脈因為變硬變厚使得阻力相對增加，為了維持身體各器官的血液循環，心臟的收縮力也必須增加，血壓也因此相對上升；另外，壓力反射（baroreflex）的敏感度也變差，加上血管硬化，使得老年人容易出現姿勢性低血壓；靜脈內的瓣膜功能下降則導致回心血量減少、血液滯留與靜脈曲張。

　　隨著年齡的增加，心肌在每一次收縮後，需要更長的時間恢復，基本上不影響老年人的日常生活功能（activities of daily living, ADL）；但在心跳加快時，如運動、緊張狀態或遭遇壓力時，很可能會出現問題；另外，老年人的最大心跳隨著年齡增加而下降，可以用220減去年齡來估計，因此，一個80歲的老年人，其最大心跳約每分鐘140下。在休息與活動時，老年人的心臟搏出量隨著年齡的增加而些微下降，但是不影響其日常生活功能；不過，大部分的老年人比較無法從事費力的工作，也容易感到疲倦。因為年齡的增加影響傳導系統，老年人較易出現心律不整（如心房顫動）與房室傳導阻滯。

欲評估下肢循環，可先觸診是否有水腫，並以手背觸摸，比較雙側足部與腿部的溫度是否有差異；也檢查並比較雙側足背動脈（dorsal pedal artery）與脛後動脈（posterior tibial artery）脈搏是否明顯及對稱。若雙側性冰冷，常是由於寒冷之環境、焦慮不安或全身性問題所致。單側性或合併其他徵候，表示動脈供血不足，為一種不正常之動脈循環。另若有動脈循環不良時，除了出現足部冰冷外，皮膚附屬器官如毛髮會減少且皮膚較為乾燥，並可能出現足部外側的潰瘍。而靜脈循環不良時，足部會出現色素沉澱及足部內側的潰瘍。

總結來說，血管系統的相關變化，很難釐清究竟是來自正常的老化或是病理的變化所造成。老化本身並不影響心臟功能，心臟功能的衰退多是來自心臟血管疾病；然而，當老年人處於壓力狀態下時，年齡對於心臟的影響就變得顯著，並進一步衝擊日常生活功能。不論年齡的增加有沒有為心臟血管系統帶來改變，避免或減少心臟血管疾病的危險因子，並維持老年人日常生活功能的獨立自主才是最重要的。

第三節　呼吸系統

一、結構上的變化

　　在胸廓方面，支氣管與肋軟骨的鈣化使得肋骨脊椎的硬度增加，胸廓前後徑增加並逐漸僵硬，呼吸肌肉也隨著年齡的增加而逐漸喪失肌力與耐力。

　　在肺臟方面，支氣管黏膜之纖毛數量減少且活性下降，肺泡的數目並沒有因為年齡的增加而減少，但是肺泡管（alveolar duct）變大，肺泡變薄且變大，因此有功能的肺泡數目隨著年齡的增加而減少；其中黏液腺（mucous gland）增加，彈性纖維的數目減少，肺泡壁的可擴展性下降，肺微血管減少，而肺微血管內膜的纖維化上升，能夠執行氣體交換的微血管也減少。整體來說，肺臟變得較小也較鬆弛。

二、功能上的變化

　　肺臟回彈（recoil）的能力隨著年齡的增加而下降，潮氣容積（tidal volume）下降，吸飽氣後可呼出的最大空氣量（即用力肺活量，forced vital capacity）亦減少，最大呼氣後肺臟所剩餘的氣體容積（即肺餘容積，residual volume）則隨年齡的增加而增加，生理性死腔也增加（physiological dead space），肺泡的氧氣-二氧化碳氣體交換效率隨年齡的增加而變差，呼吸中樞對通氣（ventilation）的支配也較遜色，因此對於二氧化碳濃度的上升變得較不敏感。相較於年輕人，老年人在呼吸上更依賴橫膈膜，也因為能量消耗的增加而容易倦怠。

　　由於肺臟灌流（perfusion）與通氣（ventilation）的不協調性隨年齡的增加而增加，血氧濃度因此隨年齡的增加而下降，可用100減去年齡的三分之一來估算該年齡的動脈血氧分壓，例如一個90歲的老年人，其動脈血氧分壓約為70 mmHg。

　　因為呼吸道纖毛數量減少且活性下降，咳嗽反射變得較差，無法有效地咳嗽，連帶影響清除上呼吸道粒子（particles）的能力，加上保護並對抗感染的呼吸道黏液減少，使得老年人更容易發生呼吸道感染。

　　總而言之，年齡的增加對於呼吸系統的影響難以估計，因為諸如空氣汙染、抽菸、職業、生活與環境等因子都會影響呼吸系統。不過，老化的確造成全身細胞氧氣輸送量的下降，加上呼吸系統的儲備功能較差，當老年人遇到氧氣需求增加的情況時，如激烈運動，便容易覺得疲憊。導致肺功能衰退的原因，除了上述因子之外，肺臟的感染、藥物的使用或其他器官系統的病變都是肺功能惡化的危險因子。

第四節　胃腸肝膽系統

一、口腔

　　牙齒逐漸變黃，主要因為外來物質的染色所造成，如啤酒、菸草、口腔內的細菌等。牙髓（pulp）從牙冠（crown）退去，變得纖維化與鈣化；根管（root canal）變窄也變得螺紋狀，且易碎裂。象牙質（dentine）的耗損快於再生，上頜（maxillary）與下頜（mandibular）之骨質亦逐漸流失，骨質的流失導致牙齒的鬆脫，進一步加快牙齒的脫落。口腔黏膜隨著年齡的增加而逐漸變薄且萎縮，腭黏膜變得水腫與角質化。結締組織或脂肪組織也逐漸取代唾液腺之腺泡細胞（acinar cell），唾液的分泌減少。吞嚥方面包含三個階段，經由反射與神經調控而完成。老化可能造成該三階段的不同步（desynchronized），也因此老年人容易發生吞嚥失調。

二、食道

　　非蠕動性的收縮（non-peristaltic contraction）增加，蠕動性收縮的幅度下降，下食道括約肌的不完全鬆弛（incomplete relaxation）等，都是老年食道（old esophagus）常見的問題，可能導致老年人容易吸入空氣或是胃酸逆流。

三、胃

　　胃的蠕動（motility）與排空（emptying）功能不受老化的影響，但在進食時，胃放鬆以容納食物的能力則下降。老年人的胃在基礎狀態（basal condition）下，胃酸的分泌量呈現下降，胃蛋白酵素（pepsin）與內因子（intrinsic factor）的分泌量也減少，胃壁合成前列腺素（prostaglandin）的能力亦變差。以酵素分泌的器官而言，其細胞的數目、酵素的濃度與酵素的合成及釋放均下降；就賀爾蒙及神經的調控來說，腸胃道內分泌細胞的數目與荷爾蒙的濃度減少，內分泌細胞對於消化刺激的敏感度下降，腸胃道賀爾蒙的分布與代謝改變，內分泌與神經受器的數目與親和力改變等，都是可能的變化。

四、小腸

隨著老化，腸道的絨毛與微絨毛萎縮，黏膜細胞的增生能力變差，膠原蛋白增加，隱窩（crypts）延長，隱窩幹細胞的複製時間也變長。絨毛的活動能力改變，導致功能表面積（functional surface area）下降，因為腸道血管的動脈粥樣硬化造成腸道血流的減少，水屏障（water barrier）的受損限制了擴散與運送，並改變小腸的滲透性，以上這些原因都會影響小腸的吸收。隨著年齡的增加，糖、鈣與鐵等的吸收下降，然而消化與蠕動卻不隨著年齡而改變。

五、大腸

大腸老化的改變，與小腸大同小異，主要是黏膜的萎縮，結締組織的增生，與動脈粥樣硬化所帶來的影響。大腸的收縮協調性變差，類鴉片受器（opioid receptor）的數目增加，因此老年人容易因為藥物的使用而產生便祕。肛門的緊張度（tone）下降，使得大便失禁容易發生在老年人身上。老化對大腸的另外一個影響為憩室（diverticula）的增加，其影響為出血（bleeding）與憩室發炎（diverticulitis），也可能會造成腹痛、腹瀉或便秘。

六、肝臟

　　隨著年齡的增加，肝臟逐漸萎縮而且重量下降（細胞的流失始於60歲前後，在80歲之後其流失速度加快），不過細胞的大小不變甚或變大，膠原蛋白增加，再生能力下降，退化細胞（degenerating cell）的數目增加，粒線體（mitochondria）的數目下降但是大小變大，暗示欲藉由此代償機轉維持其功能，內質網（endoplasmic reticulum）變小且代謝藥物的能力變差。不過肝臟對於代謝與清除放射性同位素並不隨年齡而改變，臨床上常使用的肝功能檢查，其數值亦不隨年齡而改變。與其說年齡帶給肝臟的影響，其實酒精與藥物對於肝臟的傷害遠大於老化本身。

七、胰臟

　　胰臟的腺體因老化而變小，因為纖維化而變硬。其分泌的酵素，如澱粉酶（amylase）維持不變，但是脂肪酶（lipase）與胰蛋白酶（trypsin）卻顯著下降，胰泌素（secretin）刺激下的胰液分泌與碳酸氫鹽（bicarbonate）濃度不因老化而改變。至於調控胰臟功能的荷爾蒙是否隨年齡而改變，則所知不多。事實上，包括飲食、藥物（酒精）、血管硬化、纖維化與細胞再生的減少均會影響胰臟的功能。

第五節　腎臟與泌尿系統

一、腎臟

隨著年齡的增加，腎臟的組織逐漸減少，主要減少的部分在腎皮質，腎髓質的變化相對不大；重量也逐漸下降，從30-80歲減少約25-30%。膜細胞（mesangial cell）隨著年齡的增加而增加，腎絲球與腎小管的數目也是隨著年齡的增加而減少，腎絲球的總數在70歲時減少了30-50%，並且逐漸硬化；腎小管的長度縮短且體積減小，管壁增厚膨出而形成憩室（diverticula）。

腎臟內的動脈血管管壁變厚，較大的動脈會呈現不同程度的硬化，較小的動脈則較不受年齡的影響。腎臟血流量隨著年齡的增加而減少，除了心臟搏出量的減少，入球與出球小動脈阻力變高也是原因；其中皮質的血流量下降較髓質顯著，而皮質血管的喪失也較髓質為多，這也解釋了隨著年齡的增加，腎絲球的過濾分率（filtration fraction）上升的原因，因為近髓質區的腎絲球過濾分率較近皮質外側者來得高。腎臟的自我調節（autoregulation）也變差，因此在面臨脫水、休克、或是大出血時，較容易發生急性腎衰竭。

腎絲球過濾率（glomerular filtration rate）隨著年齡的增加而減少，由巴爾的摩的長期追蹤研究得知，正常人的肌酸酐廓清率（creatinine clearance）平均每年約以0.8 mL/min/1.73m^{2}的速度下降，約由30歲的140 mL/min/1.73m^{2}減少至80歲的97 mL/min/1.73m^2。然而，在巴爾的摩的長期追蹤研究中，並不是所有人的肌酸酐廓清率都下降，有一部分的人沒有變化，甚至有一部分的人上升。因此，肌酸酐廓清率是否隨年齡的增加而下降，不可一概而論。即使肌酸酐廓清率隨年齡的增加而下降，但是老年人的肌肉質量變少，造成由肌肉之肌酸（creatine）分解來的肌酸酐變少，因此血清中的肌酸酐濃度沒有改變；另外，血中尿素氮（urea nitrogen）濃度也不會因年齡的增加而改變。

二、水分的平衡（尿液的濃縮與稀釋）

　　身體的水分隨著年齡的增加而下降，從年輕人的60%到老年人的45%，主要是因為脂肪比率上升，但並不影響細胞外的水分平衡。

　　腎臟濃縮尿液的能力隨著年齡的增加而下降，因此老年人在脫水的情況下，經常無法有效且即時的調適。老年人亨利氏環（Henle's loop）上升段對氯化鈉的運送能力變差，導致髓質內側高張的環境下降，加上髓質血流相對增加也會帶走該處逆交換系統（countercurrent multiplier system）的溶質，造成髓質滲透壓梯度下降，集尿管細胞對抗利尿激素的反應變差等，都使得尿濃縮能力受到影響。

　　腎臟稀釋尿液的能力也隨著年齡的增加而下降，因此老年人在水分過多的情況下，經常無法有效且即時的調適，但是機轉仍不清楚。

三、電解質的平衡（鈉、鉀、鈣、磷）

　　在正常的情況下，老年人的腎臟可以根據細胞外液中鈉的狀態來調節尿鈉的排出，只是反應的時間較年輕人長，且在有身體壓力的狀況下，調節反應會更差。體液不足時，口渴機轉啟動並藉由飲水而避免走向脫水的危險，可是老年人的口渴機轉變得較不敏感，且位在主動脈及頸動脈的壓力受器（baroreceptor）對壓力刺激（如體液不足）較為遲鈍，腎素（renin）與醛固酮（aldosterone）在體液不足時的分泌量相對較低，而腎小管對於抗利尿激素（antidiuretic hormone）的反應也較遲鈍，再加上因疾病導致活動或認知功能下降，而無法適時補充水分，腎臟有效地保留鈉的能力變差，或是細胞外液生理性的預留容積減少等因素，造成高血鈉症的發生。另外，老年人無法如同年輕人一般有效排出過多的水分，純水廓清率亦較年輕人差，低鈉飲食後，減少尿鈉排出的代償速度下降，或是利尿劑引起的鈉流失要再恢復平衡所需的時間也較久，於是發生低血鈉症。

老年人體內的鉀或是可交換的鉀都比年輕人少。因爲腎臟酸化尿液能力的下降與腎素-血管張力素-腎上腺皮質醛酮系統活性的降低，鉀的調節也受到影響。

年齡的增加並不影響腎小管對鈣離子的再吸收，但是腎臟1α-hydroxylase酵素活性下降，造成活化型維生素D（$1,25$（OH）$_2$ vitamin D_3）的量減少，小腸對鈣離子的吸收因此減少。

磷酸的吸收方面，不論是小腸的吸收能力，或是腎小管的再吸收能力，都會隨著年齡的增加而下降。

四、酸鹼的平衡

在正常的情況下，老年人的酸鹼平衡與年輕人並無不同；但在急性壓力下，老年人維持酸鹼平衡的能力就較年輕人差。

總而言之，老年人的腎臟在基礎狀態下，尚能維持水分、電解質或酸鹼代謝的平衡；在面臨壓力時，老年人的腎臟因其預儲復原潛能（reservoir）不足，容易發生急性腎衰竭與水分、電解質及酸鹼的失衡。

五、泌尿系統

輸尿管、膀胱與尿道的肌肉張力與彈性隨著年齡的增加而下降，膀胱肌肉無力導致無法排空膀胱內的尿液，間接減少了膀胱內可儲存尿液的有效空間；而男性的攝護腺肥大是另外一個造成膀胱儲尿的容積縮小與餘尿量增加的原因。膀胱儲尿容積的減少，肌肉張力下降，與體積逐漸縮小，都是老年人頻尿的原因；若是在夜間睡眠時，因爲感覺神經較爲遲鈍，等到感覺有尿意時已經來不及上廁所，因此容易發生所謂的急迫性尿失禁。

第六節　內分泌系統

　　大部分腺體隨著年齡的增加，腺體會有萎縮及分泌減少的問題；老年人的內分泌問題大多呈現非典型或非特定的表現，可能與其他疾病表現雷同，也可能完全沒有症狀。

一、下視丘－腦下垂體功能（Hypothalamic-pituitary function）

　　生長激素（growth hormone）的分泌與血清中生長激素的濃度，不論是在基礎狀態或是面對刺激時，均隨著年齡的增加而下降；同時，血清中的類胰島素生長因子（insulin-like growth factor-1）也下降。生長激素的分泌之所以下降，主要來自生長激素釋放激素（growth hormone-releasing hormone）分泌的減少，而腦下垂體對於生長激素釋放激素的反應變差也是另外一個原因，再者，老年人較差的體適能易造成生長激素分泌的減少。老年人可以維持生長激素分泌的晝夜節律（diurnal rhythm）與夜間分泌的增加，但是這個夜間增加的幅度較年輕人小；生長激素的分泌主要在慢波睡眠（slow-wave sleep），生長激素的變化是否與老年人的睡眠障礙有關，是另外一個議題。

　　相較於年輕人，老年人體制素（somatostatin）或生長激素抑制素（growth hormone-inhibiting hormone）的濃度較高。

　　老年人血管加壓素（vasopressin）對於滲透壓的刺激可能增加也可能不增加，而血管加壓素對於體液減少的反應是增加的。

二、松果腺（Pineal gland）

褪黑激素（melatonin）的分泌在老年人較年輕人爲少，特別是夜間睡眠時應有的分泌增加顯著地減少，這或許與老年人的睡眠障礙有關。

三、腎上腺皮質功能（Adrenocortical function）

老年人皮質醇（cortisol）24小時內的波動較年輕人顯著，晝夜節律（circadian rhythm）不受年齡的影響；24小時皮質醇的平均濃度在老年男性與女性上均較高；老年人皮質醇的夜間低點（evening nadir）濃度較高，發生時間也較早；因爲dexamethasone而使得促腎上腺皮質素（adrenocorticotropic hormone）與皮質醇的分泌受抑制，敏感度在老年與年輕女性中沒有差別，但是因受抑制而造成分泌減少所需的時間老年人較長；在老年女性中，因外來促腎上腺皮質素導致皮質醇濃度的增加較多；老年與年輕男性則因爲禁食而導致的皮質醇濃度增加是相似的。

醛固酮（aldosterone）的分泌速度與濃度隨著年齡的增加而下降，超過70歲時，甚至下降超過一半，這樣子的減少與腎素（renin）的分泌減少有關；但是因爲代償機轉的運作，一般狀況下不會發生電解質的異常。

四、腎上腺髓質功能（Adrenomedullary function）

正腎上腺素（norepinephrine）的濃度在老年人較高，腎上腺素（epinephrine）的濃度在老年人與年輕人沒有明顯差異，但是因應壓力所釋放出的量及速率，則相較年輕人爲差。較高的正腎上腺素濃度反應較高的交感神經系統活性，也顯示出目標器官對此激素有抗性。

五、腦下垂體－甲狀腺功能（Pituitary-thyroid func-tion）

　　甲狀腺的體積隨著年齡的增加而些微增加，甲狀腺素與游離甲狀腺素的濃度則不隨著年齡而改變，三碘甲狀腺素（triiodothyronine）的濃度在健康老年人內也沒有減少；甲狀腺素結合球蛋白（thyroxine-binding globulin）的濃度些微下降，但是轉甲狀腺素（transthyretin）的濃度是上升的，因此在甲狀腺素的結合上沒有改變。甲狀腺素的清除隨著年齡的增加而下降，但是甲狀腺素的製造也因為甲狀腺刺激素（thyroid-stimulating hormone）的分泌減少而下降；特別是甲狀腺刺激素夜間分泌的脈衝較年輕人差。

六、副甲狀腺（Parathyroid gland）

　　分泌副甲狀腺素的副甲狀腺素細胞與分泌抑鈣素（calcitonin）的甲狀腺C細胞在老化過程中所發生的結構變化很少。老年人副甲狀腺素的濃度較年輕人稍高，可能原因在於維他命D不足，導致鈣濃子濃度下降，與衰退的腎功能導致的磷酸鹽濃度上升。抑鈣素的濃度，則維持不變或下降。

七、胰島素與血糖（Insulin and glucose）

　　老年人的血糖耐受性下降，對於胰島素（insulin）較不敏感，雖然胰島素的分泌減少，但是胰島素的濃度卻較高，此現象可能與胰島素的清除速率減緩與周邊組織對胰島素的抗性有關；胰島素的抗性可能來自肌肉組織中葡萄糖載體蛋白（glucose carrier protein）的減少。因此，老年人空腹與飯後血糖也較高。

第七節　造血系統

　　隨著年齡的增加，骨髓中脂肪的比例會慢慢上升，質量逐年遞減，不過骨髓的功能並沒有多大的改變，即使有改變，也不影響正常老年人的造血，腎臟紅血球生成素（erythropoietin）的製造能力也不受老化的影響；就血液相而言，紅血球、血紅素、血小板、嗜中性球、嗜酸性球、嗜鹼性球、單核球與血小板等並不因為年齡的增加而改變。然而，骨髓一旦遭遇了壓力，如化學治療或放射線治療，則老化造成的骨髓改變就變得有意義；在需要大量生成紅血球的情況下，如大出血，老年人造血幹細胞的平衡就會受到破壞，反應變慢而且不足，出血時也比較容易有血小板的低下。紅血球沉降速率（erythrocyte sedimentation rate; ESR）逐年上升，每年約增加0.22mm/hr。

　　在血液凝固功能方面，老年人之凝血酶原時間（prothrombin time, PT）與部分凝血活素時間（activated partial thromboplastin time, aPTT）不因年齡的增加而有所變化。

第八節　免疫系統

　　免疫系統的正常功能包括抵禦感染、偵測並破壞惡性腫瘤及自體反應細胞。當免疫系統老化時，會造成宿主容易感染，惡性腫瘤及自體免疫疾病的發生率增加。這些現象可稱爲老年人的「免疫衰老」（immunosenescence），此時罹病率（Morbidity）與死亡率也會較高。年紀增長會使免疫系統對外界刺激會有一些改變，先天免疫方面，自然殺手細胞的功能下降且對細胞激素的刺激變差，多型核細胞（polymorphonuclear cell）對於受傷皮膚的穿透力下降，其吞噬能力在慢性支氣管炎或糖尿病長者身上會下降，巨噬細胞吞嚥功能變化不大，但是破壞毒殺細菌、癌細胞、抗原的能力變差；後天免疫方面，T細胞對抗原刺激的免疫反應變慢且不易辨識新的抗原，抗體對抗原的親和力變差，參與免疫反應的白血球數目減少。而免疫系統本身的嗜中性多形核白血球、樹突細胞、單核球、B淋巴球（CD19）、T淋巴球接受器和胸腺輸出初始T淋巴球等數目會下降，功能不佳的自然殺手細胞（natural killer cell）數目上升，抗發炎細胞激素減少，功能不佳的記憶—T細胞數目和發炎激素則會增加（IL-2、IFN-γ、TNF-α）；其他會受老化影響的免疫器官還有胸腺，它具有教育T細胞的功能，其質量與功能從年輕到60歲過後會減少超過80%以上。自體抗體（autoantibodies）從20～80歲間增加約6倍，不適合作爲篩檢，僅適用確定診斷及追蹤病情之用。

　　免疫系統老化時氧化壓力占相當重要的角色，它會縮短端粒（Telomeres），進而失去保護染色體末端的能力，最後造成脫氧核醣核酸（DNA）的損壞，其他影響因子還有環境因素、多重疾病（慢性肺病、心衰竭、糖尿病、自體免疫疾病、慢性腎病）、不健康生活習慣（抽菸、喝酒）和藥物（類固醇）等因子影響。除此之外，年老時免疫功能減退也被發現和多項代謝和營養因素相關，包括維他命A、E、K、胰島素、卡洛里攝取量、視黃酸（retinoic acid）或類胡蘿蔔素，這些都會影響健康老年人的免疫功能。老化的免疫功能會使老年人對外來抗原的反應較差，疫苗接種的效果也不如年輕人，目前臺灣疾管局針對老年人疫苗注射建議有：流感疫苗、肺炎鏈球菌多醣體疫苗、破傷風、白喉、非細胞性百日咳混合等疫苗，美國疾管局甚至建議加打帶狀疱疹疫苗。至於最新型的13價肺炎鏈球菌結合型疫苗因能成功誘發免疫記憶力、提高抗體親和力，在多重慢性疾病或有健康疑慮的長者，也是列入老年人疫苗的建議名單。

第九節　生殖系統

一、女性

　　隨年齡增加，女性生殖能力開始下降，荷爾蒙的變化速度較男性明顯，卵巢的體積變小且纖維化，卵巢對濾泡促進素（follicle-stimulating hormone）與黃體生成素（luteinizing hormone）的反應變差，動情素（estrogen）的製造明顯下降，濾泡促進素反彈上升；黃體素（progesterone）的分泌減少，影響子宮內膜週期性的增厚、剝落及出血。最終造成月經週期變得不規則，時早時遲，經量時多時少，稱之更年期。經歷更年期是女人的衰老過程中的正常現象，不過除了造成生育能力喪失外，也容易造成停經症候群與心理調適障礙。大多數婦女經歷的年齡範圍是45-55歲。更年期後動情素的減少導致膀胱與尿道的黏膜萎縮變薄、陰道分泌物減少，進而使老年女性容易罹患尿失禁、尿道炎、性交疼痛和陰道感染。由於動情素還可以擴張血管、減少心血管內皮細胞凋亡、抑制血管平滑肌增生和影響膽固醇代謝，缺乏動情素的婦女也容易得動脈硬化、高脂血症、冠狀動脈心臟病。此外，骨質的流失也因動情素停止分泌而加速，尤其以脊椎、髖骨及橈骨為甚。動情素的不足還會使皮下膠原蛋白變少，肌肉張力變差，乳房易鬆弛下垂；此外對於認知能力也有可能造成退化。

二、男性

　　男性生殖系統退化速度較女性來的和緩，因此男性更年期（andropause）較常被忽略。生殖能力方面，輸精管會失去彈性，使得精子的攜帶較為困難；睪丸質量變小，製造精子的速度變慢，射精時精液裡的精蟲數目也會減少；性賀爾蒙（睪固酮）分泌持平或降低，加上心理層面、年齡、慢性疾病、藥物的影響，導致高齡男性的性欲降低。副睪丸、精囊、前列腺會失去某些表面製造潤滑的細胞。解尿功能則會受到前列腺基質細胞與上皮細胞增生，也就是俗稱的攝護腺肥大，導致壓迫膀胱出口，造成排尿障礙及增加泌尿道感染的機率。此外男性的勃起頻率較年輕時差，想要再次勃起的時間也較久。

第十節　肌肉與骨骼系統

　　肌肉系統方面，隨著年齡的增加，尤其是60歲過後，肌肉纖維會明顯變少。其中快速收縮的第二型肌肉纖維變小，慢速收縮的第一型肌肉纖維則變化不大；數量方面，第二型肌肉纖維數目減少，第一型肌肉纖維數目則可能持平或減少。這樣的改變會使得肌肉收縮力量下降、肌肉萎縮、容易疲倦、肌耐力變差。肌肉中脂肪與纖維的比例也會隨老化逐漸增加，尤其是下肢近端肌肉的肌肉纖維減少最多。自40歲開始，大約以每10年減少8%的速度在衰退，70歲之後衰退的速度甚至加倍。如果造成肌肉收縮力量下降，影響日常生活中的活動力，這個現象就可稱為「肌少症」（sarcopenia）。雖然老化過程對肌肉的影響是無法避免的，然而個體間差異頗大，同一個體的不同肌肉群也有很大差異，常運動的肌肉愈不易隨老化而失去功能，因此要維持肌肉強度和質量最好辦法就是運動和均衡的飲食。運動部分可以結合抗阻力運動和有氧運動，每週3次，一次約20-30分鐘，如此便可以增強老年人的肌肉強度。

　　人類的骨骼系統也會隨年紀產生一些變化，骨質從30歲達到高峰後便會逐漸流失，尤其女性停經以後，流失的速度會更快，每年約為2-3%，終其一生可損失緻密骨35%和海綿骨50%。而男性一生損失的骨質約為女性的三分之二。

　　骨質流失主要原因是年齡增加後，造骨細胞（osteoblast）的數目及活動漸漸減少，維他命D的合成減少以及維他命D活性下降，這時高齡者的骨骼外型看起來雖然仍跟正常骨骼沒有兩樣，但是實際上，骨頭裡的鈣質卻逐漸流失，當骨質流失過多，就會使得原本緻密的骨頭產生許多孔隙，呈現中空疏鬆的現象，稱為「骨質疏鬆症（osteoporosis）」；骨頭也因此變薄、變脆弱、容易造成骨折，特別是髖關節、脊椎骨等。除了骨頭之外，老化對椎間盤影響也是很巨大，由於血液供應減少，細胞與間質組成和含水量的改變，椎間盤容易失去養分供給，因而不易維持脊椎的穩定和可動性，造成下背痛。關節部分，容易隨老化變得較僵硬失去彈性，關節液體減少使得潤滑不足，軟骨也因為養分不足及磨損增加造成退化的機會，因此老化也是退化性關節炎最重要的因子。

第十一節 神經系統

　　隨著年紀老化，腦重量會逐漸減少，至80歲時，損失重量可達7%以上；腦細胞總數減少10%以上，在大腦皮層部分甚至更多；每分鐘每100克腦組織的血流量由79毫升下降至46毫升，耗氧率由3.7毫升減至2.7毫升。中樞神經系統中大腦皮層的灰、白質會隨年紀逐漸萎縮，大腦神經元的消失主要以上前葉腦迴、上顧葉腦迴、前中心腦迴、紋狀體區較多；後中心腦迴、下顧葉腦迴的神經元消失則較少；小腦神經元的消失以Purkinje cells為主。顳葉部分也是每年逐漸萎縮，其中跟記憶相關的海馬迴退化速度約為0.79-2.0%。此外，神經膠質細胞（glial cell）的數量增多，神經元的樹突（dendrite）數量減少，神經突觸細胞彼此間傳遞功能也會明顯退步。在生化上，Dopamine（多巴胺）在基底核、中腦、後腦區域分泌會下降；Norepinephrine（正腎上腺素）的濃度則在中腦、後腦及海馬迴會下降；Serotonin（血清素）的量改變不大。與阿茲海默症有關的acetylcholine（乙醯膽鹼）在基底核、下視丘、中腦、後腦、大腦皮質及海馬迴均會下降。周邊神經系統方面，老化使神經介質循神經傳導速度減低，而血管病變導致管腔狹窄和血液供應不足，也會加重神經系統功能下降。故隨著老化，一般感覺和本體感覺等敏感性降低，向中樞神經傳導以及從中樞反饋的信息量均有減少，傳導速度變慢，反射遲鈍。而矯正反射（righting reflex）變慢，使老年人容易跌倒。

　　在功能的變化上，老年人一般先出現程度不同的近期記憶衰退，對長期記憶保持較久，等到腦部嚴重萎縮時，長期記憶才會開始衰退。此外，心智功能、執行能力、注意力、事件記憶也容易隨著老化而退步；語言能力則變化不大。睡眠周期也因視交叉上核及腦幹產生睡眠的神經元出現結構上的變化，其熟睡與快速動眼（rapid eye movement, REM）睡眠時間的比例減少，使得老年人出現分好幾段睡眠型態。自律神經系統的老化則以溫度調節及姿勢性低血壓最明顯。另外老年人也是易發生譫妄的高危險群，除了大腦老化，其他原因還有老年人罹患慢性疾病或同時服用數種藥物。

　　老年人的反應及運動均較年輕人慢，反射的刺激即使加強，還是會呈對稱性的降低或消失，膝部反射偶爾也有同樣的變化。腹部反射可能減少或消失，並且部分因足部肌肉骨骼的變化，使得蹠反應變得較不明顯且更難判斷。足部和踝部的振動感覺也往往減少或消失；位置感的降低或喪失則較為少見。

第十二節　感官系統

一、眼睛與視覺

　　眼球周圍皮膚變性萎縮，喪失彈性，加上眼輪匝肌支撐變差，導致上眼皮鬆弛下墜而影響視線。周圍組織的彈性則也會隨年齡增加而變差，淚腺分泌物減少，使得角結膜易變得乾燥，眼瞼也容易發紅、充血。眼球內睫狀肌萎縮，玻璃體與玻璃狀液體積縮小，內容懸浮物增加。水晶體內的蛋白質隨著老化而有所改變，彈性變差、透明度下降，光線通過水晶體時也易產生散射，最嚴重時會形成白色障礙物（白內障）阻擋正常之視線通過，造成老年人看東西時，感到視線模糊，無法對焦。角膜雖然外觀變化不大，但是角膜上皮細胞、基質和內皮細胞都會有不良變化；使角膜變得較不透明，曲度減少，讓影像更加扭曲或模糊，自身的觸覺感也會下降許多。虹膜（iris）本身會隨年紀變硬，在虹彩的邊緣，可因膽固醇酯，膽固醇和中性甘油酯沉著而出現一圈灰白色的老人環（角膜老年環）。瞳孔擴張的能力則受虹膜變硬而變差，不容易在低亮度的情形下輕鬆的擴張。視網膜會變薄，負責視覺之網膜細胞（桿細胞、錐細胞）數目隨年紀持續減少，造成視覺功能漸次受損。從角膜、虹彩、睫狀肌、水晶體、玻璃體、玻璃狀液與視網膜整個視軸衰退老化的結果，導致視力敏銳度（visual acuity）變差，尤其是對動態的物項更不易看得清楚，物體遠近深淺程度與顏色的感覺也會改變，顏色對比的敏感度與空間立體之感覺下降，對明暗深淺的鑑別感覺減退，對光線（明暗）改變的適應速度也變慢。所以老年人視力問題可能造成生活功能障礙、行動問題、獨立性喪失；生活環境宜避免昏暗的燈光及避免雜物堆放。

二、耳朵與聽覺

周邊聽覺系統部分，外耳道容易因老化產生大量的耳垢，耳道內同時出現較多的毛髮，耳道皮膚萎縮失去彈性，容易受到傷害，耳廓變化影響聲音的蒐集。中耳部分則是鼓膜變薄且變硬，血管分布減少，砧錘關節和砧鐙骨關節退化，聽小骨韌帶及附近肌肉萎縮，支持耳咽管的軟骨鈣化及負責打開耳咽管開口的肌肉功能衰退。內耳裡耳蝸螺旋毛細胞變性，外毛細胞（outer hair cells）受損導致高頻聲音接收受到影響；其他因子如耳蝸內的血管紋萎縮變形、耳蝸基底膜硬化或螺旋韌帶病損變化、耳蝸神經節及神經纖維的萎縮退化等等也都會導致老年性聽損。

老年人的聽力喪失通常以高頻聽力較嚴重。兩耳聽力不等時，容易失去準確辨別聲音來源與定位的能力，加上有響音重振的困擾，使得以平常音量跟他們講話時，他們常常聽不清楚；當提高音量時又會覺得過於大聲或是刺耳。因此，在診視年老病患時，宜放慢發問速度，並在安靜的環境中進行，避免過多迴音或背景雜音，以免使老人無法辨明被詢問的問題。再者，老年性聽損的病人大多與人交談困難，容易導致心理疾病，若未好好處理，長期下來也容易變得孤僻、多疑、不喜歡與人溝通。

三、嗅覺

嗅覺能力在青壯年時期，達到最高峰，之後便隨著年紀增長逐漸退步，有研究指出，80歲以上長者，有75%除了偵測能力下降外，辨別不同氣味的能力也會受損。生理構造上，嗅覺上皮表面積減少，嗅球纖維的數目，連同嗅覺受體數目降低，加上老年人常常伴隨認知上的障礙或是嗅覺有關的腦區可能受損，使得老人不容易辨識氣味，間接地也影響食欲。

四、味覺

　　60歲過後，舌頭上的味蕾與味覺中樞神經元的數目逐漸減少，70歲過後，甚至降低超過三分之一以上。其實除了味蕾喪失，味蕾的傳導效應也變低，使得老年人會覺得味道改變，或是對味覺刺激的敏感度降低了。研究顯示，不同的味覺，喪失的程度也有所不同；感受鹹味的能力喪失最多，然後依序是苦味、甘味、酸味、甜味。此外牙齒缺乏、牙周狀況、唾液分泌減少與咀嚼問題也都會干擾味覺、降低食欲，進而導致營養不良。由於味覺退化，老年人喜歡調味濃重的食物方便他們品嘗，對於慢性疾患長者便不容易達到清淡飲食控制；如果食物出現腐壞也比較不容易辨別出來，因此要適時地協助長者檢查食物並注意是否腐壞或有異味。

第十三節　皮膚

　　皮膚是人體最大的器官，占身體重量的5%-15%，因此皮膚組織衰退在老化過程中是最顯而易見的。皮膚的老化容易受到太陽光暴露、環境、基因、營養等因素影響。皮膚的厚度隨著年齡的增加而減少，在上皮層部分，具有活化功能，黑色素細胞減少8-20%，而且皮膚表面黑色素分布不均，因而容易出現老人斑（age spot）；表皮蘭格漢氏細胞（Langerhans' cell）減少，表皮細胞再生能力下降；角質細胞更新率下降50%，由於老化細胞附著於表皮角質層，使皮膚表面變硬，失去光澤，皮膚表面的孔洞也會增加，和真皮層膠接觸也會變得平坦。真皮層部分，厚度減少20%，其中血管組織和神經末梢數目減少，膠原蛋白合成下降，彈性纖維退化，導致皮膚漸失彈性和張力，更進一步導致皮膚鬆弛與皺紋產生。

　　老年人因皮下組織脂肪層變少，皮膚較薄，特別是在手背和前臂處，皮膚彈性減少，因此老年人即使是水分攝取充足，皮膚張力（skin turgor）仍會降低；在同一區域可能出現有明顯界限之鮮紫色色斑，就是所謂的老年性紫斑，大都幾個禮拜後會自然消退。發生的原因大都是因皮膚組織的微血管退化，造成血液自微血管滲出來，並且散布在真皮內所形成。

　　其他的老化變化尚有皮膚附屬器官中的毛髮變細、少且容易失去色素。指甲生長緩慢。汗腺的數目下降與萎縮造成排汗功能受到破壞；由於老年人不易由排汗來達到散熱調節體溫，因此容易發生中暑或體溫過高的現象。因此判斷老人是否脫水，除了皮膚張力外，也要同時觀察其他生理變化。肌膚的感覺神經纖維分布減少及感覺受器（包括Pacinian corpuscle & Meissner's corpuscle）的數目下降，使得老年人的皮膚感覺功能變差，對於外在的刺激傷害不容易立即察覺。以上這些皮膚的變化會使得皮膚變得脆弱、容易受傷，一旦產生傷口，癒合的速度也較為緩慢，因此老人應避免過度日晒，以保護皮膚並避免造成所謂光老化（photo-aging）之皮膚病變。

第十四節　結論

　　老化是生物體隨著年齡之增加，結構和功能方面所必面臨的自然退化過程。單純由老化造成之功能改變通常很輕微，無明顯症狀。老年人器官功能的突然衰退，通常源自疾病的影響多於老化本身的影響，即非常態老化；凡無法以常態老化來解釋的新近功能衰退，一定要追究病因並盡量治療。

　　除了少數項目需考慮年齡而調整其參考範圍，如：心搏速率、動脈血氧濃度、肌酸酐廓清率等，大多數臨床常用之檢驗項目的正常範圍並不會因單純老化而改變。當判讀老年人檢驗數值時，應注意異常之檢驗結果可能是疾病所致，也有可能是可以接受之正常生理老化表現；檢驗結果正常，有時也不代表是完全健康（如肌酸酐、血糖，因為以目前的臨床檢驗無法測得面臨壓力挑戰後之回復常態的能力與效能，亦即體內維持恆定能力的退化程度），而正常生理老化也並非沒有危險性。

　　此外，與其他生物不同之特點，在於人類的老化非僅為生理上的改變，還包括許多非生理上的衰退，像是心理功能的衰退、社會經濟功能的衰退，以及因感官或活動功能的衰退而導致之失能問題。因此健全的生理、心理、社會及經濟狀況，以及正常的日常生活活動功能是健康的老年人所需具備的。評估老年人時，秉持以長者為中心的原則，對於上述面向做完整的評估及處置方能符合健康生活與生命基本的需求。希望老年人能維持良好的日常生活活動功能，不需依賴他人而具備日常生活上的自我照顧及獨立自主的能力，若能積極的社會參與，則可以達到成功老化的境界。

參考書目

一、英文部分

Agarwal S, Busse PJ (2010). Innate and adaptive immunosenescence. *Ann Allergy Asthma Immunol* 104:183.

Boyce JM, Shone GR, (2006). Effects of ageing on smell and taste. *Postgrad Med J.* 82(966):239-41.

Chisolm TH, Willott JF, Lister JJ, (2003). The aging auditory system: anatomic and physiologic changes and implications for rehabilitation. *Int J Audiol.* 42Suppl 2:2S3-10.

Farage MA, Miller KW, Maibach HI. *Textbook of aging skin*. Chapter 4. Degenerative changes in aging skin.

Halter JB, Ouslander JG, Tinetti ME, et al. (2009). *Hazzard's Geriatric Medicine and Gerontology* 6th ed., edited by New York: The McGraw-Hill Companies, Inc.

Kühnert B, Nieschlag E (2004). Reproductive functions of the ageing male. *Hum Reprod Update*. 10(4):327-39.

Ongrádi J, Kövesdi V (2010). Factors that may impact on immunosenescence: an appraisal. *Immun Ageing*. 4:7:7.

Salvi SM, Akhtar S, Currie Z (2006). Ageing changes in the eye. *Postgrad Med J.* 82(971):581-7

Sansoni P, Vescovini R, Fagnoni F, Biasini C, Zanni F, Zanlari L, Telera A, Lucchini G, Passeri G, Monti D, Franceschi C, Passeri M (2008). The immune system in extreme longevity. *Exp Gerontol*. 43:61-5.

Saxon SV, Etten MJ, Perkins EA (2010). *Physical change & aging: a guide for the helping professions*. 5th ed. New York: Springer Pub Co.

Speroff L (1994). The effect of aging on fertility. *Curr Opin Obstet Gynecol*. 6(2):115-20

Strehler BL. (1982). *Time, Cells and Aging*. New York: Academic Press.

Timiras PS (2007). *Physiological basis of aging and geriatrics*. 4th ed. New York: Informa Healthcare.

Williams GN, Higgins MJ, Lewek MD (2002). Aging skeletal muscle: physiologic changes and the effects of training. *Phys Ther*. 82(1):62-8

二、中文部分

陳人豪、嚴崇仁、李世代（2003）〈老化的生物學基礎與生理改變〉《老年醫學（一）老年照護與老化之一般原則》。臺北：臺灣老年醫學會。

張家銘、盧豐華（2007）〈周全性老年醫學評估：身體評估〉《周全性老年醫學評估的原則與技巧》。臺北：臺灣老年學暨老年醫學會、合記出版社。

辛和宗（2011）《老人生理學》。臺中：華格納企業。

樓迎統（2011）《老人生理學》。臺北：華都文化。

第五章　老年人的疾病預防與健康促進

/吳晉祥、楊宜青

第一節　緒論

一、疾病預防（disease prevention）與健康促進（health promotion）的定義

　　疾病預防（disease prevention）與健康促進（health promotion）是臨床預防性健康照護的二大目標。疾病預防的定義為採取行動以減少或去除疾病相關危險因子，以達到疾病預防；健康促進則是藉由個人本身或社會政府的努力以增進健康，其層次凌駕於疾病預防之上。雖然疾病預防與健康促進兩者的意義有所不同，但兩者間仍有重疊的部分，此兩者在臨床預防性健康照護的執行層面是並行不悖的，而且兩者密不可分。

　　就臨床的角度而言，疾病預防係經由健康風險評估，對於疾病高危險群施以某些介入措施來預防疾病的發生或是能早期發現疾病，以便及時修正疾病相關危險因子或早期疾病治療與減少疾病的進展及其併發症。疾病預防的具體作法為個人病例發現（case-finding）與群眾篩檢（screening）。病例發現係指民眾因某些不相關的症狀或徵候就醫，卻發現某一疾病或某一疾病相關危險因子；「篩檢」是指利用檢驗、測驗或其他方法，從看似健康的無症狀者當中，區分出可能有病和可能沒病者或找出罹患該疾病機率的大小；相對的，臨床上的「診斷」為針對已有症狀者或已經篩檢出之檢查陽性者作更進一步的檢查，以確定是否罹患該疾病，因此診斷與篩檢的意義是不一樣的。篩檢的目的在於受檢者未出現症狀或尚在疾病的早期，藉由一些檢查或步驟，早期發現該疾病，早期治療，使受篩檢者生命延長。一般而言，篩檢的原則如下：1.所要檢查的疾病對生命與生活品質有重大影響；2.要篩檢的疾病有高的盛行率、發生率，值得做預防性篩檢；3.該項檢查篩檢出來的疾病有中止或改善病程進行的治療方法；4.在疾病的早期或病人未出現症狀時就接受治療的效果較症狀出現後才治療的效果佳，即可以明顯降低該疾病的罹病率與死亡率；5.此一預防性篩檢的花費、敏感性、特異性與

預測值，有醫學證據支持，並被社會及民眾所接受。藉著病例發現與篩檢找出疾病的相關危險因子及無症狀之疾病早期的患者，提供疾病的初級預防，如健康諮詢（counseling）、增進健康行為、使用疫苗或某些化學預防藥物以減少疾病的發生；另外對於無症狀之疾病早期的患者提供早期治療，減少併發症或殘障的發生。

談到健康促進，我們必須先對「健康」一詞作適當與明確的定義才能具體闡述健康促進的定義與應用。世界衛生組織對「健康」的定義不僅是免於疾病，而且是在生理上、心理上和社會層面之完全幸福的狀態。美國預防醫學基金會教師學會（the Association of Teachers of Preventive Medicine Foundation）在一項臨床預防醫學教學聯合課程發展計畫提出對於「健康」的定義，其定義為身體結構完整，能執行家庭、工作及社區之角色，能處理身體、生物及社會壓力的個人重要能力，是一種幸福的感覺，而且能免於疾病與死亡的危險性。健康促進依世界衛生組織歐洲區署（WHO regional office for Europe）的定義，係讓個人及社會能夠增強對健康決定因素的控制，使健康更加完善，亦即幫助個人或社會盡可能達到健康最高層次為目的之所有活動。世界衛生組織渥太華憲章指出落實健康促進的五個要素如下：1.制定健全的公共政策；2.創造有益健康的環境；3.強化社區組織與功能；4.發展個人養成健康生活型態的技能；5.修定健康服務的方向。而要達成健康促進的三個主要途徑為：1.藉著政治、經濟、社會、文化、環境、行為和生物等有利健康的因素來倡導健康；2.藉著減少健康狀態和機會的差異性，並增進資源的可近性，使每個人達到最大的潛能而獲致健康；3.藉著專業人員、社會團體及保健人員調節社會中的不同利益以追求健康。因此政府有義務替民眾創造與改善健康促進的環境，但個人的努力實踐與家庭、社區的積極配合更是健康促進的重要步驟。

二、老年人疾病預防（disease prevention）與健康促進（health promotion）的特點

　　篩檢是疾病預防重要的方法之一，雖然老年人的疾病篩檢的定義與一般族群的定義並無太大差異，但在臨床的應用層面仍需考慮老年人的功能狀態、共病症（co-morbidity）及平均餘命（life expectancy）。由於隨著年紀的增加，老年人罹患疾病的危險性也隨之增加，因此老人疾病篩檢的效益似乎比年輕者為佳，卻也可能因為本身功能狀態不佳或合併共病症提早死於其他疾病，而降低了老人疾病篩檢的好處。另外如果受檢者的平均餘命過短，即使已篩檢出某項病症，但卻在短時間內死於其他疾病，亦會造成篩檢的成效不佳。理論上如果無症狀之受檢者的平均餘命多於5年，對其實施相關的預防篩檢才有其意義。所以除了一般篩檢的考量之外，老年人的疾病週期性預防篩檢必須注意其平均餘命及相關共病症的處理，讓老年人疾病預防性篩檢與治療共病症能發揮相輔相成的效果，達到功能狀態的維持或提升。簡單來說，老人疾病篩檢的好處取決於受檢者整體的健康狀態，而整體的健康狀態又與生理年齡（estimated physiologic age）有關。由於老年族群的身體狀況並非完全相同（homogeneous），同樣年齡的老年人在身體與疾病的狀況上可能會有不少的差異，因此生理年齡在有疾病與健康老人的差異可能很大。對老年人而言，實際年齡（chronological age）與預估生理年齡（estimated physiologic age）的相差可達8歲，因此從受檢者本身的生理年齡來作疾病篩檢的建議可能比依實際年齡來作建議更為合理，而預估生理年齡可從實際年齡與自我報告之健康狀況來作推估（表5-1）。目前臨床上對於老年人疾病篩檢的建議是將所有大於或等於65歲之老年人視為同一族群，並未特別針對不同的年齡層再作區分。然而目前對於老年疾病篩檢建議的實證基礎大多是基於85歲以下族群研究的結果，因此對於85歲以上老年族群之疾病篩檢的臨床應用必須有所保留。整體而言，在老年人的疾病篩檢的考量，理想上宜從多個角度來看，包括年齡、平均餘命、相關共病現象來考量，然這些考量仍有待更多的研究來訂定。

表5-1　老年人實際年齡（chronological age）與預估生理年齡（estimated physiologic age）的關係

實際年齡（歲）	預估生理年齡（歲） 自我報告之健康狀況			
	極佳	佳	尚可	不佳
男性				
65	58	64	68	73
70	62	69	73	78
75	67	74	78	83
80	72	79	83	85
女性				
65	60	64	66	72
70	65	69	71	77
75	70	74	76	82
80	71	79	81	85

參考資料：Rich JS, Sox HC: Screening in the elderly: Principles and practice. Hosp Pract 2000;35:45-56.

　　相對於疾病預防的老年週期性預防篩檢，健康促進則與一般人並無二致。2008年Austrian Red Cross發表了老年健康促進實證醫學指引（Evidence-Based Guidelines on Health Promotion for Older People），揭示老年人也要健康促進的理由及其具體作法。為何老年人也要健康促進？其理由如下列：1.健康是老年人的基本人權；2.健康是老年生活滿意度最重要的預測指標之一；3.健康是老年獨立生活的必要條件之一；4.健康對於老年人維持一個可令人接受的生活品質是重要的，而且確保老年人將其貢獻繼續奉獻給社會；5.健康是經濟發展及競爭的決定因素之一（例如減少老年人的提早退休）；6.一個健康的族群可以減少健康照護的費用及社會健康照護系統的負擔。老年人健康促進的具體作法包括：1. target group：界定所要健康促進的民眾族群，會因特殊需求與各別資源不同而不同；2. diversity of target group：了解所界定民眾族群的多樣性，需要有平等、性別及不方便／失能之考量；3. involvement of target group：盡量讓所界定的民眾族群對健康促進事務能主動參與；4. empowerment of target group：賦予並提升所界定民眾族群對健康促進的權責，讓民眾能有動機來啓動他們的健康與幸福；5. evidence-based practice：依實證醫學的文獻證據及確認的技術來設計健康促進計畫；6. holistic approach：發展多面向、全面性的介入以符合老年人及其相關親友的身體、心理及社會健康的需求；7. health strategies and methods：制定適切及可靠的策略與方法應用於健康促進的民眾族群，達到該健康促進計畫所擬的成果目標；8. setting and accessibility：選擇所要執行健康促進之物理環境及地理位置，以利健康促進計畫的執行與地點的可近性；9. stakeholder involvement：與該健康促進計畫相關人員之參與，包括民眾本身、計畫執行者、志工、贊助者及其他相關團體在財務、實際參與或人力資源做出主動的參與；10. interdisciplinarity：以不同專家、經驗及方法所組成之跨學門的專業團隊來進行老年人之健康促進；11. volunteering：在健康促進之計畫、執行與處置階段有志工之參與，該志工可以是該健康促進計畫本身的老人，也可以是對該健康促進計畫有興趣者；12. management and financial issues：在財務效率、品質保證及組織結構層面能做有效的處置；13. evaluation：完整健康促進計畫之過程及結果面評估；14. sustainability：在財務、專家、內部結構、自然資源及參與者的限制下，該健康促進計畫能繼續維持運作並對社區及民眾的健康有所益處；15. transferability：該健康促進計畫介入所獲得有效性的成果可以應用到其他的場合環境；16. publicity and dissemination：宣傳與傳播該健康促進計畫。

三、老年人疾病預防（disease prevention）與健康促進（health promotion）的實證基礎

實證醫學（evidence-based medicine）已成為從科學研究證據轉變成為臨床醫療指引的一個重要促進工具，對於臨床醫學的發展與應用有著深遠的影響。就眾多的器官與疾病之預防與健康促進的層面而言，各個醫學領域之專家團體當然

也會提出各種不同之建議，但有時因看法及見解不同，會造成對同一項疾病之預防與健康促進的建議不完全一致，因此使得該疾病之預防與健康促進在臨床預防性健康照護執行之層面上有所困擾；隨著研究文獻的增加與實證醫學的興盛，各項疾病預防與健康促進的實際執行層面將會越來越有依據可以遵循。目前在各個領域之專家團體當中，美國預防服務專責小組〔U.S. Preventive Services Task Force（USPSTF）〕與加拿大預防性健康照護專責小組〔Canadian Task Force on Preventive Health Care（CTFPHC）〕對於疾病預防與健康促進的建議較爲嚴謹。USPSTF與CTFPHC對於疾病預防與健康促進之對策的產生皆以相關文獻的證據及回顧作進一步的嚴格審核，從中選取優先有效的對策，並提出各項預防性健康照護的建議，讓疾病預防與健康促進的實施，更具有學理上的依據。

以USPSTF爲例，其預防性健康照護的臨床指引之形成，係依據下列三項標準來作審核，然後再對該項的預防性健康照護做出建議等級：1.所要篩檢之疾病對個人、家庭與社會的影響程度，包括生命的損失、殘障、疼痛與不適的程度、罹病率、死亡率與治療的花費；2.此一預防性健康照護或檢查的好壞處如何？該檢查的敏感度、特異度與預測值如何？該預防性健康照護或檢查的安全性、簡單性、費用及病人的接受性如何？3.此一預防性健康照護在研究文獻嚴格評讀之實證基礎如何？文獻的內在效度分爲下列三級，其中以第I級證據的有效性最佳，即研究文獻的證據來自隨機控制試驗（randomized control trial），此被視爲評估有效性的標準；第II-1級證據係指研究文獻的證據來自良好設計的控制試驗，但非隨機（well-designed controlled trials without randomization）；第II-2級證據爲研究文獻的證據來自良好設計的世代／個案控制研究（cohort/case control studies）；第II-3級證據指研究文獻的證據來自於不同時間系列的情況下，比較有無此一介入之研究，或在非控制實驗的情形下，就已產生明顯且戲劇性的結果；第III級證據爲研究文獻的證據來自權威學者或專家基於描述性研究、臨床經驗、或專家會議的報告。基於上述的三個審核標準，即1.所要篩檢疾病對於個人、家庭與社會影響的程度；2.該預防性健康照護或檢查的敏感性、特異性、預測值、安全性、簡單性、費用與受檢者的接受性；3.文獻嚴格評讀的實證基礎；

再對該項預防性健康照護作出是否實施的五個建議等級：

建議等級	不同等級之定義	臨床建議
A	建議執行該項預防服務，其有高度可靠性（certainty）的明顯淨效益（net benefit）。	建議提供該項預防服務。
B	建議執行該項預防服務，其有高度可靠性的中度淨效益或中度可靠性的中度至明顯淨效益。	建議提供該項預防服務。
C	建議在專業考量及病人喜好的情況下執行該服務，其有至少中度可靠性的小淨效益。	建議視病人個別情況提供該項預防服務。
D	不建議執行該項預防服務，無淨效益，甚至弊大於利，其可靠性為中或高度。	不建議提供該項預防服務。
I	無足夠證據來評估利弊，缺少證據、文獻品質不佳或相衝突、利弊無法決定。	建議依USPSTF推薦聲明作考量；如果提供該項服務，病人應該了解利弊之間的不確定性。

　　在社區的預防性健康照護層面，美國社區預防服務任務小組（Community Preventive Services Task Force）也依據該預防性健康照護文獻證據的有效性、此一有效性資料對於其他族群或場合是否可以適用、該預防性健康照護的重要副作用、經濟層面的影響及該預防性健康照護實施的障礙等項目來作為社區性預防性健康照護實施的評估標準，其審核精神與應用於個人的臨床上預防性健康照護類似，只是應用的對象為不同的社區、族群或場合，如學校、職場或社區組織。該社區預防服務任務小組希望藉此社區的建議指引能改善健康照護系統的實施，增進不同社區預防性健康照護的介入，並將此介入透過不同方法應用於整個社區，如法律、規章、強制執行、大眾媒體及環境的改變。本章僅就老年人個人的疾病預防（disease prevention）與健康促進（health promotion）作介紹，限於篇幅，社區層面的疾病預防與健康促進不作詳述。

四、國內老年人疾病預防（disease prevention）與健康促進（health promotion）的現況

　　近年來，國內由政府主導之全民健康保險成人預防保健服務、國民健康局各項癌症篩檢及私立醫院或健檢中心之自費健檢服務，提升了老年人預防性健康照護的水平，對於國內老年人的疾病預防與健康促進有不少貢獻。我國全民健保成人預防保健服務於1996年3月後開辦，其中65歲以上老年人預防保健服務檢查頻次為每年一次，其內容主要為身體檢查、健康諮詢、血液檢查及尿液檢查（表5-2），然而65歲以上老年人接受成人預防保健服務檢查約為三成多，使用的比例並不高。國民健康局也實施乳癌、子宮頸癌、口腔癌篩檢及結直腸癌之篩檢（表5-2）。另外，各縣市政府也推出免費的老年人健康檢查，這些健康檢查皆以全民健保成人預防保健服務及國民健康局各項癌症篩檢為基礎，再加做其他的檢查，例如臺北市老年人健康檢查加做胸部X光檢查、心電圖、糞便潛血反應、氣壓式眼壓、憂鬱症篩檢及認知功能評估。另外，我國也有中低收入老人補助裝置假牙實施計畫，此係行政院於2008年12月31日核定「中低收入老人補助裝置假牙實施計畫」；自2009年起，由內政部編列經費補助各直轄市、縣（市）政府，針對經醫師評估缺牙需裝置活動假牙之列冊低收入戶、領有中低收入老人生活津貼，或經各級政府全額補助收容安置老人，依其裝置假牙類別，提供每人最高1萬5000元至4萬元之補助。至於各級醫院及健檢中心的自費健康檢查的篩檢項目相當多樣化，差異頗大，從簡單的抽血、尿液及糞便常規檢查到身體各器官之會診與癌症篩檢，甚至電腦斷層、磁振造影及正子造影檢查。然而可惜的是有些醫院過分強調儀器檢查，忽略病史、理學檢查及危險因子之評估，也無衛教諮詢與相關介入。綜觀國內老年族群之疾病預防與健康促進之執行層面，大多偏向疾病預防，健康促進的部分較少。

表5-2　我國政府提供之老年人預防保健服務內容

項目	內容
成人預防保健服務	每年檢查一次。 1.身體檢查：個人疾病史、家族史、服藥史、健康行為、憂鬱檢測、身高、體重、腰圍、聽力、視力、口腔檢查、血壓等。 2.健康諮詢：營養、戒菸、戒檳榔、安全性行為、適度運動、事故傷害預防、心理調適。 3.血液檢查：SGDT、SGPT、膽固醇、三酸甘油酯、高密度脂蛋白膽固醇、肌酸酐、血糖。 4.尿液檢查：蛋白質。
乳癌篩檢	45以上未滿75歲之婦女：每2年1次乳房攝影篩檢
子宮頸癌篩檢	30歲以上，每年乙次。
口腔癌篩	30歲以上有嚼檳榔或吸菸習慣之民眾，每2年1次口腔黏膜檢查
結直腸癌篩檢	50以上未滿75歲民眾，每2年1次糞便潛血檢查
各縣市政府老年人健康檢查	以全民健保成人預防保健服務及國民健康局各項癌症篩檢為基礎，再加作其他的檢查；各縣市加作項目不一。
中低收入老人裝置假牙補助	由內政部編列經費補助各直轄市、縣（市）政府，針對經醫師評估缺牙需裝置活動假牙之列冊低收入戶，領有中低收入老人生活津貼，或經各級政府全額補助收容安置老人，依其裝置假牙類別，提供每人最高1萬5000元至4萬元之補助。

　　如以2013年國內老年人十大主要死因來看，其依序為：1.惡性腫瘤占24.9%；2.心臟疾病占12.6%；3.腦血管疾病占8.4%；4.肺炎占7.6%；5.糖尿病占7.0%；6.慢性下呼吸道疾病占5.2%；7.高血壓性疾病占4.0%；8.腎炎、腎徵候群及腎性病變占3.5%；9.敗血症占2.7%；10.事故傷害占2.5%。前述十大主要死因占老年人死亡總人數的69.1%，因此在老年人之疾病預防與健康促進仍必須以前述十大主要死因為重點，進行相關之預防性健康照護；此外，也須以實證醫學相關文獻資料為依據，並考量臺灣本土差異及實際臨床需要，提供合適的老年疾病預防與健康促進。

第二節　老年人疾病預防（disease prevention）與健康促進（health promotion）的內容——以實證爲基礎

　　USPSTF將預防性健康照護的內容分爲篩檢（screening）、諮詢介入（counseling intervention）、疫苗接種（immunization）及化學預防（chemoprevention），而此四項內容皆包含在疾病預防與健康促進兩大範疇之內；又疾病預防與健康促進兩者在臨床預防性健康照護的執行是並行不悖、密不可分，本文將從老年人之十大主要死因爲方向，以USPSTF之建議與國內現況爲基礎來闡述疾病預防與健康促進。以下之段落爲考量讀者閱讀之方便與完整性，將其內容分爲一、癌症；二、心血管疾病；三、新陳代謝內分泌疾病；四、傳染病；五、精神／神經與骨骼疾病；六、其他疾病等分別闡述。以下所敘述的疾病預防與健康促進相關檢查或介入是以看似健康的無症狀老人爲主，至於某些疾病的高危險群或特殊族群之老年人，因篇幅有限，不在本文的範圍之內。

一、癌症的疾病預防與健康促進

　　理想上慢性病皆須防範於未然，然而癌症於未發生之前的初級預防較困難，又不少的癌症早期並無症狀，因此必須藉著早期篩檢（次級預防）、診斷與治療，來減少併發症及死亡的機會。目前對於癌症的成因雖然不是完全清楚，但就現有文獻而言，吸菸與肥胖是癌症成因的主要因素之一。以美國人的癌症成因爲例，吸菸與肥胖分別占癌症成因的33%與20%；其他如不運動、喝酒與家族史分別占5%。

(一) 戒菸介入

　　1.介入工具：戒菸行爲諮詢與戒菸藥物。

　　2.介入好壞影響之考量：吸菸對於身體的不良影響，尤其是癌症、心血管疾病、呼吸道疾病的壞處與戒菸之後的種種好處已毋庸贅述，吸菸是美國人最重要的可預防死因。雖然完整的吸菸及菸癮相關評估及個別化的衛教諮詢是戒菸治療的基本方法，但不管是簡單的行為諮詢（10分鐘以內）及藥物治療都是可以使人成功戒菸一年以上的有效方法；最短的行為諮詢（3分鐘以內）在戒菸的效果雖然比簡單的行為諮詢差，但仍可以提高戒菸率。至於戒菸藥物則包括尼古丁貼片、口嚼錠、吸入劑、噴鼻劑、丁氨苯丙酮（bupropion）及瓦倫尼克林（varenicline）等都是有效的戒菸藥物。與較年輕者比較，老年人在戒菸的自信心較低，而且比較無法接受吸菸有害健康與戒菸有益健康的看法，但是老年人戒菸成功的比例與較年輕者戒菸成功的比例相近。並無證據顯示戒菸介入的後續壞處，因此對每一位老年吸菸者，不管其年齡及共病情況，臨床醫師在每次就診時均應詢問吸菸情況，並對戒菸可行性作衛教諮詢與討論。

　　3.臨床建議之考量：USPSTF建議對於所有老年人應詢問其吸菸狀況並提供戒菸之介入（A級建議）。

(二) 體重管理

　　1.介入工具：體重常規測量、深度諮詢（intensive counseling）及行為介入。

　　2.介入好壞影響之考量：身高與體重之常規測量主要是用以求得身體質量指數（body mass index, BMI），研究證據顯示肥胖會增加罹病率與死亡率。BMI以判斷肥胖程度，依目前我國衛福部版本BMI超過24公斤／公尺^{2}為過重，超過27公斤／公尺^{2}為肥胖。若採世界衛生組織亞太標準，BMI超過23公斤／公尺^{2}為過重，超過25公斤／公尺^{2}為肥胖。目前的證據也顯示對於肥胖者（BMI 30公斤／公尺^2）給予深度諮詢及行為介入可以減輕體重（至少約3-5公斤／年），而相對的諮詢及行為介入並無證據顯示有所傷害。所謂深度諮詢及行為介入即至少每個月2次以上之衛教諮詢及行為介入，至少持續3個月以上。另外目前對於肥胖者（BMI 30公斤／公尺^2）給予低至中強度諮詢（low- or moderate-intensity counseling）及行為介入可以減輕體重的證據不足。而對於體重過重者的諮詢及行為介入在減輕體重的證據也依然不足。

　　3.臨床建議之考量：

　　(1) USPSTF建議對老年人身高、體重之常規測量（B級建議）。

　　(2) 對於肥胖老年人，即BMI 27公斤／公尺^{2}者（USPSTF為30公斤／公尺^2、B級建議）應給予深度諮詢及行為介入以利持續減輕體重。

　　(3) 以低至中強度諮詢及行為介入對於體重管理效果的證據不足（I級建議）。

　　(4) 對於體重過重者的諮詢及行為介入在減輕體重建議之證據不足（I級建議）。

(三) 癌症篩檢／化學預防

1. 肺癌篩檢

　　(1) 篩檢工具：胸部X光、低劑量之電腦斷層攝影及痰液細胞學檢查。

　　(2) 篩檢好壞影響之考量：以胸部X光及痰液細胞學檢查用於篩檢肺癌的敏感度較低；電腦斷層攝影用以篩檢肺癌的敏感度較高，有較多的偽陽性、輻射曝露及價格昂貴的缺點，然而且後續的影像檢查可以解決大多數的偽陽性問題，而且在高危險年度篩檢可以減少肺癌死亡個案。在好壞處全盤考量下，目前並無足夠的證據以胸部X光與痰液細胞學檢查作為肺癌的篩檢工具，然而低劑量電腦斷層攝影有中度確定的淨效益。

　　(3) 臨床建議之考量：USPSTF建議對高危險群（55-80歲，吸菸超過一年30包以上且仍然吸菸，或戒菸未超過15年者）以低劑量電腦斷層攝影進行肺癌之年度篩檢（USPSTF，B級建議）；以胸部X光、低劑量之電腦斷層攝影、痰液細胞學檢查及合併前述三種工具用於肺癌篩檢之證據仍然不足（USPSTF、I級建議）。

2. 肝癌篩檢

　　(1) 篩檢工具：腹部超音波、血清甲型胎兒球蛋白。

　　(2) 篩檢好壞影響之考量：相對於腹部超音波檢查，以血清甲型胎兒球蛋白

（fetoprotein）作為篩檢肝癌的敏感度與特異度均不佳。雖然目前建議每6個月至1年接受一次腹部超音波篩檢，但也有研究顯示無症狀肝癌成長至3公分的最快時間為4至6個月，因此腹部超音波檢查時間間隔是否縮短為6個月仍有待進一步研究。雖然以血清甲型胎兒球蛋白（fetoprotein）作為篩檢肝癌的敏感度與特異度均不佳，但在一追蹤16年的社區研究顯示，B型肝炎患者每年追蹤血清甲型胎兒球蛋白濃度可以早期發現肝癌，並增加其存活率，因此可考慮每6個月檢查一次腹部超音波合併每年追蹤血清甲型胎兒球蛋白，但其篩檢效果仍有待研究。

(3) 臨床建議之考量：USPSTF並無針對肝癌篩檢之建議，但臺灣為肝癌的好發地區，一般仍建議B、C型慢性肝炎及任何原因引起的肝硬化者每6個月至1年接受一次腹部超音波篩檢。

3. 結腸、直腸癌篩檢與化學預防

(1) 篩檢工具：糞便潛血檢查、乙狀結腸鏡檢查或下消化道攝影檢查、全大腸鏡檢查。

(2) 篩檢好壞影響之考量：傳統化學法之糞便潛血檢查準確性易受食物影響，目前國健局所提供之免疫法之糞便潛血檢查專一性高，不受食物影響，但需要特殊容器及48小時內送檢。如果糞便檢體呈陽性潛血反應，就必須安排進一步檢查，如全大腸鏡檢查。糞便潛血檢查可與乙狀結腸鏡檢查合併以增加篩檢的敏感度。乙狀結腸鏡檢查的缺點為會遺漏掉50%的近端大腸病灶，而且大腸穿孔的機會為0.01%；下消化道攝影檢查後者的缺點為對於乙狀結腸的病灶會遺漏掉25%。乙狀結腸鏡與下消化道攝影可以考慮合併檢查，以減少做全大腸鏡檢查的危險性。全大腸鏡檢查敏感度或特異度皆明顯優於其他檢查，但全大腸鏡檢查本身引起大腸穿孔的機會（萬分之3.8）較高。又老年人大腸本身之彈性及長度的改變，甚至憩室及沾黏的增加，使得老年人全大腸鏡檢查較為困難，而且有較高的大腸穿孔危險性。

(3) 化學預防好壞影響之考量：使用低劑量阿斯匹靈對於冠狀動脈疾病高危險群可以減少冠狀動脈疾病及總死亡率，但無法減少結腸、直腸癌的發生率。雖然80%的結腸、直腸癌來自於腺瘤性息肉（adenomatous polyps），但只有1-10%在5至10年內會變為癌症，其風險大多與絨毛狀腺瘤、細胞變性（dysplasia）、息肉大小及總數目有關。但USPSTF不建議以阿斯匹靈及非類固醇抗發炎藥物來做一般族群結腸、直腸癌的預防，主要是考量阿斯匹靈造成消化道出血風險（1.5-2倍）及腦部出血比例（每萬人有12人）增加，非類固醇抗發炎藥物造成消化道穿孔、潰瘍、出血風險（5.4倍、信賴區間1.8-16.1）及急性腎衰竭比例（58%、信賴區間1.34-1.86）增加。

　　(4) 臨床建議之考量：

　　①75歲之前的老年人糞便潛血檢查每年一次，乙狀結腸鏡檢查或下消化道攝影檢查每5年一次，全大腸鏡檢查每10年一次（USPSTF、A級建議）；國內衛福部國健署所提供之受檢對象為50歲以上未滿70歲民眾，每兩年一次糞便潛血檢查。

　　②76-85歲之老年人不建議作常規結腸、直腸癌篩檢（USPSTF、C級建議），但在已有病灶之追蹤仍須繼續追蹤。

　　③對於86歲以上之老年人，USPSTF反對作常規結腸、直腸癌篩檢（D級建議）。

　　④對於一般風險族群，USPSTF反對以阿斯匹靈及非類固醇抗發炎藥物作為常規結腸、直腸癌之化學預防（D級建議）。

4. 乳癌篩檢與化學預防

　　(1) 篩檢工具：乳房X光攝影、乳房超音波、乳房理學檢查、自我乳房觸診檢查、BRCA 1及BRCA 2基因（breast cancer susceptibility gene 1& 2）篩檢。

　　(2) 篩檢好壞影響之考量：婦女隨著年紀增長，乳腺退化，乳房的脂肪組織慢慢取代乳腺，因此不管是乳房X光攝影或乳房觸診檢查均比年輕者更容易檢查出腫瘤，乳房X光攝影檢查對於乳癌篩檢的敏感度高達90%。由於兩個隨機的對照研究顯示乳房攝影篩檢可以減少69至74歲婦女乳癌的死亡率，因此有人建議在尚有8至10年平均餘命的70歲以上婦女仍可以繼續每兩年作一次乳房攝影篩檢。至於乳房觸診檢查對於乳癌篩檢的敏感度較低（50%），其被推薦為乳癌篩檢工具的證據尚不足夠，但仍可配合乳房X光攝影，每一至兩年作一次乳房觸診檢查。研究顯示自我乳房觸診檢查對於乳癌相關的死亡率並未減少，而且自我乳房觸診檢查組比控制組有較多的影像及切片檢查。BRCA 1及BRCA 2基因突變與乳癌及卵巢癌的發生有關，在下列的高危險群女性應作BRCA 1及BRCA 2基因篩檢：兩個一等親罹患乳癌，其中一人在50歲之前得到乳癌；不管年齡，一、二等親有三人罹患乳癌，一及二等親中有人罹患乳癌及卵巢癌，一等親中有人罹患雙側乳癌，一、二等親有兩人以上罹患卵巢癌，一或二等親中有人同時罹患乳癌及卵巢癌，男性親人得乳癌。如篩檢為陽性時，建議在親屬中最早有乳癌診斷時年齡的前5至10年，每年定期接受乳房攝影檢查，另外並與受檢者討論有乳癌及卵巢癌高危險所帶來的心理及社會衝擊。

　　(3) 化學預防好壞影響之考量：雖然研究顯示對無子宮且無血栓栓塞之虞的乳癌高危險群可以以Tamoxifen或Raloxifene作乳癌之初級預防，但對於乳癌危險性低的婦女會增加罹患子宮內膜癌及產生血栓栓塞疾病的危險並不建議使用。高危險群則由年齡、月經初潮年齡、生產時的年齡或未生產、一等親罹患乳癌的數目及乳房切片病理診斷有非典型增生（atypical hyperplasia）等因素來決定。

　　(4) 臨床建議之考量：

　　①50至74歲之婦女乳房攝影檢查每兩年一次（USPSTF、B級建議）；國內衛福部國健署所提供之受檢對象為45歲以上未滿70歲之婦女，每兩年一次乳房攝影篩檢。

　　②75歲之老年人常規乳房攝影篩檢之證據不足（USPSTF、I級建議）。

　　③醫師常規乳房理學檢查作為篩檢工具之證據不足（USPSTF、I級建議），但在對病人無害之狀況下仍可考慮執行。

　　④民眾自我乳房觸診檢查，USPSTF反對以此作為乳癌篩檢之常規工具，但在對病人無害之狀況下仍可考慮執行。

　　⑤與BRCA變異有關之乳癌高危險群（見「篩檢好壞影響之考量」之段落）應作BRCA 1及BRCA 2基因篩檢之諮詢與檢查（USPSTF、B級建議）。

⑥USPSTF反對以BRCA 1及BRCA 2基因篩檢作爲一般族群乳癌篩檢之常規工具（D級建議）。

⑦乳癌化學預防：USPSTF反對在乳癌低或一般危險性之婦女常規使用Tamoxifen或Raloxifene作爲乳癌之初級預防（D級建議）。對無子宮且無血栓栓塞之虞的乳癌高危險群建議以Tamoxifen或Raloxifene作爲乳癌之初級預防（B級建議），在使用此類藥物時，醫師必須詳細與使用者討論，並告知用藥的好處及副作用。

5. 子宮頸癌篩檢

(1) 篩檢工具：子宮頸抹片檢查。

(2) 篩檢好壞影響之考量：

由於在65歲以上之婦女高度癌症前期病灶及子宮頸癌的發生率低，因此子宮頸癌篩檢的益處不大。子宮頸抹片篩檢在65歲以上之婦女的可能壞處包括假陽性後續追蹤及可能異常之治療相關的併發症，因此如果婦女在65歲之前每1至3年子宮頸抹片檢查皆正常，65歲以後再作子宮頸癌篩檢的益處不大。另外如果非因高度癌症前期病灶及子宮頸癌作子宮切除者，由於其再作子宮頸癌篩檢的益處不大，加上假陽性後續追蹤及可能異常之治療相關併發症所衍生的壞處，因此可考慮不再作子宮頸癌篩檢；但是如果婦女在65歲之前並未規則作子宮頸抹片檢查、具高度癌症前期病灶及子宮頸癌病史、免疫不全、或母親懷孕時有已烯雌酚（diethylstilbestrol）之暴露者，65歲以後仍需考慮再作子宮頸抹片篩檢。

(3) 臨床建議之考量：

USPSTF建議如果婦女在65歲之前每1至3年定期子宮頸抹片檢查皆正常，65歲以後不需要再作子宮頸癌篩檢（D級建議）；但是如果婦女在65歲之前並未規則作子宮頸抹片檢查，65歲以後仍應再作子宮頸癌篩檢。

6. 口腔癌篩檢

(1) 篩檢工具：口腔視診及觸診檢查。

(2) 篩檢好壞影響之考量：口腔視診及觸診檢查爲口腔癌篩檢最常用的方

法，但目前並無足夠的實證支持將口腔癌篩檢納入篩檢的品項之一。其他如甲苯胺藍（toluidine blue）、螢光影像（fluorescence imaging）、刷抹切片（brush biopsy）用以篩檢口腔癌的實證尚不足夠。

(3) 臨床建議之考量：

USPSTF對於口腔癌篩檢為I級建議，即缺少有效改善健康的證據，其篩檢之利弊尚無定論。臺灣地區自2000-2010年10年間主要癌症之標準化死亡率大多呈現下降的變化，但口腔癌10年成長了18.2%，因此政府部門也將口腔癌列為四癌篩檢的項目之一，可以配合國健署對於30歲以上有嚼檳榔或吸菸習慣之民眾，每兩年一次進行口腔黏膜篩檢。

7. 胃癌篩檢

(1) 篩檢工具：上消化道攝影檢查、內視鏡檢查。

(2) 篩檢好壞影響之考量：篩檢方法以胃內視鏡檢查和上消化道X光攝影較佳。內視鏡診斷胃癌之敏感度和特異度都很高，再加上胃部切片檢查，正確診斷率可高達95%以上。相對於內視鏡檢查，上消化道X光攝影比較便宜，可以看到胃整體結構，對於病灶的範圍較易顯現，尤其黏膜下病灶，但其缺點係無法作切片檢查與病理學確認。雖然有文獻建議可以先作上消化道攝影檢查、或血清幽門螺旋桿菌相關毒性因子或腫瘤標記篩檢，如有需要再進行內視鏡檢查，但其篩檢效果仍有待進一步求證。

(3) 臨床建議之考量：USPSTF並無針對胃癌篩檢的相關建議，但臺灣為胃癌的好發地區，所以可以考慮對高危險群進行篩檢。高危險群包括具有萎縮性胃炎、幽門螺旋桿菌感染、惡性貧血、胃息肉、胃亞全切除、吸菸、醃醺烤食物攝取過多，及家族性多發性腺瘤息肉者。至於篩檢時間尚無定論，但有文獻建議其篩檢間隔為5年。

8. 食道癌篩檢

(1) 篩檢工具：上消化道攝影檢查、內視鏡檢查。

(2) 篩檢好壞影響之考量：篩檢方法以內視鏡檢查和上消化道X光攝影為

佳。內視鏡診斷食道癌之敏感度高達九成；雖然上消化道X光攝影比較便宜，其缺點爲無法作切片檢查與病理學確定診斷。

(3) 臨床建議之考量：USPSTF並無食道癌篩檢的討論，而以胃鏡或上消化道攝影檢查作篩檢之證據尚不足夠。但10年來臺灣食道癌標準化死亡率自2000～2010年10年間增加27.5%，似乎可以考慮對高危險群進行篩檢，但其證據仍有待更多的研究。食道癌中的鱗狀細胞癌之高危險群爲過量飲酒、吸菸、亞硝基胺食物、洗濯用鹼水（lye）誤食、缺乏維生素A、病毒性食道感染、食道鬆弛不能（achalasia）、頭頸部腫瘤病史、手掌胼胝症（tylosis palmaris）及卜拉蒙-文生氏症候群（Plummer-Vinson syndrome）。至於食道腺癌的發生以巴瑞氏（Barrett's）食道爲重要危險因子，其他危險因子尚包括抽菸、慢性胃食道逆流性疾病，及使下食道括約肌弛之藥物，如硝酸甘油（nitroglycerin）、抗膽鹼藥物（anticholinergics）。

9. 鼻咽癌篩檢

(1) 篩檢工具：血清EB病毒（Epstein-Barr virus）衣殼抗原（capsid antigen）之IgA抗體、鼻咽部視診及內視鏡檢查。

(2) 篩檢好壞影響之考量：鼻咽部視診及內視鏡篩檢可以直接診視，並作切片檢查與病理學確定診斷，但其稍具侵襲性。2011年統合分析的研究顯示血清EB病毒衣殼抗原之IgA抗體用於鼻咽癌篩檢的敏感度及特異度分別爲91%及92%，其陽性及陰性相似比（likelihood ratio）分別爲31.65及0.10，對於鼻咽癌篩檢的效果不錯。

(3) 臨床建議之考量：USPSTF並無鼻咽癌篩檢的討論，但中國南方爲鼻咽癌好發地區，似乎可以考慮以血清EB病毒衣殼抗原之IgA抗體進行篩檢，至於對高危險群篩檢的效果仍有待更多的研究來證實。

10. 胰臟癌篩檢

(1) 篩檢工具：血清CA-199濃度與腹部超音波檢查。

(2) 篩檢好壞影響之考量：目前並無確切證據顯示血清CA-199濃度與腹部超

音波篩檢可以減少胰臟癌之死亡率，而且目前對於篩檢出有胰臟治療的效果不佳，預後不好。由於一般族群胰臟盛行率非常低，所以其篩檢的成效不彰，加上後續的侵襲性診斷檢查，使得其篩檢的壞處似乎比好處多。雖然有遺傳性胰臟炎之病人，其發生胰臟癌的風險較高，但對此族群篩檢是否會減少後續相關治療的死亡率，仍有待進一步研究。

(3) 臨床建議之考量：USPSTF反對作胰臟癌常規篩檢（D級建議）。

11. 攝護腺癌篩檢

(1) 篩檢工具：肛門指診與血清PSA濃度檢查。

(2) 篩檢好壞影響之考量：雖然肛門指診對於受檢者並無特別傷害之影響，但其對於攝護腺癌診斷的敏感度不高（約五至六成）。血清PSA濃度對於攝護腺癌診斷的敏感度約七至八成、陽性預測值約二至三成，而且其濃度易受年齡、攝護腺大小、發炎、射精、切片及開刀的影響。由於大部分攝護腺癌進展緩慢，而無症狀的老年攝護腺癌患者通常死於其他疾病，因此也須考量受檢者之平均餘命。此外血清PSA濃度篩檢陽性者進一步的侵襲性檢查或治療可能會有失禁與不舉的後續之傷害。

(3) 臨床建議之考量：USPSTF反對作常規攝護腺癌篩檢（D級建議）。

12. 卵巢癌篩檢

(1) 篩檢工具：血清CA-125濃度、骨盆腔檢查與婦產科超音波檢查。

(2) 篩檢好壞影響之考量：目前並無確切證據顯示血清CA-125濃度、骨盆腔檢查與婦產科超音波篩檢可以減少卵巢癌之死亡率，雖然前述之卵巢癌篩檢可以早期診斷出卵巢癌，但目前對於篩檢出有卵巢癌者的治療成效仍然不彰，因此仍無足夠的證據顯示早期診斷可以減少卵巢癌相關的死亡率。由於一般族群卵巢癌的發生率低，所以其篩檢的成效不彰。另由於卵巢癌篩檢之陽性預測值偏低（2%），大多數篩檢陽性者並非卵巢癌；在有卵巢癌家族史之病人，其陽性預測值可能高一點，但其是否會減少後續相關治療的死亡率，仍有待進一步研究。未來如果卵巢癌治療效果明顯改善後，或許能改變對卵巢癌篩檢之建議。

(3) 臨床建議之考量：USPSTF反對作卵巢癌常規篩檢（D級建議）。

13. 膀胱癌篩檢

(1) 篩檢工具：尿液細胞學、顯微鏡下血尿或尿液生物標誌物檢查。

(2) 篩檢好壞影響之考量：目前並無足夠的證據顯示膀胱癌篩檢或後續治療可以減少膀胱癌及整體之死亡率。然而篩檢之假陽性結果可能導致之焦慮、被貼標籤的心壓力、疼痛、後續檢查所產生之併發症的證據仍然不足。

(3) 臨床建議之考量：目前對於無症狀老年人常規作膀胱癌篩檢之證據不足（USPSTF、I級建議）。

14. 維生素、葉酸及抗氧化劑對於癌症之化學預防

(1) 化學預防方式：維生素A、C、E、葉酸及抗氧化劑。

(2) 化學預防篩檢好壞影響之考量：目前有關補充維生素A、C、E、葉酸及抗氧化劑以減少癌症之隨機試驗的證據不足或結果不一致。而證據顯示老年人補充beta-carotene以減少癌症之效果不佳，甚至在重度吸菸者給予beta-carotene之補充反而會增加肺癌與總死亡率。

(3) 臨床建議之考量：USPSTF反對給予狀老年人beta-carotene之補充以減少癌症的發生（D級建議）；至於補充維生素A、C、E、葉酸及抗氧化劑以減少癌症發生的證據不足（I級建議）。

二、心血管疾病的疾病預防與健康促進

(一) 戒菸介入

USPSTF建議對於所有老年人應詢問其吸菸狀況並提供戒菸之介入（A級建議），其詳細內容（介入工具、介入好壞影響與臨床建議之考量）請參考前段「癌症的疾病預防與健康促進」之敘述。

(二) 體重管理

　　USPSTF建議對老年人身高、體重之常規測量（B級建議）；對於肥胖老年人，即BMI≥27公斤／公尺^{2}者（USPSTF為≥30公斤／公尺^2、B級建議）應給予深度諮詢及行為介入以利持續減輕體重，其詳細內容（介入工具、介入好壞影響與臨床建議之考量）請參考前段「癌症的疾病預防與健康促進」之敘述。

(三) 血脂質篩檢

　　1.篩檢工具：空腹或非空腹血清總膽固醇及高密度脂蛋白膽固醇檢查，如有異常者，可視情況再進行完整空腹血脂質（包含血清總膽固醇／低密度脂蛋白膽固醇、三酸甘油酯及高密度脂蛋白膽固醇）之檢查。

　　2.篩檢好壞影響之考量：已有良好的證據顯示，血清總膽固醇及低密度脂蛋白膽固醇過高與高密度脂蛋白膽固醇過低，是冠狀動脈疾病的重要相關因子，尤其對已有其他心血管疾病危險因子者的冠狀動脈疾病風險更高。此外也有良好的證據顯示降血脂藥物對於血脂異常者冠狀動脈疾病的發生率有減少的現象，尤其是已有心血管疾病危險因子者。血清總膽固醇及高密度脂蛋白膽固醇是基本的檢查項目，可在空腹或非空腹的狀態下抽血執行，相當方便。如果實驗室無法提供高密度脂蛋白膽固醇的檢測，也可單獨以血清總膽固醇作為篩檢工具。另外，血清總膽固醇及低密度脂蛋白膽固醇檢測雖然也可以提供同等的篩檢效果，但低密度脂蛋白膽固醇需要以空腹的血清作檢測，而且費用較貴。至於三酸甘油酯並不建議作為常規的篩檢項目，但可以對心血管疾病風險較高的病人提供選擇適當治療的參考。至於檢查血脂質及使用降血脂藥物的傷害（如被貼標籤的壓力與肌肉溶解副作用），已有良好的證據顯示其壞處相對較小。

　　3.臨床建議之考量：USPSTF建議對於所有老年人進行血脂質之篩檢（A級建議）。

(四) 血壓篩檢

　　1.篩檢工具：血壓檢查。

2.篩檢好壞影響之考量：高血壓是一個非常普遍的疾病，其與過早死亡（premature death）、冠狀動脈疾病風險、腦血管疾病及腎功能異常有關。高血壓的診斷必須間隔一至數週的兩次血壓值大於或等於140/90 mmHg，然而，一般在家中自行測量的平均血壓高於135/85 mmHg，即可視為高血壓。在家中自行測量血壓的好處為可監測對降壓藥物治療的反應，也能提高患者自我對高血壓控制的責任感與治療的遵醫囑性，並協助診斷是否有白袍性高血壓。已有良好的證據顯示高血壓的治療可以減少心血管疾病的發生率；至於證據所顯示高血壓篩檢及治療壞處相對不大（如被貼標籤的壓力與抗高血壓藥之副作用）。

3.臨床建議之考量：USPSTF建議老年人每次就診應測量血壓，血壓小於120/80mmHg者至少每兩年測量一次血壓，血壓為120-139/80-89mmHg者至少每年測量一次血壓（A級建議）。

(五) 冠狀動脈疾病篩檢

1.篩檢工具：靜態、運動心電圖（exercise treadmill test, ETT）或電子束電腦斷層攝影（electron beam computed tomography, EBCT）檢查。

2.篩檢好壞影響之考量：冠狀動脈疾病危險性的評估可以從Framingham point score來評估10年內發生心血管疾病危險性，即從年齡、收縮壓、總膽固醇、高密度脂蛋白膽固醇及吸菸等因素來估計發生心血管疾病的危險性（參考網址http://www.nhlbi.nih.gov/guidelines/cholesterol/risk_tbl.htm），<10%為低度危險、10-20%為中度危險、>20%或本身具糖尿病者屬高度危險。運動心電圖、心臟壓力影像檢查或電子束電腦斷層攝影等檢查對於心血管疾病中度危險性者可能會有所助益，因為依據上述相關檢查的結果可將中度危險性族群再進一步區分出更高或較低心血管疾病危險性之族群。然而偽陽性會造成被貼標籤的壓力，後續不必要的檢查與治療。由於年齡本身就是冠狀動脈疾病的重要危險因子，USPSTF認為老年人是冠狀動脈疾病的高危險群，然而目前尚無足夠證據支持以靜態、運動心電圖或電子束電腦斷層攝影對無症狀之老年人作冠狀動脈疾病之常規篩檢。

3.臨床建議之考量：USPSTF認爲對於老年人使用以靜態、運動心電圖或電子束電腦斷層攝影對無症狀老年人作冠狀動脈疾病之常規篩檢的證據不足（I級建議）。

(六) 冠狀動脈疾病非傳統危險因子之篩檢

1.篩檢工具：足踝上臂動脈收縮壓比（ankle-brachial index, ABI）、血中homocysteine、lipoprotein(a)及hs-CRP濃度、白血球總數及空腹血糖值、頸動脈內膜中層厚度（intima-media thickness, IMT）、電子束電腦斷層攝影之冠狀動脈鈣化指數及牙周病篩檢。

2.篩檢好壞影響之考量：這些冠狀動脈疾病非傳統危險因子之篩檢，如果能提供現有已知傳統危險因子之外的好處，例如再將低度或中度危險族群區分爲較高的危險族群，而且後續的治療可以減少罹病率與死亡率是可以考慮納入。目前的證據顯示hs-CRP濃度可以將11%中度危險男性區分爲高危險族群，將12%中度危險女性變更爲低危險族群；而足踝上臂動脈收縮壓比可以將10%中度危險女性變更爲高危險族群族；但其他非傳統危險因子之篩檢以減少冠狀動脈疾病罹病率與死亡率之好處的證據尚不足夠。而這些非傳統危險因子篩檢可能造成爲被貼標籤的精神壓力、後續不必要的檢查與治療的副作用。

3.臨床建議之考量：USPSTF認爲對於老年人進行冠狀動脈疾病非傳統危險因子（足踝上臂動脈收縮壓比、血中homocysteine、lipoprotein(a)及hs-CRP濃度、白血球總數及空腹血糖值、頸動脈內膜中層厚度、電子束電腦斷層攝影之冠狀動脈鈣化指數及牙周病篩檢）之常規篩檢的證據不足（I級建議）。

(七) 頸動脈阻塞之篩檢

1.篩檢工具：頸動脈超音波檢查。

2.篩檢好壞影響之考量：有部分的缺血性中風與頸動脈阻塞有關，在無症狀嚴重頸動脈阻塞（60-99%）者藉由頸動脈內膜切除手術（carotid endarterectomy）可以減少因中風或開刀前後死亡發生率5%，但對於一般族群的好處可能變少，而且頸動脈內膜切除手術也可能造成中風，甚至死亡（頸動脈內膜切除手術在一流的醫學中心之30天中風死亡率約3%）。另外頸動脈超音波檢查對於頸動脈阻塞之敏感度及特異度為中等，因此可能產生不少的偽陽性，需要進行後續的數位血管攝影（digital subtraction angiography）或磁振血管造影（magnetic resonance angiography）；前者檢查雖比較準確，但可能有嚴重的副作用，後者的準確性較差，可能會有不必要之頸動脈內膜切除手術。

　　3.臨床建議之考量：USPSTF反對在無症狀之老年人進行頸動脈阻塞之常規篩檢（D級建議）。

(八) 腹主動脈瘤之篩檢

　　1.篩檢工具：腹主動脈超音波篩檢。

　　2.篩檢好壞影響之考量：已有良好的證據顯示對於65-75歲曾吸菸之男性（包括過去或現在仍吸菸者）進行腹主動脈瘤篩檢及其續開刀處置可以減少腹主動脈瘤相關之死亡率。而篩檢陽性之後續開刀也會有相關的罹病率與死亡率、短時間的精神壓力之壞處，然而其好處仍大於壞處。至於65-75歲不曾吸菸之男性其腹主動脈瘤的盛行率低，所以其進行腹主動脈瘤篩檢的好處較低，然而篩檢陽性之後續開刀的罹病率與死亡率及短時間的精神壓力之壞處與好處相當。至於老年女性腹主動脈瘤的盛行率更低，其篩檢陽性之後續開刀的罹病率與死亡率及短時間的精神壓力之壞處比進行腹主動脈瘤篩檢所帶來的好處明顯。

　　3.臨床建議之考量：

　　(1) USPSTF建議對於65-75歲曾吸菸之男性進行腹主動脈瘤篩檢（B級建議）。

　　(2) USPSTF對於65-75歲不曾吸菸男性作腹主動脈瘤之篩檢好壞處相當，不給予特別建議（C級建議）。

　　(3) USPSTF對於65-75歲曾吸菸之女性進行腹主動脈瘤篩檢之證據不足（I級建議）。

　　(4) USPSTF反對對於不吸菸女性進行腹主動脈瘤篩檢（D級建議）。

(九) 周邊血管疾病之篩檢

1. 篩檢工具：足踝上臂動脈收縮壓比。

2. 篩檢好壞影響之考量：雖然足踝上臂動脈收縮壓比可以用來偵測到無症狀之周邊血管疾病，然而一般無症狀族群周邊血管疾病的盛行率低，而且其治療的好處無法超越傳統標準心血管疾病風險的評估與結果之改善。另外，此周邊血管疾病篩檢所產生的偽陽性可能造成後續不必要的檢查與精神壓力。

3. 臨床建議之考量：USPSTF對於以足踝上臂動脈收縮壓比用以篩檢周邊血管疾病與冠狀動脈疾病之證據不足（D級建議）。

(十) 阿斯匹靈（aspirin）對於心血管疾病之化學預防

1. 介入工具：阿斯匹靈對於心血管疾病初級預防之使用。

2. 介入好壞影響之考量：使用阿斯匹靈可以減少男性冠狀動脈疾病的發生率及女性缺血性腦中風的發生率，使用劑量每天75毫克之效果可能與每天大於75毫克的效果相當。然而阿斯匹靈也會造成消化道出血風險（1.5-2倍）及腦部出血比例（每萬人有12人）增加。因此對於阿斯匹靈在心血管疾病初級預防之使用，男性須評估使用阿斯匹靈對減少心肌梗塞的好處與胃腸道／腦部出血的風險（如表5-3）；女性則必考量使用阿斯匹靈對減少缺血性腦中風的好處與胃腸道／腦部出血的風險（如表5-4），當減少心血管疾病的好處大於胃腸道／腦部出血的壞處時，建議可以使用阿斯匹靈作為心血管疾病之初級預防；雖然如此，但80歲以上之老年人需另外考量。80歲以上之老年人心血管疾病的發生率高，使用阿斯匹靈的好處似乎不小，然而其使用阿斯匹靈會造成胃腸道出血的風險也高，因此目前尚無足夠的證據確定80歲以上之老年人可以使用阿斯匹靈，除非在下列條件的80歲以上之老年人其好處或許會高一點：除年齡之外，無其他胃腸道出血危險因子，而且可以承受胃腸道出血的危險性者（例如有正常的血色素與腎功能、可以快速的到達急診）。

表5-3　男性使用阿斯匹靈對減少冠狀動脈疾病發生的好處與胃腸道／腦部出血的風險之評估比較

步驟1：以Framingham point score（包括年齡、收縮壓、總膽固醇、高密度脂蛋白膽固醇及吸菸）評估10年內發生心血管疾病危險性，（參考網址http://www.nhlbi.nih.gov/guidelines/cholesterol/risk_tbl.htm）

步驟2：由下表查詢10年內發生冠狀動脈疾病的風險與每千人可減少發生冠狀動脈疾病的人數（Estimated MI Prevented）

步驟3：比較10年內每千人冠狀動脈疾病發生所減少之人數與胃腸道／腦部出血之人數

Variable	Estimated MIs Prevented (per 1000 Men), *n*		
	Age 45-59 Years	Age 60-69 Years	Age 70-79 Years
10-year CHD risk			
1%	3.2	3.2	3.2
2%	6.4	6.4	6.4
3%	9.6	9.6	9.6
4%	12.8	12.8	12.8
5%	16	16	16
6%	19.2	19.2	19.2
7%	22.4	22.4	22.4
8%	25.6	25.6	25.6
9%	28.8	28.8	28.8
10%	32	32	32
11%	35.2	35.2	35.2
12%	38.4	38.4	38.4
13%	41.6	41.6	41.6
14%	44.8	44.8	44.8
15%	48	48	48
16%	51.2	51.2	51.2
17%	54.4	54.4	54.4
18%	57.6	57.6	57.6
19%	60.8	60.8	60.8
20%	64	64	64
	Estimated Harms, *n*		
Type of event			
GI bleeding	8	24	36
Hemorrhagic stroke	1	1	1

表5-4　女性使用阿斯匹靈對減少缺血性腦中風發生的好處與胃腸道／腦部出血的風險之評估比較

步驟1：以Framingham stroke risk（包括性別、年齡、收縮壓、高血壓藥物治療、糖尿病、心血管疾病、心房纖維顫動、左心室肥大及吸菸）評估10年內發生缺血性腦中風危險性，（參考網址http://www.westernstroke.org/PersonalStrokeRisk1.xls）

步驟2：由下表查詢10年內發生缺血性腦中風的風險與每千人可預防缺血性腦中風的人數（Estimated Strokes Prevented、註此處Estimated Strokes Prevented係指可減少缺血性腦中風人數扣除增加之減少出血性腦中風人數）

步驟3：比較10年內每千人缺血性腦中風發生所減少之人數與胃腸道出血之人數

Variable	Estimated Strokes Prevented (per 1000 Women), *n*		
	Age 55-59 Years	Age 60-69 Years	Age 70-79 Years
10-year stroke risk			
1%	1.7	1.7	1.7
2%	3.4	3.4	3.4
3%	5.1	5.1	5.1
4%	6.8	6.8	6.8
5%	8.5	8.5	8.5
6%	10.2	10.2	10.2
7%	11.9	11.9	11.9
8%	13.6	13.6	13.6
9%	15.3	15.3	15.3
10%	17	17	17
11%	18.7	18.7	18.7
12%	20.4	20.4	20.4
13%	22.1	22.1	22.1
14%	23.8	23.8	23.8
15%	25.5	25.5	25.5
16%	27.2	27.2	27.2
17%	28.9	28.9	28.9
18%	30.6	30.6	30.6
19%	32.3	32.3	32.3
20%	34	34	34
	Estimated Harms, *n*		
Type of event			
GI bleeding	4	12	18

3. 臨床建議之考量：

(1) USPSTF對於65～79歲之老年人當其減少心肌梗塞的好處大於胃腸道出血的壞處時，建議可以使用阿斯匹靈作為心血管疾病之初級預防（A級建議）。

(2) USPSTF認為對於80歲以上之老年人使用阿斯匹靈作為心血管疾病之初級預防的證據不足（I級建議）。

(十) 維生素、葉酸及抗氧化劑對於心血管疾病之化學預防

USPSTF反對給予狀老年人beta-carotene之補充以減少癌症的發生（D級建議）；至於補充維生素A、C、E、葉酸及抗氧化劑以減少癌症發生的證據不足（I級建議），其詳細內容（介入工具、介入好壞影響與臨床建議之考量）請參考前段「癌症的疾病預防與健康促進」之敘述。

三、新陳代謝內分泌疾病的疾病預防與健康促進

(一) 體重管理

USPSTF建議對老年人身高、體重之常規測量（B級建議）；對於肥胖老年人，即BMI≥27公斤／公尺^{2}者（USPSTF為≥30公斤／公尺^2、B級建議）應給予深度諮詢及行為介入以利持續減輕體重，其詳細內容（介入工具、介入好壞影響與臨床建議之考量）請參考前段「癌症的疾病預防與健康促進」之敘述。

(二) 健康飲食行為諮詢介入

1. 介入工具：健康飲食行為諮詢（限制脂肪及膽固醇，維持卡洛里平衡，足夠鈣質之攝取，並強調穀類、水果及蔬菜的飲食衛教諮詢）。

2. 介入好壞影響之考量：有好的證據顯示，在與飲食相關慢性病（如肥胖、高血壓、高血脂及具有其他心血管疾病危險因子者）老年人給予中至高強度的健康飲食行為諮詢，可以在每日健康飲食內容（如飽和脂肪、纖維、水果及蔬

菜）有中至大幅度的改善。然而，研究證據也顯示在一般族群之低至中強度的健康飲食行為諮詢所產生的健康飲食內容之改善程度為低至中等幅度，效果較差。

3.臨床建議之考量：

(1) USPSTF建議對於與飲食相關慢性病（如肥胖、高血壓、高血脂及具有其他心血管疾病危險因子）老年人給予密集式（3次以上，每次至少30分鐘）之健康飲食行為諮詢（B級建議）。

(2) USPSTF認為對於一般族群給予常規健康飲食行為諮詢的證據不足（I級建議）。

(三) 體能活動行為諮詢介入

1.介入工具：體能活動行為諮詢介入。

2.介入好壞影響之考量：目前有關體能活動行為諮詢介入的研究結果並不一致，尚無足夠的證據顯示體能活動行為諮詢介入可以改善並維持其體能活動的增加，此外其介入之壞處的研究報告也闕如。體能活動可以增加老年人的獨立性與功能性，理想上所有的老年人皆應參與有氧運動與肌力訓練的阻力運動。

3.臨床建議之考量：USPSTF認為對於一般族群給予常規體能活動行為諮詢的證據不足（I級建議）。雖然目前並無足夠的證據支持所有老年人作常規的體能活動能促進健康，但在安全無虞的前提下，仍應鼓勵老年人多做體能活動。

(四) 第二型糖尿病篩檢

1.篩檢工具：空腹血糖、餐後或75公克口服葡萄糖耐性試驗負荷後兩小時血糖、糖化血色素。

2.篩檢好壞影響之考量：雖然美國糖尿病學會建議以餐前血糖檢測為糖尿病篩檢工具較為方便，但餐後或75公克口服葡萄糖耐性試驗負荷後兩小時血糖也可作為篩檢工具，目前糖尿病的診斷需有兩次不同時段的血糖超過診斷標準。餐前血糖126 mg/dl或負荷後兩小時血糖200 mg/dl為糖尿病之診斷標準，近年來，美國糖尿病學會也建議可以以糖化血色素6.5%作為診斷標準，但其費用較高。雖然有間接證據顯示與臨床上發現有糖尿病後的照護相比較，第二型糖尿病的早期診斷與介入可以改善相關的併發症，尤其是對於空腹血糖異常或葡萄糖耐性試驗異常者的隨機對照試驗，顯示強力生活方式的介入可以減少糖尿病的發生率；然而，並無直接的證據顯示糖尿病的常規篩檢可以改善健康或減少相關的併發症。對於血壓>135/85mmHg者之糖尿病篩檢而言，有良好的證據顯示其被偵測有糖尿病時，降低血壓可以減少心血管疾病的發生率與死亡率；但對於血壓≤135/85mmHg者被早期篩檢出有糖尿病可以降低心血管疾病危險性好處的證據尚不足夠。良好的證據顯示篩檢出新診斷糖尿病所產生一些精神壓力及後續治療的副作用不大。

　　3.臨床建議與考量：

　　(1) USPSTF建議對血壓>135/85mmHg者應作糖尿病篩檢（B級建議）。

　　(2) 對於血壓≤135/85mmHg者作常規糖尿病篩檢的證據尚不足夠（I級建議）。

(五) 血脂質篩檢

　　USPSTF建議對於所有老年人進行血脂質之篩檢（A級建議），其詳細內容（篩檢工具、篩檢好壞影響與臨床建議之考量）請參考「心血管疾病的疾病預防與健康促進」之敘述。

(六) 甲狀腺疾病篩檢

　　1.篩檢工具：病史、身體檢查與血清甲狀腺功能檢查。

　　2.篩檢好壞影響之考量：次臨床甲狀腺功能低下症在男女性分別約占3%及5%，而且隨著年齡的增加而增加，甲狀腺功能低下症若無適當治療會有疲勞、體重增加、神智反應變慢、心臟衰竭及血脂異常。至於次臨床甲狀腺功能亢進症較少見，在60歲以上男女性占1.0及1.5%，甲狀腺功能亢進症若無適當治療會有心房纖顫、心臟衰竭、骨質疏鬆及神經精神問題。病史、身體檢查與血清甲狀腺功能檢查三者中以促甲狀腺激素（thyroid stimulating hormone, TSH）最常被推薦，因爲在其他檢查異常之前，TSH檢查就可以先偵測到次臨床甲狀腺疾病（subclinical thyroid disease）的異常。雖然目前有相當的證據顯示TSH篩檢可以偵測到次臨床甲狀腺疾病，但是並無足夠的證據顯示藉由篩檢發現的甲狀腺疾病在臨床上有重要的結果改善。雖然老年人爲甲狀腺疾病篩檢的高危險群，其甲狀腺疾病篩檢可能有較高的效益，但目前其篩檢好處的證據仍然不足。篩檢後續檢查、精神壓力及相關治療，如levothyroxine補充治療、抗甲狀腺藥物、放射碘及開刀治療的不良影響仍然不清楚。此外，篩檢結果爲假陽性後續levothyroxine過度治療及精神壓力不良影響之研究仍然有限。

　　3.臨床建議與考量：目前無足夠的證據支持對無症狀老年作甲狀腺疾病之常規篩檢（USPSTF、I級建議）。

四、傳染性疾病的疾病預防與健康促進

(一) 流行性感冒疫苗接種

　　1.介入工具：流行性感冒疫苗

　　2.介入好壞影響之考量：90%流行性感冒相關之死亡發生在老年人，其死亡來自於肺炎及心肺狀況的惡化。已有良好的證據顯示流行性感冒疫苗接種可以減少流行性感冒及其併發症的發生率與死亡率，護理之家的住民比社區的老人成效更好。研究也顯示老年人接種疫苗具有其社會的經濟效益，然而，老年人接種疫苗後所產生的抗體濃度可能較低，因此仍有罹患流行性感冒的可能，由於接種疫苗前抗體濃度與接種疫苗次數對於接種疫苗後產生的抗體濃度有所影響，所以過去四年曾接種過一次或多次疫苗者比第一次接種疫苗者所引發的死亡率明顯減少。常見不良影響包括注射部位局部反應，過敏反應很少見，但對蛋過敏者不能施打，至於Guillian-Barre症候群與流行性感冒疫苗的關係仍不確定。

　　3.臨床建議與考量：建議所有老年人應每年接受流行性感冒疫苗接種。

(二) 肺炎鏈雙球菌疫苗接種

1.介入工具：肺炎鏈雙球菌疫苗

2.介入好壞影響之考量：肺炎球菌疾病是造成老年人罹病率與死亡率增加的重要原因之一，65歲及85歲以上之死亡率高達20及40%。已有良好的證據顯示肺炎鏈雙球菌疫苗接種可以減少肺炎球菌疾病及其併發症（如菌血症與腦膜炎）的發生率與死亡率，有菌血症者比沒有菌血症者的成效更好。研究也顯示老年人接種疫苗具有其社會的經濟效益。不良影響包括約三分之一接種者會有注射部位局部紅腫痛之反應，但全身性反應如發燒及肌肉酸痛則很少見。

3.臨床建議與考量：建議所有老年人應接受一劑肺炎鏈雙球菌疫苗接種；但如在65歲之前曾施打疫苗者，至少5年後再施打一劑。此外下列老年人至少5年後應再接受一劑疫苗接種：慢性腎臟衰竭、腎病症候群、免疫不全者如白血病、淋巴瘤、全身性惡性腫瘤、器官或骨髓移植、多發性骨髓瘤、接受化學治療或長期高劑量類固醇使用。

(三) 帶狀疱疹疫苗接種

1.介入工具：帶狀疱疹疫苗

2.介入好壞影響之考量：人終其一生約有25%的機會會得到帶狀疱疹，老年人是罹患帶狀疱疹之高危險群，而且帶狀疱疹後神經痛之發生率與罹病時間亦隨著年齡的增加而增加。接種一劑帶狀疱疹疫苗可以減少得到帶狀疱疹51%及帶狀疱疹後神經痛67%的機會。雖然該疫苗並非可以100%防止帶狀疱疹的發生，但接種者即使得到帶狀疱疹及帶狀疱疹後神經痛的病況較輕，而且可改善得病後之生活品質。接種之不良影響包括注射部位局部紅、腫、痛、癢及頭痛不常見，而注射部位產生zosteriform皮疹及心臟疾患則很少見。

3.臨床建議與考量：不管之前是否有得過帶狀疱疹或水痘，建議60歲以上老人接受一劑帶狀疱疹疫苗接種；目前對於再次接種的時間並不確定。在下列老年人不宜接種：具活性之肺結核且未接受治療者、免疫不全者如白血病、淋巴瘤、全身性惡性腫瘤、及接受化學治療、放射治療、長期高劑量類固醇使用者。此外對於gelatin、neomycin或其他疫苗成分過敏者也不可以接種。

(四) 追加破傷風／白喉（Td）疫苗接種

1.介入工具：追加破傷風／白喉疫苗

2.介入好壞影響之考量：老年人並不如年輕人比較會接受足夠的破傷風疫苗接種。由於抗毒素在接種後十年達到最低的保護濃度，所以一般建議每十年常規追加接種破傷風／白喉疫苗一劑。常見之不良影響包括注射部位局部紅及壓痛，但會自動改善；至於接種2至8小時後，注射部位發生廣泛性腫痛則很少見，此外臂叢神經炎與Guillian-Barre症候群則非常少見。

3.臨床建議與考量：建議65歲或以上者每10年追加接種破傷風／白喉疫苗一劑；但對於已接種5年以上者，如遇有不乾淨或大的傷口，應再接種一劑。而對於疫苗有嚴重過敏者為接種之禁忌。

(五) 肺結核篩檢

1.篩檢工具：胸部X光、痰液耐酸性染色鏡檢與結核菌素皮膚測驗為肺結核常用的篩檢工具，而分支桿菌培養及鑑定則作為確定診斷之用。

2.篩檢好壞影響之考量：目前以胸部X光作為肺結核篩檢的證據尚不足，在先進國家，一般族群之胸部X光篩檢之肺結核陽性率低。而在醫院胸腔科門診（肯亞）及轉介後送的醫院門診（丹麥）顯示胸部X光篩檢在診斷肺結核的敏感度分別為92%及94.4%，但特異度分別為63%及72.7%，由於特異度並不高，因此胸部X光篩檢之缺點為產生較多的假陽性。痰液耐酸性染色鏡檢最好做三次，其中至少有一次為清晨之痰檢體，但其敏感度不是很高，約50-80%肺結核病人的痰液耐酸性染色鏡檢為陽性。在歐美地區，結核菌素皮膚測驗是肺結核篩檢的主要工具，由於臺灣肺結核盛行率高，並全面施打卡介苗，所以結核菌素皮膚測驗作為肺結核篩檢常有假陽性的現象。結核病可以發生在任何器官或組織，在臺灣比較常見為肺結核、淋巴結核、骨結核及結核性腦膜炎。肺結核之高危險群為感染愛滋病者、與有或懷疑肺結核病人接觸者、高危險群病人之照顧者、來自肺結核高盛行率地區之移民者、醫療照顧較少之低收入者、嗜酒者、注射成癮藥物者、某些慢性內科疾病者、居住於長期照顧機構、犯罪矯治中心與遊民收容所的住民及照顧者。目前國內對於肺結核病人接觸者的篩檢政策為指標個案確診後一個月內，完成接觸者之檢查。目前抗結核藥物的效果很好，因此肺結核篩檢的好處可能是來自於後續的有效治療；胸部X光用於肺結核篩檢的潛在不良影響包括陽性所產生的精神壓力與治療的副作用，然而目前並無胸部X光篩檢與後續過度治療之不良影響的相關研究報告。

　　3.臨床建議與考量：USPSTF建議對無症狀之肺結核高危險群進行結核菌素皮膚測驗篩檢；由於臺灣肺結核盛行率仍比美國為高，因此可以考慮對無症狀高危險群以胸部X光檢查進行篩檢。目前國內對於肺結核病人接觸者的篩檢為與指標個案共同居住者、與指標個案一天內接觸8小時以上之接觸者或累計達40（含）小時以上之接觸者、其他有必要進行接觸者檢查之個案另行專案處理，老人接觸者則進行胸部X光檢查，惟如半年內曾照胸部X光，並能提出診斷正常之證明者，可不必再作第一次檢查（如出現結核病疑似異常症狀，仍須隨時進行檢查），但該次檢查資料應登錄於疾管局之中央傳染病追蹤管理系統。

(六) 肝炎篩檢

　　1.篩檢工具：血液B型肝炎表面抗原／抗體、C型肝炎抗體。

　　2.篩檢好壞影響之考量：B、C型肝炎為臺灣地區常見的肝炎，以抽血檢測血液中B型肝炎表面抗原／抗體、C型肝炎抗體可以用來檢查有無B、C型肝炎，其常用的方法為放射免疫分析法（RIA）與酵素免疫分析法（EIA），B型肝炎病毒DNA及C型肝炎病毒RNA分析並不適合作為篩檢之用。雖有良好的證據顯示以產前B型肝炎表面抗原篩檢可以減少B型肝炎病毒傳染及慢性肝炎的發展，又B型肝炎疫苗接種可以明顯減少B型肝炎感染，但在臺灣B型肝炎有40%～50%是來自母子間的垂直感染；美國的研究顯示B型肝炎其他之危險因子為男性同性戀者、靜脈注射藥癮者及其性伴侶、最近有多重性伴侶者、有其他性傳染病者、經常接觸血液或血液產物之工作者、某些血液成分之接受者（我國捐血中心自1970年開始篩檢B型肝炎）。C型肝炎之高危險群為靜脈注射藥癮者、血液透析、與靜脈注射藥癮者有性行為、某些血液成分之接受者（我國捐血中心自1992年開始篩檢C型肝炎）及男性。雖然臺灣B型肝炎盛行率高達17.3%、C型肝炎盛行率為4.4%，但在考量老年人的平均餘命與引起併發症所需之時間，而且多數的感染者並不會發展成慢性肝炎或肝硬化，加上篩檢陽性的後續相關治療副作用及花費仍大，似乎老年人未必要作常規B、C肝炎篩檢。

　　3.臨床建議與考量：目前國健署只對屆滿45歲者作B、C型肝炎的篩檢，並未包括老年人；在考量B、C型肝炎盛行率、平均餘命、產生併發症時間及後續相關處置好壞處，老年人作常規B、C肝炎篩檢的效用為何尚需未來研究之證實。

(七) 梅毒篩檢

　　1.篩檢工具：先以非螺旋體血清檢查（VDRL或RPR），如為陽性再以螺旋體血清檢查（FTA-ABS, TPHA或TP-PA）確認。

　　2.篩檢好壞影響之考量：非螺旋體血清檢查對第一、二期及潛伏性梅毒的敏感度分別為78-86%、100%及95-98%，特異度從85-99%不等，但在其他疾病如膠原血管病、懷孕、靜脈藥癮、晚期癌症、肺結核、瘧疾及其他病毒或立克次體疾病會使特異度下降造成偽陽性。而螺旋體血清檢查對第一期及其他階段梅毒的敏感度為84及100%，特異度則為96%。梅毒如不適當治療會引起梅毒腫（gumma）、心血管及神經併發症，繼而產生殘障與早亡。梅毒感染之高危險群為男性同性戀有危險性行為、性工作者、以性換取金錢或藥物成癮者、有其他性傳染病者、與活動性梅毒者有性接觸、監獄服刑者。雖然並無直接證據顯示一般族群與高危險群篩檢可以減少罹病率與死亡率，但有足夠的證據顯示上述的篩檢方式可以準確的偵測出梅毒，後續治療也能治癒梅毒。篩檢潛在的不良影響為陽性或假陽性產生的精神壓力與治療的副作用。

　　3.臨床建議與考量：USPSTF建議對無症狀之男女高危險群作梅毒篩檢（A級建議），但對無症狀之非高危險群反對作梅毒篩檢（D級建議）。

(八) 性病預防之行為諮詢介入

1.介入工具：性病預防之行為諮詢介入。

2.介入好壞影響之考量：性病之高危險群為過去一年內有性傳染病與多個性伴侶者。研究顯示對於性病高危險群施予深度（high intensity）之性病預防行為諮詢介入可以減少性病的發生率，但其效果在非性病高危險群的研究則闕如。而也無證據顯示其介入後之不良影響。

3.臨床建議之考量：USPSTF建議對於性病高危險群給予深度（high intensity）之性病預防之行為諮詢介入（B級建議），但對非高危險群作性病預防之行為諮詢介入效果的證據不足（I級建議）。

五、精神／神經與骨骼疾病的疾病預防與健康促進

(一) 憂鬱症篩檢

1.篩檢工具：可用具有信效度的憂鬱篩檢量表，如Zung Self-Assessment Depression Scale、Beck Depression Inventory、General Health Questionnaire [GHQ]、Center for Epidemiologic Study Depression Scale [CES-D]。臨床上可以更簡單的使用DSM-VI 重度憂鬱（major depression）診斷標準中之前兩項來作篩檢，此兩個問題為：(1)過去兩週中幾乎每一天、在一天的大部分時間您都覺得意氣消沉、憂鬱、沒有希望？(2)過去兩週中幾乎每一天、在一天的大部分時間您做事情或和活動的時候都覺得沒有興趣或樂趣？如有發現任何一項回答「是」的話，即應進一步作憂鬱症之確定診斷。

2.篩檢好壞影響之考量：憂鬱症是失能的重要原因之一，影響之大涵蓋個人、家庭及社會層面。目前已有篩檢憂鬱症的良好工具，也有良好的證據顯示憂鬱症的篩檢及其後續的藥物及精神治療可以減少罹病率及改善臨床結果；但如果只有篩檢，而無醫療人員支持之照護，則無法改善其臨床預後。目前並無篩檢憂鬱症所產生不良影響的證據，但應注意在70歲以上老年人使用選擇性血清素回

收抑制劑（*selective serotonin reuptake inhibitors*、*SSRI*）會隨著年齡的增加其上消化道出血之風險也隨之增加。

　　3.臨床建議與考量：USPSTF建議在有醫療人員之支持照護系統下，老年人應作憂鬱症之常規篩檢（B級建議），但如果在無醫療人員支持照護系統之情況下，不對憂鬱症之常規篩檢作出特別建議（C級建議）。

(二) 酒癮篩檢與行為諮詢介入

　　1.篩檢工具：CAGE（feeling the need to Cut down, Annoyed by criticism, Guilty about drinking, and need for an Eye-opener in the morning）問卷為基層醫療最常用的酒癮篩檢量表。中國人酒癮問題自填式篩檢問卷（The Chinese CAGE, C-CAGE）是以國外CAGE篩檢問卷為藍本，依據我國飲酒文化進行完整效度評估發展而成。其問卷內容如下：(1)你曾經不想喝太多，後來卻無法控制而喝過量嗎？(2)有家人或朋友為了你好而勸你少喝嗎？(3)對於你喝酒這件事，你會覺得不好或是感到愧疚（不應該）嗎？(4)你曾經早上一起床尚未進食之前，就要喝一杯才覺得比較舒服穩定？如有任何二題回答「是」的話，就有可能是酒癮，必須進一步評估。

　　2.篩檢好壞影響之考量：目前已有良好的酒癮篩檢工具可以區分出酒癮者有較高罹病率與死亡率的風險，也有良好的證據顯示簡短的行為諮詢介入可以減少酒精的攝取量，並持續6至12個月或更久，甚至在介入4年以後仍有正向的健康結果。目前並無酒癮篩檢所產生不良影響的證據。

　　3.臨床建議與考量：USPSTF建議對成人作酒癮之篩檢與行為諮詢介入（B級建議）

(三) 失智症篩檢

　　1.篩檢工具：簡易智能狀態測驗（Mini-Mental Status Examination、MMSE）、功能性活動量表（Functional Activities Questionnaire、FAQ）。

　　2.篩檢好壞影響之考量：簡易智能狀態測驗（Mini-Mental Status Examination、MMSE）是目前最常被用來作爲認知功能的篩檢，但其結果判定上要作年齡及教育的調整，而功能性活動量表（Functional Activities Questionnaire、FAQ）可能比MMSE爲佳，主要是其不受年齡及教育影響，又其敏感度及特異度均達90%，陰性預測值爲99%，僅陽性預測值只有50%，故FAQ是否可以作爲老年人失智症篩檢，仍需進一步的證據。臨床上，可經由直接對病人的臨床觀察，或由病人或家屬／照顧者的報告而懷疑有認知功能障礙者，應對其作認知功能的篩檢；然而會影響認知功能的因素不單是失智症，尚須其他資料來判斷是否和失智症有關。目前並無直接的證據顯示篩檢的有效性，有效的間接證據可能爲篩檢後續的治療效果。篩檢潛在的不良影響爲僞陽性的精神壓力與不需要的後續檢查與治療，然而失智症篩檢後續相關治療與不良影響的證據尚不清楚。

　　3.臨床建議與考量：雖然目前尚無足夠的證據支持無症狀老年人作失智症的常規篩檢（USPSTF、I級建議），但當病人懷疑有認知功能異常時，仍應需依臨床狀況作認知評估及進一步診斷。

(四) 骨質疏鬆篩檢

　　1.篩檢工具：雙能量X光吸收儀（dual energy x-ray absorptiometry、DXA）。

　　2.篩檢好壞影響之考量：大約有一半的停經婦女終其一生會有一次骨質疏鬆相關之骨折，25%會產生脊椎骨變形、15%會有髖關節骨折。骨質疏鬆相關之骨折，有可能會髖關節骨折與慢性疼痛、行動失能、無法獨立、降低生活品質及增加死亡率。骨質密度篩檢之標準工具爲雙能量X光吸收儀；而國內常以定量超音波儀（quantitative ultrasonography, QUS）作爲骨質疏鬆的篩檢工具，其效果仍有待進一步證實。由於老年脊椎骨骨質測定容易受到骨關節炎之骨頭硬化現象（sclerotic change）而造成骨質密度測定有偏高的現象；而股骨頸骨質密度測定最能預測股骨骨折的危險性，因此對老年女性建議作股骨頸骨質密度的常規篩檢。有良好的證據顯示，對於沒有骨質疏鬆相關骨折病史之停經後婦女，可以以藥物治療減少骨折發生的風險，然而在沒有骨質疏鬆相關骨折病史之男性的證據不足。篩檢出有骨質疏鬆之壞處爲後續藥物治療的副作用，然而證據顯示，相對於篩檢及後續治療好處，其壞處不大。

　　3. 臨床建議與考量：

　　(1) USPSTF建議對老年女性作骨質疏鬆篩檢（B級建議）。

　　(2) USPSTF認爲對於老年男性作骨質疏鬆篩檢的證據不足（I級建議）。

(五) 跌倒預防介入

　　1. 介入工具：運動／體能訓練、維生素D補充、多因子評估與介入。

　　2. 篩檢好壞影響之考量：約有30-40%之老年人在一年內跌倒至少一次，跌倒是老年人致命及非致命傷害的主要原因。跌倒的危險因子包括：(1)藥物，例如精神疾病用藥；(2)跌倒病史；(3)平衡或步態功能變差。在19個多因子評估介入研究之統合分析顯示其預防跌倒的效果並未達統計學上明顯差異（risk ratio: 0.94、95% CI: 0.87 to 1.02）；另6個完整評估介入研究之統合分析結果仍顯示其效果仍未達統計學上明顯差異（risk ratio: 0.89、95% CI: 0.76 to 1.03），此可能與各研究間之異質性太高有關（$I^2 = 73.1\%$）。至於介入的不良影響，如骨骼肌肉症狀或非緊急醫療處置並不明顯。運動／體能訓練包括步態、平衡、功能、肌力及／或一般運動訓練。在18個運動／體能訓練介入研究中，其訓練時間爲6週至26週（中位數12.5週），總訓練時數爲兩小時至243小時（中位數28小時），其統合分析結果顯示運動／體能訓練介入在實驗組比對照組減少13%的跌倒。至於運動／體能訓練介入的不良影響如不正常心律、住院或危及生命並不明顯，在兩組間也無統計差異。另在9個維生素D介入的統合分析顯示每天補充維生素D10 IU - 1000 IU（中位數 800 IU）8週到3年（中位數12個月）可以減少17%的跌倒；至於其不良影響如無症狀性之高血鈣或住院事件並不明顯。在三篇居家危險評估與修正的介入研究中，雖然只有一篇研究有明顯減少跌倒之效果，但其減少比從7.0% 到41%不等。至於視力矯正（四篇研究）與藥物調整（一篇研究）對於跌倒減少的效果並不顯著，然而其文獻數少，仍有待更多的研究。

　　3. 臨床建議與考量：USPSTF建議對跌倒高危險群老人給予每週150分鐘中

等強度75分鐘劇烈強度體能活動及每週2次肌力訓練並加上維生素D補充以預防跌倒（B級建議）；但對於多因子評估與介入跌倒之預防，則視個別狀況而定（C級建議）。

六、其他疾病的疾病預防與健康促進

(一) 聽力障礙篩檢

1.篩檢工具：純音聽力測驗（pure tone audiometry）、直接詢問老年人是否有聽力障礙。

2.篩檢之好壞影響：雖然純音聽力測驗對於感覺神經性聽力障礙之檢查具92%的敏感度及94%的特異度，然而老人聽力障礙的比例高，所以老人的聽力障礙也可以從問卷、病史、理學檢查，如音叉及其他簡單的方法來偵測；例如語音試驗（whispered voice test）的敏感度及特異度為70-100%、問卷評估的正確率為70-80%。目前尚無足夠的證據支持以純音聽力測驗作為老年人的常規聽力篩檢，醫師可以直接詢問老年人是否有聽力障礙是簡單可行的篩檢方法。65歲以上老年聽力障礙的比例高達33%，85歲以上老年高達50%，聽力障礙會影響其身心情緒及社交功能。已有研究顯示老人使用助聽器讓聽力改善後，社交、認知、情緒及溝通功能也隨之改善，然而並無聽力篩檢後的罹病率、死亡率及經濟效益的研究報告，而且篩檢潛在性的不良影響為精神壓力、後續檢查及助聽器之花費及配帶順從性（compliance）不高，研究顯示助聽器配帶的順從性為40-60%。

3.臨床建議與考量：USPSTF認為對於老年人接受聽力篩檢的證據不足（I級建議）。

(二) 視力障礙篩檢

1.篩檢工具：Snellen視力表。

2.篩檢之好壞影響：視力障礙是老人常見的問題之一，常見的原因為老花眼、白內障、黃斑部退化及青光眼，而高達25%的老人戴著不適合的眼鏡或矯正用具。Snellen視力表最常被推薦作為老年人視力的篩檢工具，以問卷方式作為老人視力篩檢之敏感度與特異度並不如Snellen視力表，然而已有證據顯示視力篩檢並無法早期正確反映出老年性黃斑部病變（age-related macular degeneration, AMD），而且證據也顯示以視力篩檢來正確找出有無白內障的效果不佳。此外視力障礙篩檢之後的早期治療可以改善身體活動功能的證據不足；即使改善屈光不正（refractive error）可以幫助視力，但可以改善身體活動功能的證據依然不足。潛在視力篩檢的不良影響包括篩檢後續的精神壓力與治療的副作用，然而目前並有關老人此一方面的直接證據。

3.臨床建議與考量：USPSTF認為尚無足夠的證據支持對老年人作視力障礙之常規篩檢（I級建議）。

(三) 青光眼篩檢

1.篩檢工具：眼壓計、視野測量。

2.篩檢之好壞影響：原發性開角型青光眼（primary open-angle glaucoma）之診斷主要為視神經盤退化及視野缺損。雖然眼壓升高為青光眼的特點之一，但有25～50%的原發性開角型青光眼病人的眼壓並無升高，因此以眼壓計來篩檢原發性開角型青光眼的價值並不是很高，其敏感度及特異度分別為47及92%。而就視野測量的工具而言，其可信度不高，加上目前對視野缺陷惡化的標準定義闕如，約有一半的原發性開角型青光眼病患並不知道自己罹患該疾病。眼壓高、視野差及年齡大者的青光眼惡化較快，但有些原發性開角型青光眼並無明顯惡化或變化很慢，因此青光眼的疾病自然史呈現相當不一致的現象，使得視野缺陷惡化的標準不易制定。雖然有良好的證據顯示成人的眼壓篩檢可以早期偵測眼壓升高及原發性開角型青光眼，又原發性開角型青光眼的早期治療可以減少視野缺損的惡化，但是不少原發性開角型青光眼病人的眼壓並無升高，而且對於視力相關功能的改善尚無法確定。篩檢潛在性的不良影響為眼壓測量儀器及局部麻醉劑對眼睛的刺激、角膜擦傷、感染，精神壓力與標籤化，藥物治療及開刀對於嚴重身體傷害的發生率、住院次數及死亡數雖然沒有明顯增加，但長期的影響則未知。

3.臨床建議與考量：USPSTF認為尚無足夠的證據支持無症狀者青光眼的常規篩檢（I級建議）。

(四) 慢性腎臟病篩檢

1.篩檢工具：血中肌酸酐所估計腎小球過濾率（estimated glomerular filtration rate, eGFR）、尿液常規／試紙檢查及微白蛋白尿檢查。

2.篩檢之好壞影響：以血中肌酸酐作為慢性腎臟病篩檢的敏感度不到一半，因此不建議作為篩檢工具。近年來MDRD及CG公式導出的eGFR就被用來作為慢性腎臟病的篩檢工具，然而在中國人的研究顯示，GFR正常者卻有高估的MDRD eGFR，而CG之eGFR在腎功能異常者則有高估的現象。由於第一、二期慢性腎臟病者變為末期腎臟病及發生心血管疾病的危險性與第三期慢性腎臟病者相當，但從eGFR不易對早期慢性腎臟病者與正常者作區分。美國國家腎臟基金會（National Kidney Foundation, NKF）建議為以血中肌酸酐為基礎的eGFR及單一次的蛋白尿檢查來作慢性腎臟病篩檢，然而一般大量篩檢的證據仍然不足。尿液常規或試紙檢查費用低，檢查結果為蛋白尿陽性時表示尿液的白蛋白量至少大於300毫克，但是無法偵測慢性腎臟病早期的微白蛋白尿。以尿液試紙檢查為例，其在偵測蛋白尿的特異性為97-100%，但其敏感度只有32-46%。而微白蛋白尿檢查雖可以偵測出30毫克以上的白蛋白尿，但其費用較貴。由於慢性腎臟病的早期症狀不易被察覺，因此常被忽略。在臺灣慢性腎臟病（第三期至第五期）的盛行率為6.9%，而第三、四、五期慢性腎臟病患者知道自己有慢性腎臟病者分別為8.0%、25.0%及71.4%，且在血中肌酸酐濃度達1.6mg/dl以上者被告知有腎臟病的比例才有增加的趨勢。慢性腎臟病篩檢好處為來自於後續相關蛋白尿治療的好處，這些間接證據大多來自於糖尿病族群，而在非糖尿病族群的研究較少。在美國一成人蛋白尿篩檢的成本效益分析研究顯示，在60歲以上或有高血壓者作年度蛋白尿篩檢合併後續治療對慢性腎臟病惡化及死亡率的減少有其經濟效益；在澳洲的研究顯示55歲以上之非糖尿病族群的蛋白尿篩檢與後續治療對預防末期腎病有其經濟效益。以eGFR來篩檢慢性腎臟病，在挪威的研究也顯示年齡55歲以上、或有糖尿病高血壓者應作慢性腎臟病篩檢。篩檢的潛在性不良影響為後續的精神壓力、標籤化、檢查及治療對於身體的傷害及花費。

3.臨床建議與考量：USPSTF認為尚無足夠的證據支持對老年人作慢性腎臟病篩檢，但臺灣洗腎盛行率高居世界第一，而且由國外的經濟效益研究顯示老年人可考慮作慢性腎臟病篩檢。篩檢工具為血中肌酸酐為基礎的eGFR合併尿液蛋白／試紙檢查，如果eGFR及尿液蛋白／試紙檢查正常，考慮進一步作微白蛋白尿檢查。

(五) 慢性阻塞性肺病篩檢

1.篩檢工具：肺量計（spirometry）試驗

2.篩檢之好壞影響：研究顯示以肺量計試驗作篩檢，雖可篩檢出重度的慢性阻塞性肺病，但其比例不高，占全部受檢者的一成不到。慢性阻塞性肺病之診斷係以客觀上的氣流阻塞為基準，即FEV1/FVC 比值<70%或其給藥後氣流恢復的比例<12%，其可能伴隨有與相關危險因子（如吸菸）及症狀，如長期咳痰、喘鳴及呼吸困難。肺量計試驗在70歲以上的老人仍有少許機會造成假陽性的慢性阻塞性肺病。由於肺量計試驗被用來確定診斷慢性阻塞性肺病，並無可以比較的黃金標準，此外，目前也無針對兩次以上的肺量計試驗結果作其測量差異是否超過診斷標準5%以上的相關研究報告。目前並無研究針對有無執行肺量計試驗對於無症狀慢性阻塞性肺病預防的隨機控制試驗，然而，已有研究顯示戒菸及每年流感疫苗接種對所有慢性阻塞性肺病者（包括輕至中度者）皆有其好處，另外，在相關藥物治療對有症狀之慢性阻塞性肺病者、40歲以上者及重度慢性阻塞性肺病者等族群可以減少其症狀惡化，但無法減少住院及死亡率，因此慢性阻塞性肺病篩檢的好處可能來自於後續藥物治療、疫苗接種、肺部復健及氧氣治療等。然而目前並沒有無症狀慢性阻塞性肺病者之篩檢及其後續治療好處的相關研究，而且無症狀慢性阻塞性肺病者的篩檢好處可能不會比有症狀者來得高。據估

計要篩檢數百至數千位成人才能減緩一個慢性阻塞性肺病的惡化，例如在70～74歲年齡層，要防止一個慢性阻塞性肺病的惡化，需要篩檢400位；而在40～49歲年齡層，則要篩檢2,500位，因此其篩檢的好處並不大。雖然肺量計試驗本身無明顯不良影響，但目前仍無篩檢後續不良影響的報告，這些影響包括精神壓力、治療副作用及相關的花費。

　　3.臨床建議與考量：USPSTF反對以肺量計試驗對無症狀成人作慢性阻塞性肺病常規篩檢（D級建議）。

(六) 無症狀消化性潰瘍篩檢

　　1.篩檢工具：內視鏡、上消化道X光攝影。

　　2.篩檢之好壞影響：上消化道X光攝影對於消化性潰瘍診斷的特異度為91%，但敏感度只有54%；內視鏡的敏感度為91%，特異度為100%，但目前並無以內視鏡與上消化道X光攝影可以作為無症狀消化性潰瘍篩檢的證據。無症狀消化性潰瘍在臨床上常不被注意，主要出現在老年人及非類固醇類消炎止痛藥（NSAID）的使用者。國人的健康檢查資料顯示身體質量指數、習慣性喝茶、潰瘍小於一公分及在癒合階段的潰瘍，為無症狀消化性潰瘍的相關因子。一般臨床研究有關消化性潰瘍的盛行率約為5%-10%，而屍體解剖的研究顯示男性消化性潰瘍的盛行率為20%、女性15%，因此可推論無症狀消化性潰瘍約為5%-10%。國人的健康檢查資料顯示消化性潰瘍的比例為10.9%，其中高達七成為無症狀消化性潰瘍。無症狀消化性潰瘍發生出血、穿孔及相關併發症仍有高的罹病率與死亡率，尤其是老年人及NSAID使用者；即使發生潰瘍併發症之前也未必有消化不良（dyspepsia）的症狀，例如39%消化性潰瘍穿孔患者平常並無消化不良的症狀。文獻顯示消化不良患者合併有幽門螺旋桿菌感染或使用NSAID做內視鏡檢查的成效較高；然而，對於無症狀者合併有幽門螺旋桿菌感染或使用NSAID是否應做內視鏡篩檢尚無證據支持。社區幽門螺旋桿菌篩檢的追蹤研究顯示，幽門螺旋桿菌篩檢及後續治療對於消化不良相關的健康層面有其經濟效益；一篇以結合醫療、流行病學、統計及管理資料所作的國家型模擬（simulation）研究顯示，幽門螺旋桿菌篩檢及後續檢查治療可以減少消化性潰瘍及胃癌的發生，並具有其經濟效益。然而國內成人幽門螺旋桿菌感染的比例高達55%，而且有無症狀之消化性潰瘍成人患者兩組間的幽門螺旋桿菌感染比例高，分別為78.8%及78.0%，顯示幽門螺旋桿菌感染並非無症狀消化性潰瘍的特點，因此對於無症狀者先以幽門螺旋桿菌作篩檢，再進行後續胃鏡診斷確認之作法，仍有待進一步研究。幽門螺旋桿菌篩檢的潛在不良影響為精神壓力，後續藥物治療副作用之影響可能不大，但是後續胃鏡檢查屬侵入性，對於非高危險族群的陽性預測值可能不高，在高危險族群之後續胃鏡檢查的陽性預測值可能較高，但目前仍無直接的證據支持。

3.臨床建議與考量：目前USPSTF並無針對無痛性消化性潰瘍篩檢作探討，雖有證據顯示幽門螺旋桿菌篩檢及後續治療對於消化性潰瘍有其經濟效益，但仍需更多的直接證據支持。

第三節　結論

　　疾病預防與健康促進是臨床預防性健康照護的二大目標。篩檢是疾病預防重要的方法之一，老年人疾病篩檢的定義與一般族群並無太大差異，但仍以無症狀老年人平均餘命多於5年，其相關疾病的篩檢才有意義。篩檢與診斷的意義並不一樣，篩檢是指利用檢驗、測驗或其他方法，從無症狀者區分出可能有病與沒病者或找出罹患該疾病機率的大小；而診斷指已有症狀者或已經篩檢出陽性者作更進一步的診斷。至於老年人健康促進則與一般人並無二致，也就是讓個人及社會能夠增強對健康決定因素的控制，使健康更加完善。再一次強調的是本文所敘述的疾病預防與健康促進內容係以看似健康的無症狀老年人為主，有些是某些疾病的高危險群或特殊族群之老年人，因篇幅有限，不在本文的範圍之內。雖然國外已有老年人預防性健康照護的相關指引，但因國內外人種、疾病型態、文化、環境與保險制度上不同，最好以實證醫學為基礎，考量本土國外差異與實際臨床需要，達到國內老年人疾病預防與健康促進之需要。

參考書目

一、英文部分

Alphonso Brown, Nicholas J Shaheen (2004). "Screening for upper gastrointestinal tract malignancies." Seminars in Oncology 31:487-497.

Catherine Nicastri, Suzanne Fields, Steven R. Gambert (2004). "Health Promotion/Disease Prevention in Older Adults - An Evidence-Based Update. Part I: Introduction and Screening." Clinical Geriatrics 12:17-25.

Graham A Colditz, Kathleen Y Wolin, Sarah Gehlert (2012). "Applying What We Know to Accelerate Cancer Prevention." Science Translational Medicine 4:127rv4.

J A Muir Gray (2004). "New concepts in screening." British Journal of General Practice 54:292-298.

Jennifer L Junnila,. Guy P Runkle (2006). "Coronary artery disease screening, treatment, and follow-up." Primary Care; Clinics in Office Practice 33:863-885.

Katharina Lis, et al., (2008). "Evidence-Based Guidelines on Health Promotion for Older People." Austrian Red Cross, Vienna.

Li Shan, et al., (2010). "Diagnostic value of Epstein-Barr virus capsid antigen-IgA in nasopharyngeal carcinoma: a meta-analysis." Chinese Medical Journal 123:1201-1205.

Mazen S Bader (2007). "Immunization for the Elderly" American Journal of the Medical Science 334:481-486.

Omar Kujan, et al., (2005). "Evaluation of screening strategies for improving oral cancer mortality: a Cochrane systematic review." Journal of Dental Education 69:255-265.

Paul Y Takahashi, et al., (2004). "Preventive health care in the elderly population: a guide for practicing physicians." Mayo Clinic Proceedings 79:416-427.

Rich JS, Sox HC (2000). "Screening in the elderly: Principles and practice." Hospital Practice 35:45-56.

Sherri Sheinfeld Gorin, et al., (2006). "Decision making in cancer primary prevention and chemoprevention." Annals of Behavioral Medicine 32:179-187.

U.S. Preventive Services Task Force: Recommendations for Primary Care Practice, Data Access, http://www.uspreventiveservicestaskforce.org/page/Name/recommendations / (Date visited: April, 2015).

Walter LC, Covinsky KE (2001). "Cancer screening in elderly patients: A framework for individualized decision making." JAMA 285:2750-2756.

Wilcox S, King AC (2003). "Health Behaviors and Adherence." Pp 265-283 in Principles of Geriatric Medicine and Gerontology 5th eds, edited by Hazzard WR, Blass JP, Halter JB, Ouslander JG, Tinetti ME. New York: McGraw-Hill.

二、中文部分

吳晉祥（2007）〈老年人的預防性健康照護―從指引到臨床實務〉《臺灣老年醫學雜誌》
　　2(3)：145-163。

吳晉祥、張智仁（2008）〈第二篇　篩檢　第7章　常見代謝、內分泌疾病與傳染病篩檢〉《預
　　防醫學》第一版。臺北：臺灣家庭醫學醫學會。

吳晉祥、張智仁（2008）〈第二篇　篩檢　第8章　其他相關健康議題篩檢〉，《預防醫學》第
　　一版。臺北：臺灣家庭醫學醫學會。

吳晉祥（2009）〈第7章　週期性預防篩檢〉《老人預防保健與健康促進》第一版。臺北：臺灣
　　老年學暨老年醫學會。

行政院衛生署疾病管制局，2012，結核病接觸者檢查。http://www.cdc.gov.tw/professional/dis-
　　easeinfo.aspx?treeid=beac9c103df952c4&nowtreeid=6b7f57aafde15f54&tid=BAB48CF8772C
　　3B05，取用日期：2012年3月31日。

行政院衛生署國民健康局，2012，癌症防治。http://www.bhp.doh.gov.tw/BHPnet/Portal/Them.
　　aspx?No=200712250030，取用日期：2012年3月31日。

行政院衛生署統計室，2015，102年度死因統計。http://www.mohw.gov.tw/cht/DOS/statistic.
　　aspx?f_list_no=312&fod_list_no=5012，取用日期：2015年4月5日。

第六章　老年人的心理

/盧豐華、范聖育

第一節　前言：心理問題的重要性

　　隨著醫藥發達及社會經濟發展，人類壽命已逐年增加，再加上少子化影響，世界各國老年人口的比率逐年增加。臺灣地區因為有1949年隨政府遷臺的軍人、戰後嬰兒潮及全世界最低的生育率，導致人口的老化速度成為世界最快的國家之一，老年人口比例至2014年已達12%（內政統計年報），且預估到2050年將更高達30%，僅次於日本成為世界第二位（更詳細的老年人口變化及原因，請參閱本書第九章老年人口主題）。因為老年人口比率的不斷增加，在完整照顧老年人的理想及理念上，我們對所服務的老年人需有全面性了解，包括他們的生理、心理、社會及功能等健康定義所提到的內涵，都需有更為深入的關心。

　　在1948年4月7日發表的世界衛生組織《組織法》序言，認為健康的定義為「健康不僅是沒有疾病或虛弱，而是一種生理、心理與社會之完全健康狀態」（Health is a state of complete physical, mental and social well-being and not merely the absence of disease or infirmity.）（WHO, 1948）。也就是說，健康的內涵包括生理、心理及社會的安適狀態。許多的研究結果證實生理狀況與心理及社會狀況會相互影響。以生理變化會影響心理及社會為例，體力的衰退與身體外貌的改變，會影響老年人的自我概念。另外一方面，自我概念與老年人所關心的議題及健康行為有相關，如擁有正向自我概念的長者，會比較願意從事健康行為（Lucas, Orshan, and Cook, 2000）。由此可知，心理與生理的彼此影響是雙向的交互影響，健康狀態會影響心理健康，心理問題也會影響個體的健康行為，或是接受某種治療的意願或遵醫囑性，進而影響治療的效果，最後又回過頭來影響心理狀態，造成不斷惡性或良性循環的現象。

　　老年心理學想要了解隨著年齡增加，個體的心理活動變化與發展規律，譬如個體面對老化與生理衰退的心理反應、老化對心理狀態的影響，及心理狀態對於老化適應的影響（Schaie and Willis, 2010）。本章的目的，主要在使讀者了解基本的老年人心理變化及應如何的應用到老年人的照護上，將探討個體在面對老化的心理發展與變化、面對老年期重大生活事件的心理變化,包括退休、罹患慢性病或重大疾病、以及死亡。另也探討老年因上述問題而有心理適應不良時,所導致的老年期常見精神疾患,最後探討如何藉由管理心理健康,達到健康老化的目標。

第二節　老年的心理發展與變化

　　人們隨著年齡的增加，在不同年齡階段會面臨不同的生活發展課題之挑戰與經驗累積，也就會有各種不同的心理變化。最著名的是艾瑞克森（Eric H. Erickson）的心理社會發展理論（Erikson, 1982）。Erikson將人生視為不斷變化的人格發展過程，他強調生理、心理及社會三個向度的發展統合並以正面的觀點看待人的發展，以了解個體如何在社會與文化互動中發展出自我。他將人生分為嬰兒期、幼兒期、學齡前兒童期、學齡兒童期、青少年時期、成年早期、成年中期以及成年晚期等共八個階段。每一階段都有需要發展的重要課題，且每一課題的因應過程就像是面對挑戰，面對挑戰的結果還會有新行為發生，再導致新的事件或新的適應問題發生。若前一階段的發展課題因應不佳時，就會顯著的影響到下一階段的發展。

　　譬如青春期的發展課題：建立自我認同。青少年會去找尋自己對自己的看法，進而澄清生命的目標與意義，並嘗試回答「我是誰」與「我想要怎樣」。這樣自我認同的追尋並不只局限於青春期，可能是一個人終其一生都在努力的過程。在成年前期要面對的課題是親密關係的建立，若無法順利達成，則會讓自己陷入孤立中。在成年中期面對的課題是生產與停滯的掙扎，個人在此階段若能努力工作積極發展，不僅能關心自己事業的成功，也會關心下一代與社會上的其他人。若無法有生產性的表現，則會導致心理發展的停滯與心情的困頓感。

　　若成年晚期之前的任一階段沒有正常發展，就可能會因前一個階段的適應不佳而影響到下一個階段的發展，最後影響到成年晚期的課題發展，進而造成老年階段的心理及社會方面的適應問題，故人生最後一個階段就是彙整統合期。也就是到了成年晚期，人們會回顧自己的一生，到底已做了哪些事、自己是怎樣的一個人、自己的人生是不是過得有意義。面對著統整或是絕望的發展課題，若滿意於自己一輩子的付出與成就，就會有一種平衡、圓滿和完整感。反之，若未能滿意於自己一輩子的付出與成就，且又需面對著身體健康的老化、疾病的侵襲與人生所剩時間有限的壓力，就會陷入一種絕望的感受中。覺得自己年輕時應完成的事情卻未能完成是浪費人生，現在想改變但身體健康條件已衰退且可再努力的時間已不多，已無法再做什麼，故會產生哀傷、無望及懊悔的感覺。但有評論者認為老年人並不是單純的統整前面七個階段的發展課題，因為在老年期仍可以有繼續學習及持續成長的機會，還能從統整中尋得此生的意義與靈性的成長。

除了從年齡階段與發展課題來區分心理發展外，Baltes與Baltes（1990）則是從適應功能方面來探討老化的發展。面對老化，人們間會有許多的個別差異，也會有潛能可繼續學習與發展。老年人可以透過選擇（selection）、最適化（optimization）以及補償（compensation），去適應身體的老化及環境的改變。例如老年人面對不同的工作要求時，可選擇與過去專長一致且需要經驗的工作，但在速度反應與體力的負荷不要特別高的工作，且可搭配現代科技產品或是輔助器材的使用，來彌補體力、能力或環境上不足的部分。故可藉由選擇、最適化以及補償的過程，來面對生活的挑戰並提升適應的結果。

第三節　面對身體老化的心理變化

　　隨年齡的增加，首先要面對的就是身體的老化，這是老年階段的重要事件。人自生下以後就開始老化，剛開始時較不明顯，到50歲之後就會愈來愈明顯，雖然有些方法如有恆運動、健康飲食、放鬆心情及規律生活等，可以減緩老化的速度，但最後還是會老化，也就是說老化是無可避免的，只是每個人的老化速度會有快或慢的差別，這是每位老年人所需面對的事實。但未必每位老年人都能坦然面對不可避免的身體老化現象，若未能接受身體老化的事實，就會依不同器官老化所造成的身體症狀，進而擔心身體是否有該器官的相關疾病，最後導致心理壓力而產生心理問題。詳細的身體器官老化請參見第四章內容，以下僅簡述身體老化最常見的問題及所造成的心理變化。

一、腦部老化

　　老化使得大腦神經元數目逐漸減少並有腦部血流量降低的現象，導致老年人發生記憶力減退，譬如知道某位以前很熟悉的人，卻一時講不出他／她的姓名而僅以尷尬的笑容來應對；或講話講到後來卻忘記自己先前所講的主題為何，雖然有時再回想一下，就可能可以想起來而回到主題；但有時就會想不起來，而講到其他與原主題無關的事情，讓對話者覺得莫名其妙；或開了冰箱門後卻想不起來原本是想要拿什麼物品而發生白走幾趟的困擾。更為嚴重時，會有外出卻不知道如何回家的問題發生。以上的記憶力減退現象，會造成老年人擔心有失智症而求醫、怕講不出朋友的名字而不敢去參加社交活動，或對自己說話的能力失去信心而減少講話的機會，進而導致焦慮或憂鬱的心理問題。

二、眼睛老化

　　水晶體老化會產生白化混濁且發生硬化，導致光線無法穿透水晶體到視網膜成像，且使水晶體無法隨著看近或看遠來調節厚薄，使得老年人近距離閱讀書報雜誌時，所看到的字體會因投影到視網膜後方而看不清楚，故閱讀時需手伸直以拉長距離才看得到，這就是所謂的老花眼。也因此會擔心失明的問題及影響觀看電視和閱讀報章雜誌的習慣，導致限制了知識的獲取、減少了生活的樂趣，進而影響自我的學習與成長，或怕與人社交談話找不到話題的壓力而不願意或不敢出門等。

三、聽力老化

　　隨年齡增加，高頻音域的聽力會先衰退，導致發生兩側漸進且對稱的聽力障礙，即為所謂的老年性聽損。因此會有電視開太大聲或講話太大聲，造成同住家人提出聲音過大或太吵的抱怨，而影響家人間的情感或生活氣氛；也可能會因聽不清楚或聽不到親友所講的話，而擔心別人是否講了自己的壞話，或因此不想出外與人交往，進而影響心理的健康及社交頻繁度。

四、嗅覺及味覺老化

　　老年人鼻子聞食物香味及舌頭感受食物美味的敏感度降低，造成無法感受到吃美味食物之快樂，且吃東西的口味要求較家人為重，故較常抱怨配偶或媳婦煮菜過於清淡不合胃口，而造成與家人間關係的緊張或失和。

五、口腔及牙齒老化

　　造成蛀牙及牙齦鬆動，導致發生牙齒掉落的缺牙問題，因此無法咬碎蔬菜而導致不喜歡吃或無法吃蔬菜的問題，隨之也就出現便祕的生理與心理困擾及擔心大腸癌的心理壓力問題；也可能會因缺牙而有照相不好看的壓力，而不想單獨或與他人合照的現象。

六、心臟血管系統功能退化

　　使老年人運動或體適能的耐力降低，故無法做較為粗重的日常生活活動、工作或激烈運動，因此無法幫忙處理家中事情，會覺得自己愈來愈沒有用或使得自己在家中的角色地位降低，造成心情的失落感或無用感。

七、呼吸系統功能退化

　　會造成咳嗽反應的功能降低，使得老年人在感染時有痰不容易咳出，再加上呼吸道黏膜抵抗病菌的能力降低，導致感冒後或生病臥床時，容易繼發肺炎的現象。可能因此擔心受到感染而不想外出，進而影響社交活動的參與而覺孤單。

八、腸胃道功能退化

　　會造成腸蠕動減少而容易發生便祕或腹脹現象，也因此需用力解便，導致痔瘡或疝氣等疾病的發生或解便後肛門出血。可能因此擔心是否罹患大腸癌，而有擔心疾病的焦慮及面對癌症死亡威脅的恐懼。也因擔心食物吃進去會解不出而不敢進食，造成家人準備食物的壓力；或常常跑廁所想解乾淨大便的行為，影響家人使用廁所的方便性，造成家人的抱怨及影響家人關係等；也會因此不喜歡外形造成社會孤立的現象。

九、泌尿道功能退化

會有良性攝護腺肥大或膀胱收縮力降低的問題，導致小便的啟動變慢、解出的小便變細、速度減慢、尿失禁、尿液無法完全排空或夜間頻尿等問題發生。另造成擔心自己解小便過慢，影響他人使用廁所的壓力，或站太久才能解出小便的尷尬而不想外出；或擔心頻尿找不到廁所的不方便，即使子女幫忙出錢也不想或不敢去旅遊；或擔心尿失禁有尿騷味而不願意出門等的心理與社交上問題。

十、肌肉骨骼系統退化

會發生肌肉彈性降低、肌力減弱、關節退化及骨質疏鬆等問題，尤其是女性，易導致關節痠痛、行動不方便、容易跌倒，甚至因此發生骨折或頭部受傷的現象。進而因日常生活活動功能無法獨立或受阻，認為自己樣樣都需要依賴他人，除感覺很不方便且有很沒用的失落感外，也因會影響家人的生活或工作，而產生拖累他人的罪惡感。

十一、免疫系統退化

容易受到各種病原體，包括病毒、黴菌及細菌等的侵害而有感染的發生，故會擔心受到感染而較不敢外出，產生孤立的生活方式；或因感染導致身體不適而覺得活得很痛苦，而有焦慮或憂鬱的發生。

十二、皮膚老化

　　皮膚皮脂腺退化使得油脂分泌減少，導致皮膚較為乾燥，故易有全身皮膚癢的現象，尤其是在冬天；另皮下脂肪層變薄，故手臂容易因輕微擦撞門框或周遭物品而有瘀青情形；也會發生皮膚角質增生、生出贅肉、彈性降低、產生皺紋及頭髮變白且稀疏等外觀上的變化。會因皮膚癢而睡不好覺影響心情及體力、因皮膚皺紋而失去對身體形象的信心，也會因有瘀青不好看不想讓他人看到，而有夏天還穿著長袖衣服的異常現象。

　　大部分的老年人都會經歷上述全身各器官退化所造成的生理上影響，進而影響到社會與心理上的困擾，只是嚴重程度上可能會有很大的個別差異。因為面對生理退化會影響到社會角色的改變，進而會影響到老年人的自我概念與情緒反應。如身體功能或體力大不如前，會造成失落感（sense of loss），覺得自己很多事情不能做、很多東西都無法掌握，導致發生無用感（sense of useless）與無助感（sense of helplessness），故常會抱怨自己老了、沒用了或是沒有辦法。

　　在人際關係上，因生理的限制而減少社交活動，有些老年人會有孤獨感。再加上年輕一輩的離家獨立生活，或是專注工作，白天不在家晚上也很晚才回家，家人的互動不再像以前那般的頻繁。較少與他人互動，也較少與親友往來而發生自我隔離現象，容易導致疏離感（sense of alienation）。另一方面，部分的老年人會因有不安全感而出現過度依賴的情緒反應（feeling of dependency）或行為，顯現出需要兒女多加關心與照顧的徵兆或要求，但過度的依賴又會造成與子女之間的矛盾感及子女的心理壓力；另一方面會因需接受照顧而造成自我價值的低落。如此的掙扎與情緒擺盪，容易使老年人有情緒起伏或是想法反反覆覆更動的情形發生。

　　總之，老年人會因不同嚴重程度之身體老化所造成的日常生活活動功能限制，而發生社交尷尬現象，在適應過程就會產生心理變化。若適應不良，就會有心理障礙問題的發生，輕者減少外出訪友、避免外地旅遊及減少社交活動，進而影響與他人溝通的機會或減少新知的學習，成為整天待在家中的孤獨老人；嚴重者會降低自理日常生活的能力或增加疾病的機會，影響其本人及家人的生活品質，最後發生焦慮或憂鬱而到處求醫。故在照顧或接觸老年人前，需充實自己對老年人身體老化對心理影響的知識，才知道如何指導老年人有心理準備，以適應老化所導致的身體功能問題並隨時調整自己的情緒，是一個值得重視的課題。

第四節　面對退休的心理變化

老年人除了要面對身體的老化外，尚須面對工作上的退休，目前公立機構的退休年齡為65歲，私人機構則為相同或可能更有彈性而有更高的退休年齡。但不管退休年齡的規定如何，只要年齡到達該標準，即使身體狀況及思考判斷能力仍佳，只能依規定退休。因此若依內政部統計處資料，2013年臺灣地區男性平均壽命為76.91歲及女性為83.36歲而言，男女性退休到死亡分別有11.9年及18.4年的時間。由於大部分的人在死亡前兩年易受疾病的困擾，等於男女性退休後分別還有9.9年及16.4年有較為健康的身體狀況，故老年照護專業人員需指導將退休者提早做好十足的準備，以使老年人能充分利用這段寶貴的期間，讓退休生活過得更健康且更快樂，因此專業人員應具備指導即將及已退休者所要面對的課題之知識與技巧。

有關退休適應過程的分期，在不同年代裡，不同學者有多種不同期別的分法，本章主要採用最常被引用之專門研究退休相關議題的世界知名社會學家艾契禮（Robert Atchley）之分期，他將退休前後的適應過程區分為五個階段（Atchley, 1976），雖然現實生活上並非每位退休者都一定會經歷這五階段，且每一階段的持續時間長短也不未必一樣。現將五個階段詳細說明如下：

一、蜜月期（Honeymoon phase）

是指剛退休覺得生活新鮮且心情愉快的期間。

此階段的心理變化其實是從接近退休前半年開始，因每次想到退休後將不需每天準時上班，生活將可以自己調配，可以去做許多以前想做但沒有時間做的事情，譬如可安排到國內外風景區觀光渡假、去拜訪想見但已久未見面的親朋好友、每天多睡一點或睡晚一點、多看一些報紙、雜誌或書籍、去培養興趣、與家人多相處或照顧生病的父母親等許多自己過去一直很想做但卻沒有時間做的任何事情，心情就快樂起來。再加上同事或好友會舉辦退休歡送會，會中向退休者慶賀並講好話誇讚她／他一輩子或多年對工作單位的貢獻，並羨慕他／她將有自由支配的時光，如此退休者會感到非常的光榮且心情會更加愉快，甚至覺得很興奮，這是退休階段中最快樂的時期，把將來的日子想像得非常理想且美好。這階段的持續時間長短會因人而異，若退休前就先做好各項退休後的安排且能依規劃進行退休生活者，這階段的時間會較長；反之，若無規劃，蜜月期就會隨著退休的實際到來很快就結束。

　　若是因為機構或公司的關係，或因家庭或自己的身體狀況，而被迫提前退休時，則會感受到挫折、生氣及擔心未來的生活，甚至覺得辛苦一輩子即將可享福了，竟發生如此不幸的事情，因而有憂鬱的發生，此種被迫退休者就沒有此一美好的蜜月期退休階段。

二、覺醒期（Disenchantment phase）

　　指蜜月期新鮮感過後遭遇到不適應的期間。

　　若無退休規劃，真正退休後發現實際的退休生活並不如退休前所想像的單純美好，因為日常生活中仍是有許多問題必須去適應及處理。況且工作三、四十年期間天天規律起床、上班及下班的充實生活，現在變成整天無事可做且無努力方向，真正感受到自己變成一位沒有工作、沒有職位、權力喪失且收入減少的人的心理變化，發現退休前的美夢已成泡影，也就產生失望的心理變化。

　　因為剛退休沒事做，就會想到舊同事間過去的情誼及懷念過去熟悉的工作情境，故偶爾會回到公司找老同事閒聊，剛開始時同事們看到他／她回到公司探視都很歡迎，會詢問退休的生活如何，但到訪多次後，因同事大家都有事情需處理，沒空接待及陪同聊天，退休者自己也從同事們逐漸冷淡的表情，感受到已打擾到同事上班，再加上生活已無新鮮事可分享，因此後來就很少再回去公司看老同事而關在家中。

　　退休者會經歷此類的過程，主要是因退休前只憑空想像而沒有很具體的退休規劃，因此雖已不需去上班，也無法做到退休前想要做的每一件事情，如出國旅遊、到處訪友、或做過去想做卻沒有時間做的事情。此外，還需有耐心及花時間去適應老化、去維護有慢性疾病的身體、要處理退休後的經濟問題、要學習理財的方法、需適應權力喪失後沒有頭銜的新社交生活、需重新結交不同的朋友、及調整夫妻相處的角色等問題。因此很容易表現出失望、懶散、焦慮、憂鬱、憤世嫉俗或生氣等情緒，而失去以往上班時期的活力與精神，生活變成沒有目標。經過一段時間的上述不舒服經驗後，退休者開始重新思考並認真規劃如何的過新生活，而走入另一退休生活階段，讓生活更有意義。

三、重整期（Reorientation phase）

　　指經過一段情緒低潮後，開始思考退休實際生活的期間。

　　在經歷過退休的實際生活後，開始自我反省目前生活沒有目標及無意義的處境，最後領悟出生活還是要過得有方向，因此開始重新調整自己的心態，以更務實的態度去面對及規劃自己未來的日子，重新評估自己人生所要達到的目標或成就。即將自己由孤獨中跳脫出來，重新規劃自己的生活、開始結交新朋友及參與新的社交活動，如到機關團體當志工、到長青學苑參加學習課程或參加民間的社團活動等，以更為務實和積極的態度重新安排自己的生活作息方式，此時家庭成員與朋友們的幫忙，甚至專業人員的協助扮演著很重要的角色。

四、穩定期（Stability phase）

　　指重新定位自己角色及生活目標後心情較為安定的期間。

　　經由重新定位自己的角色及找到生活的目標，生活逐漸恢復正常作息，同時也培養出自己的興趣或努力去開創第二春，形成穩定的生活模式。將過去工作的重點轉移到一些相對較沒有競爭性的事務，並培養出一種或多種的嗜好或專長。若退休前有很具體的規劃，則有可能直接由蜜月期進入本期，也就可以多爭取到約兩年的美好退休時光，讓退休生活更具意義。

五、終結期（**Termination phase**）

　　指安定生活後開始生病到死亡的期間。

　　經過一般約二至三年的前四個適應階段後，生活逐漸步入穩定，但隨年齡的增加，身體狀況逐漸衰退、甚至發生失能行動不便，最後面臨死亡的威脅，此時退休及相關的生活方式，也就逐漸失去其重要性或意義。若不滿意退休的生活方式但身體狀況仍佳時，退休者會再度投入與其原先工作性質相同或不相同的職場繼續工作，一直到無法工作或生命終結為止。

　　除上述的適應分期外，退休在不同性別的差異亦值得提出討論，尤其是在重視性別平等的現今。由於在傳統家庭中性別不同，在家中扮演的角色不同，性別差異也更會呈現。傳統家庭大都為男主外女主內，男性大都扮演家中主要經濟來源的角色，一生大部分時間是專注在事業上，較少從事家務；女性則扮演家庭管理的角色，即使本身為職業婦女，還是家務的主要負責人。我們目前服務所面對的老年人仍大都屬傳統家庭，故會有退休問題者大都為男性。在先生退休前白天因去上班不在家，太太則整天在家並自行安排生活作息方式，且彼此見面的時間較短；一旦先生退休變成整天在家裡時，太太的角色及安排生活的自主性就都會受到威脅，尤是當先生是擔任主管退休者，不僅對家務毫無經驗，還可能將指揮同事做事的習慣帶回家裡，將太太當作屬下支配使喚，如指揮太太洗衣服、評論到市場買回的菜色、指導如何煮飯菜或垃圾管理等，可能會因習慣不同、看法與做法相異，而發生夫妻的衝突或口角，嚴重時還可能造成晚年分居或離婚。

　　此外，退休伴隨著喪失工作身分、失去固定的經濟收入、增加閒暇時間、顯著的改變一個有秩序的生活結構、自我概念與人際關係及生活意義等，故退休代表著由生產者的角色轉變成受奉養者，變成無職位、地位、權勢且有經濟收入減少或無的現象。因此面對一位終生從事職業工作即將退休的人，如何指導他們提早準備使有具體的退休規劃，讓退休後的生活能很快且有最好的適應，是我們從事老年照護專業人員所要具備的能力，如此才能讓每位退休者有正向的心理去面對及適應各項退休後的失落（朱芬郁，1998）。

第五節　面對疾病與死亡的心理變化

　　人們隨著年齡的增加，沒有罹患任何的疾病幾乎可以說是不太可能，問題只在於得什麼疾病。行政院衛生署1993年到1996年「全國營養調查統計報告」指出，老年人口中有56%至少有一種以上的慢性病。另依據行政院衛生署國民健康局2007年「臺灣中老年身心社會生活狀況長期追蹤調查」指出，有88.7%老人自述曾經被醫師診斷至少有一項慢性病，其中老年男性為85.8%，女性為91.7%（國民健康局，2007）。另面對疾病所需的用藥方面，包括使用醫師開立的處方藥物或是自己購買的藥物等，在不同老年人間的用藥行為亦有很大的差異（邱啓潤、仇方娟，1995）。因為慢性病的長期服藥或是老化所造成的身體症狀，如關節或肌肉的酸痛，在沒有併發症如骨折時，未必會造成生活上明顯的不方便或阻礙，確實成為一種日常瑣事（daily hassle）的騷擾。因此如高血壓或糖尿病等需要長期服藥控制的慢性病，會因大都沒有明顯的不適症狀，再加上需服藥的心理障礙，容易造成老年人服藥的遵醫囑性問題，故醫護人員與家屬需要具有老年人面對疾病，尤其是重大疾病及長期用藥所產生或相關的心理問題之知識。

　　遭受重大疾病所需面對的健康威脅，不僅有功能的衰退，還可能會造成生命的終止。功能衰退會造成老年人在行動能力及自我照顧能力上的障礙，導致必須依賴他人的照顧才能完成日常生活功能。例如中風病人因一側手腳癱瘓導致行動不便甚至臥床，需由他人協助行動與進食。無法獨立自主所造成的失能感、依賴感及失去控制的感受，皆可能影響老年人的情緒反應與疾病因應的行為。

　　至於面對疾病的心理變化，會因疾病的種類、嚴重程度、復發性、合併的疾病、檢查的方式、治療的方式、藥物副作用、看病的醫師及科別、診治的醫療院所層級、個人經濟能力或家屬照顧與關心的支持程度等的不同而有不同的影響，故較單純老化所導致的問題更為複雜，故介入前須仔細評估所有可能的面向。故若疾病較為嚴重時，就更為容易有心理、社會、功能或經濟上的問題，更易導致焦慮及憂鬱的發生，尤其是在家庭內外支持系統不足或具較為負面的事情因應個性時，將更難以適應。

到了生命的終點前，常會罹患生命攸關的重大疾病而有面臨死亡的威脅，故往往會產生面對死亡即將到來的焦慮情緒。雖然每個老年人在理智上，都知道人到最後都會生病、往生及離開這個世界，但真正遇到時，心情上仍會因遭受重大的衝擊而有起伏，除個人的努力適應外，尚需親友及醫療人員的協助，才較容易調適過來，也才能有較為平靜的心情來面對及接受死亡的到來。

臨終病人的心理變化，美國庫伯樂羅絲醫師依據他的研究將之分為五個不同的階段（Kubler-Ross, 1970），現分述如下：

一、否認與隔離（Denial and Isolation）

當人們知道自己得了重大疾病且可能會在短期間內死亡時，最常見的心理反應是：「這不會是真的，不可能是我」。大多數的人在經過否認階段後，接著很快會產生一種隔離的心理，將自己孤立起來以減少與他人的接觸。此一否認與隔離階段的心理變化有少部分的人會一直持續到死亡為止，他們會要求醫師重新檢查或做更進一步的詳細檢查，以確定是否真的是得到被診斷的重大疾病。

二、憤怒（Anger）

在經歷過否認與隔離階段後，生重大疾病者接著會有「會什麼是我要死？為什麼不是別人？」的心理反應發生，此階段時很容易因遇到小事情而表現出暴躁脾氣的行為，而讓照顧之家人、親戚、朋友或醫療人員等須花較多的精神與體力才能應對。

三、討價還價（Bargaining）

在經歷過前兩個階段的過程後，由於病情的表現與身體的變化，讓生重大疾病者知道死亡已是無可避免的事實，便開始呈現討價還價的行為或要求，希望醫師更盡力提供最好的治療，以替他／她爭取更多的一些時間，以便能看到子女結婚、能等到兒孫回國來探視或能完成尚未結束的工作等，或減少他／她的病痛。因此可能會表現出一種積極配合各項醫療措施的行為，或相信神靈與傳統療法等的行為。

四、意志消沉（Sadness）

生重大疾病者經歷了否認及憤怒階段後，發現該些行為並無法改變死亡的命運，且討價還價也無法如願時，心理上就會感受到失落及無助，只好靜靜地等待死亡的一步步逼近。

五、接受（Acceptance）

經過意志消沉後只好認命，接受死亡是每個人都會經歷的事且自己即將面臨死亡的事實，並開始與家屬討論後事的安排。

雖然面對死亡的心理變化分為上述的五個階段，但各階段的發展順序及持續的時間長短會因人而異，譬如五個階段未必要每一個階段都緊接著下一個階段發展，且經歷過某一階段後，有些人還有可能走回前一階段；各階段所經歷的適應時間長短，以沒有明顯病痛或有較好的家屬支持度者適應較佳，可於較短時間就走到最後的接受階段。

第六節　面對重要親友死亡的心理變化

　　老年人除了前一節所談之自己本身會生病，需面對疾病的挑戰或須接受即將死亡的事實外，還會經歷到配偶、家人、親戚或朋友等罹患重大疾病及死亡等的重大生活事件。因為隨著自己的年齡增加至老年階段時，親友們的年齡也是隨之愈來愈大，故老年人不僅遲早都會遇到重要親友死亡的情況，還會隨年齡增加而需要面對多位親友死亡所累積的失落情緒或適應問題，而會有失落與哀傷的心理變化。其中的哀傷，就是個體面對失落事件時的認知、情緒及行為的反應。

　　此外，個體還可能會有「預期性的哀傷」，即失落事件雖然尚未發生，但因已可預見不久即將發生而導致的情緒反應，例如照顧癌症末期的配偶，此時除要面對照顧的重擔與壓力外，心理上還必須面對即將生死分離的哀傷。甚至會隨著病情的變化，心情就在希望與絕望之間交互擺盪，有時會期盼疾病還有治好的機會，有時卻覺得已經沒有任何希望了。也會在探視患有疾病末期的親友或參加親友的喪禮之後，感覺下一位就要輪到自己的低落情緒，而須經過一段時間的調適。

　　哀傷反應是在失落事件發生前就開始慢慢地累積，等到了事件真的發生後就會發生全面性的身體、情緒與行為的哀傷反應。整體而言，失去重要親友後需面臨兩大心理問題，第一就是失去重要親友的哀傷情緒反應；另一是伴隨著重要親友死亡而來的壓力，例如經濟來源的斷絕、家庭安全的威脅、或在家中要扮演新的或更重的角色與責任等的壓力（Stroebe & Schut, 1999）。因此在適應過程會牽涉到：1.焦慮、憂鬱、孤獨或罪惡感的情緒；2.生理上的症狀；3.失眠、認知功能、自我調控或免疫系統等功能的改變；4.適應力的喪失；5.疾病感受性的增加；6.死亡率增加等多重且複雜的健康問題。（Shuchter and Zisook, 1993）

　　在心理變化方面，學者卡文納夫（Kavanaugh, 1974）經探討人們面對重要親人往生的經驗後，提出七個適應階段的研究結論，詳細說明如下：

一、震驚（Shock）

當聽到自己重要親友去世的壞消息時，會因無法接受死亡的事實而不知所措並有反常的行為出現，譬如會哭鬧、摔壞器具，甚至企圖要去自殺等，而讓照顧者或其他家人感受很大的雙重壓力，因為除要自己調適外，還要去安慰該情緒不穩的親人。

二、解組（Disorganization）

等震驚階段過後，可能會變成遇到事情需要做抉擇時，因神志混亂且無法組織思考，而無法做出理性判斷的現象，不知道自己要往東或往西，甚至會被發現有與現實生活脫節的現象，此時需家人協助日常生活，如接電話或準備餐點等事務。前兩個階段相當需要家人或週遭朋友的聆聽、關愛及鼓勵，以使其將情緒表達出來，才能順利度過。

三、反覆無常情緒（Volatile emotion）

接著會有生氣、怨恨、害怕、受創傷、挫折感或無助等情緒，導致哀傷者會做出急躁且匆忙的決定，甚至會產生反抗神、死者或其他親友的憤怒反應或行為改變，亦有部分的人會將悲傷情緒深藏於內心，像是一種無言的抗議。此時哀傷者可能會將自己的感受講給親密的家人、朋友、醫師或葬儀人員聽，故只需傾聽並鼓勵其多講出內心情感就可幫助哀傷者。

四、罪惡感（Guilt）

隨著時間經過，逐漸體會到親友死亡的事實，覺得自己應該在死者生前好好對待他或照顧他，就可避免死亡的發生；或應好好與哀傷者一起做事情；同時也會將過去的事想像成都很美好，但卻對未來的日子看成沒有希望；因此哀傷者會自責或嘗試將功補過，覺得自己應對該親友的死亡負起部分或全部責任。

五、失落與寂寞（Sense of loss and loneliness）

此一階段所經歷的痛苦可說是所有階段中最為深刻的，因每當看到死者生前所用過的物品、照片、進到死者住過的房間、去到與死者共同旅遊過的地方、經過死者死前住過的醫院，或想到死者笑容的情境等等時，會立即感覺到那情境就呈現在眼前，而發生觸景傷情及空虛感，使得情緒發生起伏不定的現象。另當事實已發生，日子還是要過，但哀傷者會感覺自己跟不上生活的腳步；即使想努力去參與社交活動，仍會覺得自己是孤單的，特別是節慶假日、社交場合及聽朋友或家人談論人際關係或重要事情時，都會加重哀傷者的失落感及孤獨感。

六、解脫（Relief）

當哀傷者完全體認親友去世已無法復生的事實後，就會有折磨已經過去的解脫感覺。尤其是長期照護生病的死者後，覺得死亡不僅是死者本身的解脫，也是哀傷者自己身體、精神及經濟等各方面的解脫。

七、重組（Reestablishment）

　　隨時間逐漸地過去就慢慢淡忘及接受親友去世的事實，同時就在親友一段時間的陪伴與鼓勵下，重新編織自己的夢想並規劃新的人生目標。開始與過去的朋友聯繫及結交新朋友，享受到新生活的快樂。不過此階段的發展要配合哀傷者本身的腳步，不能過急，以免影響到重組的生活方式規劃及適應。

　　喪偶對每一位老年人而言，是一項非常重大的打擊，需要經過一段時間的適應，但以上七個階段的發展時間之長短或快慢，會因每個人的條件不同而有所不同，即沒有一定的長短，常見的四個影響因素有性別、死亡事件的特性、與死者的關係及社交的廣度與社會支持的程度等，詳細說明如下：

(一) 在性別比較方面

　　喪偶對男性老年人的影響較爲嚴重，可能的原因包括：1.就生物學觀點而言，女性壽命較長，故老年男性較無成爲鰥夫的心理準備；2.在日常生活的照顧方面，男性較依賴女性；3.大部分老年男性的年齡較其配偶爲大，故一旦喪偶，發生失去依賴的感受就更爲明顯，因此，整體看來老年男性的適應較老年女性爲差。

(二) 在死亡事件的特性方面

　　若親友突然發生死亡時，面對此事的老年人很可能會有措手不及難以適應的問題，故更需有家人的陪伴與支持，甚至需尋求專業的協助與治療。若親友的死亡是在長期生病後發生的，則因該照顧親友的老年人已有較長時間的心理準備，或已疲累於照顧該久病的重要親友，故親友死亡後的適應會較佳，在前兩階段的心理變化會較爲輕度。

(三) 在與死者的關係方面

　　若死者與該老年人的關係非常密切或較被依賴時，尤其是配偶或兒女，會有較為強烈的心理變化階段發生。當遇到兒女死亡之白髮人送黑髮人情境時，則會對該老年人產生較為嚴重的影響，更容易發生憂鬱，進而影響整體的身體健康。

(四) 在社交的廣度及社會支持度方面

若夫妻原來的社交圈較廣時，因親友較多且有來往，故生活接觸面較廣，因此喪偶後會得到較多的社會關懷及支持，而有較佳的社會適應，較容易且快速重建新的社會生活。

此外，哀傷還會造成身體的多重反應，包括身體症狀、心理情緒、行為問題、及人際關係與社交困難（Corr, Nabe, and Corr, 2006）。在親友死亡後初期的頭幾週，在身體上會有麻木感、胸悶、喘不過氣來及空虛感等症狀；在情緒上會出現震驚、減輕、或釋放的感覺；在行為上會有否認、哭泣、迷失方向（Disori-entation）、無精打采（Listlessness）等現象。到適應的後期，在震驚後開始有感覺之階段，在身體上會有胸痛、缺乏活力、頭痛、疲勞、及全身緊繃造成的疼痛等症狀；在情緒上會有生氣、害怕、罪惡感、恐慌、孤獨、及憂鬱等症狀；在行為上則會有驚嚇反應、過度敏感、坐立不安、失眠、及孤立等的情形發生。故面對有重要親友死亡的老年人時，要先由詳細的病情詢問或面談去個別了解，最後再依據所獲得的病史資料，判定該老年人目前已到達的階段及適應的好壞，以便決定接下來該如何的協助。同時在照護過程中，可透過持續對喪偶或喪親者的觀察而提供適當的支持，以協助老年人提早恢復正常的日常生活狀態。

第七節　老年心理相關之常見精神疾病

心理健康指個體能夠彈性調整，以因應現實世界所面對的各種事件或壓力；而精神障礙則指個體在心理因應過程因能力不足或自信心不足，導致的行為適應不良問題。心理與精神疾病不單是心理病理因素所造成；生理因素，如代謝障礙、基因缺陷、及腦部損傷也是病因之一；另社會因素，如隔離、缺乏互動、及重大生活事件之創傷等，也都可能引起精神疾病（Schaie and Willis, 2002）。

老年人面對日常生活重大生活事件，在適應過程所會發生的心理變化結果，主要有兩大類，第一類就是焦慮，大都發生在心理上認為所面對的生活事件之未來，很可能會有不好結果的老年人，雖然該不好的結果尚未眞正發生，甚至只是過度擔心，發生的機會極小或根本就不會發生。第二類就是憂鬱，大都發生在所面對的生活事件已經發生不好結果的老年人。若兩種情況在某一段時間內同時發生時，該老年人就很可能同時會發生焦慮與憂鬱。由於人生不如意的事十之八九，故同一時段同時或前後接連發生造成焦慮與憂鬱的生活事件是很普遍的現象，這也是老年人經常同時有焦慮與憂鬱的原因，因此在了解老年人的心理變化時，特別要留意此一重點，以免只發現老年人有焦慮表現，而忽略同時還患有的重度憂鬱，導致沒有提早預防而發生老年人自殺的最壞情形。

另老年人患有精神疾病時，需要排除是否是由器質性因素所引起，包括失智症及常見的譫妄症（Delirium）等。所謂的譫妄就是一種由器質性因素所造成的急性發作精神疾病，症狀包括精神渙亂、注意力不集中、認知功能障礙、思想行為與知覺改變等。症狀的發生依發作的時間分成有短暫性、波動性以及可逆性等三種（Stewart and Fairweather, 2002）。此外各種生理疾病，包括中風、心臟病、營養不良、腦腫瘤、腦部外傷、感染、甲狀腺功能障礙、或肝臟疾病等，也都可能會造成精神狀態的改變（DeAlberto, McAvay, Seeman, and Berkman, 1997），必要時要轉介到醫療機構就醫。除了譫妄外，下面內容將針對老年常見的精神神經疾病，包括老年焦慮症、老年憂鬱症、及失智症加以說明。

一、老年焦慮症

　　老年人經歷身體老化、退休適應、面臨疾病與死亡及面對親友死亡等重大生活事件的過程中，除了會發生廣泛性焦慮症外，尚有恐懼症、恐慌症、強迫症與創傷後壓力症候群，但在本章只針對較常見的廣泛性焦慮症進行詳細說明。依據社區的盛行率研究顯示，約有5%～10%的老年人符合廣泛性焦慮症的診斷（APA, 2000）。

　　依據2000年美國精神疾患診斷標準手冊第四版教科書修正版（Diagnostic and Statistical Manual of Mental Disorders, Fourth Edition, Text Revision, DSM-IV-TR）對廣泛型焦慮症（Generalized Anxiety Disorder, GAD）的診斷標準，病人只要有下列六個症狀，包括：1.坐立不安、感覺緊張或焦慮、覺得沒有事情但又覺得事情很多、很煩（restlessness, feeling keyed-up, on edge）；2.容易疲倦（easy fatigue）；3.注意力無法集中或感覺腦中一片空白（poor concentration, mind going black）；4.易怒（irritability）；5.肌肉緊繃（muscle tension）；6.睡眠障礙（sleep disturbance）等，超過3個以上就可以診斷（APA, 2000）。這診斷標準對於從事精神疾病的研究者而言，可有較為簡單的診斷標準去進行研究對象的疾病判定，但對臨床醫師的診斷並不實用，因臨床上具典型廣泛性焦慮症的老年人所感受到的症狀遠遠超過6個，甚至可達到超過20個症狀，只是因為目前世界所公認使用的最新版本之診斷標準是如此的敘述，故需讓讀者知道為研究而定的診斷標準與臨床上病人感受到的症狀間是有重大的差別，以免遇到抱怨之症狀超過6項的老年病人時，還認為該病人不是焦慮症而延後或失去轉介及治療的機會。

　　故若要完整學習觀察及診斷老年人是否有廣泛性焦慮症，建議讀者使用雖已是舊版但列有三大類18個症狀的DSM-Ⅲ-R診斷標準，如此讀者才能有足夠的敏感度與能力，去進行該老年人是否患有焦慮的完整病史詢問。該標準將全部身體症狀分爲肌肉緊繃（motor tension）、自主神經亢奮（autonomic hyperactivity）及過度警戒且過度敏感（vigilance and scanning）等三大類共18個症狀。在肌肉緊繃方面有：1.肌肉顫抖、跳動或搖動；2.肌肉緊繃、疼痛或酸痛；3.坐立不安；4.容易疲倦等4個症狀；在自主神經亢奮方面有：1.吸不到空氣或感覺喘不過氣來；2.心悸或心跳較快；3.流汗或手掌冰冷且溼；4.口乾；5.頭暈或暈眩；6.想吐、腹瀉或其他腸胃問題；7.突然感到潮紅或畏寒；8.頻尿；9.吞嚥困難或覺喉頭有異物感等9個症狀；在過度警戒且過度敏感方面有：1.覺得有事情隨時要發生的感覺；2.對非預期的外界刺激過度反應；3.難以集中注意力或腦中空白；4.難以入睡或睡得不安穩；5.易怒等5個症狀，上述的18個身體症狀，簡單說來就是身體面對重大生活事件時，因感受到壓力所產生的備戰反應所導致。

　　因此若所服務的老年人同時發生多重的身體不適時，尤其是胃口減退、想吐、嘔吐、疼痛尤其是頭痛、頭暈、呼吸喘（dyspnea）、盜汗（diaphoresis）、心悸或腹瀉等，除要排除可能的生理疾病外，還應提高警覺探索可能有的生活壓力事件。另外，有一點很重要需提醒讀者，焦慮老年人很可能會因身體的不舒服症狀而到處求醫，因爲任一症狀都會讓老年人擔心自己是否患有某一個疾病，許多的症狀一起發生時，會讓他更擔心自己患有許多的疾病，因此更加的緊張而加重原本症狀的嚴重程度，而誤認爲自己有心中所擔心的疾病，尤其是看到親友有該疾病時。譬如有腹瀉或便祕就擔心是否有大腸癌；有頭痛就擔心有腦瘤；頸部僵硬或疼痛就擔心血液循環不佳會中風；有胸悶或胸痛就擔心有心臟病；有下背痛就擔心是否有腎臟問題；有疲勞則擔心肝臟功能不好，故若發現老年人有到處求醫並接受多種檢查，但檢查結果都正常或無法解釋他的症狀時，就是一個偵測是否有焦慮，是否有日常生活重大事件適應不良的時機或線索，宜進一步去詢問或關心身體不適的背後原因，並於必要時轉介該老人至醫療機構就醫。

二、老年憂鬱症

依據美國2000年DSM-IV-TR憂鬱症的診斷標準，憂鬱依嚴重程度分為兩大類，包括重鬱發作（major depressive episode）及相對於重鬱發作症狀較輕的輕鬱症（dysthymic disorder）。兩診斷的身體症狀大致相同，主要差別在於症狀的嚴重程度及持續的時間長短（APA, 2000）。

若老年人在過去的兩週內出現：1.整天或幾乎每天都呈現出憂鬱情緒，不管是主觀感受有悲傷或空虛，或被他人觀察到有哭泣現象；2.興趣或全部或幾乎全部的愉快感，或幾乎整天或每天的活動量明顯減少（包括主觀感覺或他人觀察）；3.沒有控制飲食下而有體重減輕或增加（一個月體重改變超過5%以上），或幾乎每天有食欲降低或增加；4.幾乎每天有失眠或睡眠過多；5.幾乎每天有激躁不安或遲緩呆滯（包括主觀感覺坐立不安或減慢或他人觀察）；6.幾乎每天會感覺疲倦或缺乏幹勁；7.幾乎每天會感覺人生無價值，或有過度或不適當的罪惡感（不只是自責或與生病相關的罪惡感）；8.幾乎每天都無法去思考或集中注意力，或會優柔寡斷（包括主觀感覺或他人觀察）；9.死亡的想法會重複發生，或重複發生沒有特殊計畫的自殺想法，或有自殺企圖，或有進行自殺的特殊計畫等9項症狀中的至少5項，且具有前兩項症狀中的至少一項時，就可被診斷為憂鬱症（APA, 2000）。

在盛行率方面，因為診斷的標準不同及收案對象的來源不同，因此有極大的差異。社區老年人約10%-15%有憂鬱症，但僅有3%為重鬱症；住院病人中約20%-25%有輕度憂鬱症，安養院則可能高達21%-36%。老年憂鬱症常與其他疾病共病，例如焦慮症；此外也常出現以身體症狀為主的抱怨或不舒服，造成與常見疾病如甲狀腺機能低下或失智症等的症狀不易區分。一般而言，老年憂鬱症的患者經常強調且誇大其認知障礙，因情緒在一天之中就有上午及下午的差別，認知障礙表測量的結果前後起伏大、時好時壞，因測驗中較不用心或無法專心做答。反之，失智症患者常會隱藏掩飾其認知問題，認知功能不會時好時壞且經常回答錯誤，早期只有短期記憶力喪失為主要症狀（黃正平，2011）。另因症狀表現與年輕成人略有不同，且臨床上擔心老年病人較可能有生理上疾病，故常導致老年人一直接受各種身體檢查反造成憂鬱沒有被診斷出來。不過，若能對憂鬱症狀有深入了解且有詳細的觀察時，就能有足夠的敏感度發覺出老年人的憂鬱，而進一步採取行動，協助走出憂鬱，並於必要時轉介到醫療機構治療。至於改善憂鬱症狀的方式，除藥物治療能夠降低憂鬱的情緒外，心理治療、社會支持、環境的改善及壓力源的減少等，也都是可以單獨或合併使用的有效治療方法。

三、失智症

　　失智症是老年期發生的漸進性智能退化，主要因中央神經系統退化導致全面性心智功能下降與喪失，足以妨害病人的社會與職業功能，並影響到日常生活自我照顧的能力（黃正平，2006）。在DSM-IV-TR所訂的標準中，病人要出現認知功能障礙，包括記憶力、語言能力、抽象思考、操作功能、執行功能；同時有日常功能的退化，例如穿衣洗澡、如廁、處理家務、交通、購物等。另外可能出現有關精神症狀，例如妄想、幻覺、錯認症狀、憂鬱、譫妄或睡眠障礙等（APA, 2000）。

　　常見的失智症有三種，包括阿茲海默症、血管性失智症、以及路易氏體失智症，以阿茲海默症最多約占60%，其餘各占20%。盛行率在3%-4%左右，但會隨著年齡增加而增加，65歲以上有5%，但85歲以上則增加到20%。常使用的評量工具包括簡式心智量表（Mini-Mental State Examination, MMSE）、認知功能篩檢量表（Cognitive Abilities Screening Instrument, CASI），與臨床失智評估量表（Clinical Dementia Rating Scale, CDR）（黃正平，2011），此外，尚需搭配相關日常生活功能之評估。有關失智症之詳細內容，請參見本書第七章老年人的認知功能。

　　在治療上，需要針對病因加以治療，必要時須提供藥物介入，以延緩功能下降的速度。失智症所造成的功能損失是漸進的，在疾病初期並不容易被發現，故需要家人幫忙注意症狀的改變並及早準備,包括提供安全、穩定而熟悉的環境,有固定的生活作息;讓指令簡單、並使用多重指示;另提供足夠的指引或協助,例如標籤、名牌、手環等;維持一定自主性,病人可以做到的事情,盡量讓他自己執行。隨著病人的病情嚴重程度改變,宜隨之增加協助的程度,但要注意不要提供過多或是過少的協助。在照顧上需要有耐心,能夠了解病人是因為疾病引起,而不是故意忘記或不配合(黃正平,2011)。此外,照顧者往往比病人承受更多的壓力,需要壓力紓解或是喘息服務,以緩解其照顧負荷(Hooker, Monahan, Bowman, Frazier, & Shifren, 1998)。

由於老年精神疾患容易與老化衰退、身體疾病等混淆而不易被察覺,故需要家屬或是專業照護人員的細心詢問與敏感覺察。若有足夠的知識時,在遇到所照顧的老年人抱怨身體有多重的症狀時,就能提高警覺進而發現個案的心理問題,給予適當的鼓勵與安慰,並於必要時轉介到醫療機構,讓該老年人接受適當的醫療照護。此外,精神疾患不似一般的身體疾病,除是否需要固定的服藥治療外,同時還需使用多重介入,即搭配心理治療、家庭支持及環境改變等方式,才能提高治療介入的成效。

第八節　如何管理心理健康達到成功老化的目標

　　前面各節提到老年人在面對身體老化、退休、面臨自己或親友疾病與死亡的心理反應。然而，大部分的老年人在累積了豐富的人生歷練後，學會許多正向的成長與情緒並展現在現實的生活中。雖然社會常對老年人有錯誤的刻板印象，例如外貌衰老不漂亮、行動不便、個性或想法固執、難以改變原有的想法、不能再學習或是不願接受新的事物、沒有生產力或是貢獻、情緒低落或憂鬱等。老年人雖然認知處理的速度減緩，但是面對問題時較能以豐富的經驗綜觀全局，展現對事情更全面性的了解，反而顯示出智慧的增長（Staudinger, 1999）。此外，老年人顯得和藹可親、比較願意包容、替他人著想、情緒平穩或幽默有智慧，也常是老年人的一種樣貌。故如何讓老年人展現出成熟的一面，達到成功老化，是老年人與照顧者追求的目標。

　　WHO（2002）提出活躍老化（active aging）的概念，指老年人在健康、參與和安全層面能夠達到最適化機會的過程，以促進其生活品質（WHO, 2002）。希望除消極延長壽命與減少疾病風險外，更積極地促進健康，包括維持良好的身體與心智功能，並促進社會層面的參與，使老年人能積極享受其生活（徐慧娟，2003）。至於成功老化（successful aging）是指老化的速度優於正常老化（normal aging），Rowe與Kahn提出成功老化的三元素（Rowe & Kahn, 1997），包括如下：

　　第一、避免疾病或失能：除了沒有疾病之外，也應該盡量減少疾病的危險因子與增加保護因子。第二、維持良好的認知與身體功能：著重在某些功能的喪失是可以避免的，以及某些功能喪失後是可以恢復的觀念。除了基因的遺傳會影響良好體能狀態的維持外，更重要的是持續使用相關的認知或身體功能，不因為衰退或是障礙而放棄。例如記憶力衰退，但仍願意閱讀報紙或是玩數獨或填字遊戲，讓自己仍有的功能持續被使用，以保持及維護最佳的身體功能。第三、對生活的積極承諾：持續積極的參與老年生活，包括維持與他人的關係、投入能力可以負荷的工作、並積極與年輕一代或是孫子輩互動等。

　　老年人若在心態上比較能接受老化的事實時，其生活品質也會比較好（Butler and Ciarrochi, 2007）。以下就心理健康可促進成功老化的7個策略分別加以說明：

一、健康促進

　　包括減少或戒除不良的健康行為，例如不抽菸、減少攝取含有高油、高鹽或高糖的食物等；以及增進良好的健康行為，例如規律運動、定期健康檢查及良好的生活型態。涉及健康行為改變的因素很多，包括需求與動機的覺察、對於特定行為的信念與意圖、是否具備相關的知識與技能以進行該項健康行為、自我效能感的建立、障礙的排除、或社會支持網絡的建立等等，都可提升健康行為的改變（Glanz, Rimer, and Viswanath, 2008）。

二、覺察與關注自己身體與心理狀態的變化

　　注意自己的身體狀況與情緒狀態並與自己過去相比、與同年齡層的老年人相比，看看是否有所差異？是比較好或是比較差？以便能及早發現並早期進行改善措施。

三、使用因應策略增加調適

　　一般而言，壓力的因應方式主要有兩類：1.問題解決取向：面對壓力源時，思考及採取方法加以改變之；2.情緒取向：尋求情緒抒發與接受。面對老化的因

應策略有以下5種：1.認知調適：認知調整與認知重建、客觀看待、不同觀點詮釋、主動調解或尋求協助等。2.情感調適：情緒表達、否認或認命等。3.合併使用認知與情感調適，包括祈禱許願、宿命論、逃避或尋求社會支持。4.合併使用認知與身體調適，例如保持忙碌、運動舒壓、自我健康管理、接受衛生教育資訊或維持活動等。5.合併使用認知、情感、與身體的調適策略（Poon, Basford, Dowzer, and Booth, 2003）。

四、外在資源的使用

　　許多輔助工具或科技產品的使用，可以增進生活的便利性，以減輕老年人的負荷。然輔具的財務負擔，可能導致老年人無法購買使用；另外對於電腦或科技的操作知識與技巧不熟悉，也不敢學習，以致雖然有輔具可幫忙但卻無實質效用，故須有外在資源的協助購買輔具與指導輔具的操作。

五、尋求社會支持與社會參與

　　儘管老年人的社會網絡有縮小的傾向，但人際互動的需求仍然是生活中不可或缺的一部分。在生活中有哪些親人或朋友可以給予實質、訊息或是情緒支持，協助老年人適應日常生活與面對危機，並維持舊有的人際互動或是建立新的人際網絡。

六、培養對老年生活的正向態度

　　人生閱歷與心智的成熟可建立智慧的成長，使老年人能夠以更寬廣且具彈性的觀點看待周遭事物，故對他人的態度更能以同理、包容、接納與寬恕來面對，能夠更超然地與人相處以及處理困難的情境（Cozolino, 2008）。同時，老年人對於身體的掌握、知識的學習與世界的探索，讓老年生活仍有未來導向並仍然具有繼續成長的可能。

七、人生意義的追尋

　　了解人生經驗的價值，並認識到延續與傳承的重要性，可以讓自己人生的重要經驗與收穫繼續傳給下一代，並完成自己人生的任務（Kleinke, 1991）。

第九節　結論

　　人們要適應老年階段的生活，要有良好的身體健康；要扮演好自己在社會中的角色，就要有健康積極的心理。老年生活有其重要的發展任務，要統整自己一生的經驗。若能在個人生命發展的早期各階段中積極地努力、自我肯定及有生產力等，到老年階段就能抱持更積極樂觀的態度去處理所面對的壓力事件。

　　老化過程是一個自然的現象，並不需要過度的病理化。老年期面對退休、自己生病及死亡、遭遇配偶或重要親人生重病或死亡等重大生活事件，會在認知、情緒與行為上產生多種負面的影響，但老年人大都有足夠的能力去調適。若老年人與家人能夠及早覺察心理適應上的問題，並早期提供多種方式的協助與支持，就可提升老年人的適應狀態。但是在老年人常見的精神疾病方面，包括焦慮症、憂鬱症、失智症及譫妄，值得家人特別的注意，及早就醫，以便因有充分的醫療照護而順利恢復。

　　除了負向因應態度的衝擊外，老年人可以展現智慧的一面，表現出正向情緒與學習成長的可能性，讓自己在老化的過程中，避免或減少疾病、維持身體與心智功能，並更積極地參與社會。積極促進成功老化的策略有許多，但必須依據長者的能力及資源來加以善用。

　　最後，身為老年人的照顧者或諮詢者，在照顧他們時，除需了解他們面對老年階段發展課題所會遇到的重大生活事件之適應過程，所導致的自我統整或悲觀絕望的心理變化外，尚需知道他們在更早的其他發展階段是否曾發生過適應不良問題。同時須對於老年人目前所面對的問題與需求、內在能力與外在資源、相關的社會支持進行完整的資訊蒐集，才能很從容、有方向、有方法且很有自信的逐步去處理他們的問題，幫助他們做到成功老化，也達到自己服務老年人的成就感，而做到雙贏的最佳理想狀況。

參考書目

一、英文部分

APA.(2000). *Diagnostic and statistical manual of mental disorders: DSM-IV-TR*: American Psychiatric Publishing, Inc.

Atchley , R. C.(1976). *The sociology of retirement.* New York: Halsted Press,

Baltes, P. B. & Baltes, M. M.(1990). Psychological perspectives on successful aging: The model of selective optimization with compensation. *Successful aging: Perspectives from the behavioral sciences,* 1, 1-34.

Butler, J., & Ciarrochi, J.(2007). Psychological acceptance and quality of life in the elderly. *Quality of Life Research, 16*(4), 607-615.

Corr, C., Nabe, C., & Corr, D.(2006). *Death and dying, life and living.*(5 ed.). Belmont, CA: Thomson Wadsworth,

Cozolino, L.(2008). The healthy aging brain. *Psychotherapy in Australia,* 2008, 15(1), 36.

DeAlberto, M., McAvay, G. J., Seeman, T., & Berkman, L.(1997). Psychotropic drug use and cognitive decline among older men and women. *International Journal of Geriatric Psychiatry,* 12(5), 567-574.

Erikson, E.(1982). *The life cycle completed.* New York: Norton.

Glanz, K., Rimer, B. K., & Viswanath, K.(2008). *Health behavior and health education: theory, research, and practice*(4 ed.): Jossey-Bass.

Hooker, K., Monahan, D. J., Bowman, S. R., Frazier, L. D., & Shifren, K. Personality(1998). "counts for a lot: Predictors of mental and physical health of spouse caregivers in two disease groups." *The Journals of Gerontology Series B: Psychological Sciences and Social Sciences,* 53(2), 73-85.

Kavanaugh, R.(1974). *Facing death.* Baltimore, Md: Penguin Press.

Kleinke, C. L.(1991). *Coping with life challenges.* San Francisco: Brooks/Cole.

Kubler-Ross, E.(1970). *On death and dying.* New York: MacMillon.

Lucas, J. A., Orshan, S. A., & Cook, F.(2000). "Determinants of health-promoting behavior among women ages 65 and above living in the community." *Research and Theory for Nursing Practice,* 14(1), 77-100.

Poon, L. W., Basford, L., Dowzer, C., & Booth, A. Coping with comorbidity.(2003). Poon, L. W., Gudlner, S. H., & Sprouse, B. M. editors. *Successful aging and adaptation with chronic diseases.* New York: Springer Publishing Company, pp.116-150.

Rowe, J. W., & Kahn, R. L.(1997). Successful aging. *The Gerontologist,* 37(4), 433-440.

Schaie, K. W., & Willis, S. L.(2002). *Adult development and aging*(5 ed.). Prentice Hall: Pearson Education.

Schaie, K. W., & Willis, S. L.(2010). *Handbook of the Psychology of Aging,*(7 ed.). London: Academic Press.

Shuchter SR, Zisook S.(1993). "The course of normal grief." Stroebe, M. S., Stroebe, W., & Hansson, R. O. ed. *Handbook of bereavement: Theory, research and intervention.* Cambridge, England: Cambridge University Press, pp. 23–43.

Staudinger, U. M.(1999). "Older and wiser? Integrating results on the relationship between age and wisdom-related performance." *International Journal of Behavioral Development, 23*(3), 641-664.

Stewart, N., & Fairweather, S.(2002). "Delirium: the physician's perspective." Jacoby, R. & Oppenheimer, C. ed. *Psychiatry in the Elderly.* New York, Oxford University Press, pp.592-615.

Stroebe, M., & Schut, H.(1999). "The Dual Process Model of coping with bereavement: Rationale and description." *Death Studies,* 23, 197-224.

WHO (1948). *Constitution of the World Health Organization Basic Documents.* Geneva: World Health Organization.

WHO (2002). *Active ageing: A policy framework.* Geneva: World Health Organization, .

二、中文部分

朱芬郁（1998）〈退休老人生涯規劃初探〉《香光莊嚴》，54，頁116-133.

邱啓潤、仇方娟（1995）〈老年人使用藥物之初探〉《高醫醫誌》，11，頁164-169.

徐慧娟（2003）〈成功老化：老年健康的正向觀點〉《社區發展》，103，頁252-260.

國民健康局（2007）《民國96年臺灣地區中老年身心社會生活狀況長期追蹤（第六次）調查成果報告》。臺北：行政院衛生署國民健康局。

黃正平（2006）〈失智症之行爲精神症狀〉《臺灣精神醫學》，20，頁3-18.

黃正平（2011）《臨床老年精神醫學》（2 ed.）。臺北：合記。

內政部統計年報，取自：http://sowf.moi.gov.tw/stat/year/list.htm

第七章　老年人的認知功能

/白明奇

第一節　緒論

一、大腦與認知功能

　　現在，科學家與民眾普遍認為大腦是人類智慧的所在，其中所含的大腦細胞（neurons）與神經路徑和網路，決定了人類認知功能的主要成分。隨著年齡增長，大腦結構的改變以及個人生活史中生理與心理的歷程，使得認知功能產生質與量的改變。

　　常聽說家有一老，如有一寶，老年人是經驗的寶庫，經常在重要時刻提出有用的見解；然而，為何有人常說創意不再，又說諾貝爾獎得主的研究創意多在30歲以前形成，本章將陸續回答老人認知功能的若干議題，並引用臺灣學者的研究。

二、大腦結構與功能成熟的定義

　　人類腦細胞數量約有100 billion（1,000億），另外，若根據夏利夫分別於1953年與瓦塔於1954年的推測，大腦皮質神經元有140億個，小腦皮質神經元則包括粒狀細胞1,000億及浦金埃細胞180萬。這麼多的神經元主要透過軸突（axons）與樹突（dendrites）之間的交通建立網路，但過多的連結卻未必有助益。

　　在發育過程當中，神經元與神經元之間的距離甚為遙遠，但神經突觸卻能準確地接連，這是難以想像的奇蹟。視覺皮質區的神經突觸連結在出生後四個月到達顛峰，然後逐漸消退，至學齡前就不再有大變化。

　　關係大腦成熟重要關鍵的髓鞘化（myelination）一直進行到25～30歲，大腦神經纖維的髓鞘化可以讓神經訊息更快速及有效率的傳遞，根據學者的研究（Yakovlev and Lecours, 1967），髓鞘生成（myelogenesis）大抵是從尾側腹

（rostral-lateral-ventral）逐漸往首中背（myelinogenesis）發展，至最晚成熟的部位，即主責判斷、決策、規劃與衝動控制的前額葉爲止，許多國家的重要職務如總統，有年齡下限的規定，不無道理。

到目前爲止，還有許多人類的腦區功能沒有被完全了解清楚，尤其是位於較遠離大腦皮質的結構，這些結構從演化的觀點看來，是屬於較基本的生理功能，與維持生命與物種傳承及情緒等功能有關。此外，即使該皮質全損，病人仍可感到部分重要知覺的訊息，例如聲波、光波、痛，這些在視丘（包含LGB、MGB）便已完成初步的受訊（reception）；語言之層面卻是跨領域的，每一個功能都是互跨領域，相互影響，只是開始互相碰觸產生作用的地方已是屬於多（異）型綜合區（hetersmodal association areas），這是我們了解最少的區域。

第二節 基本感官知覺系統在老人的變化

一、耳與聽覺

以老人為主的神經科門診中，常常有家屬說，病人耳聾了，沒有辦法聽到親人講話交談，感到遺憾。

的確，老人聽力下降，時有所聞，一般認為屬於正常老化，從臨床觀察經驗來看多與遺傳有關，但這多是指內耳結構或聽神經的問題，而且多屬於高頻率者，如接聽電話或訊號響聲。

老年人還有一個表面上看來是與聽力有關，其實是高次腦機能障礙的問題，說明如下。一般人在吵雜環境中可以聽到想聽的聲音，例如在萬人聚會中仍可與友人交談、或在雞尾酒會中仍可與舞伴聊天，不只如此，還可以同時聽取不同來源的聲音，一心多用。但是，老年人就不行了！這涉及注意力資源分配（allocation）的問題，注意力有時間（time）與容量（capacity）的限制，同時間進入腦中的訊息必需被巧妙地分配資源，如果這個「資源分配中心」出了問題，就無法同時處理多的訊息，就可能造成了聽力理解的問題，這個「資源分配中心」與前額葉有關。與前額葉相通的神經網路很多，這些網路通道很容易因為小血管中風或血流不順而造成阻斷，這可能是原因之一。當然，早期阿茲海默症的病人，可能出現一種特別的失語症狀叫超皮質理解性失語症（transcortical sensory aphasia），主要影響語言的理解，也很容易誤以為聽力不好。

筆者想起有天下午，信手取來日本推理小說大師松本清張的《半生記》重讀，這本書裡面有一段描寫松本先生在他功成名就之後，應文藝春秋社的邀請，前往山陰地區演講旅行，行程中，特別驅車前往他父親故里，想要找尋父親早年的生活點滴，但是唯一有跟父親玩過的堂伯竟然已經失聰了。接者這段就讓我感到十分震撼：

「父親的堂兄患有重聽，幾乎無法與他交談，家人們在他罹患重聽初期的時

候，已先行錄下他的談話，再播放給我聽。在錄音帶中，他提到孩提時期經常與我父親遊玩。」（松本清張，2008）

這件事發生在1961年，但是即使是今天，在我們生活的周遭都沒有聽到類似這樣的作法，把人當作人，這眞的是人文精神的實踐。我也想到醫院門診當中，確實有很多聽力障礙的年長病人，如果病人剛好又有失智症，眞的是很麻煩。除了在詢問病史的時候，醫師與病人吼來吼去、講到聲啞，評估認知功能或腦力測驗時也是一個問題。接著，我又去查文獻，果然發現聽力障礙是失智症的危險因子之一，如果一個老人總是聽不到，就可能產生溝通問題、產生妄想，也減少與環境的互動，這在某種型式上是一種歧視與隔離（segregation）。

二、眼與視覺

老人的視力變差是眞的，瞳孔不僅變小，對光以及遠近的調節反應也變遲鈍，水晶體（lens）渾濁了（白內障），加上視網膜退化，老花眼終於到來，影像無法聚焦在視網膜上。

日常生活中，老年人對於昏暗與模糊的景像無法如年輕人般迅速與精準辨認，這會帶來認路的問題，尤其在黃昏、夜晚、下雨或起霧的時候；失智症的病人特別是這樣，即使是很輕微的失智症病人都會出現這種障礙，筆者的研究團隊邀請了20位極爲輕度的阿茲海默症病人及20位心智健康的老人，請他們進行一項接近日常生活的研究，這40位老人的平均年齡爲68歲，實驗內容是受測者住家附近的街景照片，他們平均居住在現址26年，這些照片經過特殊處理，產生模糊與晦暗的效果，用以模擬黃昏、夜晚、下雨或起霧的情景。結果發現，這群表面上看來接近於正常的極輕度阿茲海默症病人，需要更多的訊息方能判斷，即使如此，所作的判斷正確率遠低於對照組（Lee and Pai, 2012），這也要提醒照顧者上述的情況之下任由病人自行外出，是要冒點險的，更不用說獨自開車了。

三、嗅覺

　　幾年前，筆者曾經為國科會的機關刊物《科學發展》寫過一篇文章，介紹2004年諾貝爾醫學與生理獎的研究內容（白明奇，2005），這才發現，人類掌管嗅覺的基因數目遠遠不如狗，當年的諾貝爾醫學與生理獎得主艾克謝爾與巴克原來是師生關係，他們最重要的研究結果就是於1991年共同發表的一篇論文。這篇文章指出，老鼠的嗅覺受器由1,500個基因所碼譯，而人類大約只有350個。後來兩人各自發展、獨立研究，幾乎是同步進行。

　　這篇文章的結尾還提到諾貝爾獎桂冠巴克正在研究線蟲與長壽基因。巴克的研究室對於老化及長生不老很感興趣，他們認為也許有一群細胞透過中央控管，影響全身其他細胞的老化，他們正對線蟲展開全面的研究。由於我們對這種蟲的每一個細胞瞭若指掌，希望能從中找出延長這些線蟲壽命的化學物質，說不定將來這項結果也可以應用在人類上。

　　一開始，筆者覺得嗅覺與壽命毫無關連，但仔細一想，如果有些基因讓生物體覺得一個食物好吃，這個食物剛好不利於健康，則該生物體就不太容易長壽。這樣說來，讀者要是覺得營養學家提醒少吃的食物是美味，若想要長壽，就要小心了。

四、記憶

　　獲得新的記憶宛如添加一隻新鳥到鳥族園裡，

　　回憶，

　　就像將該鳥自鳥園中抓出來把玩。

——柏拉圖

　　柏拉圖的概念用於現代理論就是登錄（registration）、儲存（storage or consolidation）與提取（retrieval or recall）的記憶三部曲。

在人類的認知功能當中，記憶的重要性不言自明，其分類的方法很多，讀者請見表1。

(一) 記憶分類

記憶的分類有許多種，其中Squire LR在1986發表《科學》期刊所作的分類（Squire, 1986）。

Squire的分類，受最大多數人採用，臨床上也相當適用的是根據記憶內容的性質來分，分為敘述性（declarative）記憶與非敘述性（或稱程序性）。敘述性可再細分為事件性（episodic）及語義性（semantic）。我們時時刻刻、分分秒秒所體會的經驗，就像是一部連續的卡通或電影，我們記住某些細節，也忘記許多細節，記憶與遺忘其實是同時進行的認知過程，這些便是所謂的事件性記憶；而知識性的記憶沒有時間先後，也難以得知何時獲取這些紀錄，不過，早期的個人經驗，有可能過於重複出現或提取，則轉變成具有知識的性質了。

第二種分類則是以疾病或意外發生點為分界，分為前向性（anterograde）記憶與逆向性（retrograde）記憶，當然這必須有一個清清楚楚的時間分界點，如果以傳統新皮質固化理論（neocortical consolidation theory）來解釋並非難事，亦即事件發生當時，以及之前的數分鐘或數小時，其新產生之記憶尚未固化，所以也就未能儲存，當然談不上提取了。但真實的情況，恐怕沒有這麼簡單。

第三種分類是以記憶的時間長短或年齡來分，可分為短期記憶（short-term memory）及長期記憶（long-term memory）。至於多短叫短期？多長叫長期？未有定論。由於短期記憶與長期記憶常被讀者誤解、混淆，筆者必須花點時間來說明。所謂短期記憶是一個心理學名詞，指還留在當下的即時記憶（immediate memory），與注意力或作業記憶（working memory）有些類似，只要另一個干擾進來，便會消失，所以持續時間通常很短。至於最近幾小時至幾天發生的近程記憶（recent memory）與好幾年前發生的長程記憶（remote memory）是臨床神經學用詞，嚴格說來兩者都是屬於心理學上的長期記憶。

　　另外，記憶也可以分爲外顯（explicit）與內隱（implicit）。激發（prim-ing）指的是一個事實，即當人們感受到某一個刺激，則會使他們更容易再次感受到該刺激。此外，前瞻性（prospective）及回溯性（retrospective）記憶也是一種分法並被研究中。自傳式（autobiographical）記憶則是一個很特殊的個人專屬（idiosyncratic）記憶，可以提供許多訊息。

表7-1　記憶的幾種分類

分類依據	內容
腦傷事件發生點	順向性（anterograde）與逆向性（retrograde）記憶
時間長短	超短期（ultra short term）記憶 短期（short-term）或即時（immediate）記憶，又稱爲工作記憶（working memory） 長期（long term）記憶
屬性	敘述性記憶（又分爲語義性記憶與事件性記憶） 程序性（procedural）記憶
意識涉入程度	外顯（explicit）與內隱（implicit）記憶
發生與否	前瞻性（prospective）與回溯性（retrospective）記憶
其他	未來記憶（future memory）假記憶（false memory）自傳式記憶（autobio-graphical memory）

　　到底記憶是以什麼型式儲存？存在哪裡？這是到今天科學家仍在追尋的答案，真正記憶儲存之地點可能在大腦皮質。

(二) 作業記憶（working memory）

　　作業記憶（working memory）要進入作業記憶之前必得了解一下短期記憶。對於短期記憶之描述，如字面所述，是短期的，但究竟多短才叫短期，多長是長期，以人爲的方法來定義是很不精確的。

　　早在1968年，Atkinson及Shiffrin 兩位學者（Atkinson and Shiffrin, 1968）指出記憶有三個階段。來自環境的訊息進到一系列的感覺緩衝區（sensory buffers），這些緩衝區可能是知覺系統的一部分，負責訊息之初步處理。接著，訊息被送往作業記憶系統（一個短程貯存系統），作業記憶系統可以暫存（hold）及操弄（manipulate）這訊息，以及更重要的，將之送入與送出更持久的長程貯存系統。

如果以時間當作X軸，空間視為Y軸，則我們在一個時段內，能夠專心從事一項或多項心理歷程之能力有限，以認知心理學注意力的角度看來，即divided與focused attention，往往在一個足以吸引注意力的新刺激源出現時，這個新的刺激便立刻取代舊有的。這裡顯然存在兩件事情，即競爭和取代，新的刺激必須強到足以取代舊的，換言之，在時間的向度裡，能擠進被注意的空間內事物有限，在這個task-driven、task-directed或task-oriented為主的時段內，所進行的心理過程，就是作業記憶之本質。

由於研究作業記憶之學者不少，作業記憶的定義也因而隨學派、學說而分歧，但Cowan N曾下一個與學說無關之定義（Cowan N, 1998）：作業記憶是一個心智歷程的聚集，能使訊息（information）暫時存保存在一個可自由提取的

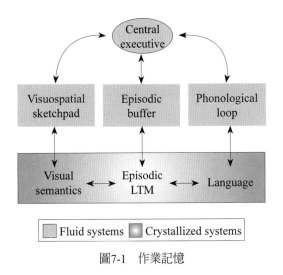

圖7-1　作業記憶

狀態，以伺服某些心智任務。其所稱心智任務（mental task）包括立即回憶、閱讀、聽理解、了解，或解決問題。例如我們必須把整句話聽完才能知道完全意思，那麼暫時保存句首的內容，自然就很重要了。

英國學者Baddeley在1992年提出重要的學說（Baddely, 1996），說明作業記憶由一個中央執行系統（central executive system; CES）利用（Baddeley用slave奴役這個字）兩個被動、有時限的倉庫，即語音聽覺迴路（phonological loop）及視空間習字板（visuospatial sketchpad），分別把持及操弄有關視像及口語的訊息，兩者都採用了互相獨立的covert rehearsal過程，各自完成語言與視覺的回憶（recall）。

有個方法可以試試你的作業系統，想想看你家有幾面窗戶？你必須假設在家裡走一圈，然後數著窗戶，還要累加。

視空間習字板可以再分為兩個系統，一個是暫存訊息型態（pattern information）的系統，從腦傷、腦血流與誘發電位研究得知，這與兩側枕葉有關；另一個與空間訊息有關的系統，出乎意料之外，竟與左側頂葉相關。從神經心理學的觀點看來，這二分解離現象（double dissociation）確實存在。

語音迴路（又稱ALS：auditory loop system）亦有兩個成分，其一為將口語類的訊息暫存一至二秒的記憶貯存所；其二為SAR（subvocal articulatory rehearsal）或控制系統。藉由SAR，可以利用反覆發音將訊息維持在聽覺暫留區。此語音迴路對於保留序列性訊息特別有效率。

人們在閱讀時多半會將字默唸出來，然後轉成音的表徵（phonological representation），藉此幫助記憶。從正常人的研究可以知道，記一套音似的字串表現較用看的，即要記一群外形明顯不同的同音字要困難些（以中文為例：風、封、豐……）。可見語音迴路是建立在口語與音學之上。中文的字叫logograph。

病人若有即時記憶障礙的人，不會表現出上述語音迴路之特性，因此，同音異形字以及多音節字並不會造成特別的變化（不會特別差）。另一方面，知覺及默誦之能力絲毫不受影響。但是這些人的日常生活卻沒問題，我們不免要問：

語音迴路之功用到底何在？Baddeley提出語音迴路的重要功能之一便是語言的理解。的確，語音迴路有問題的病人在理解複雜長句時，因為從句首的部分聽到句尾時，前面文字已經忘記，便出現了理解障礙。

在這裡，本人則提出兩點。

第一，表達複雜長句時應該也要用到語音迴路之功能；

第二，阿茲海默症病人早期聽理解障礙，而出現本章稍前的部分有提及，類似超皮質感覺性失語症，是否即語音迴路有問題？語音迴路另外一個功能是學習新的語言。語音迴路障礙確實會造成閱讀障礙，一個可以順利覆誦假字、假音的小孩，日後將學得更多的詞彙。除此之外，Poulson（1991）等人發現，當小孩已能模仿父母所發出之聲音，這種全盤化的發音模仿（generalized vocal imitation）也在孩童學習語言上扮演重要角色。

至於中央執行系統，則是相當複雜的概念。

Baddeley所稱之中央執行系統，大抵上與另一位英國學者Shallice所稱之supervisory attentional system（SAS）相當。

以聽覺字詞學習檢查（Auditiory Verbal Learning Test, AVLT）為例，前幾個項目的回憶靠rehearsal（又叫primacy效應），中間則是長期記憶，最後則是相當脆弱的短期記憶又稱為recency效應。

阿茲海默症病人在AVLT之表現與失憶症相似，即保留相當好的recency效應，但中間的長期記憶則差矣。失憶症之立即記憶尚好，但阿茲海默症病人之數字span與空間span都不行。因此，阿茲海默症除了長期記憶有問題外，其語言及空間短期記憶亦有問題，而且阿茲海默症病人之短期記憶受損，可能來自中央執行系統的問題。

在發展、學習、教育的層面上必然不能忽略作業記憶所造成之影響，同樣地，臨床上腦傷的病人失去記憶或者學習的能力，我們也必須重視作業記憶之好壞。在過去，對於失憶症（amnesia）患者的描述，總會強調其注意力是正常的，而注意力與立即記憶和短期記憶通常是被劃上等號的，若作業記憶是由短期記憶延伸而來，那麼失憶症病人之作業記憶是否是正常的？早期以失憶症為主要症狀之阿茲海默症病人，其作業記憶是否正常？

　　Baddeley等人於1986年曾發表一項研究成果讓年輕人、老年人、阿茲海默症病人執行visuomotor pursuit tracking，這項作業會用掉作業記憶中之視空間習字板，再以三種作業去占掉語音迴路，即1.令受測者一直唸一個字；2.令受測者聞聲踩板；3.digit-span test。由於visuomotor pursuit tracking之表現在加入前述三項作業後都有改變，尤其在digit-span這項檢查，年輕人與老年人這兩組的差異程度不若阿茲海默症這組。這說明阿茲海默症病人之作業記憶障礙出自中央執行系統，而非語音迴路或視空間習字板。

　　中央執行系統之解剖位置被認為是位於額葉，這是經由臨床上之觀察得知。當然，也有其他方法可以說明。

　　進一步來看作業記憶之容量限制。後來的研究者陸續發現，如果扣除記憶術的幫忙（如rehearsal及長程記憶），則大約是3個，頂多4個。Crown N則提出作業記憶是由兩個東西組成，其一為容量限制的焦點注意力，其二為永久記憶中暫時被活化的部分訊息。後者當然並不包含在前者裡，而是自動被活化的訊息有時間限制，通常研究者說到作業記憶有可能指的只是前者。

　　接下來我們來討論作業記憶的爭議。作業記憶是有時間（time）及容量（capacity）之限制的爭議。

　　關於容量限制，最常被提及之例子是早在1956年由Mandler G（Mandler, 1956）提出的神奇的7，用以說明作業記憶之極限。神奇的7指的是一般人可以記得最好的序列是5-7個數字，超過了10個數字，除非是天賦，否則必須利用切成數塊（chunking）的策略，例如能一口氣背出π的人。另外透過複誦，也可以增加作業記憶之強度。

　　作業記憶之另一個限制是時間，這也是一個難題。到底作業記憶之時間可以到多長？這不應是個見仁見智的問題。利用老鼠之實驗，在一個八臂的放射迷津，先讓老鼠完成四個臂，然後帶開四個小時，之後再放回去，結果老鼠還可以「記得」哪些個臂尚未走過。在這裡必須說明的是，老鼠在辨認走過與否並非根據食物氣味或走過所留下的體味，也不是一個挨著一個的策略，而是透過迷津上方與實驗室所形成的相對關係，無疑地，這是一項記憶作業，也是一項作業記憶。但如果在這四個小時沒有給予老鼠任何造成干擾分心的刺激（即distractor-free period），這完全符合作業記憶之線上（on-line）之定義，但是否是真的完全沒有干擾？或內省（introspection，老鼠有沒有這項能力？）會不會引起作業記憶之中止？作業記憶1中止，作業記憶2開始；作業記憶2中止，然後作業記憶3開始；一直下去，動物的大腦就在一連串作業記憶中存活下來。而作業記憶如何轉換成長期記憶？在行為的層面叫重複行為或練習，在認知層面叫覆誦（rehearsal），在分子層面叫長期增益（long-term potentiation），當然這種連接，即是有名的海伯定律（Hebb's rule），也是制約（conditioning）之基礎。

在這裡，也有必要再描述一下由短期記憶轉成長期記憶之過程。從認知學的觀點看來，由短期記憶轉成長期記憶之關鍵在於rehearsal，透過rehearsal使短期記憶像混凝土一樣固化。一旦形成長期記憶，除非貯存長程記憶之所在（大腦）受到大規模之破壞，否則召回（retrieve）之過程是決定能否回憶之關鍵。這樣看來，如果短期記憶是正常的，則將短期記憶送到「短期記憶→長期記憶處理中心」的過程，以及「短期記憶→長期記憶處理中心」的完整性是決定記憶功能的要件。為了說明，可將記憶的成分視為一個軌跡（trace）、印跡（engram）或物質（material），這樣才能了解搬來搬去、塗上抹去的概念，當然，這點是沒有辦法證實的。

(三) 未來記憶（Future memory）

愈來愈多的研究指出，人類想像未來發生的情境時所活化的大腦區域、與回憶過去發生的事所活化的大腦區域多所重疊（Schacter, 2007），這也代表一種生物節儉經濟（parsimony）的特性，有人將回憶過去的內容分為外部語義性質與內部情節性質。前者有點類似大綱式的回憶，有個大約的外貌（gist），例如一個聚會、一個莊嚴的典禮、或者是一個荒郊野外的情境；後者則是很清楚地描述人、事、地、物的情形，屬於細節性的部分。

相較於年輕人，老年人對於回憶有較多的外部訊息，有點見林不見樹的味道。同樣地，對於想像未來的能力也有類似的情形，不過，有許多老人聲稱來日不多等等，多半不願想像未來，也影響研究的結果，這種能力的缺失在失智症的病人就更明顯了（白明奇、林宜，2012）。

回到一般人的想像能力，是否真如平常人所想，隨著年華逝去、老年族群會愈來愈沒有想像力？研究發現，相較於年輕的大學生，高齡者在回憶過去事件中，所提到的情節性記憶少於年輕受試者；更重要的是，在想像未來事件時，高齡者同樣比年輕人有較少的情節性記憶。高齡化社會中常見的阿茲海默症病人，由於大腦掌管記憶的中內側顳葉區出現病變萎縮，不論在回憶過去與想像未來事件時，比健康高齡者都有較少的情節性記憶。

澳洲學者阿迪司等人以功能性腦部磁振造影的實驗，進一步來說明想像未來情境的究竟活化那些腦區、以及代表的意義。一開始，實驗者要受測者回想過去（憶往）或者預想未來（瞻前），這一部分稱之為建構歷程；接著，實驗者要同一受測者儘可能、詳細地產生「瞻前憶往」的細節，這一部分則稱為精緻化階段。結果發現，在建構歷程階段，受測者活化的腦區主要是後視覺區與左側的海馬迴，這可能是引發索引的視覺區與指向記憶印跡的海馬迴之間的互動；而在核心的精緻化階段，當受測者真正要「瞻前」及「憶往」時，則兩者活化的腦區彼此重疊部分頗多，包括前額葉、中內側顳葉區、海馬迴、海馬旁迴，以及接近前楔葉的後側中線（midline）區。我們有興趣的是，高齡者對於瞻前憶往是否也有這種現象？研究證實了高齡者想像未來和回憶過去時，大腦顳葉區分野同樣出現了類似的神經活化，尤有甚者，最新的腦造影研究已經能直接秀出回憶個人過去或想像未來事件時，分別對應腦區的活動位置。

(四) 前瞻性記憶（Prospective memory）

一般人口中的記憶，除了回憶過去發生過的事件或經驗之外，多半還包括忘記原來要做的事、忘了約會、忘了買物繳款等，實際上，這也深深影響著真實的生活品質，這種記憶從1971年開始就有人作研究，影響心中想的要完成一件事到後來真的完成的因素很多。筆者曾於1998～2001獲得國家衛生研究院獎助，進行為期三年的前瞻性記憶的研究，這項研究的部分結果介紹如下。

我們邀請21位文盲老人與27位至少中學以上程度的老人參加研究，平均年齡72歲，都沒有失智。

實驗情境是在成大醫院，從位於九樓的出發點開始，受測者就被要求在經過公共電話時，打一通電話回家；經過7-11便利商店時買一份報紙，最後回到出發點時，記得要回原先交給實驗者的身分證件，這都是很接近日常生活的情形，全程約20分鐘，其間不能寫小抄，只能用頭腦記。結果受教育組只有在打電話優於文盲組（p=0.002），而買報紙（p=0.084）與要回身分證（p=0.892）兩組沒有差別。值得注意的是所有48位老人中的四成，即使被口頭提醒，也沒有要回身分證件。這個研究原來是要證明當只能用頭腦記憶時，平常生活中沒有辦法用紙筆幫忙記憶的文盲者應該要優於受教者，但是結果卻還是支持教育的正面效果，早年受教育的經驗有可能改變行為模式、進而改變大腦，這是一個推論。（Pai, 2002）

(五) 認知地圖（Cognitive Map）

在人類，海馬迴被認為與記憶最有關係（O'Keefe Nadel, 1973）；在動物，海馬迴則是成功認路的主要功臣，去除海馬迴的老鼠很難找到曾經登上的水上平臺（Morris Water Maze），也很難走出迷宮，這種在一個環境中來回移動數次因而在腦中形成類似地圖的表徵，被美國心理學家Tolman稱為認知地圖。

迷路，是阿茲海默症病人很常見的症狀，不僅相當危險，也導致嚴重後果，帶來許多社會問題（Pai, Jacobs, 2001; Pai, Jacobs, 2008; Tu, Pai, 2007; Cheng, Pai, 2010; Pai; Lee, Yang, et al, 2012）。然而，造成認路障礙，甚至迷路的原因與機轉相當複雜，其中認知地圖的瓦解，基於前述海馬迴的角色和早期受到阿茲海默症病變破壞，應當被認為很重要。

但是我們的團隊的研究發現（Jheng, Pai, 2009），早期阿茲海默症病人對住家周遭熟悉環境的認知地圖的形成與使用的能力，與同齡認知健康老人相當，這一方面反應出病人迷路的主因可能不是認知地圖瓦解，同時也可推論認知健康之老人沒有使用認知地圖來認路的機會很大。

由於阿茲海默症病人海馬迴確實萎縮（Braak, Braak, 1996），血流與代謝都明顯下降，這樣說來，老人不用地圖、或認知健康老人認知地圖功能也敗壞的可能性較高。

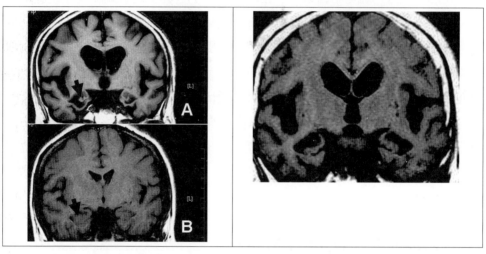

圖7-2　失智不是年老必然，左右主人為同年齡，但右側為失智症病人，大腦明顯萎縮。

五、語言

語言（Language）是一套資訊交換系統，這套系統透過各種媒介，將意念傳達給受信者，這媒介包含聲音、文字、手勢，甚至舞蹈等，嚴格說來，這套系統瓦解通常讓人無法與外界溝通，稱為失語症（Aphasia），但失語病人是否有內部語言，則很難知曉。在日常生活中，還是以口語語言最常被使用，影響最多的還是聽力以及中樞注意力影響的聽理解障礙，這點在前面已經述及。

筆者曾經在日本東北大學附屬醫院目睹一件難得的臨床案例，菅原教授在山東出生、臺中長大、東京完成大學學業，最後在東北大教英文，菅原教授發生中風後，無法以日文與英文交談，但他的中文基本上還可以，每次查房，我的老師山鳥教授就派我用中文與之交談，回臺後，我們還以中文通了信，這現象有點像會計學中的後進先出法（Last in First out, LIFO）的概念。

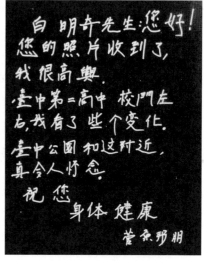

圖7-3　菅原教授的來信

第三節　憂鬱對老人認知功能的影響

　　老年憂鬱病人的臨床症狀與發生在年輕人的不太一樣，請讀者參照表7-2。例如沒有伴隨悲傷的情緒低落，有較多身體不舒服的症狀抱怨、表情呆滯、認知功能障礙、心智動作遲緩等，而且與暴力行為有關。年輕人的憂鬱則較常出現悲傷心情、罪惡感、瞧不起自己，甚至走上絕路。

表7-2　不同年齡發生憂鬱，表現不同

早年憂鬱	老年憂鬱
悲傷的心情	缺乏快樂
罪惡感	不適感
自我貶抑	情緒低落、但沒有悲傷

　　一般老人出現憂鬱症的發生率是1.3-3.1/100/year at risk（Palsson and Skoog, 1997）。

　　如果是出現在失智症的老人，憂鬱症比例就會高得許多，尤其是皮質下的腦傷，例如腦中風、血管性失智、水腦症或巴金森氏症等；占所有失智症比例最高的阿茲海默症病人之憂鬱症發生率也不低，據估計約占15-40%。

　　憂鬱症狀經常與老年失智的認知與功能退化多所重疊，例如失眠、心智遲緩、沒有能量、食欲變差、不想性愛等。事實上，許多憂鬱症的身心症狀經常見於懷著悲傷心情的阿茲海默症病人身上，但是由於對行為與情緒改變的自我察覺能力不好，導致病人沒有辦法真實報告心情的轉變；另一個原因來自照顧者的心態與看法也大大影響對病人行為的認定。這樣，憂鬱症在老人或失智症的發生率可能被低估了。

　　愈來愈多的研究指出，憂鬱可能是後來發生失智症的危險因子之一。

　　另一方面，在老年憂鬱的病人之中，一到兩成的病人證實有顯著的認知功能障礙，但這其中，有些人的認知障礙可逆轉，一般被稱為假性失智（pseudo-dementia）。

我們要如何想到失智症病人可能有憂鬱症狀？如前所述，各種年齡層出現憂鬱症表現有所不同，請見表7-2。

阿茲海默症合併失智的表現也很特別，病人多半沒有罪惡感或自殺念頭，表明要走上絕路更是罕見，病人通常很沒自信，遇到人際場合就躲到一旁，遇到困難，就直嚷「我好笨」或「沒有用」等等。表現出沒有辦法自己穿衣服、或繼續維持其他的日常活動；或者爬起來吃了早餐，又回去睡回籠覺，或者情緒或生理需求機能晨昏變化起伏很大，這也是一個證據；也常有淡漠及喪失動機；冷漠（apathy）是一種沒有動機（amotivation）導致活動量的減少，這可能是失智症前驅症狀，但是也有可能照顧者把單純的冷漠當作是憂鬱，或者年老必然憂鬱等誤解。另外一個情況是情緒的失控或不穩定（lability），病人有可能出現病態哭泣（pathological crying）而誤以為憂鬱，但值得注意的是，出現病態哭泣的病人之中，果真有很高的比例隱藏著憂鬱症。

阿茲海默症併憂鬱更有可能發生精神症狀，高達三分之一的阿茲海默症併憂鬱病人出現了被害妄想，持續恐懼及懷疑心態。阿茲海默症併憂鬱病人更容易發生缺乏動機的症狀及妄想，卻較少有罪惡感、較少有輕生念頭，也較少瞧不起自己等低自尊心的感覺，這些症狀應該是廣泛的情感性症候群（affective syndrome）的一部分，而非僅僅是阿茲海默症認知功能退化的效應。

造成低報的原因，可能是病人的認知功能不好，不懂得描述症狀，或者病人在診間通常沒有表現出憂鬱，這是實情，對病人而言，相較於單調無聊的居家環境，醫院顯然有趣多了，也充滿新奇感。

用來評估老人憂鬱的量表包括以下幾種，The Structured Clinical Interview for DSM-IV（SCID）、HAM-D、Geriatric Depression Scale（GDS）及Cornell Scale for Depression in Dementia（CSDD），讀者如果有需要，可以和各醫學中心連絡。

憂鬱可以是阿茲海默症的前身、或者加重病情的惡化增加。如果憂鬱是阿茲海默症的本身，對抗憂鬱藥物反應不佳。

弔詭的是，最近一個大型的臨床試驗，比較兩種常用的抗憂鬱劑，另外一組則使用外觀一樣、但沒有藥物成分的安慰劑，經過一段時間的給藥治療及仔細評估，結果居然顯示三組反應都一樣（Banerjee, et al, 2011）。這樣說來，並不是說抗憂鬱藥物無效，相反地，安慰劑效應也有其角色。

其實，安慰劑效是有其科學證據，不容忽視。只是簡單地對著阿茲海默症病人說「快樂一點」、「振作一下」或「加油」，很少會奏效。要病人單靠意志力來獲取改善是不夠的，大量的支持、掛保證與專業協助是絕對必要的。

以下提供專家建議，不妨試試看。

表7-3　有助於阿茲海默症病人的小方法

1.	訂定可預期的日常作息表，利用病人最好的時段來進行最困難的事情，例如洗澡。
2.	將病人目前喜愛的活動、人物或地方寫下來，並經常進行這些活動、安排會見這些人、或造訪快樂的地方。
3.	協助病人規律運動，特別在早晨的時段。
4.	體認病人的挫折與悲傷，但不要忘了，也立刻表達「希望就在前面」以及「情況很快就會改善」的念頭。
5.	小小的成功或成就，也要慶祝一下。
6.	設法讓病人對家庭生活有貢獻的機會，並記得一定要認定病人所做的貢獻。同時讓病人了解對這個家庭而言，病人隨時被愛著、被尊重著、被感謝著，而不是只有做出目前這些貢獻的時候。
7.	提供喜愛的食物，安排舒緩及醒腦的活動。
8.	一再向病人保證不會被遺棄。
9.	可以考慮支持性的心理治療或支持團體，這對早期阿茲海默症病人尤其是具有意義，病人更可以因此在尋求協助或協助他人上、扮演一個積極的角色。

第四節　失智症：老人認知功能的大敵

老年人有可能因為藥物、感染等因素，導致認知功能出現短暫的失常；也可能因為中風、腦傷而出現局部的認知功能異常，但最常見的還是失智症。

失智，原文dementia，意即de-mentia，將智能腦力除去的意思，譯成「失智」，雖然聽起來文雅，但不若「痴呆」之會意傳神；然而為了免於社會大眾對此症之「汙名化」，翻譯成「失智」是相當合適的，目前在臺灣，這已是一個相當流行的名詞。失智症是一群專門奪取人們記憶力等認知功能的症候群，失智病人除了失憶、迷路、判斷力變差、失去大腦高級認知功能之外，還有可能出現妄想、幻覺、焦慮、憂鬱等精神症狀，並且逐漸失去生活的自主性（autonomy）（白明奇，2009）。失智，代表大腦的認知功能自原來正常水準退步的狀態，這種大腦功能的退步足以影響日常生活、社會或職業功能。

說「失智症」是一種病，並不完全對，因為有許多狀況或疾病都可以導致失智，因此，當我們說說病人得了「失智」，有點類似於說病人「發燒」、「消化不良」的情況，導致發燒的病因至少有感染、風溼、發炎等；同樣地，造成失智的原因也不少，可能有數百種，最常見的是阿茲海默症、血管性失智症、路易氏體失智症及巴金森氏症失智、額顳葉失智症、皮質基底核退化、漸行性上核麻痺、水腦症、硬腦膜下出血、腦傷後遺症等。有些失智症可以被治癒，有些經過外科或藥物治療能維持現狀或可改善，但像阿茲海默症，到目前為止，還沒辦法根治。

一、失憶與失智

即使在西方國家也一樣，一旦大腦功能失常，一般人的描述多半是記憶力不好，就好像病人描述視野缺損，也一律用視力模糊來陳述一樣，是很不精準、且容易受誤解的。大腦的心理過程或認知功能不止記憶，至少還有注意力、語言、知覺、判斷力、計算、執行功能以及解決問題能力等。

所謂的「失憶」指失去記憶能力，是指將短程記憶轉成長程記憶的過程出了問題，所以從發病開始，病人無法學習新的事物、或認識新的臉孔，但對久遠的記憶卻沒有問題。失憶病人不會忘記自己或發病前親友的身分，不會忘記知識性（semantic memory）的記憶內容、或者物件的名稱功用等。失憶病人最重要的症狀是對於時時刻刻在發生的事件無法更新，所以，最近發生的事情或經驗、自己所說過的話都沒辦法記得，但對陳年往事卻如數家珍。

如前所述，加州大學聖地牙哥分校的心理學家史乖爾（Squire, 1986）將記憶分為「敘述性」與「程序性」記憶，「敘述性」記憶又分為事件性記憶及知識性記憶。一般臨床上所稱失憶的最明顯症狀便是「事件性記憶」出了問題。最新的分法，將包含自傳式事件、自傳式知識公共事件、人格、一般知識（如語言、物體辨認、智力等等），這些都與記憶有關，可想而知。失智病人多有事件性失憶症狀，也最容易被他人察覺，因此，不難了解何以這類有失憶的病人常會說了又說、問了又問，忘了是否吃過飯，對剛剛發生的事情感覺好像沒發生一樣。

表7-4　門診中常見的失智症

阿茲海默症（Alzheimer's disease）
血管性失智症（vascular dementia）
路易氏體失智症（dementia with Lewy bodies）
巴金森氏症失智（Parkinson disease with dementia）
常壓性水腦症（normal pressure hydrocephalus）
漸行性上核麻痺（progressive supranuclear palsy）
額顳葉失智症（frontotemporal dementia）
皮質基底核退化（cortical basal ganglia degeneration）
慢性硬腦膜下出血（chronic subdural hematoma）

腦傷後遺症（posttraumatic dementia）
營養或內分泌失調（如甲狀腺功能不足、嚴重貧血、B12維生素不足等）

二、幾種常見失智症的早期症狀

　　失智症的病人，會逐漸產生腦力的退化，簡單的事情做不好，到後來，就連自我照顧的能力也喪失，這時，往往需要部分或全職的照顧者來幫忙。但是，當病人來到醫院就診時，為數不少都已經達到相當的嚴重程度，甚至是很嚴重的程度。雖然「早期診斷」對一個不可逆的退化性疾病的意義與價值，因人、地、家庭背景各有不同，但是從許多層面看來，早期診斷仍有其正面價值；一方面可避免不必要的誤會與衝突，對未來作一規劃，同時，家人也會更懂得珍惜家屬親友之間僅存有限的互動。失智症病人早期的症狀與疾病的種類有關，我們以最常見的三種失智症為例來說明。

　　(一) 阿茲海默症（Alzheimer's disease）：是所有失智症中為數最多的，由於此症最早的病變位置在海馬迴及其附近，這些地方與日常記憶功能非常有關，因此熟為人知的記憶障礙或失憶症狀在這類病人很早便會出現，並且容易被周圍的人察覺。但是根據成大醫院神經部行為神經科的研究，阿茲海默症的病人除了失憶症狀外，也可能用妄想、迷路、失用及人格改變來表現初發症狀，不過，這些症狀的被察覺確與家屬的敏感度有關。

　　(二) 血管性失智（vascular dementia）：多半發生在有中風病史、高血壓、糖尿病、高血脂等血管危險因子的人身上，除了認知功能退化外，也會出現動作遲緩、步態不穩或失禁現象，這些症狀在早期的阿茲海默症是不常見的，血管性失智的病人也因而常被誤診為巴金森氏症；另外，值得注意的是所謂「血管性憂鬱症」的概念，由於發生小中風的部位位於皮質下腦組織，因而破壞大腦路徑與神經傳導物質的平衡，導致憂鬱。老年人才發生生平的第一次憂鬱症，有很高的可能性是失智症前期，特別是血管性失智症。

(三) 路易氏體失智症（dementia with lewy bodies）：此病常常沒有及時被診斷出來，甚至誤診，早期症狀為睡眠異常、視幻覺等症狀，然後出現認知功能退化、類似巴金森氏症的症狀，同時，睡眠障礙很明顯，常出現說夢話、夢中揮拳踢腳的動作，白天睡眠多於兩小時。這類病人對L-Dopa的反應極為敏感，常常在肢體僵硬與嚴重幻覺精神症狀之間來回，是急診常客，對此症認識不清的醫師，常因此造成病人的痛苦、甚至住院。

行為神經學大師Mesulam MM教授以紅酒的釀成來說明失智症病人的臨床表現（Mesulam 2000）。紅酒需要時間讓品質精良，但是，光是時間不夠，只有好的葡萄品種才有機會陳香，同時，也必須在控制的很好的環境，最後，依據溫度動力學的原理進行變化，這變化使得酒的保藏從幾年到百年而不變壞，這種品質還跟那一年採收有關；同理，病人的基因、成長環境、早年的生活經驗、好的壞的衝擊、教育都深深地影響著，尤其是當產生妄想等精神症狀時，仔細詢問病史更是拍案叫絕（Pai, 2009）。沒有兩位阿茲海默症病人的臨床表現表現是一模一樣的，就是這個意思。

近十年來，為了要彌補正常者與失智之間的地帶，特別強調輕度認知障礙，這是一個概念，要醫師及社會大眾提高警覺，但要作成診斷，還值得商榷，因為許多輕度認知障礙的病人其實已是早期失智症了。

三、失智症之診斷

相較於失憶，失智病人不只是失憶，還包含其他認知功能的敗壞，甚至有異常行為與精神症狀。因此常用失智症診斷準則，不論是ICD-10NA（國際疾病分類準則）、DSM-IV（精神疾病診斷準則）或NINCDS-ADRDA（Natioanl Institute of Neurological and Communicative Disorders and Stroke-Alzheimer Disease and Related Disorder），都是要求至少要有兩個以上的認知領域功能失常才可以。

有關失智症之診斷，還是以詢問臨床病史為主，輔以神經理學檢查、神經心理學檢查、實驗室及影像檢查，必要時，可加入基因檢測。但這裡頭，臨床病史永遠是最重要的，太過仰賴儀器及測驗，容易掉入公式診斷模式，這點對於早期或介於模糊地帶者，更是需要。

1. 病史：仔細地聆聽病人本身敘述腦力如何退化，以及病人家人的觀察與描述，仍是最重要的步驟。很可惜，社會大眾對失智症早期症狀的警覺度仍是不夠，最常遇到的情況是對這些症狀解釋為年老必然的現象，令人驚訝的是連許多醫師都這麼認為。

2. 神經心理學檢查：在診斷流程上，除了輔助診斷外，對病情追蹤及藥效評估上都占有重要地位，稍後將仔細介紹。

3. 神經影像：主要是排除其他可能引起失智的原因，如腫瘤、血塊、水腦或多重小中風等。不過，如果看到海馬迴嚴重萎縮，或在單光子放射電腦斷層掃描看到顳葉或頂葉的血流下降，或在正子攝影看到顳葉或頂葉的代謝率下降，對阿茲海默症的診斷很有幫忙。近來分子神經影像學，利用放射性分子與乙型類澱粉蛋白（beta-amyloid）或滔蛋白（tau protein）結合，甚至可以在發病之前預測未來幾年可能發病。

讀者若有興趣進一步了解，不妨參考拙著《忘川流域：失智症船歌》（白明奇，2009）。

四、阿茲海默症病人的神經心理學測驗

神經心理學測驗（neuropsychological test）是指有關神經病徵之心理學測驗，以幫助診斷、評估療效以及研究用途。神經心理學測驗的種類可以由功能來分，例如記憶力、語言能力、計算能力、左右辨認、使用能力、執行功能、視覺統合等；也可以從大腦的解剖位置來分，例如額葉功能、大腦皮質功能，或優勢半腦功能等等；若從繁簡程度來看，也可以分為篩檢用的簡易版、或全方位、完整的套裝測驗。神經心理學測驗必須是可信的（reliable），這是指在同樣的情況之下，要得到同樣之結果；同時，也必須是有效的（valid），意即測驗本身要能測到想要測的功能。

全方位之神經心理學測驗應該包括受測者發病前的能力、一般智能、記憶、語言、計算、解決問題之能力、警覺度和注意力，以及視覺與空間訊息處理能力。

失智（dementia）是一種以記憶力障礙爲主的高次大腦皮質功能退化狀態，利用神經心理學測驗，可以爲失智症病人的臨床表現之異常，找到一個客觀的證據，並予以定量及追蹤；同時，也可以排除單一失語症狀或局部皮質功能障礙所造成的失智，例如角迴症候群（angular gyrus syndrome）。

國內常用的神經心理學測驗：臺灣目前還沒有完全「本土」發展且完成信、效度評估之神經心理學測驗，多半是全部或局部翻譯自國外原版者，除了用於實驗及臨床研究之外，其餘有可能會面臨著作權之挑戰，身爲行爲神經學之臨床工作者，深切期望國內能有一個公認的機構或組織，有進度地、逐項檢討或發展這類衡鑑，這項任務相信很有意義。

就像抽血、驗尿，X光或超音波一樣，都是幫忙醫師臨床診斷的利器，神經心理學測驗的結果，可以讓神經科醫師大約知道受測者的大腦高級功能，稱之「腦力檢查」，雖然並不完全正確，但是病人一聽就懂，在失智症的臨床業務，實在是不可或缺。筆者將大家較爲熟悉、且是用於評估失智症患者之神經心理學測驗做一簡介，讀者們仔細閱讀，說不定日後陪家屬就診看病，還會派上用場呢！

簡短式智能評估（MMSE）：簡短式智能評估（Mini-mental State Examination, MMSE）最早由 Folstein 等人於1975年提出（Folstein, 1975），其能實際評估並量化受測者的認知能力狀態，這大概是全世界最有名、也被最徹底研究之檢查。MMSE共有11題，分別如下（數字代表該題滿分）：定向力（orientation 10）、訊息登錄（registration 3）、注意力及計算（attention/calculation 5）、短期記憶（recall 3）、語言（language 8）及建構能力（construction 1），滿分30

分，施測時間大約10分鐘。在Folstein最初的研究中，MMSE之24小時內同一評量者之再測信度為0.887，評分者間信度為0.827，28天內對失智症及老年人之再測信度為0.98；與魏氏智力測驗量表（Wechsler Adult Intelligence Scale, WAIS）之語文智商和操作智商之效標關聯效度為0.776和0.660，而與Modified Dementia Rating Scale和Modified Blessed Test亦有高相關，顯示MMSE具有良好的信效度。

在臺灣，最早將MMSE翻成中文的是郭乃文老師等人，這個版本被稱為中文版簡短式智能評估（C-MMSE）。之後，陸續亦有針對教育程度、性別、年齡、文化，甚至於施測地點之環境等因子對MMSE之影響所進行之研究，多半屬於專科醫學會之論文報告。臺灣幾個大型失智症田野調查，也都在第一階段將C-MMSE用為篩選工具。

在美國，一個人若接受MMSE檢查，得分27分或以下則為異常，得分24分或以下則為失智（19-24分為輕度失智，10-18分為中度失智，0-9分為重度失智）。而臺灣老人教育經驗特殊，有真正文盲者，亦有早期或完全受日文教育者，或雖沒上過學，但自學、可讀寫，或有夜校補習教育經驗者，造成教育年數之認定有困難及出現歧見。雖然如此，根據教育經驗來分級，則文盲者、教育年數2-10年、及10年以上之臨界點分別為14分、18分、22分；另外有版本則將教育年數4年（含）以下、5-8年、9年（含）以上分界點分別訂為16分、20分、24分，除此之外之其他版本與分界點，預期可見。由於各家翻譯未能統一，常模及分界點也分歧，困擾必然發生，但也反應臺灣學界真實、無奈的現象。

一般而言，MMSE之缺點包含以下幾項。內容太多與語言與記憶有關；記憶項目缺少再認（recognition）部分；沒有限時的題目；對於輕微患者敏感度稍低；很受教育程度之影響以及皮質下功能之檢測不及皮質功能等等。另外，美國人有很強之日期觀念，臺灣的高齡者幾乎沒有。值的提醒的是，MMSE的得分只能作為參考，絕非關鍵，筆者曾診斷某教授、律師得了阿茲海默症，但是其MMSE得分為29分，甚至30分，臨床病史的資料還是最重要的。

五、認知能力篩檢工具（CASI）

　　為了解決跨文化研究之問題，李眉教授等人融合了MMSE、長谷川測驗（Hasegewa Dementia Scale）、3MS Test整合而成認知能力篩檢工具（Cognitive Abilities Screening Instrument, CASI），一開始，以美國及日本老人為受測對象，後來也加入了中國人，其英文版及日文版已在美國西雅圖、洛杉機以及日本東京、大阪完成Case-control研究，顯示該測驗具有跨文化之適用性，可以有效地篩檢失智症；國內學者以CASI做研究，也發表了許多重要的學術論文。

　　CASI共有25題，滿分100分，包含九大項，即久遠記憶（remote memory 10）、最近記憶（recent memory 12）、注意力及登錄（attention/registration 8）、心智操作和集中力（mental manipulation/concentration 10）、定向感（orientation 18）、抽象思考與判斷（abstract thinking/judgment 12）、語言（language 10）、畫圖（drawing 10）及語言流暢度（verbal fluency 10）。施測時間端視受測者的反應速度及專注程度，一般而言，費時約15～35分鐘。

　　在臺灣，1993年由張景瑞醫師等人翻成中文版CASI（C-CASI），其再測信度Spearman's correlation為0.93，評分者間信度之Spearman's correlation為0.96；與MMSE和Hasegawa Scale之效標關聯效度或符合效度分別為0.94與0.95，顯示中文版CASI有良好之信效度，同時，其與後述的失智症臨床嚴重度評估（Clinical Dementia Rating Scale, CDR）之相關亦高（Spearman's r = -0.64）。

　　另一版本由李眉教授親自與本地學者於臺北榮總執行（稱CASI C-2.0），這版並製有錄影帶，以為施測指引，真正有全面推廣之氣度與企圖心，分界點定在70分（文盲者為50分），這也成為劉秀枝教授等人於金門做大規模失智症篩檢之重要工具。陳振宇教授在成大醫院與筆者完成的研究，特別討論方言可能造成CASI 結果之偏差。高醫劉景寬教授等後來更將CASI各分項與總分之常模，依照受試者之教育程度與年齡分為9組，反應出臺灣高齡民眾教育背景特殊之窘境（Liu, et al, 1998）。不同類型之失智症，其CASI各分項表現也不同。一如MMSE，CASI也相當仰賴語言功能來回答問題，如果碰到具有語言障礙的病人，其參考性將會大打折扣。

由於CASI施測並不困難，又可以看到許多皮質功能向面，算是小而美的檢查；在臺灣，CASI已經被許多醫學中心經常使用著。

臨床失智症嚴重度由休斯等人（Hughes et al. 1982）所發展出來，用於區分老年人由正常狀態到嚴重的日常生活與認知功能障礙，以作為阿茲海默症患者日常生活與認知功能整體性評估的量表。

臺灣使用的「中文版臨床失智評量表」主要包括受試者和家屬兩部分，分別對記憶（Memory）、定向力（Orientation）、判斷與解決問題（Judgment-problem solving）、社區事務（Community affairs）、家居與嗜好（Home hobbies）和個人照料（Personal care）等六個功能項目。

CDR的判斷規則以「記憶」為主要項目分數，定向力、判斷與解決問題、社區事務、家居與嗜好和個人照料為次要項目分數，經過不算簡單的計分方式，歸納出最後的CDR分數，0為健康，0.5為疑似或輕微障礙，1.0為輕度障礙，2.0為中度障礙，3.0則為重度障礙。CDR的訊息來自主要照顧者提供有關病人的日常生活能力，這並非所有病人都能辦得到，同時，CDR標準施測流程也相當花費時間。

林克能教授等人曾經邀請70位阿茲海默症者參加研究，探討中文版CDR的信度，結果顯示中文版分數在評分者間信度的Kappa值為0.63，六個功能項目的Kappa值為：記憶0.74、定向力0.77、判斷與解決問題0.62、社區事務0.78、家居與嗜好0.71和個人照料0.79。而在林克能和劉秀枝教授的效度研究中，CDR和CASI的得分有高相關，顯示中文版臨床失智評量表在評量阿茲海默症患者實際功能表現時有良好的區辨效度。

位於聖路易的華盛頓大學有位約翰‧模里斯教授，他推行CDR的工作相當熱心，還為受訓者安排課程、頒發證書。模里斯教授來過臺灣兩次，與本地學者關係很好；成立於2006年的臺灣臨床失智症學會也定期舉辦繼續教育，宣導這些量表的施測。

神經精神量表（Neuropsychiatric Inventory, NPI）由康明思等人（Cummings,

et al, 1994）所發展出來，測量失智症患者可能出現的十種行為問題，包含妄想、幻覺、情緒失調、焦慮、激動攻擊性、欣快感、去抑制、不安、及不當行為，這些症狀常被稱作「非認知症狀」。提供訊息的人必須是充分了解病人行為的照顧者。NPI的好處是施測並不困難，同時，可以根據發生的頻率（frequency）與嚴重程度（severity）計算總分。神奇的是，分項總分與量表分數與腦容積、腦血流量等生物指標有很好的一致性。

六、如何預防失智症

對所有高齡者或關心這個族群的人而言，相信再也沒有比預防失智症更重要的事了！在此，筆者提供幾個公認的方法。

飲食內容，著重全穀飲食、多吃水果、蔬菜，少糖少油，並採地中海飲食食材，善用橄欖油，攝取維生素D3，同時也推薦莓類、咖哩、綠茶及咖啡也不錯；身體機能方面，宜加強運動的概念，但光說運動沒有用，建議有個理由或主題，例如賞花、遛狗等，這樣可以達到運動的「實質」效果。

用進廢退之說，經常動腦，無非是要建造腦銀行（cognitive bank）與社交活動，以增加神經網路，一旦腦中出現了病理變化，得以延緩發生臨床症狀的時間，在這一點上，最有名的莫過於西北大學的史諾頓教授的修女研究（The Nun Study），這群來自 the School Sisters of Norte Dame religious Congregation修女姐妹當年都簽了同意書讓科學家百年之後研究她們的大腦，後來，果然有130位修女的大腦交給神經病理科醫師做診斷，神經病理專家們依據嚴格的準則做出診斷，結果，有28個大腦被專家們診斷為中度，甚至嚴重的阿茲海默症，然而，這幾個大腦的主人在生前經由每年定期的認知功能檢查，卻是正常、或僅為記憶力障礙未達失智（Riely, et al., 2002），這代表病理變化與臨床表現未必一對一的關係，也說明後天的努力或習慣的養成，可以修飾大腦病變後的臨床表現。

筆者曾於成大醫學院舉行的社區演講中介紹失智症，提及一項來自美國曼哈頓、長期追縱1,772位原本認知健康老人的研究，說到有益於預防失智症的十三種日常活動（Scarmeas, et al., 2001），只要經常從事六項以上，就能減少失智症發生達38%，聽眾聽了表示值得宣導，以嘉惠廣眾，特此說明如表7-5。不過先聲明，這是一種概念，類似的活動應該有同樣的效果，大家無需拘泥於上述活動。

表7-5 益於預防失智症的十三種日常活動。

1.	打毛線、音樂或其他嗜好（knitting or music or other hobby）
2.	遠足、踏青（walking for pleasure or excursion）
3.	拜訪親友（visiting friends or relatives）
4.	親友來訪（being visited by relatives or friends）
5.	體適能訓練（physical conditioning）
6.	看電影、上餐館或看球賽（going to movies or restaurants or sporting events）
7.	看雜誌、報紙或書籍（reading magazines or newspapers or books）
8.	看電視或聽收音機（watching television or listening to the radio）
9.	擔任無給的社區志工（doing unpaid community volunteer work）
10.	打橋牌、麻將或類似活動（playing cards or games or bingo）
11.	俱樂部或活動中心（going to a club or center）
12.	報名參加課程或進修（going to classes）
13.	上教堂、寺廟或清眞寺（going to church or synagogue or temple）

綜合以上仔細看來，這都是健康的生活行爲，最好從年輕就開始做起，養成好的生活習慣與態度。

2004年底，筆者領導臺南地方人士成立熱蘭遮失智症協會（Zeelandia Dementia Association），這是國內第一個地方性的失智症人民團體，隔年，筆者提出「三動兩高、預防失智」的口號，與後來海外專家所提到的觀點、或者流行病學印證的，基本上一致，讀者不妨背起來，並身體力行，那就是頭腦要動、有氧運動、休閒活動、高度學習與高抗氧化。

　　這幾年，筆者與成大資工系郭耀煌教授團隊，陸續研發一套銀髮族的電視社交系統，以提升老年人與他人互動性與日常生活功能的保持（Fu, et al., 2010, Fu, et al., 2012）。

第五節　家有一老，如有一寶？

　　常人所說，老來經驗累積，處處旁徵博引，到底是什麼意思？早年的經驗，到底又如何影響老年的認知功能？

一、早年生活經驗的影響

　　教育程度與認知銀行對老年認知的影響一直是個很重要的議題，近年來，又因為與各種神經退化症所帶來的認知障礙，甚至失智產生關連，而被認為是重要的保護因子。現今的臺灣老人，受教育的年齡剛好碰上太平洋戰爭以及光復初期，沒有受教育多半是因為經濟問題，許多文盲或者小學教育者在商業領域嶄露頭角，表現出色，其豐富的人生經驗或可彌補完整的教育，但這究竟如何？仍有待研究。筆者曾於2002年受邀請到日本輕井澤（Karuizawa in Japan）就認知儲存對認知功能的影響發表演說，闡述以上理論，得到印度等國家會眾的熱烈回應。然而，接受有系統與理論基礎的教育對大腦必然有一定的影響，同時，受教育的年齡也成為重要的。在先進國家，教育程度可以反應大腦的完整性，因為教育普及，大部分沒有完成專科教育以上者都因為有疾病纏身，或者根本就是腦疾（Pai, Chan, 2001; Pai, 2002; Pai, Tsai, 2005, Chiu, et al., 2007）。

　　腦銀行（brain reserve）和認知銀行（cognitive reserve）乍看之下很類似，其實不太一樣。腦銀行強調腦的容積，這很容易會引起公憤，尤其是頭比較小的人。不過，已經有研究論文指出，大頭的人還是有好處，例如同等程度的腦外傷時，腦容積大者恢復較好，但是小頭者也不必難過，因為愛因斯坦的大腦也沒有比較大，只是比較多的皺褶，尤其是頂葉的位置，這裡正是高級大腦中樞之一。至於認知銀行則是強調功能性的部分，尤指後天性的教育或特殊訓練過程，本章稍前介紹的修女研究就是最好的代表。當年修女們進入修道院寫的自傳，分析這篇自傳的意念密度（idea density）與文法的複雜度（grammatical complexity），居然與後來大腦中產生的病理變化成反比；換言之，早年文章寫得好，後來得失智症的機會較低（Snowdon, et al., 1996）。然而，這究竟是先天還是後天（nature or nurture）的效果？實在是很難回答。

二、老人的記憶眞的比較差嗎？

首先，要對所謂正常老人下個定義是一件相當困難的事，尤其是談認知功能，大腦是主要器官，首先必須移除各種失智症的病理變化的潛在可能，這幾乎是不可能。再者，由於IQ是根據常模推算，因此，IQ當然不會隨年長而變差，但是老人的認知功能還是有些退步，到底造成退步的原因是什麼？可以從四個方面來看：中央處理器的速度、需要限時的表現、近程記憶的提取及學習。

雖然老人常抱怨健忘或記憶模糊，但是研究的結果卻告訴我們，這一類抱怨背後的問題往往出在新的學習上面，也可能是老人比較無法專注，而導致沒有學好，而非眞正的遺忘。許多認知功能依然維持得相當好，例如記憶的再認與利用熟稔的知識測試。

完成一項認知歷程或測驗，認知正常的老人所要動用的腦區可能多於年輕人，這代表捉襟見肘，也可能是退化性失智症的早期表現，但是，對於另外一種認知歷程，則可能出現相反的情況；同樣地，對於同時經歷的眞實發生的事件，如果老少一起回憶時，老人多用意旨式（gist）的描述事件，年輕人則重於仔細描述。

類似前述早來晚去LIFO的Retrogenesis的概念，也許有助於了解老化的過程（Reisberg, 1999）。

三、何時腦力開始走下坡

　　法國研究者Singh-Manoux A及其團隊在2012年發表在大英醫學期刊的一篇文章指出（Singh-Manoux A, 2012），過去人們認為腦力下滑是60歲以後的事，但他們發現早在45歲開始，如果在某些情況出現記憶力或推理的問題，很可能導致後來發生失智；正確的說，應該是失智症的最早期症狀很可能出現在45歲左右，這與造成失智症的病理變化開始出現大約是臨床診斷的20年前說法吻合。

四、不知變通或頑固

　　有時頑固是個性，有時是一個症狀。常有人說人老變得頑固，很有可能是來自前額葉功能失調、沒有彈性（inflexibility）或不知變通，基於自尊心沒有替代方案，大腦萎縮當然是直接原因，通往前額葉的神經網路被破壞更是常見好發於有高血壓、糖尿病、高血脂、抽菸、心臟病等血管危險因子的人。但是，老人認知功能的反應速度與執行功能（executive function）確有缺損。反應時間、敏感度精準度、警覺度、判斷力，這些都影響在日常生活中突發狀況時的應變。尤其是行車或行走的交通安全，到底幾歲應該回收駕照？當然，因人而異，一方面考慮人權與方便性，一方面又考慮到他人與自身的安全，這還得要監理機關多費點心了。然而，為數不少的老人大腦內充滿微小血管病變，導致皮質下病變，不僅造成動作遲緩，同時反應也變慢，這種因素實在很難去除；若真的要確認老化所帶來的影響，則應該選完全沒有血管因子，且腦磁振造影完全看不到小中風者，這有實務上的困難。讀者或許覺得本章介紹作業記憶的篇幅過大，其實不然。首先，老人需要更長的時間來處理一個問題，以現代語來說就是CPU稍慢，與年輕人相較，老人作業記憶的即時提取大約慢了一成左右。老人的認知功能一部分是自動化（automatic process）的歷程，這指一般人認為無吹灰之力即可獲取，例如瞬間記取一串數字、對眼前的景物或人臉過目不忘等，相對於加工化

（controlled process）的歷程，是比較不容易出問題的。

第六節　結論

　　表面上看來，正常的人很可能腦中的病理變化已漸趨飽和，很快就要將失智症狀逐一表現出來，這很容易會讓一般人誤以爲腦力下降、甚至失智是正常老化的現象。了解這種現象，有助於增進與老人相處之道，也幫忙分辨何者爲失智？何者爲正常老化？實在很重要。

　　弔詭的是，大腦最後成熟的系統，剛好也是許多疾病，如阿茲海默症等最早發生退化的系統，這些終其一生具高度可塑性的特質，也同時是神經退化最容易影響的部位（Mesulam, 2000）。

　　筆者學生時代接觸科學與哲學論戰的書，常提到目前科學尚無解答的三大芒刺，即意識（consciousness）、自由意志（free will）與價值觀（value），到今天還不是非常清楚，也許，只有研究老年認知功能才能獲得答案。

參考書目

一、英文部分

Baddeley A, Della Sala S.(1996). "Working memory and executive control." *Philos Trans R Soc* 1996; 351(1346): 1397-403.

Banerjee S, Hellier J, Dewey M, et al. Sertraline or mirtazapine for depression in dementia(HTA-SADD): a randomized, multicenter, double-blind, placebo-controlled trail. *Lancet* 2011; 378: 403-11.

Braak H, Braak E.(1996). "Evolution of the neuropathology of Alzheimer's disease." *Acta Neurologica Scandinavica*; 165(suppl): 3-12.

Cheng PJ, Pai MC.(2010). "Dissociation between recognition of familiar scenes and of faces in patients with very mild Alzheimer disease: An event-related potential study." *Clinical Neurophysiology*; 121: 1519-1525.

Chiu NT, Lee BF, Hsiao S, et al.(2004). "Educational level influences regional cerebral blood flow in patients with Alzheimer's disease." *Journal of Nuclear Medicine*; 45(Nov): 1860-3.

Cummings JL, Mega M, Gray K, (1994). "Rosenberg-Thompson S, Carusi DA, Gornbein J. The Neuropsychiatric Inventory: comprehensive assessment of psychopathology in dementia." *Neurology*; 44: 2308-14.

Folstein MF, Folstein SE, McHugh PR. (1975). "Mini-mental state". A practical method for grading the cognitive state of patients for the clinician. *J Psychiatr Res*; 12: 189-98.

Fu MH, Lee KR, Pai MC, et al. (2012). "Clinical measurement and verification of elderly LOHAS index in an elder suited TV-based home living space." *Journal of Ambient Intelligence and Humanized Computing*; 3(1): 73-81.

Fu MH, Lee KR, Pai MC, et al.(2010). "Development of TV-based elderly LOHAS living space system with innovation network services." *Images and Recognition*; 16(1):90-103.

Hughes CP, Berg L, Danziger WL, Coben LA, Martin RL(1982). "A new clinical scale for the staging of dementia." *Brith Journal of Psychiatry*; 140: 566-72.

Jheng SS, Pai MC(2009). "Cognitive map in patients with mild Alzheimer's disease: A Computer-Generated Arena study." *Behavioral Brain Research*; 200(1): 42-7.

Lee YT, Pai MC.(2012). "Recognition of personally familiar scenes in patients with very mild Alzheimer disease: Effects of low spatial frequency and low luminance." *Journal of Alzheimer's Disease*; 27: 65-72.

Liu CK, Lin RT, Lai CL, Tai CT.(1998). "A normative study of Chinese version of the Cognitive Ability

Screening Instrument." [abstract] *Acta Neurologica Taiwanica*; 7: 142.

Luria AR.(1973). "The parietal regions and the organization of simultaneous synthesis." In: AR Luria: *The Working Brain*. New York: Basic Books.

Mesulam MM.(2000). "A Plasticity-Based Theory of the Pathogenesis of Alzheimer's Disease." *Annals of the New York Academy of Sciences*; 924: 42-52.

O'Keefe J, Nadel L. (1978). *The Hippocampus as a Cognitive Map*. Oxford: Oxford University Press.

Pai MC, Chan SH.(2001). "Education and cognitive decline in Parkinson's disease: a study of 102 patients." *Acta Neurologica Scandinavica*; 103: 243-247.

Pai MC, Hsiao S.(2002). "Incipient symptoms of AD and effect of education on the onset age: a study of 155 Taiwanese patients." *Acta Neurologica Taiwanica*; 11(Jun): 66-69.

Pai MC, Jacobs WJ.(2008). Navigational disorder in patients with Alzheimer's disease. In: Chan AP ed: *Alzheimer's Disease Research Trends*. New York: Nova Science Publishers, Inc.: 275-288.

Pai MC, Jacobs WJ. (2004). Topographical disorientation in community-residing patients with Alzheimer disease. *International(2004)Journal of Geriatric Psychiatry*; 19(Mar): 250-255.

Pai MC, Lee CC, Yang YC, et al., (2012). "Assessment of Topographical disorientation in Alzheimer's disease: Development of the Questionnaire of Everyday Navigational Ability." *American Journal of Alzheimer Disease and Other Dementias*; (27)65-72.

Pai MC, Tsai JJ.(2005). "Is cognitive reserve applicable to epilepsy? The effect of educational level on the cognitive decline after epilepsy." *Epilepsia*; 46(S1): 7-10.

Pai MC, Yang SS.(1999). "Transient global amnesia: A retrospective study of 25 patients." *Chinese Medical Journal(Taipei)*; 62(May): 140-145.

Pai MC.(2008). "Delusions and visual hallucinations in dementia patients: focus on personal history of the patients." *The Tohoku Journal of Experimental Medicine*; 216(1): 1-5.

Pai MC.(2002). " Literacy and prospective memory in early AD." In: Yamadori A, Kawashima R, Fujii T, Suzuki K, Eds: *Frontiers of Human Memory*. Sendai: Tohoku University Press,(May): 115-124.

Palsson S, Skoog I.(1997). "The epidemiology of affective disorders in the elderly: a review." *International Clinical Psychopharmacology*; 12(S7): 3-13.

Reisberg B, Kenowsky S, Franssen EH, Stefanie A, & Souren LEM.(1999). "Toward a science of Alzheimer's disease management: a model based upon current knowledge of retrogenesis." *International Psychogeriatrics*; 11: 7-23.

Riley KP, Snowdon DA, Markesberg WR.(2002). "Alzheimer's neurofibrillary pathology and the spectrum of cognitive function: Findings from the Nun Study." *Annals of Neurology*; 51(5): 567-77.

Scarmeas N, Levy G, Tang MX, Manly J, Stern Y.(2001). "Influence of leisure activity on the incidence of Alzheimer's Disease." *Neurology*; 57: 2236-42.

Schacter DL, Addis DR, Buckner RL.(2007). "Remembering the past to imagine the future: the prospective brain." *Nature Reviews Neuroscience*; 8(9): 658-661.

Singh-Manoux A, Kivimaki M, Glymour MM, et al., (2012). "Timing of onset of cognitive decline: results from Whitehall II prospective cohort study." *British Medical Journal*; 344.

Snowdon DA, Kemper SJ, Mortimer JA, et al., (1996). Linguistic ability in early life and cognitive functions and Alzheimer's disease in late life. *JAMA*; 275(7): 528-532.

Squire LR.(1986). "Mechanisms of memory." *Science*; 232: 1612-19.

Teng EL, Hasegawa K, Homma A, Imai Y, Larson E, Graves A, et al., (1994). "The Cognitive Abilities Screening Instrument(CASI): a practical test for cross-cultural epidemiological studies of dementia." *Int Psychogeriatr*; 6: 45-58.

Toga AW, Thompson PM, Sowell ER.(2006). "Mapping brain maturation." *Trends in Neurosciences*; 29: 148-159.

Tu MC, Pai MC.(2006). "Getting lost for the first time in patients with Alzheimer's disease". *International Psychogeriatrics*; 18(3): 67-70.

Yakovlev PI, Lecours A-R.(1967). "The myelogenetic cycles of regional maturation of the brain." In: Minkowski A, editor. *Regional development of the brain in early life*. Blackwell Scientific; Oxford, UK. pp. 3-70.

二、中文部分

白明奇（2009）《忘川流域：失智症船歌》。臺北：健康世界出版社。

白明奇、林宜（2012）〈未來記憶〉《科學發展》。

白明奇（2005）〈逐嗅雙傑——2004年諾貝爾生理醫學獎〉《科學發展》，391，頁44-49。

松本清張著，邱振瑞譯（2008）《半生記》。臺北：麥田，頁15。

第八章　老年人的活動與運動

/官大紳

第一節　高齡化社會中老年人體能活動

高齡化社會的來臨，隨著老年人口在數目上與比例上的明顯急劇增加，伴隨而來的將是在公共衛生層面上、社會層面上與醫療層面上的巨大負擔。此一負擔又與在老年人口裡的慢性疾病（如：腦中風、心臟病、高血壓、骨關節炎、憂鬱症、糖尿病、肥胖症、癌症等），有著密切的關係。老年人的體能活動與慢性疾病的危險性，以及早發性死亡率（premature mortality），會有所關聯；而且和功能性的限制、失能（disability）的病況，與生活的滿意度，也會有相關。

活動（mobility）指的是身體在空間中移動的狀況，可以包括吃飯、穿衣、如廁、或是走路……等常見的動作。運動（exercise）也是身體活動的一種，指的是有結構性的、有步驟性的、有重複性的身體與肢體的動作，可以增進身體的體適能（fitness）。一個完整的活動，需要肌肉與骨骼系統來產生力量以執行動作，同時也需要本體感覺、前庭感覺，與視覺來作為動作的監控回饋系統，才能引導身體的部位在三度空間裡順利地做出各項的動作。活動的熟練與獨立，是漸進而有其發展順序性的：最先是在床上可以獨立翻身，然後是可以坐立起來，站立起來，接著是可以獨立地行走，然後才是上下樓梯，跑步，跳躍，與各式各樣更為複雜的動作。

一項關於健康老年人完全臥床10天的報告，發現他們會有肌肉蛋白合成30%的降低，瘦身質量1.5公斤的喪失，以及下肢肌力16%的下降。由此可以得知，完全靜止不動對於身體健康所須付出的昂貴代價，更驗證了保持身體正常活動力的重要性。

即使體能活動的好處已經很清楚，但65歲以上的老年人仍舊少於美國疾病管制局（CDC）的建議要求——40%其活動度，而且這個比例隨著年齡愈大會下降得更多。美國國家衛生統計中心（National Center for Health Statistics, NCHS）曾就2000年至2005年的國民健康訪問調查（National Health Interview Surveys, NHIS）資料，做過關於成年人體能活動（每天的日常活動和休閒體能活動）的資料分析，數據顯示，有從事規律休閒體能活動的成年人，從2000年的31.2%降低到2005年的29.7%；沒有從事任何休閒體能活動的成年人，從2000年的38.5%增加到2005年的40.0%；而整天都坐著的成年人，則從2000年的36.8%增加到2005年的39.9%（Barnes, 2007）。由此可見，美國成年人裡沒有保持規律體能活動的人口，比例是逐年升高的。

　　NCHS的資料還顯示，整天大部分時間都坐著的人口比例，在18至24歲之間是31.2%，25歲至44歲之間是33.3%，45歲至64歲之間是38.4%，而大於65歲的比例則是46.5%。沒有從事任何休閒體能活動的人口比例，則是30.6%（18至24歲之間），33.7%（25歲至44歲之間），40.8%（45歲至64歲之間），與51.8%（大於65歲）（Barnes, 2007）。另一份調查報告顯示，大於65歲以上的老年人口裡，有從事規律體能活動者的比例是26.2%，若老年人同時合併有失能的病況者，則其比例就降低為14.7%（McGuire et al, 2007）。由此可以顯示出，體能活動比例的降低，會隨著年齡的增加而有增加的趨勢，同時也與失能的病況有顯著的相關性。因此，老年人的活動功能，是保持身體健康與成功老化（successful aging）很重要的一個因素。

第二節　老年人體能活動的分類與評估

　　老年人活動能力的程度，可以約略分爲三種：無法行走的（nonambula-tory）、可以行走的（ambulatory），與可以使勁用力的（vigorous）。對於無法行走的老年人，床上翻身與坐起的活動、自我移位的技巧，與輪椅活動的技巧，都是重要而且是必需的。至於可以行走的老年人，則是要注意其行走的步態是否正常？能量的消耗是否有效率？以及行走安全的相關考量。老年人可以使勁地用力活動，表示他們具有執行較具挑戰性活動的能力，可以視爲是一種生理性儲備能力（physiological reserve）的指標。

　　老年人體能活動的評估方式，可以分爲三大類：自我評估、專業式的觀察，與直接式的測量。每一種類別，都有它們獨特的優點，但也都有它們的缺點。

一、自我評估（self-report）

　　這是最爲容易施做，而可以運用在大量人口調查的評估。它可以反應出受測者本身的意見，以及在一段時間裡活動能力的變化差異。然而，自我評估可能會因爲受測者在答題方面的可信度、準確度、拒答率，影響到整個評估的效益。同時，自我評估所使用的都是序位性的尺度（ordinal scales），對於細小些微而又重要的差異，是無法將它有效地區別出來的。典型的範例如：健康調查量表（Short Form-36）的生理功能問卷分數。

二、專業式的觀察（professional observation）

　　這種評估反應的是有經驗之評估者的意見，它可以反應出一段時間裡的變化，特別是當受測者無法配合做自我評估的時候，是頗有用處的。專業式觀察最大的缺點，是其準確度有很大的比重都取決於評估者的訓練與經驗，以及評估者與評估者之間的可信度。專業式的觀察，通常也是使用序位性的尺度，所以也是無法區別出細小些微而又重要的差異。典型的範例如：巴氏量表（Barthel index）、功能獨立量表（Functional Independence Measure, FIM）。

三、直接式的測量（direct measurement）

　　測量到的是獨立而客觀的事實，使用的則是定量性的尺度，因此可以將細小些微而又重要的差異區別出來。直接式的測量需要實地的測試，受測者的充分合作，以及整個測量過程的標準化。測量到的只是當時的活動能力狀況，並不能反應這一段時間以來活動能力方面上的變動差異。然而，直接式的測量能提供可以被量化的數據，能夠直接運用在臨床的狀況下，成為一種有用的研究評估方式。典型的範例如：簡短體能表現量表（Short physical performance battery, SPPB）、站起來行走的時間（Timed up and go），及6分鐘行走的距離（6-min walk）。

第三節　與體能活動有關的生理系統老化現象

　　老年人隨著年齡的增長，身體中多個器官功能會逐漸退步而老化，進而影響到正常身體的活動功能。以下僅就幾個與活動功能有相關的器官系統，簡述其隨著年齡而老化的情形。

一、心臟血管系統

　　心血管系統對於運動所發生的適應作用，在年輕人身上所看得到的，諸如：周邊血管動靜脈間氧氣分壓的增加，以及心臟體積、心搏作功（stroke work）、心輸出量（cardiac output），與左心室功能的增加，這些在老年人身上都不常見到。年齡老化對於心臟血管系統的影響，包括動脈血管的順應性（compliance）降低、收縮壓增高、左心室增大、壓力感受器（baroreceptor）靈敏度降低，與竇房結（sinoatrial node）的自主性降低。老年人的冠狀血管疾病（coronary artery disease）會使得左心室與左心房的壁層增硬與增厚，連帶地也會影響到體能活動時的適應能力。雖然靜止狀態下的心跳速率並不會隨著年齡的變化而變化，但是在運動時的最大心跳速率，則會隨著年齡的增加而逐步地降低，這主要是與對於腎上腺素刺激所產生之變時性反應（chronotropic responsiveness）的降低有關。臨床上用來預測最大心跳速率的公式，男性是：220－（年齡），女性是：190－（年齡×0.8），多少也反映了這個現象。由於血管壁上的壓力感受器靈敏度降低，老年人在由躺臥的姿勢轉變為坐立或站立起來時，其反射性心搏加快的能力會有所不足，所以老年人常常可以見到姿勢性低血壓的狀況發生。

二、呼吸系統

隨著年齡老化，肺臟功能也會逐漸地退化，換氣肺泡的數量會逐漸減少，細小支氣管也會產生塌陷，造成換氣灌流不平衡（ventilation-perfusion imbalance）的現象逐漸發生，這會導致血氧分壓（pO_2）隨著年齡而有線性關係的降低。呼吸系統的老化，測量的項目包括：肺活量（vital capacity）、最大自主換氣量（maximum voluntary ventilation）、呼氣流速（expiratory flow rate）、用力呼氣換氣量（force expiratory ventilation）。老年人到了70歲時，肺活量大概會降低40%至50%。

年齡逐漸老化以後，肋軟骨會有退化性的鈣化，這會使得胸腔肋骨廓變得僵硬，造成胸壁的活動度會降低。老年人在平躺的時候，因為胸廓活動狀況的改變，其血氧分壓會比其在坐姿或是站姿時還要低。同時，肋骨間肌與腹部肌肉也會逐漸弱化，肺臟組織彈性的降低（肺臟的順應性增加），也會造成細小支氣管的狹窄，導致氣管內氣流阻力的增加。因此，老年人在做體能活動時，就需要依賴呼吸頻率的增加，而不是依靠潮氣容積（tidal volume）的增加。對於相對性較小的衝擊（如：呼吸道感染，鬱血性心臟衰竭，貧血），或是來自於臥床不活動的影響，老年人會更為容易地遭受到低血氧（hypoxia）的傷害。

老年人的最大攝氧量（maximal oxygen consumption, VO_2max）會逐漸降低，這並不能完全歸咎於肺臟功能的因素，主要還是與體能活動受限制而使心臟功能減退有關係。最大攝氧量是心肺體適能與運動能力的一種整體性的評量，它主要是與心搏輸出量、肺部換氣量、周邊循環量的控制，及肌肉有氧化的能力，有所關聯。

三、肌肉系統

隨著年齡的增加，骨骼肌肉的質量與力量都會逐漸喪失，又被稱為肌少症

（sarcopenia）。肌肉細胞的數量會減少，肌肉蛋白質的合成也會減少，造成慢速收縮肌纖維（slow-twitch fiber）會比快速收縮肌纖維的比例要來得多。老年人要使肌肉做出最大程度的收縮能力會有限制，因此常常無法快速地產生出力量來。典型的肌少症通常不會造成體重的降低，主要是因為脂肪比例的增加。

超過60歲以上，肌肉的力量會以每年1.4-2.5%的速率消退。肌力降低的速率，在所有的肌肉群裡，並不是相同的。有研究數據顯示，膝部屈肌群肌力降低的速率，要比膝部伸肌群的還要大；男性手肘部屈肌群與伸肌群的肌力降低速率，比女性的還要大。

四、骨骼系統

老年人發生骨質缺乏症（osteopenia）與骨質疏鬆症（osteoporosis）的比例會大大地增加。骨質缺乏症的定義是其骨頭密度小於正常年輕人數值一個標準差〔T積分（T score）介於-1.0至-2.5之間〕，而T積分小於-2.5者就是骨質疏鬆症。發生骨質疏鬆症的危險因素，包括年紀、家族史、抽菸，與使用類固醇。女性在更年期（55歲）過後，就容易發生，男性一般要到75歲以後才會較為常見。骨質疏鬆症的患者一不小心就容易產生骨折，好發在手腕部、髖骨部，與脊椎部，對於後續日常生活的活動與照護，產生很大的影響。

五、關節系統

70歲以上的老年人，男性約有50%，女性約有60%，都會有關節炎的問題。退化性的關節病變在老年人是相當常見的，其中以骨性關節炎（osteoarthritis）最為常見。由於關節內軟骨的退化，會破壞到整個骨骼關節的正常結構，連帶地影響到關節周邊的韌帶、肌腱、與軟組織，最後會導致關節的僵硬與攣縮

（contracture），嚴重地限制了關節的活動度，對於日常生活會產生極爲不良的後果。

六、行走功能

　　行走（walking）可以說是人類生活中最爲基本的一種任務性活動。行走的速率要能夠快，在髖關節的伸展，與踝關節的背屈與蹠屈，必須要能有較大的活動範圍。年齡會影響到正常行走的機制，隨著年齡的老化，行走的速度會逐漸變慢，步伐的長度也會變短，雙腳支撐期（double-limb support）會延長，而支撐底面積（base of support）也會加大，骨盆旋轉的角度會降低，姿勢反應的速率也會變慢。相較於年輕人，老年人在行走的時候，足踝部的使力較爲不足，會以髖部的屈曲來做代償。因此，老年人的行走姿態，胸椎會顯得更爲後凸（thoracic kyphosis），骨盆會更爲往前傾斜，髖部會較爲屈曲，而足部會有較爲往外旋轉的姿勢。

　　對於沒有神經學病變、認知障礙，或心肺疾病的一般正常老年人，直到63歲以前，其行走速率大約是每年下降0.2%，63歲以後則增加到每年下降1.6%。居住在社區裡的老年人行走有困難者，約爲8%至19%，而居住在護理安養機構裡有行走困難的老年人，比例則會增加到67%（Alexander, 1996）。研究調查發現，與老年人實際發生跌倒有相關的因素，是步伐與步伐之間長度變異性的增加，步伐與步伐之間速率變異性的增加，與雙腳支撐期的時間增加。

七、神經系統

　　年齡老化時神經系統的功能會產生有許多種變化，主要可以從三大方面來看，包括：短期記憶的減損、運動性活動的速度降低（與神經中樞處理訊息過程緩慢有所關聯），和本體感覺（proprioception）、姿態、步態的損壞。在限定時間內的運動性，或認知性的測試（包括：抽象性的測試、反應時間的測試，以及其他需要速度來處理新訊息的測試），其執行能力都會在20歲以後逐漸變差。雖然，運動神經與感覺神經的傳導速度，和肌肉收縮的速率，也都會隨著年齡的增加而有減低的現象，然而這些變化只占一小部分而已。

　　與年齡老化有關的神經生理變化，還包括：本體感覺、姿勢，與步態。老年人通常都會逐漸顯現出協調力（coordination）與平衡力的減退，此與本體感覺的障礙有關，而且對於老年人的活動度與穩定度會有很大的影響。其他老年人常見的併存疾病，如：腦中風、巴金森氏症、關節炎、脊椎壓迫性骨折……，也會對姿勢與步態產生顯著的影響。

八、五官系統

　　視力會隨著年齡的增加而衰退，老年人常見的眼科問題，包括白內障、青光眼，與黃斑部退化。老年人的聽力退化也很常見，主要是先從高頻的聽力喪失開始，最後才是低頻的聽力受到影響。視力與聽力的退化，會顯著地影響到活動的執行與行走的安全。

第四節　體能活動的好處與適當的運動計畫

一、體能活動對於老年人的好處

　　老年人規律的體能活動，對於身心健康都有很大的益處，其主要的益處是可以降低疾病與殘障的發生，同時也可以增進功能並改善生活品質。依目前實證醫學的證據來看，可以分為下列三大類（Bassem E and Higgins KE, 2010）：

　　(一) 有強烈證據者：1.心肺體適能與肌肉體適能的改善。2.預防體重的增加。3.合併健康飲食而有的體重降低。4.預防跌倒。5.降低憂鬱症。6.改善老年人的認知功能。7.降低各種疾病的危險性，諸如：早期死亡、心臟病、腦中風、第二型糖尿病、高血壓、血脂異常、代謝症候群、大腸與乳房的癌症。

　　(二) 中等至強烈證據者：1.改善老年人的功能。2.降低腹部的肥胖症。

　　(三) 中等證據者：1.髖骨骨折的危險性降低。2.增加骨質密度。3.體重減輕以後能持續維持體重。4.改善睡眠的品質。5.降低肺部癌與子宮內膜癌的危險性。

二、擬定適當的活動計畫

　　擬定一個活動計畫，很重要的是要囊括每一種被建議的活動型式。這樣的計畫應該要描述出每一個活動何時？何地？以及如何地被執行？應該要隨著時間而漸進性地增加其活動量。有慢性疾病的病人，其活動計畫裡也需要有預防性與治療性的策略。照護者應該要鼓勵老年人盡量參與體能活動，可以改成多次性的短時間活動，使其能達成每週建議活動總量的目標。鼓勵老年人規律地自我監測體能活動，並且依照他們活動能力或健康狀態的改變，隨時重新評估他們的活動計畫。

　　活動的程度需要與身體的狀況做配合，此外，增進平衡力與柔軟度的活動也很重要。根據美國運動醫學學會（the American College of Sports Medicine, ACSM）的建議，有氧運動與肌力加強運動是達成健康老化很重要的活動步驟。有氧運動的進行最好能貫穿整個禮拜，每次起碼要持續10分鐘以上。肌力加強運動應該要針對身體的主要肌肉群，包括：胸部肌肉群、肩部肌肉群、上臂肌肉群、腹部肌肉群、背部肌肉群、臀部肌肉群，與腿部肌肉群，每個活動要做8至12次。

　　2008年美國衛生人力部（the United States of Department of Health and Human Services）出版了2008年版的「美國人體能活動指引」（the 2008 Physical Activity Guidelines for Americans），對於美國成年人提供了一個規律性且特定性之體能活動的最低限度要求。比較特別的是，這個指引只建議出每週應該要有的體能活動總量，允許每個人可以針對個別的狀況再做細部的活動規劃。這個活動指引當中，關於老年人適當而又益的體能活動，有如下的規範：

(一) 老年人要達成重要健康益處之最低限度活動

　　1.中等強度的有氧性活動（如：快步疾走）每週2個小時又30分鐘（150分鐘），外加每週最少兩天的肌力加強活動。

　　2.激烈強度的有氧性活動（如：慢跑，長跑）每週1個小時又15分鐘（75分鐘），外加每週最少兩天的肌力加強活動。

　　3.合併中等強度與激烈強度的有氧活動，程度相當於上述的要求，外加每週最少兩天的肌力加強活動。

(二) 老年人要達成更多健康益處所需要增加的活動

　　1.中等強度的有氧性活動每週5個小時（300分鐘），外加每週最少兩天的肌力加強活動。

　　2.激烈強度的有氧性活動每週2個小時又30分鐘（150分鐘），外加每週最少兩天的肌力加強活動。

3.合併中等強度與激烈強度的有氧活動，程度相當於上述的要求，外加每週最少兩天的肌力加強活動。

三、老年人與阻抗型運動

阻抗型運動（resistance exercise）又可稱為肌力訓練（strength training），通常所見到的模式有：中等程度的阻抗型運動合併多次的反覆次數，或高程度的阻抗型運動合併少量的反覆次數。前者比較著重在肌耐力的訓練，後者則著重在肌力的增強。許多橫斷面的研究都已經顯現，肌力會隨著年齡的老化而降低。在40歲左右肌力會達到頂峰的狀態，到80歲以前肌力大約會有30%至40%的降低。年齡愈大的時候，肌力降低的速度也會愈快。然而，大多數的研究多只測量到肌力，卻很少會測量到肌爆發力（power）。近來逐漸有證據顯示，肌爆發力衰退的比例要較肌力衰退的比例還要大，有報告指出約略是大過10%。

對於老年人的體能功能狀況，肌爆發力相較於肌力會是一個更為強烈的決定因子。跌倒過的老年女性，相較於沒有跌倒過的老年女性，其下肢肌爆發力是降低的。因此，在擬定老年人的治療與訓練計畫時，不僅要把目標擺在肌肉質量與肌力的保存，還必須要把肌爆發力包含在內。

(一) 肌肉質量（Muscle Mass）

以橫切面的面積所計算的肌肉大小，與其所能產生的力量，是有密切的相關性，可以說，肌力若有40%的減損，則其肌肉質量也大約有30%～40%的消失。

(二) 肌肉纖維（Muscle Fibers）

肌肉纖維有兩種：快速收縮（fast twitch）肌纖維，與慢速收縮（slow twitch）肌纖維。快速收縮肌纖維可以很快地產生出高的張力，但只能維持很短的時間，擁有高的無氧化（anaerobic）能力。慢速收縮肌纖維可以持續張力一段較長的時間，比較不容易疲勞，擁有高的有氧化（aerobic）能力。

隨著年齡的老化，肌肉質量會逐漸喪失，但是哪一種肌纖維喪失得比較多？還沒有定論。由於肌肉的可塑性較高，且多半能反應出其肌肉活動的形態，老年人較少從事快速的活動，因此快速收縮肌纖維可能會消失得比較多。

(三) 運動單元（Motor Units）

良好的肌肉運動功能，需要有一群彼此協調的肌肉纖維，以及支配這些肌纖維的運動神經元細胞（motor neurons），這樣一個組群就稱為：運動單元。運動神經元細胞會控制它所支配之肌肉纖維的大小、收縮的時間、酵素的活性，與阻抗疲勞的耐力。近來已有更多的證據顯示，運動單元的數目會隨著年齡的老化而減少。因此，神經學上的機制可以解釋許多與年齡老化有關的肌肉變化。

(四) 肌力訓練（Strength Training）的生理學效應

肌力訓練的方式，又可分為等長收縮（isometric）運動、等張收縮（isotonic）運動，以及等速收縮（isokinetic）運動。阻抗型訓練所使用的大部分器具（如舉重、啞鈴），牽涉到的多是等張性收縮。肌力訓練之相對強度，是以一個人一次可以舉起之最大重量，又稱為一次最大重複（one-repetition maximum or 1RM）。

大部分的阻抗型運動訓練計畫是要求受訓者對每一種運動執行規定的動作組數（通常是1～3組），每一組要重複做規定的次數，以及規定的1RM百分比的強度。重複的次數要依照動作的強度來做決定，例如：70% 1RM的強度通常可以重複10至12次，而80% 1RM通常只重複6至8次。當有多組的運動需要訓練時，每一組運動的相對強度可以先被固定（如：80%），然後再逐組地增加（70%，80%，90%），或是逐組地降低（90%，80%，70%）。依據美國運動醫學會與美國心臟學會的建議，老年人應該在不連續的兩天裡，訓練8至10組的運動，每一組重複操作10至15次。

慢性阻抗型運動訓練的效應，可能是有害的。相較於年齡相仿的男性，有經過阻抗型訓練的中年男性其動脈的順應性下降的程度會比較大。對於健康的年輕男性來說，經過4個月的阻抗型訓練以後，其彈性大動脈的順應性也會降低。這些觀察的確切原因尚未釐清，可能原因之一是阻抗型訓練時所產生的急性、間歇性的小動脈血壓增高，可能會造成動脈血管壁平滑肌組成的增加，並且加強膠原纖維與彈性纖維的負荷承受性質。可能原因之二是訓練過程當中，高過平常水平的交感神經活性。阻抗型訓練對於與年齡相關的血管內皮細胞功能的影響，仍舊未明。

(五) 肌力與肌爆發力的效應

關於老年人的運動訓練，以往大部分施行的多是耐力型運動的研究，近年來，阻抗型運動的研究才有逐漸增加的趨勢。這些運動主要多是等張收縮性的，有著固定阻抗力的運動，通常都延續約2至6個月之久。老年人施行漸進式的阻抗型運動訓練，都會得到肌力加強的效果，而有些研究也會顯現出在站立、行走速度、爬樓梯等功能方面上的進步。

運動訓練的強度（intensity），被認為是決定訓練結果最重要的因素。有些研究使用低強度與中等強度的阻抗型訓練，結果只得到些許的肌力改善（10%-25%）。另外一些對於健康而又體能不佳的成年人，施予較為激烈費力的訓練，強度約略是80% 1RM，其結果則有明顯的肌力增強效果（50%-200%）。

以增加肌爆發力為主的阻抗式訓練，通常都是有快速地（盡可能地快）的向心性（concentric）收縮動作，搭配著慢速的離心性（eccentric）收縮動作（持續約2-4秒），這和一般典型的肌力訓練有著相同速度的向心性與離心性地收縮動作，是很不一樣的。高速度性的，或花大力氣的運動訓練，可以增進老年人的肌爆發力與身體的功能。然而，訓練時所需要之最適當的負荷量，仍須要進一步釐清，有部分還是要依照希望達成之目的來做決定，譬如：輕度用力的訓練（20% 1RM）可以在站姿的平衡方面得到較大的進步，而較重度用力的訓練（50-80% 1RM）則會在肌力與耐力方面得到較大的進步。此外，須要再強調的是，確保訓練運動之前要有周詳的醫療檢查篩檢，訓練當中要有專業的監督，才能避免不良的意外傷害事故發生。

四、老年人與耐力型運動

對於人體之耐力型運動能力（endurance exercise capacity）最適當的生理學測量，就是在最大的運動程度下測量其對於氧氣的耗用量，又稱爲最大攝氧量（maximal oxygen uptake; VO_2max）。不論是男性或是女性，研究均顯示最大攝氧量會隨著年齡的老化而有降低的趨勢。當VO_2max是以每公斤體重在每分鐘內所消耗的幾毫升氧氣（ml/min/kg）來作爲表示的時候，其運動能力每年大約會下降1%。對於年輕與年老的耐力型運動員，以及一般活躍型的成年人做橫斷面研究調查發現，隨著年齡老化，VO_2max下降之曲線的斜率，並不會比靜態生活型之對照組的斜率要來得更爲陡峭。事實上，研究數據發現有保持習慣性運動的人，可以減緩隨著年齡老化而VO_2max下降的速率高達50%以上（每年0.5%，相對於每年1.0%）。

如果依照運動訓練的程度來看，訓練程度很激烈的人其VO_2max下降的速率是每年-0.3%；訓練程度中等的人，其VO_2max下降的速率是每年-2.6%；訓練程度低的人其VO_2max下降的速率則是每年-4.6%，然而，即便是運動訓練程度低的人，其VO_2max仍舊維持得比靜態型生活的人還要來得高（74歲的33.8 ml/min/kg，相對於70歲的25.8 ml/min/kg）。因此，保持較高體適能的活躍生活形態，藉由維持比日常生活功能所需還要再高的運動能力，可以對未來的老年生活提供更多的保護作用。

(一) 耐力型運動能力的中樞性（心血管性）因素

最大攝氧量（VO_2max）等同於最大心輸出量（maximal cardiac output; Qmax）與肌肉從血液裡擷取氧氣〔動靜脈血含氧差（a-VO_2 difference）〕之最大能力的乘積。因此，決定VO_2max的因素包含有中樞性（心血管性）的成分，與周邊性（主要是肌肉）的成分。耐力型運動能力之中樞性因素的消退，會實質上造成與年齡相關之VO₂max的降低。老年人心臟血管系統的變化，一般與高血壓所產生的變化相類似，先由輕微的血管硬化做開端。在體能運動時的壓力狀態下，心臟血管系統之生理作用的改變是最為明顯的，其中最為顯著與一致性的變化就是最大心跳速率的降低。在最大程度的運動狀態下，年輕人與老年人之間的差異會更為明顯。目前大多數的研究都同意，對於最大運動程度之中樞性反應的降低，會大幅地造成老年人VO₂max的降低。至於VO₂max的降低，是來自於最大心跳速率的降低？還是來自於心搏量（stroke volume）的降低？仍有待進一步研究的釐清。

(二) 耐力型運動能力的周邊性因素

　　許多研究都一致性地顯示出，身體的組成會隨著年齡的老化而有重要的變化，包括脂肪質量（fat mass）的增加，與非脂肪質量（fat-free mass; FFM）〔或稱為瘦體質量（lean body mass; LBM）〕的減少。此外，肌肉質量在FFM裡占有的比例，也會隨著年齡的老化而逐漸變小。有幾個研究，仔細地篩檢過老年人，確認了FFM的差異，可以部分地用來解釋在年齡老化上VO₂max的差異。

　　一個橫斷面的研究，調查非常健康之男性與女性的肌肉質量，以24小時肌酸酐（creatinine）的排出量來做評量，發現在30歲至70歲之間下降了23%。如果將肌肉質量的下降予以常規化以後，VO₂max隨著年齡老化而下降的斜率就會明顯地變得平緩許多，因而也會使經由年齡所預測之VO₂max下降值降低（男性是39%相對於18%，女性是30%相對於14%）。原本與年齡有相關的VO₂max下降值，大約有一半是可以由與年齡有相關之肌肉質量的喪失來做解釋（Fleg and Lakatta, 1988）。

　　其他與年齡有相關之VO₂max下降值有關聯的周邊性因素，是動靜脈血含氧差的衰減，包括引導血液流向作用中之肌肉的能力降低，以及老化之肌肉細胞使用氧氣的能力降低。

(三) 耐力型運動訓練的生理學效應

1. 對於身體組成的效應

　　如同前面所述，隨著年齡老化FFM或LBM會有顯著的喪失，主要是骨骼肌肉質量的減損。這樣的減損，在30歲至80歲之間，估計每十年約為6%，不過最近的研究認為這種減損的速率有降緩的趨勢，這可能是因為近年來肥胖症盛行率有增加的關係，因而對於LBM產生了「保護」的效果。隨著年齡的增加，身體內的脂肪組織會逐漸堆積，而過多的體內脂肪則是老年人身體功能損害的重要決定因子。尤其重要的是，隨著年齡的老化，脂肪會偏好以聚集在身體中央部位的方式來做堆積，這種中央性堆積的脂肪是許多與肥胖有關的、或與老化有關的代謝異常病況，一個很重要的危險因子。

　　體能活動非常活躍型的老年人，其全身型肥胖症的比例會比靜態生活型的老年人還要來得低，身體脂肪比靜態生活型的大約減少10%。此外，調查健康男性的老年人，可以發現VO_2max與中央型的肥胖（以腰圍與臀圍的比例來做定義）有互成反比的相關性。然而，活躍型與靜態型的老年人相互比較，兩者之間FFM與LBM的差異並不大。耐力型運動的訓練可以在老年男性與女性的身上，讓身體脂肪的百分比或是全身的脂肪質量產生少量但是顯著的降低。有研究追蹤從事密集耐力型運動訓練的老年人長達6個月到12個月，發現有2.5%身體脂肪（約1.5～3公斤的脂肪質量）的喪失。雖然是少量的全身性脂肪降低，但喪失的部分主要是中央性分布的脂肪。老年人從事耗費體力的運動訓練時，可能在沒有訓練的時間裡其日常生活活動會有代償性的降低，因此整體來看其能量的消耗並沒有增加，這是需要提醒注意的。

2. 對於心臟功能的效應

　　相較於靜態生活型的老年人，有經過良好運動訓練的老年人會顯現出較高的最大心輸出量。這些較高的心輸出量，可以解釋運動訓練過的老年人會有較高的VO_2max。VO_2max與左心室的功能表現，則呈現一種線性的相關性。有證據顯示左心室對於耐力型運動訓練的反應，會有性別特異性、與年齡特異性上的差異，其心臟舒張功能的改善會顯現在年輕、年老的男性，以及年輕的女性身上。至於年老的女性，在耐力型運動訓練下並沒有顯現出增加的最大心輸出量，是否是因為雌激素（estrogen）在心血管系統對於運動的適應性上扮演角色，仍有待研究來做進一步的釐清。

3. 對於VO₂max的效應

某些愛好運動的人能夠維持著較高程度的耐力型運動能力，一直持續到老年。對於先前是靜態型生活而又健康的老年人，施予耐力型運動訓練計畫，其體適能的反應會與年輕人的反應相當。VO₂max的進步程度，視其運動的形式與期間而定，通常都在10%-30%之間，男性與女性都差不多。此外，當以相同的訓練計畫與強度來訓練年輕人與老年人時，其VO₂max的改善進度也是約略相等的。

健康的老年人可以接受小心監測下較為密集程度的耐力型訓練（例如：85%的儲備心跳率（heart rate reserve; HRR = 0.85〔（HR max（最大心跳率）－ HR rest（休息時心跳率）＋ HR rest）〕，這樣的訓練是可以容許些許損傷事件發生。事實上，決定損傷事件發生的要素，運動時的速度要比運動訓練全程的強度還要來得重要。許多研究的結果都顯示，臨床上中等程度的訓練計畫，大約是50%儲備心跳率的訓練，都可以達到心臟血管系統方面的進步。此外，低程度到中程度的運動訓練，如果持續一段足夠的時間以後，也能在新陳代謝方面有所改善。短程（約10分鐘）而多次的訓練，與長程而單次的訓練，其運動效果是相當的。

4. 對於內皮細胞（endothelial cell）功能的效應

血管的老化，包括彈性大血管之順應性（compliance）的降低（血管硬化），以及血管內皮細胞的功能障礙，是與年齡有關之心血管疾病一個很主要的獨立因子。靜態生活型的成年人，隨著年齡的增長，即使沒有心血管疾病，其血管的順應性與血管內皮細胞的功能也都會降低。橫斷面的研究發現，有接受過耐力型運動訓練的中年男性與老年男性，其與年齡有關之血管順應性的喪失效應，會有所減緩。耐力型運動訓練也會讓停經後的女性，減輕其雌激素缺乏在血管順應性上的負面效應。此外，血管的內皮細胞功能在有耐力型運動訓練過的男性身上，也會有所保存。對於以前是靜態生活型的中年男性與老年男性，縱斷面的研究顯示短時期的有氧運動訓練可以恢復某些喪失的血管順應性，並且完全地恢復血管內皮細胞的功能。對於以前是靜態生活型的停經後婦女，而且有長期服用賀爾蒙藥物治療者，短時期的有氧運動訓練可以將血管的順應性回復到停經前的狀態。

第五節　體能運動與老年人常見之病況的關係

一、動脈粥樣硬化性的心血管疾病（Atherosclerotic Cardiovascular Diseases）

增加體能活動可以降低動脈粥樣硬化性的心血管疾病，這樣的論述是來自於各種研究的結論，包括：1.猴子食用飽和脂肪與膽固醇含量高的食物以後，發現運動可以減輕其飲食所帶來的壞處。2.在活動型工作與靜態型工作的工人裡，比較其心臟病發生之比例的回溯型研究。3.人口學的調查顯示在極度活躍的社區裡，其缺血性心臟病的盛行率是降低的。一項針對哈佛大學校友所做過的調查，也發現若休閒時期裡的體能活動每週消耗超過2,000大卡的話，則其心臟病發作的危險性可以降低超過50%。

一項針對居住在夏威夷而沒有抽菸之日本男性的研究，總共蒐集707位，追蹤了12年，發現每天走路少於1英里者，相較於每天走路超過1英里者，其整體的死亡率會有50%的增加。走路每天超過2英里者，其在第12年時的累積所有原因死亡率（all-cause mortality），這個數值在最為靜態生活型的組群裡，在第7年就已經達到了。在第12年，靜態生活型組群的累積死亡率，是最為活躍生活型組群的兩倍（Hakim AA et al, 1998）。

另一項追蹤長達16年的研究，比較最低運動量（每天約5分鐘的休閒體能活動）與輕度至中度運動量（每天約23分鐘），發現前者擁有較高的心血管疾病死亡率與所有原因死亡率，而且活動再更加劇烈也不會再提供更多的保護作用。這個研究的結論告訴我們，靜態性的生活型態會罹患較多的心血管疾病，而輕度至中度的體能活動則可以減低這種危險性。

還有一項針對將近1,300位芬蘭的中年男性，追蹤11年前瞻式的世代研究，查證了心肺體適能（cardiorespiratory fitness）與心血管疾病死亡兩者之間的關係，結果發現體適能低的群組（VO$_2$max < 27.6 mL/kg或 < 8 METs）的心血管死

亡率要比體適能高的群組（VO$_2$max > 37.1 mL/kg 或> 10.5 METs）高出三倍之多，由此可見，體適能對於整體心血管疾病死亡率的影響效應，而其主要的保護效益則發生在9 METs以上（Laukkanen et al, 2001）。

二、高血壓（Hypertension）

大多數橫斷面的，或世代的研究都發現，生活較為活躍的人其收縮壓與舒張壓會有些許的降低（大約是5-10 mmHg），但是這種差異的幅度，還要看運動的型式與強度，以及量血壓時身體擺位的姿勢，才能做判定。整體而言，運動對於較為年老者的高血壓，尤其是輕度到中度的高血壓，其效果是顯著的。

一項針對54個隨機對照性研究所做的統合分析，發現經過標準的耐力運動訓練以後，可以讓收縮壓與舒張壓降低3-4 mmHg。對於低強度至中等強度運動的血壓降低效果，研究顯示其與激烈運動的降壓效果是相當的。事實上，即使是輕度的太極拳運動，也能對靜態生活型之高血壓的老年人產生降低血壓的效果。雖然有姿勢性低血壓的老年人要小心提防突然用大力氣運動時的血壓降低效應，對於有姿勢性眩暈（orthostatic dizziness）與昏厥前期（presyncope）的老年人，慢性耐力性的運動訓練仍然是有益處的。

關於肌力訓練對於血壓所造成的影響，目前現有的研究數據仍然不夠充分，因此還沒有一致性的結論。高強度的阻抗式運動訓練，尤其合併有閉氣用力的動作（Valsalva maneuver），會產生血壓過度升高的效應。不過，如果是低強度至中等強度的肌力訓練運動，並且有適當的呼吸技巧，這樣就可以比較不需要擔心。漸進性阻抗式運動訓練對於靜止時的血壓影響，隨機對照性實驗的統合分析顯示可以降低收縮壓與舒張壓約3 mmHg，這樣的血壓降低效應對於心臟血管系統是有顯著的改善效果。然而，儘管肌力訓練可以降低血壓，有些研究卻也發現其動脈血管的順應性會變差。因此，耐力型運動訓練對於血管的阻力與內皮細胞的功能所帶來的正面效應，可能與阻抗型的運動訓練並不相關。

三、血脂異常（Dyslipidemia）

血脂異常在老年人口裡是相當常見的。與靜態型生活者相比較，有運動訓練過的老年人都會顯現出降低的三酸甘油脂（triglyceride, TG），降低的極低密度脂蛋白膽固醇（very-low-density lipoprotein cholesterol, VLDL-C），與升高的高密度脂蛋白膽固醇（high-density lipoprotein cholesterol, HDL-C）。值得注意的是，許多研究都沒能顯現出體能活動對於總膽固醇（total cholesterol）與低密度脂蛋白膽固醇（low-density lipoprotein cholesterol, LDL-C）所產生的影響。

在年輕人與中年人身上，對於每週跑步運動超過10英里以上者，可以發現到運動與高密度脂蛋白膽固醇（HDL-C）之間存在有劑量反應效應（dose–response relationship）的關係，但是跑步運動小於這個里程者，則沒有發現到這種相關性。對於老年男性與老年女性所做的一項研究，分別從事中等程度或激烈程度的運動達一年，結果並沒有發現到HDL-C有增加。但是經過2年的運動以後，兩種不同運動程度的組別都顯現出些許但是顯著的HDL-C增加。事實上，在運動較為頻繁而強度略微稍低的組別，其HDL-C增加的幅度是比較大的。另外，要讓運動訓練達到HDL-C升高的效果，體重減輕（尤其是腹部內脂肪的喪失）可能是必須要的。

關於運動訓練對於血清中脂蛋白的影響，男性與女性之間還是有差別的，其中女性通常會顯現出很少或是沒有影響的，特別是關於HDL-C。這種與性別有關的差異，確切的原因尚不完全明瞭，可能與婦女停經前血清中的基礎脂蛋白濃度有關，或是男女之間的身體組成、或腹內脂肪堆積對於運動訓練影響的差異有關。

四、葡萄糖耐受性異常與胰島素阻抗（Glucose Intolerance and Insulin Resistance）

　　有經過良好體能訓練過的老年人，其葡萄糖的耐受性與胰島素的敏感性都是正常的，或是接近於正常。臨床觀察發現，年齡老化通常會伴隨有體能不活動、肥胖症，與脂肪的中央性分布。這些彼此交互影響的因素，也與葡萄糖耐受性異常和胰島素阻抗有所關聯。

　　運動有一項很重要的功能，就是能夠預防糖尿病的高危險群個案將來發展成為真正的第二型糖尿病，這些個案包括：有第二型糖尿病的強烈家族病史者，有過妊娠性糖尿病、中央型肥胖症、葡萄糖耐受性異常、高胰島素血症（hyperinsulinemia）、高血壓、代謝性症候群（metabolic syndrome）的個人病史者，以及靜態型生活的人。

　　有一項糖尿病預防計畫（Diabetes Prevention Program）的研究，針對3,000多位有葡萄糖耐受性異常而仍不是糖尿病的個案，隨機分配為3組：控制對照組，降血糖藥物（metformin）組，與生活形態改變組，平均追蹤約3年。最後發展成為真正第二型糖尿病者，三組個別的盛行率分別是11.0，7.8，與4.8每100人／年，其中生活形態改變組的盛行率比降血糖藥物組的還要低39%。而要產生有效果的生活形態改變，平均起碼要有6公斤的體重降低，或是每週有6個代謝當量（MET）／小時的休閒活動增加。而且，生活形態改變的效應，在老年人族群裡會更為明顯。因此，體能活動對於改善糖尿病老年人的葡萄糖耐受性與胰島素敏感性，是具有功效的（Diabetes Prevention Program Group, 2002）。

五、骨質疏鬆症（Osteoporosis）

　　骨頭的密度隨著年齡的老化而降低，已經是眾所周知的事。骨質疏鬆症所導致的骨折，女性比男性更為常見，主要發生在髖骨部、脊椎骨，以及手腕部。動物實驗已經確認機械力學的負荷對於骨頭塑形的重要性，並且，骨頭增生的反應是局部性地發生在壓力所負荷到的骨骼部位，而不是全身性地發生。另外，動物實驗的結果也顯示，每天多次性的短暫式運動，要比每天單次性的長久式運動，在保持骨骼健康方面更為有效果。

目前一般的研究報告認為，成年人體能運動的主要益處是在保存骨質，而非增加骨質。然而，一項研究網球選手他們慣用側手臂肱骨的皮質骨厚度，發現其比非慣用側的肱骨還要厚約30%。比較月經正常的女性慢跑者與一般普通活動的女性，發現其骨小樑（trabecular bone）的密度大約高出5%至10%。從事肌肉鍛鍊運動（如：舉重），或是跳躍運動（如：打排球、體操）的運動員，都傾向於有骨質密度的增加。這些研究數據都顯示出，年輕人從事運動可能可以增加骨質密度，這對於老年以後的骨質缺乏仍是有保護預防作用的。停經後的婦女，相較於沒有運動的對照組，運動能夠增加她們的骨質密度最多達5%，但通常平均只有增加1%至3%。雖然學理上認為肌力訓練式的運動比較能夠增加骨質密度，事實上阻抗式的訓練運動或重量負荷式的耐力運動在骨質密度增加上的程度是相當的。

關於運動對於預防骨折的效果，目前還沒有隨機對照性的研究報告。然而，有前瞻性的世代研究報告指出，活動度與髖骨骨折的發生率有互成反比的相關性，也就是每週走路的時間愈多，走路的速度愈快，其發生髖骨骨折的機率較低。因此，對於任何一個年齡層，增加體能活動的運動都是值得倡導的，這樣才能保存更多的骨質密度，避免跌倒與骨折的意外事件發生。

六、關節炎（Arthritis）

關節炎是老年人功能損壞一個很重要的因素。儘管顧慮到運動可能會對關節炎產生傷害，幾個隨機對照性的研究已經顯示，運動（即使是激烈的運動）對於關節炎仍然是有益處的。這些研究包括了年輕患者與老年患者，並且涵蓋了一些功能狀態的測試。所觀察的運動，包括使用重量的肌力訓練，以及耐力訓練，如腳踩定位式的腳踏車。這些運動訓練對於關節炎的病患，在功能狀態方面上被報告有10%至25%的進步。進步的項目包括：較快的步行速度、較好的身體功能表現、較低的憂鬱指數分數、較少的自覺性疼痛，以及較少頻率的使用疼痛藥物。在這些運動訓練課程結束以後長達9個月，仍然可以看到這些進步的效應。整體而言，這些研究提供了強而有力的證據，顯示運動對於輕度至中度的關節炎，包括風溼性關節炎與骨性關節炎，都是有益處的。

七、認知與心情（Cognition and Mood）

已有幾項研究顯示出運動對於認知有正面的效應。一項針對70歲至81歲，總共有19,000位老年人所做的研究，發現具有較高程度且長時期的體能活動或是走路，其認知測驗的分數會比較好。規律而定時的體能活動，也被發現與老化有關連的認知缺損會有較少關聯（Kramer at al., 2006）。另一項研究針對65歲以上沒有失智症的1,740位老年人，發現每週至少運動三次會比沒有運動習慣的老年人較少可能發展成失智症或阿茲海默症（Alzheimer disease）。磁振造影（MRI）顯示經過耐力式的運動訓練以後，大腦的額葉部與頂葉部的活化度會比較好，且額葉部與上顳葉部的活化區域也會變得更大。一項針對失智症12個運動訓練研究的統合分析，也顯現出運動對於認知有中等程度的正面效應。

有保持規律運動習慣的人，通常都會陳述有較高的生活滿意度，與較低的壓力與焦慮，運動也會幫忙減輕憂鬱症與焦慮症的一些症狀。關於耐力型運動的世代研究，已經發現測量基準期的運動度和後續時期所發生的憂鬱症，彼此之間存在有劑量反應效應（dose-response）的相關性。一項隨機對照性的研究顯示，阻抗型運動對於一群年老的憂鬱症病人也是有益處的。這項研究發現，運動訓練的強度與憂鬱指數的消退是有相關的。

八、脊髓損傷（Spinal Cord Injury）

對於脊髓損傷的患者做研究，可以發現損傷階層愈高位的患者，愈會感覺到他們老化得更快。脊髓損傷患者活得愈長久，愈發會感覺到老化速度的加快。儘管如此，這些高位階層損傷的患者並沒有比其他階層損傷的患者，有更多的健康問題或是疲憊的抱怨。

老年的脊髓損傷患者如果仍舊使用上肢來代償下肢的功能，用它們來推動輪椅、轉位，或使用輔具協助行走，則其肩部經過這麼多年以來所承受的負荷，一定遠遠超過一般人。肩部可能會有過度使用的徵象與症狀，肩部關節退化性的病變，以及旋轉袖肌群的損傷（rotator cuff injuries）。長久以來每天常規的日常生活活動，對老年脊髓損傷患者來說可能已經無力負荷。剪力（shear forces）可能對已經老化而脆弱的皮膚造成傷害，尿失禁更是健康照護的一大威脅！患者的配偶可能也已經無力負荷協助患者轉位與如廁等的動作，需要支持系統，甚至是居住環境的巨大轉變。

九、小兒麻痺後症候群 （Post-Polio Syndrome）

小兒麻痺症初期發病的許多年以後所出現的後期病症，又稱爲小兒麻痺後症候群（post-polio syndrome）。它的發作先以全身性的疲憊，最近出現的無力與肌萎縮爲主。肌無力可以出現在先前小兒麻痺症沒有侵犯到的肌肉群，而肌力減退的速率在上肢肌肉群的幅度會比較大。

小兒麻痺後症候群的治療，包括：動作能量節省的策略、輔助用具的使用、關節與肌肉機械受力的降低，以及能夠避免過度使用的非疲勞性運動計畫，吞嚥與呼吸方面的問題也有可能發展出來。由於目前還沒有小兒麻痺後症候群的特定性檢測方法，關於肌無力、疲勞，與關節痛的其他各種病因，仍須要先行仔細地做鑑別診斷。

十、腦性麻痺（Cerebral Palsy）

　　腦性麻痺患者年紀增長以後，會逐漸感受到生活功能程度上的變化，儘管腦性麻痺本身是一個穩定不變的病況。經過多年以來的步態異常機制，以及後續的韌帶鬆弛與關節退化的病變，患者的活動功能會大大地改變。其他的改變包括皮膚照護的謹慎度增加，導尿頻次的改變，肌肉力量的降低，這些都會造成轉位技巧與日常生活活動的改變。對於這種患者的治療策略，必須要依照患者的狀況與需求，來做個人化的設定。其次，預防性照護的策略在腦性麻痺的老年患者裡，也常常容易被忽略，需要加以特別強調。

第六節　老年人體能活動發生障礙

　　體能活動如果會發生障礙，大都是在肌力（strength），耐力（endur-ance）、平衡力（balance）、協調力（coordination），以及活動範圍（range of motion）的方面上產生問題。老年人的活動能力發生障礙，在生理功能方面，可以由三大類別來看：1.支架構造類（骨骼系統：骨頭與關節）。2.力量產生類（肌肉系統與心肺系統）。與3.動作控制類（神經系統）。以常見的行走活動來看，經由神經系統的周邊感覺器官、前庭感覺與視力感覺，可以將外界的環境和刺激輸入到中樞神經，由大腦來做整合與協調，再發出訊息來支使肌肉做收縮，牽動骨骼與關節來做出正確的動作，同時也需要心肺系統來提供能量以維持適當的耐力。此外，動作做出來以後仍舊需要周邊的感覺系統、前庭系統與平衡系統，提供大腦中樞監測與回饋，以確保動作的正確與活動的進行。因此，對於老年人的活動障礙，必須要對上述三大類的器官系統逐一做仔細的評估。其他還會影響到老年人活動障礙的常見問題，包括：缺乏運動的興趣、缺乏一起運動的同伴、容易疲憊、畏懼跌倒，以及天候與安全的因素。

　　老年人體能活動發生障礙，會有嚴重的後遺症發生，有的甚至會導致死亡。有研究顯示，行走2公里或爬一層樓樓梯有困難的老年人，在未來8年裡的死亡發生率，大約是沒有困難之老年人的兩倍。即使是自訴沒有活動力限制的老年人，不良的活動執行力已經被認為是將來會發生死亡的一個獨立性的預測因子。行走速度小於每秒1.0公尺的老年人，與增加的死亡率有關聯。有一項研究社區老年人9年間死亡率的調查報告指出，行走速度小於每秒0.6公尺的死亡率是78%，行走速度介於每秒0.6公尺與每秒1.0公尺之間的是48%，而行走速度大於每秒1.0 公尺的死亡率則是26%。不良的活動執行力也被認為是住院或被安置在護理之家的一個獨立性預測因子（Cesari et al., 2005）。一些常見會有活動不良的老年病況，諸如：失智症（dementia）、褥瘡（pressure sore）、髖部骨折（hip fractures）、其他部位骨折、肺炎與脫水，會更加地增加其住院的危險性。

　　在美國的老年人，符合體能活動之最低限度要求者，相對來說是少的，其中在65歲至74歲之間的老年人，有28%至34%是不活動的。嚴重的活動不良病況，臨床上稱為靜止不動（immobility），它會加速多個器官系統的退化損傷，包括：心臟、肺臟、循環、骨骼、肌肉、皮膚、腎臟、腸胃、營養與代謝系統，會導致廣泛而嚴重的後果。這些器官功能的喪失，是快速而且是嚴重的。在完全臥床不動的情況下，肌力每天會喪失1%至5%。只要有幾個小時持續而不間斷的壓迫，皮膚就會破損而會產生褥瘡。長期臥床的靜止不動，還會造成姿勢性低血壓（orthostatic hypotension）、骨質疏鬆症（osteoporosis）、肺部換氣量降低、血漿容積降低、肌肉無力與萎縮，以及關節僵硬與攣縮。因此，當老年人罹患急性病變時，需要特別注意避免靜止不動的併發症發生。

第七節 體能活動與老年失能障礙之改善

　　納吉氏失能模式（Nagi's disablement model）包含有四個組成：第一個組成是活動性的病理狀況（active pathology），指的是因為退化性疾病、外傷性損傷與感染所產生之對於正常細胞性機制的破壞。第二個組成是損傷（impairment），指的是身體裡特定系統的結構異常與功能失調。第三個組成是功能性的限制（functional limitations），指的是身體與心智基本作用上的局限。第四個組成是失能（disability），指的是在社交的環境下，身體與心智表現的限制。

　　這四個失能模式的組成，是彼此相互關聯的：活動性的病理狀況會造成損傷，損傷會造成功能性的限制，而功能性的限制最後會導致失能。這四個基本性的組成，還能將個人性的變數（如：生活形態的行為、心理社會性的特質），和社會文化性的變數（如：物理性的環境、社會性的環境），包含為整個失能過程中的核心影響要素。由上述關聯性可知，在老年化失能過程中的功能性限制，老年人的體能活動是整個過程的起始考量點。

　　關於體能活動是否能夠改善老年人的功能與降低老年人的失能，Keysor 與 Jette分析了1985年至2000年間所發表的31項研究報告，結果發現：有97%的研究報告認為運動對於改善損傷具有成效，81%的研究報告指出運動對於改善功能性限制具有成效，而對於運動能夠改善失能而有效果的研究，只有50%。絕大部分的研究皆有數據顯示出，運動的體能訓練能夠改善老年人的肌肉力量、有氧能力（aerobic capacity）、柔軟度、站立平衡、行走能力。但是對於失能（包括身體的、社交的、情緒的、整體性的失能）的改善，則成效並不顯著，有些研究報告甚至認為沒有效果。

　　依照納吉氏失能模式的架構來看，體能不活動是一個危險因子，會造成肌肉萎縮無力，VO_2max降低，以及其他生理功能的損壞，最後會導致日常生活的功能性障礙。已經有許多重要的研究，顯示老年人如果能夠保持活躍的體能活動，經過幾年以後的追蹤，會比較沒有日常生活上活動方面的困難。目前一般大眾的共識是，運動可以改善老年人的功能障礙。然而，並非所有設計良好、與隨機分組的試驗都會顯現出運動的好處，例如：一項針對75歲以上的老年人，比較他們接受阻抗型訓練與平衡訓練的效果，結果發現只有平衡訓練可以改善平衡的功能動作，而阻抗型的肌力訓練則不行。另一項研究觀察68至85歲的老年人，發現行走訓練可以改善行走速度與SF-36的體能分數，但是有氧運動與腳踏車運動則沒有辦法改善。還有一項研究比較肌力訓練、有氧運動，以及兩者合併的訓練，結果卻發現對於功能障礙都沒有改善的功效。

　　如上所述，運動對於改善功能障礙的效果，彼此會有相當不一致的結果。要解釋這樣的差異，需要考慮到下列幾種相關的因素：1.運動的形式、頻率、期間與強度。2.所關注是哪一方面的功能障礙。3.研究所採取的測量方式。4.研究所針對取樣的老年族群。其中，光是所取樣的老年族群，就會導致很不一樣的研究結果，因為老年人生理學上的衰退與其功能上的障礙，存在著一種複雜，而且是非線性的相關性。

　　健康的人對於絕大部分的日常生活活動都有充足的生理能力來應付，因此在功能障礙發生以前身體還可以喪失相當一部分的生理性儲備（physiological reserve）。生理性衰退與功能性障礙兩者之間的非線性關係，可以用一條假設性的曲線來看（參看圖8-1），在曲線上生理性儲備的某一個閾值之上，其功能是正常的。反之，在閾值之下，其功能則是損壞的（Buchner et al, 1996）。這樣的曲線關係，會顯現出運動是否能帶來顯著的益處，要看其所選擇的研究對象族群而定。圖中顯示三個運動試驗施做在三個不同的老年族群，假設運動對於他們的生理性體適能的改善程度都是相等的，則其在功能狀態上的改善情況，第一組是健康的老年人，由於其生理性體適能已經在閾值之上，因此功能狀態的改善並不會增加。第二組是體能活動不活躍的老年人，因為在閾值以下，所以其功能狀態會有些許的改善。第三組是體能虛弱的老年人，因為非線性之曲線的關係，相同程度的生理體適能改善，會得到較大程度的功能改善。

　　這個曲線圖形的非線性模型，過度簡化了臨床上的實際狀況，因為還有許多相關的生理與行為的因素彼此交互地影響著。整體而言，體能虛弱的老年人，其生理性儲備不足或很低，運動訓練可以讓他們的功能狀態產生很大的進步。相對地，運動訓練在健康的老年人裡，其對於功能狀態的改變程度，就顯得非常小，甚至是顯現不出變化。我們可以推論，如果運動訓練能在健康的老年人裡顯現出改善功能的功效，則其必然是較爲困難動作的實務功能，且試驗所使用的測量方式也必然要更爲敏銳。

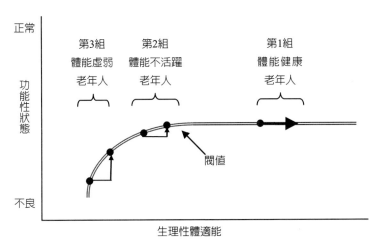

圖8-1　老年人的生理性體適能與功能性狀態的關係圖

（改繪自：Buchner DM, et al. Evidence for a non-linear relationship between leg strength and gait speed. Age Ageing. 1996;25:386-391.）

第八節　老年人體能運動時的安全考量

一、老年人體能運動時應注意事項

　　運動雖然能爲老年人帶來許多益處，它也隱藏有一些潛在性的危險，使得老年人在運動時容易發生受傷的意外事件。在考量運動時所發生的受傷事件，有下列幾項因素需要注意：1.個體的因素，如：年齡、性別、體適能程度、行走步態、平衡力、體重與健康狀態。2.運動的因素，如：運動的頻率、強度、速度、期間、運動的競爭度、正確地使用運動前的熱身期（warm-up）與運動後的降溫期（cool-down）。3.環境的因素，如：運動時的場所、地面、氣溫、天氣狀況，及正確地使用支撐性與保護性的裝備。

　　運動時的受傷意外事件，絕大多數都是由「過度使用（overuse）」所造成，且主要影響的是軟組織。雖然從事強度較低與非競爭性的運動，可以預期較少會受到受傷意外，但是年齡老化還是會讓受傷意外發生的機率上升。

　　對於造成受傷意外，活動速度要比活動強度具有更大的危險性。因此，向上爬坡行走會比在平面陸地上慢跑還要較少造成受傷。另外，離心性的運動會更加地容易使收縮的肌肉產生傷害，譬如：手臂將已經舉高的物體慢慢放低下來的動作。有著骨質疏鬆症的病人如果在運動的時候跌倒，就很容易會有骨折的事件發生。適當地運用熱身期與降溫期，強調身體運動部位的伸展度與柔軟度，對於老年人要預防運動時的軟組織受傷，是相當重要的。

　　患有糖尿病的老年人從事運動時，也有特別需要注意的事項：1.要小心注意是否有運動所引發之立即性、延遲性的低血糖症（hypoglycemia）發生，這是因爲用力運動以後所伴隨而來之持續性改善的胰島素敏感性所致。2.用力運動之後可能發生姿勢性低血壓的短暫性惡化，尤其是在炎熱的天氣裡。3.仔細的足部清潔照護，與尺寸完全合適的鞋子，非常重要。要避免足部有傷口產生，才能防止糖尿病足，甚至是截肢的不幸後遺症發生。4.患有增殖性視網膜病變（proliferative retinopathy）的糖尿病患者，應該要避免無氧性的運動（特別是等長性收縮的運動），因爲在做閉氣用力的動作（Valsalva maneuver）時，會增加體內的壓力，特別是眼球內的壓力。

美國運動醫學學會與美國心臟學會針對有氧運動與阻抗型訓練運動，訂定有絕對性的禁忌症，包括：最近發生過的心肌梗塞或心電圖的變化、完全性的心臟傳導阻斷、急性鬱血性心臟衰竭、不穩定性心絞痛，與無法控制住的高血壓。

二、增進老年人體能活動的其他應注意事項

要增進老年人的體能活動，提升日常生活的功能，還有許多其他相關領域的問題需要注意，茲簡要分述如下：

(一) 預防老年人的跌倒

跌倒的意外事件在老年人裡是相當常見的。老年人發生的跌倒具有幾種特性，就是：發生率高（較年輕人更爲容易發生）、受傷率高（常伴隨有其他的病變，保護機制退化遲緩），以及心理層面易受衝擊（害怕再度跌倒）。臨床醫護人員應當要能夠指認出造成跌倒的各種可能原因，並且以一種全方位的視野來面對它。

造成跌倒的因素，可以大致區分爲內在因素，與外在因素。內在因素指的是因爲年齡老化與身體疾病的關係，包括：神經系統的問題、骨骼肌肉系統的問題、視覺問題、聽覺問題、個人用藥問題等；外在因素指的是環境與家具的擺設，包括：環境的光亮度、地面的平整度、走道上的障礙物、樓梯的高度與斜度、床鋪與座椅的高度與擺設、行走輔具與鞋子的合適度。

跌倒會造成大部分老年人前臂、髖部，與骨盆的骨折，導致日常生活活動功能嚴重的損壞。預防老年人髖部的骨折，是相當重要的事情，因爲有報告指出，22%至75%有髖部骨折的老年人，直到受傷6個月至12個月以後，仍舊難以

恢復以前的活動功能。

　　除了跌倒本身所造成的問題以外，害怕跌倒（fear of falling）也是一個重要的問題。有研究顯示，原本不害怕跌倒而曾經跌倒過的人，將來會有較高的比例變成會害怕跌倒。因為害怕跌倒而限制活動的人，會有較高的危險性發生跌倒。因此，限制活動會造成功能的降低，從而導致較高的跌倒危險性。研究也發現，較容易產生害怕跌倒的相關因子，包括：女性、服用四種以上的藥物，以及一般健康狀況較差的人。

　　要防止跌倒，可以訓練平衡力，方法有很多種：最簡單的是以單腳站立，另一上肢做必要性的輔助。站平衡板（wobble board），主要是強調腳踝的動作。使用物理治療球（physioball）來做坐姿的動態性平衡訓練，則需要有物理治療師在旁加以協助指導。另外還可以使用一些特別的儀器，它們能夠改變視覺、前庭感覺、本體感覺的輸入刺激，以提供一種更為精密的平衡訓練。其次，在正規的物理治療計畫裡的平衡訓練，需要與日常生活的實務相互契合，才能真正對老年人有所助益。

　　2012年的新英格蘭醫學雜誌刊登一項隨機對照性的實驗，研究太極拳運動對於巴金森氏症患者姿勢控制的功效（Li et al, 2012）。研究總共蒐集195位患者，分成三組：太極拳運動組、阻抗型運動組、牽拉型運動組，每次運動60分鐘，每週兩次，總計共24週。研究結果顯示，太極拳運動組在平衡控制能力方面，以及降低跌倒事件方面，都明顯地優於其他兩組。而且，訓練的效果還可以持續3個月以上。

(二) 行走的輔助工具

　　如果行走的功能受到妨礙，就需要使用行走輔助工具。雖然國人因為保守的傳統觀念，通常都會排斥行走輔具的使用，這時就需要我們耐心地給予解釋，尤其是讓他們親自體驗行走輔具能夠減輕疼痛，增進功能之後，通常就會接受行走輔具了。行走輔具可以用來增加患者的支撐底面積（base of support），改善其平衡能力，增加其活動度與獨立性。然而，使用行走輔具也會對於肌肉骨骼系統和代謝系統造成顯著的負荷。選擇適合的行走輔具，必須要考量到患者的肌力、耐力、平衡力、認知能力與周遭的環境因素。然而，目前大部分老年人使用行走輔具，都沒有經過正確的指導。

單腳拐杖（cane）可以幫助疼痛或無力的下肢重新分布其重量，藉由增加支撐底面積來改善穩定度，並且藉由拐杖對地面環境的觸碰來改善其平衡度。四腳拐杖（quad cane）是一種在單腳拐杖的末端，分岔出四個小腳的拐杖，它能夠提供更大的支撐底面積，幫助上肢承受更多的重量。四腳拐杖特別適用於腦中風單側癱瘓的病人。然而，使用拐杖的時候四個小腳必須同時放置在地面上，才能真正提供它的穩定度。拐杖應該拿握在疼痛或無力之下肢的對側上肢，並且拐杖與對側的下肢要一起前進。

腋下拐杖（axillary crutch）可以承受患者上臂的重量，並且幫忙推撐軀幹行進，一側使用腋下拐杖可以協助減輕80%的承重，兩側都使用腋下拐杖則可以協助減輕100%的承重。然而，使用腋下拐杖所需消耗的能量極大，上臂與肩部的肌力要足夠才行，因此並不一定適合衰弱的老年人。此外，腋下拐杖使用的技巧如果不正確，也會容易發生腋下神經或腋動脈受壓迫的後遺症。

前臂型拐狀（forearm crutch）會有一個皮帶固定住前臂的近端，還有一個手部的握把，它可以提供上肢的支撐，讓患者手部可以騰空出來做其他的事，而不必一直握持著拐杖。平臺型拐狀（platform crutch）有一個水平式的平臺來放置整個前臂，適用於手肘關節攣縮，或是手部關節疼痛，手部抓握的能力受到損壞的時候。

助行器（walker）可以幫助下肢無力或平衡有困難的患者，改善其穩定度，並促進其活動功能。然而，使用助行器要比使用拐杖還需要有更多的專注力，在上下樓梯時很不方便，也會造成背部不良的姿勢與手臂的擺盪降低。

(三) 居家與社區環境的設施

環境的設計與家具的擺設，對於老年人的活動功能會造成極大影響。適當的改變環境設施，是消除行動障礙，增進活動功能的重要步驟。居家室內設計較大的活動空間，諸如廚房、浴室，可以提供老年人很大的舒適度與安全感。居家環境的調整，包括地板的平整與坡度、浴室與廁所的扶手、室內充足的照明、順手可及的開關、高度齊一的樓梯等，都是重要的考慮因素。如果座椅的設置過低、座椅過度向後傾斜、椅背後傾的角度太多，都會讓老年人從座椅上要站立起來時感到困難。據統計，居住在社區內65歲以上的老年人，約有8%從椅子上要站起來時會感到困難。如果老年人能將他們的腳往後固定在椅子前緣的下方，那麼他們站起來的動作就會比較輕鬆而容易。如果因為座椅的高度太高，使得老年人的腳無法接觸到地面時，那麼穩定度就會大大地降低。同時，適當地增加個人用具（如：湯匙、梳子等）的長度與握柄的寬度，也能讓老年人更為方便地使用，進而增進日常生活活動。另外，社區室外環境的良好設計，也能促進社區老年人的體能活動，主要的項目包括：人行道路面的平整與寬敞、夜間街道充足的照明、殘障坡道適當的坡度（最好是1：12以下），以及道路交通號誌的設定（要讓老年人有充裕的時間可以橫越過馬路）。

第九節　結論

　　高齡化社會的來臨，老年人口大量增加，老年人因為活動不良所導致的種種病變與後遺症，是當前我們所亟需面對的重要課題。要能夠有效地提增老年人的體能活動，首先需要了解身體各個器官系統的正常老化生理現象，從而訂定出適合個人身體狀況的體能活動計畫。在幫老年人規劃運動計畫時，最好要能熟悉阻抗型運動與耐力型運動的各種生理效應，並且也要將老年人常見併存的各種病況，諸如：心臟病、高血壓、糖尿病、關節炎等，一併考量在內；同時還要注意老年人從事體能活動時可能發生的意外事件，以及相關的步行輔具、居家與環境的設施，才能真正地促進老年人的體能活動，進而創造出一個健康而又安全的老年生活。

參考書目

一、英文部分

Agency for Healthcare Research and Quality. Centers for Disease Control and Prevention, (2008). "Physical activity and older Americans. Benefits and strategies". http://www.ahrq.gov/ppip/activity. htm. Accessed October 4

Alexander, N.B. (1996). "Gait disorders in older adults." *J Am Geriatr Soc* 44: 434-451.

American College of Sports Medicine position stand, (1998). "Exercise and physical activity for older adults." *Med Sci Sports Exerc* 30(6): 992-1008.

Barnes, P (2007). "Physical activity among adults: United States, 2000 and 2005. Hyattsville (MD)." US Department of Health and Human Services, CDC.

Bassem E, Higgins KE (2010). "Physical Activity Guidelines for Older Adults." *American Family Physician* 81(1): 55-59.

Binder, E.F., Brown M., Sinacore D.R., et al., (2004). "Effects of extended outpatient rehabilitation after hipfracture: a randomized controlled trial." *JAMA* 292: 837-846.

Bloch, Rina M. (2011). "Geriatric rehabilitation." Pp1419-1437, in *Physical Medicine and Rehabilitation*, 4th ed., edited by Randall L. Braddom et al. Philadelphia, PA, USA: Elsevier

Brach, Jennifer , Caterina Rosano, Stephanie Studenski, (2009). "Mobility." Pp. 1397-1409 in *Hazzard's Geriatric Medicine and Gerontology*, 6th edition, edited by Jeffrey B. Halter et al, McGraw-Hill Medical Pub. Division: New York

Buchner, DM, Larson EB, Wagner EH, et al., (1996). "Evidence for a non-linear relationship between leg strength and gait speed." *Age Ageing* 25: 386-391.

Cesari, M, Kritchevsky SB, Penninx BW, et al., (2005). "Prognostic value of usual gait speed in well-functioning older people-results from the Health, Aging and Body Composition Study." *J Am Geriatr Soc* 53: 1675-1680.

Chan, ED, Welsh CH (1998). "Geriatric respiratory medicine." *Chest* 114(6): 1704–1733.

Clark, Gary S. , Patrick Kortebein, Hilary C. Siebens (2010). "Aging and Rehabilitation." Pp1545-1585, in *DeLisa's Physical Medicine & Rehabilitation: Principles and Practice*, 5th edition, edited by Walter R. Frontera et al. Philadelphia, PA, USA: Lippincott Williams & Wilkins

Diabetes Prevention Program Group (2002). "Reduction in the incidence of type 2 diabetes with lifestyle intervention or metformin." *N Engl J Med* 346(6): 393-403.

Fleg, JL, Lakatta EG (1988). "Role of muscle loss in the age-associated reduction in VO2 max." *J Appl Physiol* 65:1147-1151.

Friedman, S.M., Munoz B., West S.K., et al., (2002). "Falls and fear of falling: which come first? A longitudinal prediction model suggests strategies for primary and secondary prevention." *J Am Geriatr Soc* 50: 1329-1335.

Hakim, AA, Petrovitch H, Burchfield CM, et al., (1998). "Effects of walking on mortality among non-smoking retired men." *N Engl J Med* 338(2):94-99

Keysor, JJ, Jette AM, (2001). "Have we oversold the benefit of late-life exercise ?" *J Gerontol A Biol Sci Med Sci* 56(7): M412–23.

Keysor, JJ, (2003). "Does late-life physical activity or exercise prevent or minimize disability? A critical review of the scientific literature." *Am J Prev Med* 25(3Sii): 129–36.

Kramer, AF, Erickson KI, Colcombe SJ, et al., (2006). "Exercise, cognition, and the aging brain." *J Appl Physiol* 101:1237-1242.

Laukkanen, JA, Lakka TA, Rauramaa R, (2001). "Cardiovascular fitness as a predictor of mortality in men." *Arch Intern Med* 161(6):825-831.

Li F, Harmer P, Fitzgerald K, et al., (2012). "Tai Chi and Postural Stability in Patients with Parkinson's Disease." *N Engl J Med* 366: 511-9.

McGuire, LC, Strine TW, Okoro CA, et al., (2007). "Healthy lifestyle behaviors among older adults with and without disabilities, Behavioral Risk Factor Surveillance System, 2003." *Prev Chronic Dis* 4(1):1–11.

McLaughlin, MA, (2001). "The aging heart: state-of-the-art prevention and management of cardiac disease." *Geriatrics* 56(6): 45–49.

Motl, Robert W. & Edward McAuley, (2010). "Physical activity, disability, and quality of life in older adults." *Phys Med Rehabil Clin N Am* 21: 299-308.

Nelson, ME, Rejeski WJ, Blair SN, et al., (2007). "Physical activity and public health in older adults: recommendation from the American College of Sports Medicine and the American Heart Association." *Med Sci Sports Exerc* 39(8): 1435-1445.

Netz, Y, Wu M-J, Becker BJ, et al., (2005). "Physical activity and psychological well-being in advanced age: a meta-analysis of intervention studies." *Psychol Aging* 20(2): 272–284.

Pollock, ML, Franklin BA, Balady GJ, et al., (2000). "AHA science advisory. Resistance exercise in individuals with and without cardiovascular disease: benefits, rationale, safety, and prescription: an advisory from the Committee on Exercise, Rehabilitation, and Prevention," Council on Clinical Cardiology, American Heart Association; position paper endorsed by the American College of Sports Medicine." *Circulation* 101(7): 828-833.

Rejeski, WJ, Mihalko SL, (2001). "Physical activity and quality of life in older adults." *J Gerontol A Biol Sci Med Sci* 56(Special Issue II): 23–35.

Schwartz, Robert S. & Wendy M. Kobrt, (2009). "Exercise: Physiological and Functional Effects." Pp. 1381-1395 in *Hazzard's Geriatric Medicine and Gerontology*, 6th edition, edited by Jeffrey B. Halter et al, McGraw-Hill Medical Pub. Division: New York.

U.S. Department of Health and Human Services, (2008). "2008 physical activity guidelines for Americans". http://www.health.gov/paguidelines/ guidelines. Accessed December 8.

第九章　老年健康照護體系與政策

/劉立凡

第一節　人口老化的健康與照護需求

　　臺灣65歲以上的高齡人口占總人口比例於1993年底已超過總人口比例之7%，正式成爲世界衛生組織WHO所定義之「高齡社會」（aging society），而到2013年3月底，臺灣的高齡人口比例已超過11.5%（內政部統計處，2014），預計將於 2018 年及 2025 年分別邁入高齡社會（aged society）及超高齡社會（super-aged society）（行政院經濟建設委員會，2012）。隨著全球性高齡人口的增加，高齡者的相關醫療照護與服務需求議題日益迫切，值得我們關注。在探討國家該如何照顧老年人，以及我國當今老年健康照護體系與政策之前，首先我們需要了解人口老化所帶來對老年人個人與社會的衝擊，經由這一層面的認識與體察，可以幫助我們深刻理解老年人的需求，進一步提供符合需求的健康照護。本章第一節即以此觀點出發，簡要摘述人口老化產生的問題，再進一步歸納老化社會中老年人的照護需求。健康照護乃福利服務的一環，本章第二節至第四節則由老年人相關之福利服務爲範疇，介紹高齡相關的健康照護體系與政策，分別包含急性醫療體系、福利服務體系、長期照護體系與未來即將實施的我國長期照護保險規劃等。

一、人口老化的生理、心理、社會議題

　　基本上老化是一個漸進的過程。如本書前幾章所述，人類器官系統的老化可以早至20到30歲即開始，一般進入70歲甚至到80歲之後老化開始加速。這個老化的速率與嚴重性在不同器官之間有所不同，通常以需要多種器官、肌肉與神經系統之間做協調所產生的生理功能退化較快。以五官感覺而言，改變的速度不一，不同的老年人之間退化速度亦不同。例如聽覺通常較視覺早些開始退化，且多數的老年人常有聽覺退化問題。許多老年人可能抱怨飯菜不好吃，不過味覺退

化的問題對老年人的影響相對較小。當我們了解愈多才會發現，當今對老年人的相關研究仍缺乏，對於一個人老化後的需要，只有眞正體驗老化才能深刻感受（Hooyman & Kiyak, 2008）。

　　老化的心理議題包括老年認知、智力、記憶與學習等層面，也包括其人格特質是否隨老化而改變的議題。由高齡照護的角度，世界衛生組織早在1947年即提出心理健康，並強調心理的健康與安適（well-being）是重要的健康老化議題。健康議題亦牽涉社會層面，晚近相關文獻更強調健康是一個人與所處社區互動的動態過程（WHO, 1986）。老化的社會議題包括老年人需要的社會支持與社會參與機會；並強調老年人爲了需要所做選擇的自由，強調老年人在社區內可以自主的採取有助於身心健康的必要行動。因此，隨著人口老化，世界衛生組織推廣當今活躍老化（active aging）的概念，鼓勵老年人在逐漸老化的過程中，透過身心靈健康活動的維持，能擁有一個年紀增長而延緩老化的過程。由此可知，當今論及老年人健康與照護需求的概念，不僅止於疾病癒後，已逐漸轉向全人健康與照護，以及生活品質的重要意義；而此全人健康的重要性近年來也被世界衛生組織所再三強調（WHO, 2002）。

二、老年人的健康照護需求

　　針對老年人的健康照護需求，以下幾項實證數據值得了解。首先是世界人口的健康平均餘命（Health Adjusted Life Years，簡稱HALE）的部分。依據世界衛生組織WHO統計數據，美國人口健康平均餘命在2007年爲70歲，而美國人口平均罹病的年數爲8年（平均餘命減去健康平均餘命之年數）；澳洲人口健康平均餘命，在2007年爲74歲，表示著澳洲人口平均罹病的年數爲6年；日本人健康平均餘命於2007年爲76歲，其平均罹病年數爲7年；中國人口健康平均餘命在2007年爲66歲，其平均罹病年數爲8年（WHO, 2009）。我國國民平均餘命於1990年爲74歲、2000年爲77歲、2007年男性與女性分別爲75.5歲及81.7歲，均逐年增加

（內政部統計處，2008）；而2013年男性更增加至76.43歲，女性為82.82歲，平均79.51歲（內政部統計處，2014）。可知，隨著平均餘命延長，WHO之統計估計世界人口的罹病年歲平均約在6至8年左右。

　　另一個常見指標是疾病盛行率，我國國民健康局在2007年中老年身心社會生活狀況長期追蹤調查（第六次）資料顯示（行政院衛生署國民健康局，2010），臺灣有近九成以上老年人患一項以上慢性病，七成患兩項以上，五成一患有三種以上經醫師診斷的慢性病，調查發現，前五大慢性病是高血壓、白內障、心臟病、胃潰瘍或胃病、關節炎或風濕症。雖然疾病盛行率在老年人相當高，慢性疾病或衰老所導致的失能率及失智率則是老年人可能需要照顧的主因。

　　在失能率方面，我國官方目前以日常生活活動功能（Activities of Daily Livings，簡稱ADLs）以及工具性日常生活活動功能（Instrumental Activities of Daily Livings，簡稱IADLs）加以評估照護需求。臺灣地區50歲以上中老年人自述單獨進行各項日常生活活動（ADLs）有困難之比例約在5%以下。依活動項目別比較，有困難之比例以洗澡最高（4.9%），吃飯最低（2.4%），其他項目之困難比例分別為：穿脫衣服（4.3%）、室內走動（4.1%）、起床站立或坐椅子（3.7%）、上廁所（3.9%）。

　　在各項日常生活功能有困難的累計項目數方面，沒有任一項困難者占93.9%仍為多數，有一項與兩項困難者各占1.4%、0.8%，三項以上則占了4.0%。累計困難項目數隨年齡增加而遞增，75歲以上老人有三項以上困難的比例增達14.5%，其中男性為10.6%，女性為19.0%，女性老人較男性多了將近一倍。

　　就各項工具性日常生活活動（IADLs）之有困難比例進行比較，粗重工作為其中有困難比例較高的項目，有四分之一（24.7%）的中老年人自述單獨做覺得有困難。其他項目按有困難之比例由高至低依序為獨自搭車（12.7%）、做輕鬆工作（8.9%）、買日常用品（8.0%）、打電話（6.7%）以及處理金錢（5.8%）。另外，相較於50～64歲與65～74歲兩組，75歲以上年齡組對各項工具性日常生活活動，自述「完全做不到」之比例明顯高了很多，且女性比男性此比例更高。在各項工具性日常生活活動有困難之累計項目數方面，沒有任一項困難者占73.7%，而有一項與兩項困難者各占12.1%與4.2%，三項以上有困難的則占了10.0%。這些困難者之比例亦隨年齡增加而遞增，女性有困難者之比例均高於男性（行政院衛生署國民健康局，2006）。因應臺灣即將開辦的長期照護保險做規劃，研究推估全國所有年齡層有一項以上ADL困難的人 在2011年約有347,548人，其中65歲以上者約占229,491人（66%）。另外，在失智率方面，推估65歲以上僅失智的人口在2011年約五萬餘人，占65歲以上人口比率約1.94%，至2028年則會增加一倍之多，估計約超過十萬人（王雲東，2009）。

　　自覺健康則是另一項決定醫療與照護需求的重要指標，為個人針對自己健康做整體性的評估（Svedberg et al., 2001）。研究發現這個個人主觀的健康指標對於一個人的功能退化和死亡有預測力，也是健康照護利用的強力預測因子（Blaxter, 1990）。它是一個動態評估的過程，非僅受到生理健康和功能所影響，還包括個人生命歷程中，心理健康、遺傳因素（genetic endowment）、社經狀態與健康行為變化的影響（Shooshtari et al., 2007）。調查資料顯示，臺灣地區50歲以上中老人僅有四成多（43.4%）自認目前健康狀況為「好」或「很好」，而自認目前健康狀況不好的約為四分之一（26.4%）。就年齡與性別分層比較，兩性自覺健康情形「不太好」或「很不好」的比例均隨年齡層愈高而增加，女性自覺健康情形「不太好」或「很不好」的比例，不論年齡均較男性高。若與一年前健康狀況之比較，只有4.6%認為自己目前健康狀況較一年前好。相較之下，女性自覺目前健康較前一年差的比例不論年齡也均較男性為高（行政院衛生署國民健康局，2006）。可見，老年族群中有相當高比例的人自覺健康不佳，隨著年齡愈大，自覺目前健康狀況較一年前差的比例也愈高。

　　以上這些實證資料可以協助了解老年人的健康狀況與需求。整體而言，老年人的健康照護需求有主觀與客觀之分，均會進一步透過與環境和個人特性的交互影響，表現出健康利用的行為（Andersen, 1995）。

第二節　老年健康照護體系

　　由第一節我們了解到老年人身心健康的變化，一般來說，會隨年紀增長、慢性病增加而健康狀況漸漸變差，導致醫療的需求；以及因伴隨而至的失能與失智，老年人長期照護的需求更與日俱增。基本上長期照護的需求又含括了健康照護（health care）與社會服務（social service），而其中福利服務又屬於我國內政體系老人福利的一環。因此，以下將與老年健康照護有關的急性醫療、相關福利服務以及長期照護體系分別加以闡述。

一、急性醫療體系

(一) 特性
　　醫療體系指的是一項整體性的醫療保健服務提供。我國至今對老年人的健康照顧主要是由急性醫療體系提供。在民國85年起配合全民健保財務制度的推動，以此社會保險的方式對全體國民提供醫療的保障，實施至今已滿15年。醫療照護體系是一種公共財，而非私有財，一般急性醫療體系下的醫療資源有醫事人力、設施、藥品、醫療器材與技術、醫事教育以及研究發展等。Williams和Torrens（2008）指出健康照護體系的內涵，包括：
　　　1.健康促進與疾病預防
　　　2.緊急醫療服務及傳送
　　　3.門診服務
　　　4.住院服務
　　　5.長期照護服務
　　　6.社會及心理支持服務
　　　7.復健服務

8. 牙科服務

9. 藥事服務

(二) 服務供給模式

當老年人因疾病或健康問題而產生醫療需求時，通常透過門診、急診或住院三種常見的服務傳遞模式尋求治療與照護。我國健康照護體系若以三段五級健康照護層次的概念架構觀之，老年人可以依據健康與需要，在社區基層注重健康促進與疾病預防和保健；當有醫療需求時能早期診斷並適當治療；在有慢性疾病或復健需求時進入長期照護體系接受後續性服務與保護（如表9-1）。若以臺灣醫院分級制度來看，則急性醫療體系分為基層診所、地區醫院、區域醫院、醫學中心以及特殊疾病專科醫院（例如精神專科醫院）等。

(三) 醫療網計畫

為了改善醫療保健體系複雜而各自發展的現象，解決醫療資源分布不均等問題，使醫療人力及設施能合理成長及充分發揮功能並能全面提升醫療服務品質，我國自民國74年起展開了第一期醫療網計畫（期間自1985～1990年），並陸續推動第二期醫療網（1990～1996）、第三期醫療網（1997～2000）、第四期醫療網（2001～2004）、第五期醫療網（2005～2008），及至第六期醫療網（2009～2012）至現階段之第七期醫療網（2013～2016）。對於老年人健康照護需求的關注，亦早自第五期醫療網推動時即已納入，強調需因應人口老化及關懷弱勢族群之特殊醫療照護需求，並規劃長期照護保險（long term care insurance）。第六期醫療網（2009～2012）在醫療體系面推廣亞急性（中期）照護，進一步銜接急性醫療與長期照護體系。主要考量原則包括：1.目前長期照護10年計畫較著重於末端的照顧，建議亞急性照護應納入規劃，朝長照體系精緻化方向努力；2.提供亞急性照護服務多元的試辦計畫；3.發展亞急性照護制度仍應有財務面之誘因（行政院衛生署，2008）。

表9-1　健康照護服務之需求類型（林妍如，2007）

三段五級		目的	照護服務類型		
初段預防（Primary Prevention）	健康促進	增加人類控制與改善自己健康能力或潛能之過程，包括養成健康的個人生活方式以及創造有利的健康環境。	基層健康照護	健康促進	1. 衛生教育 2. 營養諮詢 3. 個性發展 4. 合適工作環境及休閒娛樂 5. 婚姻座談 6. 優生保健 7. 定期體檢 8. 住所供給
	特定事件預防及保護	針對特定事件，採行各種防護保健措施，以避免或減少特定疾病或事件的發生。		預防	1. 實施預防注射 2. 培養個人衛生 3. 改善環境衛生 4. 避免職業危害 5. 預防事故傷害 6. 攝取特殊營養 7. 消除致癌物質 8. 預防過敏來源
次段預防（Secondary Prevention）	早期診斷與適當治療	治療及預防疾病惡化、避免疾病蔓延、避免併發及續發症或縮短殘障期間。	急性健康照護	急、門診照護	診斷病例、症狀治療
				住院照護	急性症狀、併發症之住院治療
				三級照護	重症、特殊照護
末段預防（Tertiary Prevention）	限制殘障	根據臨床症狀適當治療以遏止疾病惡化，避免進一步的併發和續發疾病而造成暫時性或永久性殘障。	復健及長期照護		提供慢性身體、心理、社會功能障礙民眾的健康及安寧，對其提供診斷、治療復健、維護及支持服務。
	復健	使發病的病例早日康復，或是使其因復健而維持一定的生理、心理及社會機能。			

二、老人福利體系

　　一個國家的社會福利是動態及敏感的概念，其功能隨國家政治、經濟、社會發展而變，其內容亦隨社會結構之變遷而有更動。基本上，社會福利是指透過社會內一些集體行動或措施，而使某些人的困難得到解決，或使他們的生活得到滿足與快樂。因此，社會福利（Social Welfare）泛指滿足人民的經濟、社會、教育及健康等需求的經濟補助及服務；而狹義的社會福利則通常包括社會保險、公共救助與社會服務（萬育維，2007）。依我國憲法增修條文第10條第8項指出，社會福利是指社會救助、福利服務、國民就業、社會保險及醫療保健等五項，也是目前我國社會福利預算編列的五項（林萬億，2006）。

　　隨著人口老化以及老年人口增加，國家對於照顧老年人的福利體系愈加重視，而老人福利是社會福利體系重要之一環。我國的老人福利體系發展，時序上乃以老人福利法為具體政策。因此，依據我國的老人福利體系發展歷程摘要說明以下：

(一) 老人福利法立法之前（1980年以前）

　　早期我國先有以救濟院之名設立之老人福利機構，1976年起改為「仁愛之家」。例如1964年臺北市立救濟院，1974年改立為臺北市立廣慈博愛院；臺南市救濟院，現為財團法人臺灣省私立臺南仁愛之家。

　　另有老人休閒康樂活動，1975年臺灣省公布社區長壽俱樂部設置要點至1976年有長春俱樂部實施要點，於各縣市設置長春俱樂部。至於老人健康檢查部分，則於1977年開始試辦老人免費健檢，以70歲以上老人為對象，至1979全省普及辦理。另外，老人搭乘交通工具半價優待方面，自1977年開始70歲以上半價。老人遊覽觀光地區及觀賞影劇門票優待，自1977年開始，70歲以上半價。

(二) 老人福利法立法頒布施行之後（1980～2006）

以下除了老人照顧津貼、中低收入老人重病住院看護補助外，其餘項目主要以福利服務方式提供實質社會照護或服務。

1. 機構式照顧：老人福利法於1980年立法，於1997老人福利法修正，將老人福利機構擴大為長期照護機構、養護機構、安養機構、文康機構、服務機構。自1989年起，內政部每年編列補助經費鼓勵地方政府或民間單位積極興設各類老人福利機構，擴大辦理老人養護服務，並強化照顧功能、提升服務品質。

2. 老人照顧津貼：依據老人福利法第16條及同法施行細則第11條給予補助，內政部於2000年函頒「中低收入老人特別照顧津貼試辦作業要點」，每月5,000元。

3. 老人預防保健服務

(1) 依據老人福利法第20條。

(2) 1998年內政部與衛生署函頒「老人健康檢查及保健服務項目及方式」。

4. 中低收入老人重病住院看護補助

(1) 由內政部編列經費提供財團法人老人福利機構辦理。

(2) 低收入戶老人每人每日最高看護費1,800元；中低收入戶老人每人每日最高看護費900元。

5. 居家照顧

(1) 滿足中低收入失能老人居家安養需求。

(2) 內政部依「照顧服務福利及產業發展方案」規定，自2002年起擴大辦理至一般戶；2004年增加極重度失能等級。

(3) 居家服務標準：各縣市長期照顧資源手冊。

6. 社區照顧服務：在地老化的重要支柱，福利項目包括營養餐飲、日間照顧等。

7. 老人保護與獨居老人關懷

(1) 設置相關資訊及資源「單一窗口」。

(2) 獨居老人關懷服務。

(3) 2001成立「失蹤老人協尋中心」。

(4) 社區照顧關懷據點之設立。

8. 心理與社會諮詢：設置老朋友專線0800-228585

9. 教育及休閒

(1) 各項老人福利活動及文康課程規劃：97年度計補助長青學苑348所，計有57,400人受益（內政部社會司老人福利，2009a）。

(2) 內政部補助設立老人文康中心：目前老人文康活動中心（含老人福利服務中心）有317所，提供老人休閒、康樂、文藝、技藝、進修及聯誼活動。另為配合老人福利服務需求，老人文康活動中心也成為福利服務提供的重要據點，諸如辦理日間照顧、長青學苑、營養餐飲、居家服務支援中心等（內政部社會司老人福利，2009b）。

(三) 長期照顧十年計畫（2007～）

有關長期照護體系，為老年人在有照護需求的情況下，國家發展的保障體系。為提升對老年人的照顧，2007年起內政部頒布長期照顧十年計畫，展開長期照護體系的嶄新歷程（於下節詳述）。

三、長期照護體系

長期照護是指針對功能失能者提高綜合性與連續性之服務，其服務內容可以從預防、診斷、治療、復健、支持性、維護性以至社會性之服務（Evashwick, 2005）；其服務對象不僅包括個案本身，更考慮到照顧者的需求。至於所謂長期照護的時間，根據美國公共衛生服務的界定，以需要三個月以上的照護服務稱為長期照護。許多個案甚至可能需要終身的照護，如植物人、失智老人等。照護目標在使個案發揮最高的獨立性功能，或是維持個案在受限的功能狀況下，能過著有自信、有尊嚴的生活。

　　2007年起內政部頒布之長期照顧十年計畫是我國現今長期照護政策之主要基礎建設。在政策規劃上，將銜接長期照護服務網，並預計在105年實施長期照護保險。以下分就我國長期照護體系服務提供方式以及目前衛生福利部頒定的長期照護服務網第一期計畫內容，摘要敘述如下。

(一) 長期照護體系與服務提供方式

　　過去我國社會福利制度對於提供長期照護的看法，一向受到傳統家庭主義的意識形態及刻板印象所影響，普遍的認為照顧老人是家庭理所當然的責任，因而政府在八十年代初期介入長期照護服務的提供也就十分有限。自八十年代末期，老人長期照護的需求逐漸擴張，政府開始對民眾的需求有所回應，在供給面以補助政策增加供給誘因，逐漸形成臺灣長期照護之三類體系，包括：

1. 社政體系：管轄教育、休閒、安療及養護。
2. 衛政體系：管轄醫療及專業技術性照護。
3. 榮民體系：管轄退除役官兵照護。

　　民國102年起中央政府組織再造，由衛生福利部將原有長期照護相關主管機關及資源加以整合。目前衛生福利部組織中與長期照護政策、服務體系及未來長期照護保險規劃有關的單位包括：護理及健康照護司、社會及家庭署、社會救助及社工司、社會保險司、中央健康保險署等（圖9-1）。

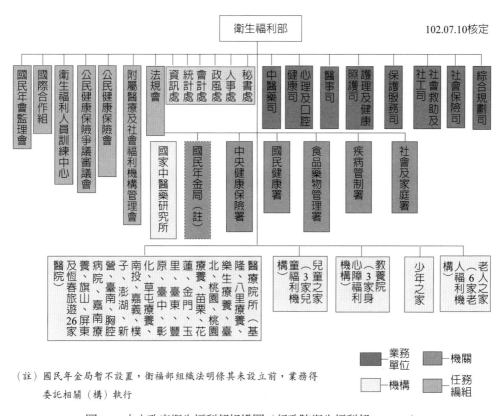

（註）國民年金局暫不設置，衛福部組織法明條其未設立前，業務得
　　　委託相關（構）執行

圖9-1　中央政府衛生福利部組織圖（行政院衛生福利部，2013a）

　　在服務傳遞體系方面，長期照護的服務提供方式可分為機構式照護、居家式
照護與社區式照護三類。

1. 機構式

(1) 醫療照護體系下，機構式照護服務主要包括：

① 護理之家：護理之家係指依護理機構設置標準申請設置之機構，其主要
　功能是提供24小時機構式之長期照護。1993年8月依「護理人員法」之規
　定，公告「護理機構設置標準」，護理之家確立其法律上之地位。

② 慢性病床：慢性病床的類型有精神慢性病床、結核病床等，1990年初之
　慢性病床，以退輔會所屬榮民醫院之慢性病床占大多數。後因健保給付

及政府補助政策未能明朗化，致使許多原申請設置慢性病床之醫院一則延宕，一則取消申請，或者轉型為護理之家。

(2) 老人福利服務體系所提供的服務模式類型，與長期照護相關之機構式照護，服務包括：

1.住宿服務；2.醫護服務；3.復健服務；4.生活照顧服務；5.膳食服務；6.緊急送醫服務；7.社教活動服務；8.家屬教育服務；9.日間照顧服務；10.其他相關之機構式服務。

(3) 退輔會體系中之長期照護服務

① 行政院國軍退除役官兵輔導委員會（以下簡稱退輔會）之行政體系，中央主管單位為退輔會，其下依業務分為就養、就醫、就學及就業四大系統。各縣市均設有服務處，為榮民提供諮詢與轉介服務。其就養系統下設榮民之家，其機構類型係屬老人福利機構之安養機構。

② 就醫系統下設榮民醫院，包括榮民總醫院及榮民醫院，榮民醫院下則設有護理之家床及居家護理單位，亦於榮民之家開辦養護單位。

③ 失智症養護中心：退輔會於1990年末期於新竹寧園開設，類屬於身心障礙福利機構；其後陸續開辦四所，以收置日益增加的失智榮民。

以上各類機構式資源，依經建會委託最新資源盤點得知（葉莉莉，2009），目前我國368個鄉鎮市區中有220個（59.8%）鄉鎮有提供長照機構式服務；身障機構有120個鄉鎮市區提供（32.6%），屬於身障中提供比例最高的服務。機構的分布仍以交通便利之都會區較多，部分偏遠地區的鄉鎮或是山地鄉、離島則較少提供機構式之服務。2008年機構平均入住率為74.9%，顯示機構式服務供給量足夠，但照護品質是否均已達一定水準則仍須要關注（圖9-2）。

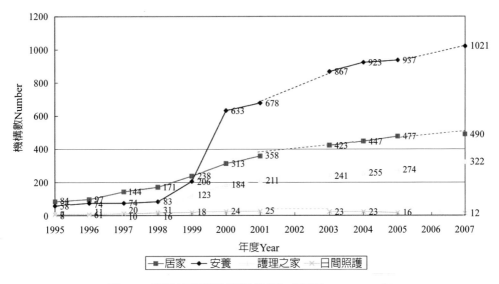

圖9-2 臺閩地區長期照護機構利年成長圖1995～2007年

2. 社區與居家式

　　依據老人福利法第17條規定，為協助失能之居家老人得到所需的連續性照顧，直轄市、縣（市）主管機關應自行或結合民間資源提供下列居家式服務：1.醫護服務；2.復健服務；3.身體照顧；4.家務服務；5.關懷訪視服務；6.電話問安服務；7.餐飲服務；8.緊急救援服務；9.住家環境改善服務；10.其他相關之居家式服務。另外，第18條規定，主管機關應提供下列社區式服務：1.保健服務；2.醫療服務；3.復健服務；4.輔具服務；5.心理諮商服務；6.日間照顧服務；7.餐飲服務；8.家庭托顧服務；9.教育服務；10.法律服務；11.交通服務；12.退休準備服務；13.休閒服務；14.資訊提供及轉介服務；15.其他相關之社區式服務。

　　另外，依據內政部頒訂長期照顧十年計畫（行政院內政部，2007），我國目前社區式與居家式服務主要有照顧服務（含居家服務、日間照顧、家庭托顧）、居家護理、喘息服務、社區及居家復健、餐飲服務並有各縣市社區關懷據點之設立以及輔具資源中心提供服務，並有交通接送服務、輔具及居家無障礙環境改善服務。

　　依經建委託最新資源盤點（葉莉莉，2009），我國社區式服務中現以社區關懷據點設立最爲廣泛，每一據點平均每月提供396.6人次的服務量，其主要提供之服務內容有：結合照顧管理中心等相關福利資源，提供關懷訪視、電話問安諮詢、轉介服務、餐飲服務、健康促進等多元服務，以建立持續性之照顧體系。在居家式服務方面，2008年之社區資源呈現目前全國368個鄉鎮市區中有284個（77.2%）鄉鎮有提供長照居家式服務，身障爲79個鄉鎮市區（21.5%）：提供之服務以居家服務及居家護理占比例較高，居家護理機構因有衛生所附設，故分布區域較爲平均，是以在各項服務中城鄉差距較小。

　　在長期照護體系發展過程中，歷年來各項服務名稱略有不同，但內涵大同小異。機構照護中「老人養護」一項自有補助政策以來，始終是政策發展的重點之一，可見政府在政策之始對機構式照護的重視程度。隨著體系的逐漸萌芽發展，行政院衛生署在政策白皮書中開始強調發展資源配置七三比，希望以在地老化政策爲訴求重點，並於2007年展開長期照顧十年計畫。

(二) 長期照顧十年計畫

　　本計畫爲現行我國長期照護體系之基礎建構，摘述內容如下：

　　1. 服務對象：長期照顧十年計畫的服務對象以日常生活需他人協助者爲主（需經ADLs、IADLs 評估），主要包含以下四類失能者：

　　(1) 65歲以上老人。

　　(2) 55歲以上山地原住民。

　　(3) 50歲以上之身心障礙者。

　　(4) 僅IADLs失能且獨居之老人。

　　而服務項目規劃原則爲：

　　(1) 以實物補助（服務提供）爲主，現金補助爲輔，以補助服務使用爲原則。

　　(2) 依失能程度及家庭經濟狀況，提供合理的照顧服務補助。

　　至於失能程度界定則分爲三級：

(1) 輕度失能（一至二項 ADLs 失能者，以及僅IADL失能且獨居老人）。

(2) 中度失能（三至四項 ADLs 失能者）。

(3) 重度失能（五項（含）以上ADLs 失能者）。

2. 照顧服務補助對象在給付額度下使用各項服務時，仍需部分負擔費用，收入較高的一般戶，其部分負擔的比例較高。

(三) 服務項目

服務項目如表9-2，說明如下：

表9-2　現行長期照顧十年計畫之服務項目

照顧類型	項　目
居家式及社區式	照顧服務（含居家服務、日間照顧、家庭托顧）
	居家護理
	社區及居家復健
	輔具及居家無障礙環境改善服務
	老人營養餐飲服務
	喘息服務
	交通接送服務
機構式	長期照顧各類機構

1. 照顧服務（含居家服務、日間照顧、家庭托顧）

(1) 補助時數

① 輕度失能：每月補助上限最高25小時。

② 中度失能：每月補助上限最高50小時。

③ 重度失能：每月補助上限最高90小時。

(2) 補助標準及部分負擔

① 家庭總收入未達社會救助法規定最低生活費用1.5倍者，政府全額補助。

② 家庭總收入符合社會救助法規定最低生活費用1.5倍至2.5倍者，政府補助

90%，民眾自行負擔10%。

③ 一般戶由政府補助70%，民眾自行負擔30%。

④ 超過政府補助時數者，則由民眾全額自行負擔。

(3) 補助經費：每小時以180元計（隨物價指數調整）。

(4) 民眾使用照顧服務（含居家服務、日間照顧、家庭托顧）可於核定補助總時數內彈性運用。

2. 居家護理

除現行全民健保居家護理給付2次以外，經評定有需求者，每月最高再增加2次，每次訪視服務費以1,300元計。

3. 社區及居家式復健

對重度失能無法透過交通接送使用健保復健資源者，每人最多每星期補助1次，每次補助新臺幣1,000元。

4. 輔具購買、租借及居家無障礙環境改善服務

補助金額為每十年內以新臺幣10萬元為限，但經評估有特殊需要者，得專案酌增補助額度。

5.老人營養餐飲服務

低收入戶及中低收入失能老人最高每人每天補助一餐，每餐以50元計。

6.喘息服務

(1) 輕度及中度失能：每年最高補助14天。

(2) 重度失能：每年最高補助21天。

(3) 可混合搭配使用機構及居家喘息服務。

7. 交通接送服務

補助重度失能者使用交通接送服務，以滿足就醫與使用長照服務為目的，每月提供車資補助4次（來回8趟），每趟新臺幣190元為限。

8. 機構式服務

(1) 家庭總收入未達社會救助法規定最低生活費1.5倍之重度失能者,由政府全額補助。

(2) 家庭總收入未達社會救助法規定最低生活費1.5倍之中度失能者,經評估家庭支持情形如確有進住必要,亦得專案補助。

三、照顧管理制度之規劃

除提供各類長期照顧服務項目之外,由於失能者及其家庭通常面臨複雜問題,因此十年計畫在體制上建構照顧管理制度,以民眾多元需求為導向,連結其所需的服務體系與資源,並強調個案的自主與選擇權,以及照顧者和服務提供者間伙伴關係,進而促進服務品質、效率與責信。以下簡要說明我國現行照顧管理制度的執行單位、核心任務,以及照顧管理者資格要件:

(一) 執行單位:直轄市、縣(市)政府長期照顧管理中心。

(二) 核心任務:包括需求評估、擬訂照顧計畫、核定補助額度,連結照顧資源安排、照顧服務,持續追蹤個案狀況並監督服務品質,定期複評等。

(三) 照顧管理者資格要件:由長期照顧相關專業人員擔任。

1. 專業類別包括:社會工作、護理、職能治療、物理治療。

2. 至少有兩年以上長期照顧相關實務經驗。

3. 必須參加照顧管理培訓課程。

歷經三年多來的施行,長期照顧十年計畫亦就施行困難點不斷加以修正,其調整策略包括:

1. 檢討照顧管理人員任用資格、薪資及人力配置。

2. 適度降低一般戶部分負擔由40%降至30%。

3. 適度放寬補助對象之標準。

4. 適度修訂服務補助標準。

　　爲了能順利與未來之長期照護保險接軌,現行長期照護體系發展亦不斷調整與修正,以下爲最新長期照護服務網計畫(第一期)102年至105年之工作重點。

　　首先,爲充足我國長期照護服務量能使服務普及化,並做爲長期照護保險實施的基礎,長期照護服務網將供給面劃分爲22大區、63次區及368小區。希能隨時掌握長期照護供給資源之分布與量能狀態,以確保失能者能獲得妥善長期照護服務。在法制面,於100年擬定長期照護服務法(草案),以確保所提供的長期照護服務具有品質,保障接受服務民眾的尊嚴及權益,該法並於103年1月8日由立法院社福衛環委員會完成審議並送出該委員會,通過48條,保留7條;共7章55條,授權子法共9條。在財務面,則於2008年起即已著手規劃長期照護保險制度,希望藉由國人自助互助、風險分擔精神,確保民眾均能平等與效率獲得長期照護服務,降低整體社會成本;且期望於第一階段的十年計畫,及第二階段之長期照護服務網順利運行後,啓動長期照護保險法的立法工作,之後即可推動長期照護保險,使整個國家的社會安全保護網絡趨於完備。

第三節　高齡照護的相關政策

Marshall（1965）曾經定義社會政策係指政府用以直接影響人民福利的政策，其行動是提供服務或所得予人民。其核心包括：社會保險、公共救助、保健、福利服務、住宅政策，以及環境政策、家庭政策等。

近觀我國高齡照護的相關政策，實屬老人福利政策發展之一環，而隨著國民政府遷臺，直至1990年起歷經了社會福利的黃金十年，並接續發展至今益加重視老人福利政策（林萬億，2006）。

一、老人福利政策

以定義來看，老人福利政策有狹義與廣義的兩重定義。狹義來說，老人福利政策是透過國家公權力的行使，由中央和地方的行政機關所提供針對老年人口的各項物質上、精神上的方案及措施。廣義的定義則針對退休老年人口的身心靈需求、尋求其社會制度面的保障，包括：經濟生活、健康醫療、教育休閒、心理及社會適應、居住安養、家庭關係支持等面向（萬育維，2007）。

以時序發展來看，我國之社會福利原則最早乃依1943年當時南京政府所頒布的社會救濟法，以老人、兒童、姙婦、病殘、災民的救濟為主（林萬億，2006），而我國的老人福利法頒布施行後則明定我國攸關老人福利之政策內容。2004年頒布社會福利政策綱領修正，將其政策制定原則明定為下列九項：

1. 人民福祉優先。
2. 包容弱勢國民。
3. 支援多元家庭。
4. 建構健全制度。
5. 投資積極福利。

6. 中央地方分權。

7. 公私夥伴關係。

8. 落實在地服務。

9. 整合服務資源。

隨著社會福利政策的發展與修正，相關的老人福利政策均在此引導下，陸續推動與發展。茲簡要摘述老人福利法立法頒布施行之後我國主要相關高齡照護政策如下：

(一) 1980 —— 老人福利法立法

其中直接與有關高齡照護政策，包括健康維護與安定生活兩部分。列述如下：

1. 健康維護

(1) 老人預防保健服務。

(2) 中低收入老人醫療費用補助。

(3) 中低收入老人重病住院看護費補助。

2. 安定生活

現行老人福利服務在安定生活方面，可分為：

(1) 居家照顧服務

① 居家服務。

② 設置居家服務支援中心。

③ 中低收入老人住宅設施設備補助改善。

(2) 社區照顧服務

① 老人保護。

② 日間照顧。

③ 營養餐飲服務。

④ 短期或臨時照顧。

(3) 機構養護服務

依老人福利法第9條規定，老人福利機構可分爲以下五類，各有不同服務對象。

① 長期照護機構。

② 養護機構。

③ 安養機構。

④ 文康機構。

⑤ 服務機構。

(二) 1997 ── 老人福利法修正

在老人津貼、年金、住宅、保護等需求來做規劃及專責人力等，使服務與保護更具完整性與前瞻性。其修正重點如下：

1. 參酌先進國家立法例。

2. 明定老人福利機構的類型。

3. 鼓勵三代同堂。

4. 爲協助因身心受損致影響日常生活功能，地方政府應提供或結合民間資源提供居家服務。

5. 爲保障老人經濟生活，採生活津貼、特別照顧津貼、年金保險制度方式，逐步規劃實施。

6. 加強老人保護工作。

(三) 1997 ──「推動社會福利民營化實施要點及契約書範本」

獎助民間機構辦理老人福利服務，於此我國老人福利服務私有化更加明確

(四) 1998 ──「老人福利機構設立標準」

解決未立案問題。

(五) 1998年 ── 「加強老人服務安養方案」

(六) 1998年 ── 「社會福利社區化方案」

(七) 2007年 ── 歷經四年新的老人福利法修法通過

由上可知，老人福利政策之發展乃以目標爲導向，結合各類社會服務方案與現金救助，同步提高標的老年人口生活水準，達到老人福利法所言「維護老人健康」、「安定老人生活」、「保障老人權益」、「增進老人福利」的良善目標。

在政策演變上，隨著主要來自英美兩國之西方新自由主義之風潮，1980年代末期臺灣政府開始鼓勵私有化政策。1998年行政院通過「政府再造綱領」，引進企業管理精神，強調政府應建立創新、彈性與應變能力。1983年內政部頒布「加強民間力量推展社會福利實施計畫」，明文指出各縣市政府爲推動社會福利工作，得以補助、獎勵或委託民間合法社會福利機構共同辦理。1990年代以後老人福利服務的提供大量實施民營化，以方案委託、公設民營同步進行，鼓勵民間參與社會福利服務，以增加機構或方案的供應量。例如1997年「老人福利法」，第9條明確指出：地方政府應視需要設立並獎勵私人設立各類老人福利機構；1998年「老人長期照顧三年計畫」提到，政府將運用醫療發展基金獎例私人或財團法人醫院附設護理之家或日間照顧機構；2002年政府「照顧服務產業發展方案」政策指出，政府應該結合民間力量共同發展照顧服務體系；2005年內政部頒布的「建立社區照顧關懷據點試辦計畫」提出鼓勵民間團體設置社區關懷據點；2007年「我國長期照顧十年計畫」中的目標亦包括：政府應該結合民間資源提供長期照顧服務等（陳惠姿，2009；余尚儒，2014）。學者指出社會福利服務輸送民營化的過程也是政府再造的一環，但也改變了服務輸送體系（林萬億，2006）。

二、長期照護政策

　　長久以來，長期照護一直以救濟貧窮個人或家庭爲目標；而後在人口老化帶來普遍長期照護需求的壓力下，改以大量興建機構滿足民衆長期照護的需求。1960年代左右，不滿過度機構化所帶來的品質低落與成本昂貴，先由北歐國家發起「在地老化」（aging in place）的口號，受到絕大多數國家的響應；目前各國多致力於居家式與社區式服務的發展，以朝向「在地老化」的長期照護政策目標邁進。

　　以我國老人長期照護政策法令的發展歷史，大致可以1980年公布老人福利法的訂定與修正作爲區隔：1980年代初期老人占總人口比率低在（4%以下），長期照護需求不多，社會大衆基於傳統家庭倫理觀念，認爲身心障礙者的照顧是個人與家庭的責任，公共政策極少關懷長期照護服務的提供，家庭是最主要的長期照護資源。雖然1980年頒布老人福利法是一大進步，然而於1980年代末期，政府仍視長期照護等同於療養機構照顧，以發展「濟貧式」的療養機構滿足長期照護的需求，大多用來收容貧困無依的老人。直至1988年開始推動「社會福利社區化」方案，才試圖在社區中建立福利網絡，以落實服務於基層；晚近由行政院推動「挑戰2008國家發展重點計畫」，內政部研擬「新故鄉社區營造——活化社區組織計畫」中，有關「推展社區發展工作」乙節，已將「開發社區人力資源，營造福利化社區」及「提升社區照顧質量」，列爲重點項目。至今，從中央到地方福利社區化已成爲社政單位社區工作的重點（賴兩陽，2004）。

　　在衛政體系方面，行政院衛生署對長期照護議題的關注亦顯見於歷年來長期照護相關政策的發展上，時序上始於1991年公布之護理人員法，由關注機構式照護資源開始，直至九十年代末期開始強調社區化長期照護政策以及資源整合、照顧服務人力發展策略，相關政策包括：

　　(一) 民國87年衛生署老人長期照護三年計畫。

　　(二) 民國90～93年衛生署「醫療網第四期計畫——新世紀健康照護計畫」。

　　(三) 民國89～92年衛生署及內政部「建構長期照護體系先導計畫」。

(四) 民國91〜96年經建會及內政部「照顧服務福利及產業發展方案」。

(五) 民國92年行政院科技顧問組「行政院2003年產業科技策略會議——發展醫療保健服務產業之策略」、總統經濟顧問小組所提「長期照護發展策略」。

(六) 民國91-97年行政院「挑戰2008國家發展重點計畫——社區化長期照護網絡計畫」。

(七) 民國94年行政院：臺灣新社區六星計畫。

(八) 民國96年行政院：我國長期照顧十年計畫。

表9-3　2000年以來政府推動長期照護之相關措施

時間	計　畫　名　稱	推動部門
民國89年	成立跨部會長照護專案小組，推動「建構長期照護體系三年計畫」	行政院社會福利推動小組
	「長期照護諮詢委員會」	衛福部
	研訂「新世紀健康照護計畫」，將長期照護更列為重點工作	衛福部
民國90年	委託執行「建構長期照護體系先導計畫」（期程：2000-2003）	衛福部
	召集本部社會及家庭署、本部、原住民委員會、農業推廣委員會等相關部會共同推動「照顧服務產業發展方案」	經濟建設委員會
	推動「新世紀健康照護計畫」（期程：2001-2004）	衛福部
民國91年	修正核定「加強老人安養服務方案」	行政院
	核定「照顧服務福利及產業發展方案」（期程：2002-2007）	行政院
	開辦「非中低收入失能老人及身心障礙者補助使用居家服務試辦計畫」	衛福部、各縣市政府
	長期照護社區化計畫（期程：2002-2007）	衛福部
民國92年	會銜公告「照顧服務員訓練實施計畫」	衛福部
民國93年	全面推展地區教學以上醫院辦理「出院準備服務計畫」	衛福部
	修正原「非中低收入失能老人及身心障礙者補助使用居家服務試辦計畫」，發布「失能老人及身心障礙者補助使用居家服務試辦計畫」	衛福部

（續）

民國94年	規劃「特殊照護模式暨失智老人居家照護模式試辦計畫」	衛福部
	核定「建立社區照顧關懷據點實施計畫」	行政院
	核定「加強老人安養服務方案」	行政院
	全人健康照護計畫（期程：2005-2008）	衛福部
民國96年	我國長期照護十年計畫（期程：2007-2016）	衛福部
	遠距照護試辦計畫（期程：2007-2008）	衛福部
	健康照護服務產業發展方案（期程：2007-2009）	經濟部
民國98年	新世代健康領航計畫	衛福部
	「健康照護升值白金方案」行動計畫	衛福部
	於2009年10月2日核定「推動弱勢族群醫療照護計畫-發展山地離島偏遠地區社區化長期照護服務體系計畫」	衛福部

資料來源：臺灣長期照護專業協會

　　目前因我國各類型長期照護服務單位之法源依據分散於「老人福利法」、「護理人員法」、「身心障礙者權益保障法」、「精神衛生法」、「兒童及少年福利法」、「國軍退除役官兵輔導條例」等不同法源下管理，未能建立長期照護服務網計畫，整合在「長期照護服務法」之法源依據下，將有助於提升長期照護相關服務之品質與資源分布，因此建置長期照護服務網有其必要性，以因應高齡化趨勢並配合長期照護保險之規劃與實施（詹火生，2009）。

　　就長期照護政策發展沿革來看，老人長期照護三年計畫、新世紀健康照護計畫、照顧服務福利及產業發展方案、與社區化長期照護網絡之建置與最新的長期照護服務網計畫等，均為重要的歷史脈絡依序奠定長期照護體系發展之基礎，謹摘述如下：

(一)「老人長期照護三年計畫」──回應國人對社區化長期照護的需求

　　民國87年10月行政院衛生署於奉行政院核定執行之「老人長期照護三年計畫」，其中除了要普及機構式長期照護外，最重要的是強調社區化長期照護體系之建立，並鼓勵充實社區化照護設施。其具體措施包含建立整合性服務網路，在實務運作上，對「長期照護管理示範中心」的設立，試辦「單一窗口」制度，已有明文規定，希望長期照護病患經由專業評估及個案管理方式，可以就近得到妥適之照護安排。

(二)「新世紀健康照護計畫」── 結合社政及衛政之照護資源、建構完整之照顧服務體系

在最新的「新世紀健康照護計畫」中（2001年～2004年）強調以各縣市之「長期照護管理示範中心」爲據點，建置轄內長期照護資源整合與配置的網絡，以有效結合社政及衛政之照護資源，提供民衆長期照護專業的諮詢評估與轉介、輔具租借、教育訓練與家屬支持團體等適切的服務。基於建構完整照顧服務體系的理想，民國91年5月在全國社會福利會議第五分組簡報中也特別提到資源、財務與管理機制的發展十分重要，期以提供可近、適切品質與合理成本之服務。在對策上則包括發展多元化服務體系、建立各級政府長期照護資源整合與管理機制，以及提供醫療與長期照護銜接的連續服務等多方面（行政院衛生署，2002）。

(三)「照顧服務產業」方案──提供失能國民所需服務、提高國民就業率

民國91年提出的我國「照顧服務產業」方案，乃行政院經建會協同內政部、衛生署、勞委會、農委會及退輔會等共同推動，希望以專業化、企業化的方式，提供失能國民所需身體和日常生活服務，並以提高國民就業率爲目標。在方案中，主要發展策略包括：

1. 建立照顧服務管理機制，加強服務輸送系統。
2. 引進社區參與機制，充實多元化照顧服務支持體系。
3. 全面提升照顧服務品質，保障服務使用者權益。
4. 健全照顧服務人力培訓與建立認證制度，促進照顧服務專業化。

5. 配合本國照顧服務產業發展，適度調整外籍監護工之引進政策。

6. 相關法規鬆綁及措施調整，排除民間參與障礙。

7. 推動溝通及宣導工作，建立照顧服務資源網絡。

基於以上「照顧服務產業」方案之發展策略，內政部、衛生署及全國各縣市政府職訓單位均積極委託辦理健康與社會服務業職類的照顧服務人力培訓，促進照顧服務專業化。

(四) 「社區化長期照護網絡」計畫──含括於挑戰2008：國家發展重點計畫第十項「新故鄉社區營造計畫」

本分項計畫由政府現有資源出發，按在地特色協助社區建立組織，引發社區住民投入，分三大面向規劃與發展：

1. 建立長期照護資源規劃整合與管理機制，提供醫療及長期照護銜接的連續服務

2. 發展多元化社區長期照護服務體系，充實社區照護資源

3. 培訓專業人力，提升長期照護服務品質

在服務整合的前提下，提供居家式及社區化長期照護服務而政策指示「社區化長期照護網絡」與發展「照顧服務產業」等兩分項計畫需整併辦理，以收相輔相成之效。

為建構社區化長期照護網絡，推動期間共計六年（2003～2008），在執行策略上包括照顧人力發展策略的考量。而在本項策略的具體措施上，必須積極培訓專業人力，提升服務品質，推動經費計新臺幣一億七千四百多萬元。做法上必須由各級政府現有社區人力及長期照護人力需求量進行推估，並積極辦理專業人力養成教育、在職培訓及留任措施等，並發展專業服務模式和訂定長期照護之照護品質指標（行政院衛生署，2004）。

(五) 長期照護服務網第一期計畫（民國102～105年）

長期照護服務網計畫主要係為均衡長期照護資源之發展，使長期照護機構及

人員合理分布，針對資源不足區予以獎勵設置，以均衡長期照護之在老化及可近性。因此，本計畫目的即於資源不足區域獎勵長期照護服務資源發展，並規劃於105年將各類醫事長期照護人力需求缺口補足，塑造良好勞動環境以留任人才，並提升照護機構服務品質；亦已規劃建置長期照護機構管理資訊系統，隨時掌握長期照護供給資源之分布與量能狀態，以確保失能者能獲得妥善長期照護服務（行政院衛生福利部，2013b）。

　　從政策發展的角度而言，每個國家長期照護政策與體系的發展可以是獨立的發展體系，或經常因健康或社會照護體系的發展歷史較早而隸屬於其中的一部分。過去的歐洲經驗經常將社會照顧（Social care）相對於醫療照顧（Medical care），也就是透過社區化的照顧提供，來降低老人、病人或身心障礙者等的長期住院照顧，其目的是達到照顧的人性化，滿足個別的需求，以及吻合在地生活的適應性。晚近長期照護的發展乃基於其本質上同時包含健康照護與社會福利的特性，而長期照護政策又僅為健康照護或社會福利政策的一部分內含。因此，在長期照護政策上形成一個需要思考的議題，不僅是如何區隔長期照護隸屬於健康或社會照顧的政策劃分，根本議題是在長期照護政策中是否真正需要做如此的界線區隔（Brodsky et al., 2003）。

　　如今，我國長期照護制度之發展以長期照護服務網為藍圖。一個國家的長期照護政策必定須以目標為導向，需要連結並整合來自健康照護與社會照顧的資源，以符合長期照護的多元屬性並滿足受照顧者的需求。現階段配合長期照護政策的發展，2008年馬總統上任以來即要求積極規劃與推動長期照護保險，以此財務政策與我國長期照護十年計畫接軌，使人人得到照護權益的保障。

三、長期照護保險的規劃

　　長期照護保險的規劃是馬英九總統競選時的重要政見。行政院於2008年並指示長期照護是政府重要政策，為配合未來快速成長的長期照護需求，應推動長期照護保險與立法，減少民衆負擔，讓高齡長者能享有健康與快樂的環境。同年底請經建會儘速提出「長期照護保險」先期規劃構想或草案，並指示當時衛生署負責完成長期照護保險的立法。

我國在長照體制的選擇上，乃強調社會互助責任並擬以社會保險方式進行，而在財源籌措方面之考量如下（行政院經濟建設委員會等，2009）：

1. 因應老化社會所需照護支出之成長，必須選擇穩定且自然彈性的稅、費基爲財源。

2. 穩定的財源應避免與其他政事競用，而影響財務收入的穩定性。

3. 應有多元籌措管道，兼顧財源充足性與負擔公平合理性。

4. 長照體制必須與其他社會保障制度作適度連結。

5. 我國稅收占GDP的比率雖低（僅14%），但民衆對加稅接受度不高，是以採用保險的方式來實行是目前國家現況下較適合的財務選擇。

在初步規劃上，都認爲應建構多層次長期照護保障制度，而長期照護保險的規劃乃基於社會連結與風險分攤的理念，政府必須建立完善之長期照護制度，以滿足國民基本照護服務需要。在政府的基本保障之外，民衆尚可透過商業長照保險及個人退休金、儲蓄理財、家庭成員來滿足照護需求。摘述現階段長期照護保險相關規劃內涵如下：

1. 在納保對象的規劃上，擬涵蓋全民並比照全民健保以採強制納保方式辦理。

2. 在組織上，擬由行政院衛生署或擬設立之衛生福利部爲中央主管機關，並委由全民健保之中央健康保險局擔任保險人，以全民強制納保爲原則，於民衆按月繳納保險費之義務下提供有需要者之長期照護基本保障。

3. 在法制上，將積極研擬訂定長期照護保險法與長期照護服務法：前者主要內容針對保險人、保險對象、保險財務、保險給付、服務機構、總則等基本事項予以界定與規範；長期照護服務法內容則規範各項長期照護機構管理、設施供需、設置標準、服務供給者之資格條件、品質規範與評鑑標準的內涵等。

4. 在服務輸送方面，擬採中央與地方分工方式並透過照顧管理制度的建立，於民眾發生失能事故時，透過需求評估與照顧管理機制依其失能程度給予給付。

5. 在給付方式上，分爲實物給付與現金給付。實物給付主要給付居家、社區、機構照顧費用並以服務時數爲計算基礎，支付標準原則上依據長期照顧十年計畫以每小時180元爲原則。開辦初期以現金給付爲輔助措施，中長期視保險辦理狀況及長期照護體系發展狀況，檢討調整現金給付之條件。需由保險人審定（需求評估）請領資格，並由被保險人自行決定是否請領。基本原則爲請領現金給付者尚可請領居家服務、日間照護與機構照護以外之實物給付項目，唯將審慎訂定現金給付額度，並將依實物給付之30～40%爲現金給付之上限。

6. 在財源籌措方面，預計90%來自保費，由民眾部分負擔比例爲10%，並依經濟能力予以減免及設定部分負擔上限。目前保費分攤比例可行方案有三，尚未定案，原則上希望廣納民意，並改進全民健保保費分攤比例問題，使其更符合長期照護保險規劃屬性，思考方向包括：政府對所有人的補助比例皆相同；勞雇負擔比率相同；考量雇主負擔比例最低，減少推行阻力等（行政院經濟建設委員會等，2009）。

在長照服務體系與長期照護保險的銜接方面，期以長期照顧十年計畫銜接長期照護服務網計畫（圖9-3），在功能面開發服務資源、發展偏遠離島地區資源、並研擬整合型照護計畫；而各縣市長照中心未來將隸屬健保局或縣市政府，經費由長照保險負擔，在轉銜策略上希望在長照十年計畫現有基礎之上，擴大經費補助，協助排除執行障礙；強化長照管理中心功能，補強照管人力；而計畫經費則由主管部會編列預算支應及長照保險挹注。目前長期照護服務法草案已經於行政院通過，並逕送立法院審查程序。而長期照護保險規劃時間期程上，衛生福利部於2016年之前完成立法與規劃。

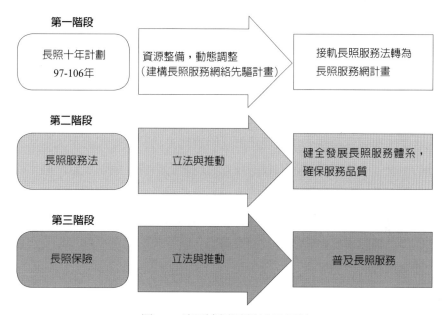

圖9-3　長照制度規劃與立法原則

第四節　結論

　　因應高齡化帶來的健康照護需求，老年健康照護體系與相關政策議題備受關注。從對醫療需求的多寡來看，密度最高的是急性醫療體系，接著是長期照護體系（包含健康與社會照顧）以護理及個人照護為主；其次是與老年人生活照顧有關的福利服務。各類照護體系的發展在政府政策的引導下開始注重高齡化社會的需求，並配合進行政策與照護體系的改革，唯各體系之間其實相互關聯、相輔相成，必須以全人照護的觀念，透過政府政策將照護服務提供體系加以整合，提供連續性的無縫隙照護，期望能有效回應高齡化所帶來的社會衝擊，以及達到提升高齡化社會福祉的目標。

參考書目

一、英文部分

Andersen, R. M., (1995). "Revisiting the behavioral model and access to medical care: does it matter?" *J Health Soc Behav*, 36 (1): 1-10.

Brodsky, J. Habib, J. and Hirschfeld, M., (2003). "Key Policy Issues in Long Term Care." *WHO collection on Long-Term Care,* Geneva: WHO.

Blaxter, M., (1990). *Health and lifestyles.* London: Tavistock/Routledge.

Evashwick, C. J., (2005). *The Continuum of Long-Term Care*, 3nd Ed., USA: Delmar.

Hooyman, N.R. and Kiyak, H.A., (2008). *Social Gerontology: A Multidisciplinary Perspective* (8 eds.), USA: Allyn and Bacon.

Marshall, T.H., (1965). *Social Policy*, London: Hutchinson.

Svedberg, P., Lichtenstein, P., & Pedersen, N. L., (2001). Age and sex differences in genetic and environmental factors for self-rated health: a twin study. *J Gerontol B Psychol Sci Soc Sci,* 56(3), S171-178.

Shooshtari, S., Menec, V., & Tate, R., (2007). Comparing Predictors of Positive and Negative Self-Rated Health Between Younger (25-54) and Older (55+) Canadian Adults: A Longitudinal Study of Well-Being. *Research on Aging, 29*(6), 512-554.

Williams, S.J., Torrens, P.R. (2008). *Introduction to Health Services* (7ed.), Thomson: USA.

WHO (1986). Ottawa Charter for Health Promotion. Canada: WHO.

WHO (2002). Active ageing: a policy framework. Madrid: WHO.

WHO (2009). 世界衛生統計。http://www.who.int/whosis/whostat/ZH_WHS09_Full.pdf (Date visited: May 25, 2010).

二、中文部分

王雲東（2009）《我國長期照護服務需求評估》。行政院經濟建設委員會委託研究。

內政部統計處（2014a）內政統計通報-102年底人口結構分析。http://sowf.moi.gov.tw/stat/week/list.htm，取用日期：2014年3月18日。

內政部統計處（2014b）102年國人零歲平均餘命估測結果。http://sowf.moi.gov.tw/stat/Life/102%E5%B9%B4%E9%A4%98%E5%91%BD%E4%BC%B0%E6%B8%AC%E7%B5%90%E6%9E%9C%E7%B5%84%E5%90%88.pdf，取用日期：2014年3月18日。

內政部社會司（2007）老人福利機構設立標準。http://sowf.moi.gov.tw/04/02/02_3.htm，取用日期：2010年3月20日。

內政部社會司（2009a）老人福利與政策。http://sowf.moi.gov.tw/04/01.htm，取用日期：2010年3月28日。

內政部社會司（2009b）老人福利法。http://sowf.moi.gov.tw/04/02/02_1.htm，取用日期：2010年3月14日。

內政部統計處（2008）北中南東部地區歷年平均餘命時間數列資料。http://www.moi.gov.tw/stat/life.aspx，取用日期：2010年1月25日。

行政院內政部（2007）《我國長期照顧十年計畫－大溫暖社會福利套案之旗艦計畫》（核定本）。

行政院經濟建設委員會、行政院衛生署、內政部（2009）《長期照護保險制度初步規劃成果與構想》。長期照護保險規劃溝通座談會資料。

行政院經濟建設委員會（2012）中華民國2012年至2060年人口推計。

行政院衛生署（2002）《醫療網第四期（新世紀健康照護）計畫》。

行政院衛生署（2004）社區化長期照護網絡。http://www.cepd.gov.tw/2008。

行政院衛生署（2008）《第六期醫療網計畫》。

行政院衛生署國民健康局（2006）《民國九十二年臺灣地區中老年身心社會生活狀況長期追蹤（第五次）調查成果報告》。臺中：行政院衛生署國民健康局。

行政院衛生署國民健康局（2010）民國96年中老年身心社會生活狀況長期追蹤（第六次）調查。http://www.bhp.doh.gov.tw/bhpnet/portal/Them_Show.aspx?Subject=200712270002&Class=2&No=200712270016，取用日期：2010年1月25日。

行政院衛生福利部（2013a）行政組織圖。

行政院衛生福利部（2013b）〈長期照護服務網計畫（第一期）－102年至105年〉。

余尚儒（2014）《臺灣市場導向長期照護體系的形成－財務面和供給面的政治經濟學》。國立成功大學公共衛生研究所碩士論文。

林妍如（2007）《整合性照護與管理－健康照護組織之價值創造》。臺北：五南圖書出版股份有限公司。

林萬億（2006）《臺灣的社會福利：歷史經驗與制度分析》。臺北：五南圖書出版股份有限公司。

陳惠姿（2009）《長期照護保險法制服務提供及服務人力之評估》。行政院經濟建設委員會委託研究。

萬育維（2007）《社會福利服務-理論與實踐》。臺北：三民書局股份有限公司。

葉莉莉（2009）《我國長期照護資源供給調查》。行政院經濟建設委員會委託研究。

詹火生（2009）《因應長期照護保險法制規劃檢視『我國長照十年計畫』成效及發展方向》。行政院經濟建設委員會委託研究。

賴兩陽（2004）〈社區發展協會推動福利社區化的策略分析〉。《社區發展季刊》106：68-79。

第三篇

社會老年學：老人與社會

第十章 社會老年學總論

/蔡文輝

　　廿一世紀的人類社會正面臨著一個巨大的挑戰：人口的急速老化。無論是在東方或西方社會，老年人口在總人口的比例皆有明顯的增長。人的壽命延長再加上新生嬰兒生育率的低減，造成很多社會的人口結構金字塔變型。

　　生物學家依照醫學的資料推測人的生命最多可以活到120歲至126歲之間。人口學家把這極限稱之為「生命期限」（life span）。世界上活得最久的一個人是1997年去世的法國女士Jeanne Calment，她活了122歲又164天。這是非常特殊的案例。古人講「人生七十古來稀」，能夠活至七十歲在古時候是相當難的。不過在廿一世紀的今天雖然想活到120歲還是一種異數，但想活到七十這年歲已不再是遙不可及了。聯合國的人口專家估計目前全世界約有356 百萬七十歲以上的老年人口，而且這個數目還在增加。

　　人口學家用「生命預歲」（life expectancy）來表達一個社會裡人們預測可以活到歲數。通常是計算新出生嬰兒出生時的正常生理衛生狀況和社會環境影響下可活到的歲數。已開發國家裡的人的「生命預歲」是比未開發國家的人要長些。根據世界衛生組織（World Health Organization, 簡稱WHO）2014年公佈的消息資料，在2012年出生的女嬰預期可活到73歲，男嬰則可活到68歲。已開發國家裡的人因其生理衛生狀況和社會環境較優厚，其出生人口的「生命預歲」是比未開發國家的人要長些。2012年在已開發富有國家出生的男嬰預期可活到76歲，比未開發的國家男嬰要長16年。女嬰的差距更大：19年（已開發富國82歲，未開發的國家63歲）。表1把2012年世界上10個平均預歲最長的國家依男女性別排列：

表10-1　2012年世界上10個平均生命預歲最長的國家依男女性別排列

男			女		
排名	國家	生命預歲	排名	國家	生命預歲
1	Iceland冰島	81.2	1	Japan日本	87
2	Switzerland瑞士	80.7	2	Spain西班牙	85.1
3	Australia澳洲	80.5	3	Switzerland 瑞士	85.1

（續）

4	Israel以色列	80.2	4	Singapore新加坡	85.1
5	Singapore新加坡	80.2	5	Italy 義大利	85
6	New Zealand紐西蘭	80.2	6	France 法國	84.9
7	Italy義大利	80.2	7	Australia 澳洲	84.6
8	Japan日本	80	8	South Korea 南韓	84.6
9	Sweden瑞典	80	9	Luxembourg盧森堡	84.1
10	Luxembourg盧森堡	79.7	10	Portugal 葡萄牙	84

資料來源：http://www.who.int/mediacentre/news/releases/2014/world-health-statistics-2014/en/

　　從表10-1來觀察，前十名的國家大多數在已開發的富有國家，而且集中於歐洲地區。不過日本女嬰的87生命預歲倒是最長。臺灣雖然沒排入前十名，但新生嬰兒預期可活的歲數也蠻長的：2012年新生嬰兒的生命預歲，男嬰可達76.4歲，女嬰更達82.8歲。中國大陸則是男嬰73歲，女嬰77.4歲。（內政部2014）

　　一百歲以上的「百齡族」（Centenarians）也有增多的趨勢。2010年時美國每一萬人口中有1.73人超過百歲。瑞典是1.92，英國1.95，法國1.95，日本3.43。聯合國人口基金會發表的一份報告指出，2011年全球百歲以上老人的數目為31.66萬人，到2050年此數字將增加10倍，達322萬多人。中國2012年有1.43萬名百歲以上的老人，日本有4.95萬。臺灣內政部2012年訪查百歲以上人瑞共計1876人。日本估計到本世紀中葉2050年時會有62萬以上的「百齡族」，約占其總人口的1%。中國則會增加到26.25萬人。（觀察者2014/8/40）

　　人們壽命的延長主要是醫療技術的進步與發展及個人生活品質的提昇。早期的老年學的最大重點集中在老人疾病的治療和維護。因此，對老人的研究絕大多數集中在老年醫學的研究。事實上，老年疾病的控制近年來是有相當傲人的成果。老人常有的的心藏疾病、血管糸統疾病、糖尿病、腦中風等的治療都有顯著的進展。

　　雖然如此，近年來，專家學者開始注意到社會環境和人際關係對老人健康生活的重要性。成功老化（successful aging）不僅是指身體上的健康，而且也牽涉到社會環境和個人心理因素。老年學的研究不僅包括老年醫學（geriatrics），也包括社會老年學（social gerontology）。一個老人的成功老化不單是身體健康，也要有積極的社會參與和融洽的人際關係。老年醫學方面的討論，本書的上半部幾章已介紹過，大下半部這幾章將討論社會老年學的幾個主要議題。

第一節　社會老年學的範疇

　　老年學所研究的層面牽涉得十分廣闊。雖然人們對老年問題的談論時有見諸於歷史文獻中，但是哲學論述大多數圍繞著養生的中心思想，而當代的醫學實驗和研究則卻又過份偏重於老年醫學的發展：疾病的控制和生命約延續。老年社會學就重視到非疾病層面的老人生活。生理和心理上的老化雖然對個人有無可避免的影響，但是人可以經由本身的努力，例如改變飲食習慣或保持樂觀進取的人格態度來將老化的負面影響減低；社會的老化卻往往不是個人可左右的。社會的老化是指社會對老年人所設定的行為模式和社會制度，社會往往認為老年人因年歲已大就應該有不同的行為準則和社會規範。例如，一般社會都認為老年人不應該再過分重視職業的成就，應該靜靜地家居含飴弄孫安養天年。常聽人說：「這麼老了，還……」就是這種社會的老化的徵象。角色的轉換也往往影響了社會對資源的分配，在這方面，對老年人更是不公平。

　　很多社會都有用年齡來規範（age grading）人們的行為，把人們因年齡的差別而給與不同的看待，就像階層差異（social stratification）一樣。也正因此而對老年人有不公平的看待，把老人視為一群弱勢團體（minority group）。所以社會的老化基本上是建立在社會的制度上的。

　　人口老化雖然是老年人口的增加。但是至於什麼年齡才算老人卻是由社會釐定的。有些社會把40歲以上的人看做老人，有些社會則是以50歲或60歲為準。年齡訂的愈低，老年人口就愈多。在就業市場上，40歲以上的人往往找尋工作困難，就有排拒的負面現象。而有些福利機構則把老年訂為65歲或70歲，其目的仍在減輕負擔。人口老化不僅是老年人口增加的問題，而且因為目前很多國家皆有少子化的問題而使老年人口在社會上所佔的比率急速成長。今日全球人口老化（global aging）所指的正是比率增長的問題。

　　前面第一章老年學總論裡我們就介紹了老年學所牽涉的學科。包括教育、心理學、社會學、醫學、政治學、人類學、經濟學等學科。老年學最近的發展，上述這些學科的貢獻相當地大。教育學最大的貢獻是把個人的社會化由兒童教育延伸到成人教育（adult education），把教育看成是一個漫長延續不斷的終身學習（life long learning），活到老，學到老的過程。心理學對老年心理的興趣由來已久；然而，真正用科學方法來研究，則是最近的事。近些年來，大學心理學課程論包括老年心理，而老年心理諮詢亦為社會工作者所廣泛使用。社會學的主要研究範圍是人與人之間的互動。它的興趣在於把人視為社會團體生活內的一成員。因此，不像心理學之偏重幼年，社會學比較重視成年人。社會學家不僅呼籲要重視社會關係對老人身心健康的重要性，而且也要注意社會對老人這種群體處境的瞭解，社會學家形容老人是一群被遺忘的弱勢團體（forgotten minority group）。政治學在1960年代開始轉注政治行為的分析，特別是投票行為（voting behavior）的研究，促使老年投票行為受到重視；同時，聯邦政府各種有關老年福利法案漸多，於是引發政治學者在政策分析（policy analysis）上對老人政策的注意。當老年人口逐漸在總投票人口之比例增加，其政治影響力亦隨之增強，進而影響政治學者之研究興趣。人類學文獻常常依賴在口語歷史（oral history）的應用，因此人類學家時常利用村落裡的老年人來做敘述。人類學家常觀察老年人和年青人在行為、習俗、價值觀念上的差別，用以了解和比較傳統和當代社會之異同，也用以研究社會文化變遷。經濟學者近年來亦不能不注意到老人是一群不應被忽視的消費團體。注意研究老人的經濟行為，及其對整個經濟平衡的影響的問題。

老人的心理健康、社會關係、投票行為，信仰習俗、終生學習、消費行為都跟老人在社會裡所扮演的角色有關。老年學是一門超越單項學科的科際整合的學科；所以老年學的理論與方法，相當借重於其他相關學科。事實上，也只有如此，才能真正了解老年人。否則以單一學科、單一理論來研究老年人可能會產生以偏概全，或如瞎子摸象般的誤解。在瞭解老人與社會的相關性中，社會學的觀點和理論扮演一個舉足經重的角色。

老化過程是一種時間性的變遷。因此無論研究者的興趣何在，其研究分析方法必須能測出時間差異所產生的可能不同特徵。研究者在研究設計或分析時必須分辨清楚三種不同的時間序列問題：

一、年齡（age）：係指個人在年齡增長過程中會有所改變。這是不爭的事實，我們常聽人說，「他比以前成熟多了」，或「他變老了」。所指的就是因年齡增長而表現的行為心理的改變。生理、心理、社會等因素皆能影響一個人的年齡表現。

二、出生年代（cohort）：係指在同一時期或年代出生的人皆屬於同一個出生年代。年齡只指同一年齡而已，年代則可指廣泛的十年或二十年，比較廣泛，在研究比較上也更有意義。

三、歷史年代（period）：係指一個人在生命過程中所經歷的歷史時期。歷史年代所發生的事件很可能在兩個不同的年齡者身上有不同的影響。例如臺灣近十年來的民主運動對50歲以上的人和對30歲左右的人的感受就可能不一樣。日據時代的臺灣人和日據以後的臺灣人也會有不同的價值觀念或態度。

無論如何，研究老年問題或老化過程，必須把時間因素考慮在內。這些因素可以是年齡，也可以是出生年代或歷史年代。長期性研究（longitudinal research）是最理想的研究策略。1960年代美國在這方面的研究以杜克大學（Duke University）的杜克老年長期研究（Duke Longitudinal Study of Aging）為典型。這個研究主要的方法是在不同的時期裡對同一群人做數次觀察，用以比較時間差異上，研究對象的改變。觀察項目包括疾病、心理問題、知識功能型態、家庭型態及性行為、對生命的滿足程度、對老年、疾病、心理等等態度分析研究。不過這種長期觀察也有缺點：有些接受觀察之老人可能在觀察期滿前過世，無法繼續觀察，造成無法比較的遺憾。（Tibbitts, 1963）

第二節　老化的社會學理論

老年社會學（sociology of aging）是社會老年學（social gerontology）的主要成分。它對老年人社會生活的理論相當多，也相當零碎。其理論基礎大多數係以個人在社會裡的角色地位的研討爲出發點。社會學家們相信，老化雖然是一個生理退化的自然現象，但是社會結構對老化現象的影響仍然是相當大的。正如我們在前面提過的，生理或體質的老化現象因人而異，因社會之不同而有所異別。個人老化的程度與速度常因社會結構之不同而不同。

社會學家認定，每一個社會對其成員皆有某些社會規模的要求。個人如果符合社會規範的要求去做，則社會接受這一個人。但是如果個人違反社會規範的要求，則社會視這個人爲社會的偏差者（deviant），給予處罰。

社會規範對個人的要求常因人而異。同樣的社會互動場合裡，男女的行爲要求就可能不同；年輕人和老人的行爲要求也可能不同，社會規範的期望因此依社會互動者之性別、年齡、種族、社會地位等因素有所不同，即依個人扮演的社會角色而不同。因此，社會老化的過程實際上可以說是個人由中年人角色進入老年角色的過程，是對老人社會規範的要求的適應協調。社會學家相信我們若要了解老化現象就必須了解老年的社會結構。社會學對老化過程的解釋大致上可以分成下列三類：家庭網絡理論（family network theory）、社會結構理論（social structure theory），及生命圈理論（life cycle theory）。

一、家庭網絡理論：重點在於探討解釋父母與子女間關係和老年人在家庭中地位的問題。這類理論試圖從家庭網絡和兩代之間接觸關係的角度來研討老化的經驗與其所引出的新家庭關係，他們認爲當成年子女結婚搬離後，老年父母兩人之間婚姻關係的協調和睦與否會影響老年時期的適應問題。例如符號互動論、交換論及角色論等。（De Vos, 1991; Hareven, 1994）

二、社會結構理論試圖從社會結構尋求老年問題之核心。認定老人的處境受社會結構的影響所造成。例如功能理論、年齡階層論、現代化論及次文化論等皆

屬於此觀點。（蔡文輝，2014）

　　三、生命圈理論實際上可以說是生命史上各種不同階段裡年齡與角色之間關係的理論。種族、宗教、教育、職業等背景皆可能造成老年階段的生活方式有所影響。此理論很類似於人格發展的心理學理論。不過社會學家所用的變數與心理學家不同。（Elder, et.al., 2003）

　　社會老年學雖然牽涉到許多社會科學的研究，社會學的理論觀點對老人生活的詮釋不僅在老年研究上獲得相當的重視，也被廣泛應用在老人社會工作和社會福利上。社會學研究在社會規範節制下的人與人之間的互動，成功老化離不開老人與他人間關係的操作。社會學對老年生活的理論詮釋大概包括下列幾種：

一、功能學論（functionalism）

　　主要的中心論題是尋找並解釋一個社會行動或制度對社會結構所造成的正反功能。這理論認為一個社會行動或制度之所以被社會裡的人繼續執行並傳承至下一代是因為它對社會的穩定整合具有功能和效用。反之，則會被遺棄。

(一) 疏離論（disengagement theory）

　　疏離論是站在功能學論的角度上看老人生活。美國的社會研究者 Elaine Cumming and William Henry 在他們1961年合著出版的《變老》（*Growing Old*）一書提出疏離論的看法。他們分析了芝加哥大學對中老人所做的堪薩斯市成年人生活調查（ the Kansas City Study of Adult Life）資料發現，變老並非是一種可喜的經驗，變老是終至孤獨。按照 Cumming and Henry 的看法是當一個老人察覺到他所剩的日子不多時，他跟社會的關係就會變疏離。他會開始從許多社會關係中撤離。而此時，社會也會把他在社會裡所擁有的角色和權勢傳交給年青者。（Cumming & Henry, 1961）

　　Cumming and Henry的論點指出老人的疏離對個人和社會都有好處和功能

的。這功能學論包括至少三個論點：(1)人們最終會衰老和死亡，因此從社會退出是很自然的；(2)當老人自社會退出，社會規範的約束較少而使老人享受較多的自由；(3)由於性別差異，男性自職場退出，而女性自家務和婚姻的重擔減輕，會有一段不適應期，直到老年新角色的扮演爲止。老人可以安靜的養天年，等待最終死亡的降臨。（Cummings & Henry 1961）

功能學論除了重視社會單位的功能和貢獻以外，又強調社會內每一個單位的相互關聯性和相互依賴性（interrelatedness and mutual dependency）。爲了達到穩定和整合，當社會裡的某一無單位發生問題時，其他單位就會發展出一套方法來對付和糾正。因此，老年人口的增加所帶來的問題，就由社會的退休制度、社會福利以及老年養護等新制度來對付，以求社會的穩定和整合。帕森斯（Talcott Parsons）的理論爲其代表。（蔡文輝，1990）

(二) 活躍論（activity theory）

上述疏離論的觀點把老人生活描繪得太悲觀。因此受到激烈的批判。很多學者指出疏離論所描述的老人不是沒有，但這種人爲數極少。絕大多數的老人並沒有從社會退出，仍然活躍。1972年Lemon, Bengston and Peterson在《老年學刊》（Journal of Gerontology）上發表了一篇〈老化的活躍論〉（An Exploration of the Activity Theory of Aging）提出反疏離論的新觀點，認爲當人們變老時，他們會逐漸丟失原有的家庭和職場的角色地位，但是如果他們能繼續活動的參與和社會人群的互動的話，他們會比那些沒有的人活得久些。因爲這些人維持了他們的自我。

活躍論者雖然相信老人要活躍，但是它不是要老人繼續做以往的事和角色。而是要他們做自己喜歡做的事和角色，做有意義的活動。退休前做的事是養家和職場的奮鬥，退休後則可挑選志工、旅遊、或爲人祖父母的溫情角色。活躍論者認爲老人並沒有完全從社會上退出，他們只是轉換角色而已。有人把活躍論稱之爲「老人普通常識論」（the common sense theory of aging），因爲它講的都是人所皆知的平常普通常識。

(三) 延續論（continuity theory）

延續論雖然在老年社會學理論群中算是比較新近的理論。其實早在1968年，George L. Maddox在他的著作《中年與老年：社會心理學選讀》（*Middle Age and Aging: A Reader in Social Psychology*）就已談到。他延伸功能學論的觀點，指出老人角色的替換通常會跟老人以往的角色有關聯和延續。以往的人格、信仰以及人際關係都會成為老人挑選新角色的依據。（Atchley, 1971; Atchley, 1989）Robert Atchley在他1971年在《老年學者》學刊（*The Gerontologist*）上撰寫的一篇論文〈退休與休閒參與：延續或危機〉（Retirement and Leisure Participation: Continuity or Crisis?）才正式提出延續論這個學名。他後來在1989年在同一學刊上發表了另外一篇論文〈正常老化的延續論〉（A Continuity Theory of Normal Aging），把其論點詳加解說。1999年出版的《老年的延續與適應：創造正面的經驗》（*Continuity and Adaptation in Aging: Creating Positive Experiences*）才完整地呈現此理論架構。

延續論重點在於老年人如何在社會的外在環境和個人的內在結構裡延續和適應個人的生活並達成其追求的目標。一個人的內在結構如性格、理念、信仰終生持續，變化不多，而外在環境所牽涉到的人際關係與社會角色則提供支持個人維持一個穩定的自我概念和生活方式。退休不會完全切斷這些特質。一個脾氣暴躁的人不會到老就變得溫順；雖然暴躁的程度會輕些。同樣地，一個一生教書的人也不會因退休而完全遠離書本。臺灣有不少的公教人員在退休後轉至民間團體當服務性的義工，也有數目不少的公立大學教授退休後轉至其他私立學校繼續執教，都正是角色新舊延續的表現。

二、衝突論（conflict theory）

把社會看做是在不斷爭权權奪利的狀態的結構。有資產和有權勢的團體高高在上欺凌那些窮困和無權的人和團體。兩者之間的鬥爭是必然的。把這理論應用在老人社會生活上，年輕人以資產和權勢的擁有，欺壓無助的老人，將老人變成為一個弱勢團體。社會老年學的現代化理論（modernization theory）、年齡階層論（age stratification theory），以及交換論（exchange theory）都是接近衝突論的立場。

(一) 現代化理論

現代化理論認為當代大多數國家的老人都失去崇高的社會地位而淪為弱勢團體是國家工業化和現代化過程所造成的後果。（Cowgill and Holmes 1972）傳統尊老的大家庭逐漸為小核心家庭所取代，個人中心的社會規範不再重視尊老養老的規範。同時，社會的生產工具也由居家之外的工場取代，工藝技術亦日新月異，老人因身心的衰退，無法承擔此劇烈的變化，其社會價值減低而被排除在主流之外，成為弱勢團體。D. O. Cowgill 和 L. D. Holmes後來在1974年在其修正論文提出現代化的變遷過程中有四種因素減弱了老人的社會地位：衛生健康的進步、經濟和工業技術、都市化及教育。他們兩人認為衛生健康的進步雖然使人能長壽，但也使社會裡勞動人口無法減少，老年人必須跟年青人在職場上競爭。於是，老年退休後的低收入、聲望和榮譽導致老人地位的下降。新的工藝技術追求效率和創新，亦非老人之長。更何況工廠大多鄰近大都市區，導致留在農村老家的老人孤苦零仃。教育的發展重科學的新知識，老人所擁有的舊知識和傳統價值降低。因此，社會愈現代化，老人的地位愈低。E. Palmore and K. Manton（1974）對31個國家的比較分析基本上支持現代化理論，不過他們也發現當這些國家的現代化發展到某一程度後，老人社會地位的下降會慢下來。現代化理論把老人與年青人視為兩個對立的衝突團體。

(二) 年齡階層論

它是社會階層理論的應用。社會學家指出大多數的人類社會都有把社會裡的個人或團體因財富、聲望、權勢、職業、種族背景、宗教或居住地的不同給予高低不同的評價或待遇。社會階層含有四個基本的特色：(1)階層的高低分別是由社會決定的；(2)階層幾乎在每一個社會都存在；(3)階層不僅有量的分別，也有質的差異；(4)很多社會的階層是世代相傳的。人類學家的觀察指出絕大多數人類社會不論古今或大小都有以年齡來分社會地位的階層高低。（Riley, Johnson, and Foner 1972）不同年齡層的人在社會資源的分配和取用亦必有差異。傳統社會老人階層高，也較掌握權勢和資源。當代的工業社會則給年青人較高的地位。

(三) 交換理論

交換論者著重於人們社會互動過程中得（rewards）與失（costs）的算計。此理論認為個人的社會地位取決於其在互動過程中所需付出的代價及其所能取得的酬賞。酬賞可能是有形的：如金錢禮物或擁抱，也可能是無形的：如稱讚或接納。用在老人研究上，James Dowd（1975）以可用來交換的資源有多少來看老人的社會地位。社會裡的年青者身強體壯，且活躍於職場和社會參與。因此有較多可用來交換的資源。老人往往有身體體衰退的障礙，且又依賴於年輕者。在互動過程中處於劣勢，缺乏交換資源，淪為初弱勢者。（Dowd, 1975）按照交換理論的來看，用在了解老人在家庭中的地位，如果這老人身體健康，且頗有資財，那麼他可用來交換的資源就多，子女就比較會善待他。反之，則否。

三、符號互動論

著重點是分析人們在日常生活中如何運用社會文化所認可的符號來互動。這理論認為個人的自我（self）是在與他人的互動中發展出來的。沒有社會互動就不會有自我的認定。社會對老年人往往有一些環繞其生理和心理退化的固定塑型和迷思。媒體上對老年人的描述亦偏負面。把年青人說成充滿活力和朝氣，卻把老人說成整日埋怨、難以相處，或是一種社會的負擔的人。老年人無論在服飾上、行為上或動作上都被說成「像小孩」。

　　符號互動論者認為這類負面的老人塑型和迷思影響了老人的社會互動。符號互動論者一個人對自我的了解是建立在跟他人的互動過程上。因此，當社會大眾給老人負面的形象時，老人會有意無意的把這些內涵化到個人身上，變成那種整日埋怨、難以相處、或是一種負擔的人。所以，老人對老化的改變本身並無意義，社會文化怎麼看待老化才是問題的重點。

(一) 次文化論

　　指出老人的社會角色、行為規範都可能與年輕者有所不同，是社會裡的一種次文化。如果社會用歧視眼光來看待老人的次文化，甚或視其為偏差次文化（deviant subculture），則老人的處境會受負面的影響。在互動過程中被加以老年標籤（labeling），另眼相待。（Rose, 1960）例如，在跟老人說話時，人們往往提高聲調、大聲對答，「因為怕他聽不見」。

(二) 選擇性優化論（selective optimization）

　　也是具有符號互動論的色彩，認為老人會刻意挑出並放大往昔較成功的角色和人格特色，同時並將負面的部分加以掩蓋或補充修正。老人的表面功夫是做給人看的，期能在社會互動中取得優勢。例如常聽老人說他年青的時侯怎麼樣，見過什麼人，顯誇過去。（Baltes and Carstensen, 2003）

四、生命圈（life cycle）論

　　上述這些理論皆是自基本社會學理論延伸出來的。沒有哪一個理論是完美的，也沒有任何一種理論可用來詮釋老人的全部生活。更何況，現在的老人退休後還可以有一、二十年或更長的日子可活，不會在生活中永遠不變。因此，有人就用生命圈的角度來看不同年齡層老人生活的變化和成長。老年期是人一生裡的一個階段，有其發展的特質，不應被忽視。（Elder, Johnson Crosnoe, 2003）。

蔡文輝（2008）藉助現有老人理論發展出一套綜合性老年生活三階段論，指出大多數老人在退休後初期會延續類似退休前的嗜好和活動，他稱之為延續期（continuity stage），而後再轉變到一個適合老人生理和心理活動的活躍期（activity stage），例如休閒活動的增加。最後因生理疾病和精神衰退而靜心養生的疏離期（disengagement stage），終至最後的死亡。李薇（Li Wei., 2009）分析臺灣老人的大型資料後基本上支持這三階段的存在。不過她也指出這些階段的發展順序並不完全一致。

第三節　老年社會研究法

老年學理論目前已逐漸離開了早期的臆測，將理論建立在驗證資料上。老年學牽涉到醫學、生理學、心理學、政治學、社會學等各種學科。因此其蒐集資料和分析研究方法亦牽涉上述各種學科的研究方法與概念。

當代老年學的研究方法包括民族學的實地觀察研究法、歷史分析法、文獻內容分析法、心理測驗法，以及行為科學上常用的調查訪問法與統計數量分析法。每一種蒐集資料和分析方式皆各有其特點長處，亦有其缺點。因此，研究者必須挑選與其研究目的吻合的方法來做研究。

社會老年學的研究方法雖然也跟老年醫學所運用的方法在精神上是一致的，但是兩者之間還是略有不同。老年醫學比較偏重實驗法和個案研究法，社會老年學則以調查訪問法為主。大致上來講，社會研究資料蒐集法包括社會調查法、觀察法、實驗法、內容分析法、歷史法及個案研究法。

一、社會調查法（social survey research method）

這是目前社會科學家做研究時最常運用的蒐集第一手資料的方法，通常是運用問卷，以問答方式經由調查員或郵寄詢問被調查者之社會互動的方式或態度。它通常可包括兩種資料蒐集方法：訪問法，問卷調查法。

(一) 問法（interview）

是一種面對面，由訪問員親自面對面或以電話詢問問題的蒐集資料方法，用以支持研究主題的理論假設。傳統上，訪問法主要採用面對面會談的方式。由研究者本人或其助理親身以口頭方式採訪；目前，由於社會許多方面的改變，有時也可經由電話的方式來詢問問題，蒐集資料。要注意的是訪問員所使用的詞句，問題安排的順序、語氣，答案的選擇性等都會影響訪問調查的成敗。因此，訪問員的訓練和預演是必須重視的問題。

訪問法問卷上所用的問題安排方法通常可以分爲兩種：一種是有結構的訪問（structured interview），亦稱封閉式的訪問。在這種方法裡，每一個問卷上的語句、用字、問句的安排都是完全一致的，而且也有嚴謹的定義解釋。不僅如此，被訪問者也必須由幾個已經事先安排好的回答裡挑選出一個。這種方法的好處是在訪問時，對問題的回答解釋統一，而且訪問後容易整理統計分析，樣本數量大更是方便。它的缺點是所能挑的回答的可能性代表研究者的觀點，而不能完全反映被訪問者之眞正狀況、經驗或態度。

另外一種問卷的問題安排方式是無結構的訪問（nonstructured interview），亦稱開放式的訪問。這種方法比較具有彈性。訪問者備有一系列的問題想問，但是這些問題倒不一定要按某一特定的順序出現。訪問者可以依照當時的情況或被訪問者的情緒而挑選適當的問題發問。訪問者有時可能沒有準備一固定系列問題，而具有一個中心論題；在訪問過程中探問跟這中心論題有關的一些問題。這種無結構訪問法的好處是可以讓被訪問者有充分表達自己經驗的機會，訪問者不提供可供挑選的回答，被訪問者可依自己想法回答問題。這種方法強調並尊重個人的獨特性與人跟人之間的差異性。但是採用這種方法，其蒐集資料及資料之整理都相當費時費力，更難運用大數量的統計整理分析。

無論是在有結構或無結構的訪問方法裡，訪問者應該儘可能避免一些能影響被訪問者的辭句或語氣，更不可暗示被訪問者某一種應該回答的方式。訪問法是目前在社會學上最有效和可靠的研究法，因爲：1.它最能有效地控制「樣本」的參與；2.被訪問者經由訪問員的解說應對問卷問題有一致的了解，誤差較少；3.容易利用統計方法及電腦做大數量的分析；4.訪問者或研究者的偏見較難滲入研究中。但也有其缺點，1.最重要的是研究本身費時費力；2.訪問員的訓練更需時間及經費；3.有些地區不是外來的訪問員所能進入蒐取資料的；4.在大都市裡，較難找到樣本上的被訪問者，有時，甚至被拒之門外。

(二) 問卷調查法（questionnaire survey）

　　有不少的社會研究因受各種限制就轉而以問卷調查來代替訪問法。此法其實跟訪問法很類似，只不過是將問卷用郵寄或其他分發方式給被訪問之樣本戶，無需訪問員親自登門，也不必打電話去用口頭訪問。它最大的優點是省時省力，可以節省很多人事上的經費，更不需專業訓練的訪問員。只要把問卷分發出去，讓當事人自己回答。它的缺點是問卷的回收率往往不高，影響原來樣本的特徵。同時研究者也無法知道到底是誰填的表。因此，質與量的控制是個問題。另外還有一個困難是：由於問卷上的問題必須簡單易懂，如此，雖然能避免對問題認識不清而誤選答案，卻限制了主題研究的深度。不過由於近年來研究經費的短缺，採用問卷調查的也就越來越多。面對面的訪問較少。

二、觀察法（observational method）

　　是另外一種研究法，主要用在人類學的研究或社會學家（特別是社會心理學家）對小團體的研究。觀察法的主要優點是：在現象或事件發生之瞬間得以觀察、記錄，而後再加以整理分析，比較眞實。所觀察的現象或事件是在發生現場觀察的，比較準確。不像訪問法裡由被訪問者憑想像或記憶來回答。由於觀察者的特殊訓練，可觀察到一些不能用語言文字來表達或描述的社會現象。可用來跟訪問法或問卷法所得之資料對照比較。可用來做初民社會或當代社會、文化間之比較研究。觀察法也有其缺點，特別是：1.無法用在大規模或大數量的社會現象上。2.觀察者無法觀察到事件的每一個角度，可能以偏概全。3.觀察者本身的情緒可能淹沒了事件的眞象。4.如有數件現象同時發生，難以決定到底應該觀察其中的哪一件；瞬間實在不易看出哪一事件在事後會較具影響力，較重要。

　　觀察法主要有兩種：一種是由研究者親身參與的參與觀察法（participant observation），另一種是由研究者以觀察員的客觀身分觀察的非參與觀察法（non-participant observation）。參與觀察法是希望研究者能以局內成員的身分來感受某一社會或團體的價值、心態、結構等，譬如想了解不良青少年幫會的組織，用問卷法或訪問法只能探出表面皮毛，參與觀察法則因研究者本人親身的參與而能更有深度，更詳盡的描繪及了解。當然，像不良青少年幫會這類組織，參與觀察者除非獲得允許被接受，否則一旦被發現可能會有生命的危險。最近有位社會系學生以參與觀察的方法研究臺北市男公關的生活也是例子。非參與觀察法則由研究員以局外觀察員身分做客觀忠實的觀察及了解，儘量減少個人的偏見。例如隔著雙面玻璃鏡的觀察。

三、實驗法（experimental method）

這方法在社會學研究上運用得不多。然而，在小團體或面對面互動研究上，社會心理學會常使用這方法。實驗法是研究者為了某一特定的社會現象或行動的測定而設立一個可控制的人為環境，觀察在該環境情況下，此特定現象或行動的改變或成長。為了測出是否真受某種研究下的因素之感染而有所改變，社會研究者通常把受測驗的團體分成兩組，一是控制組（control group），另一是實驗組（experimental group）。譬如說，想了解玩電動玩具是否會影響中學生的學業成績；可以找出一群社會背景很類似的中學生，將之分成兩組。一組允許玩電動玩具（實驗組），另外一組不玩電動玩具（控制組）。經過一段時期後，再測量兩組之學業成績；如果實驗組學生的學業成績有明顯的下降，而控制組則無明顯改變。那麼就能認定電動玩具的確是影響中學生學業成績下降的原因。研究電腦對老人的影響，則可讓一組老人學用電腦（實驗組），另外一組不學用電腦，研究電腦是否影響老人休閒時間的使用。

社會科學者很少用實驗法，一方面是實驗的對象太少無法代表社會的大多數人，另一方面則是實驗過程很難全程掌握容易出狀況。美國加州大學洛杉磯分校（University of California at Los Angelos）一位社會心理學者在1970年代初期曾將班上學生按實驗法分成兩組：一組學生被要求在汽車貼上支持「黑豹隊」

（Black Panthers）標語，但其他一組則無此標語。他讓兩組學生在加州路上跟平常一樣開車。一星期後他發現貼有標語的一組比另外無標語的一組收到較多的罰單，也較常遭警察攔下詢查。他的解釋是在當時的「黑豹隊」是激進危險份子，也因此造成貼有標語的學生（即實驗組）成為警察注意年對象。這個實驗其實很危險，因為它可能造成警察跟學生發生衝突。

四、內容分析法（content analysis）

內容分析法事實上只能說是研究法裡比較次要的輔助法，它以報章雜誌書籍或電訊等現成資料的內容來做客觀和系統的分析研究法。內容分析法常見於對宣傳標語的研究。由不同的宣傳標語內容，可以比較不同的候選人、不同的政黨，或不同國家的政策；如果標語來自不同時代，也可探出時代的變遷。例如把美國早期小學課本跟目前小學課本裡對婦女角色的描述的不同做比較，來探究美國近年來婦女角色的變遷；或把不同時期童子軍手冊的規條來研究社會價值體系之變遷；又如，以國民政府時期政治領袖的傳記資料，來研究近代中國官場的升遷和政治流動過程。蔡文輝（2003）曾以大陸人士的傳記和回憶錄研究中國共產黨對平常百姓和異議人士的扣帽子手段。從標籤論（labeling theory）的觀點來分析扣帽子的過程及其對家人和親朋的迫害。加州大學的社會學者艾伯華教授（Wolfram Eberhard）曾以中國家譜的資料來分析中國的社會流動（social mobility）。（Eberhard, 1962）這些皆是內容分析法的應用。

五、歷史法（historical method）和個案研究法（case study method）

兩者也都不算重要的方法。歷史法的資料是歷史史料的記載，著重描述，常是縱面時期的描述。例如，研究中國歷代官員的退休年齡。蔡文輝（Tsai, 1997）曾對傳統中國的二十四孝加以分析，也是歷史法的應用。個案法則集中於某一特定個案，做詳盡的分析解釋，較少代表性。朱思盈（2010）的臺灣榮民之家的研究是個案研究的例子。

　　除了上述幾種資料蒐集方法以外，還有一種越來越常被採用的是檔案資料（archival data）的運用。檔案資料包括政府及民間各機關所蒐集的業務統計資料。政府的人口普查，經濟統計，公報等等皆是可用的資料。這一方面，在臺灣是相當豐富的，《立法院公報》就曾被社會學家作為分析農業政策和老年問題的資料。《中華民國衛生統計》、《中華民國統計提要》、《省縣市統計要覽》，以及經合會出版的各類統計資料，警政署的《中華民國臺灣刑案統計》等等都是相當可供社會學家利用的資料。在老年研究方面，內政部舉辦的一些大型訪問調查資料常被老年學者分析使用。

　　這些資料的優點是蒐羅齊全豐富，尤其對長時期的變遷研究，但是它也有下列缺點：資料蒐集紀錄如有錯誤，研究者無從查考；資料如係公務機密，研究者則無法取得；資料原非為社會研究所設計，社會研究者可能會產生無法深入分析的挫折感；資料分散各處，有時難以蒐集齊全，有時無法相互比較；有時因各個定義不清楚，反倒不知如何下手做比較分析，只得將就其一。

　　上述研究方法的選擇和使用必須以研究的目的和研究的主題為依據。再好的方法如果運用在不相稱的研究題目上，其效果不一定理想。因此，挑選蒐集資料的方法不必拘泥成規。對老年人口的社會研究和資料蒐集必須考慮到這一年齡組成員的生理、心理特質。

第四節　社會老年學研究議題

　　社會老年學也注意到近年老年社會環境和生活的變遷。新的生活型態和新的
人際互動方式都是社會老年學者不能忽視的。這些包括下面幾項：

　　一、新科技工藝的應用：由於許多老人行動不方便，無法外出採購，送貨
到家（home delivery）的服務已不再僅限於日用物品，而擴及餐飲食物的到家
遞送。一個全球性組織「老化2.0」（Aging 2.0）正積極教育老人如何使用最新
的科技發明並同時支持工業界為老人創新。這些產品包括一種專為老人設計的
浴室、老人用的湯匙、緊急求救信號器（如Mobile Help: the Anywhere Help But-
ton）、家用電動樓梯座（如the Easy Climber、Stair lifts）等。

　　二、新老人社區的推廣：符合老人居住的社區早已存在於歐美各地，日本和
臺灣也有一些養生村提供一個適合老人居住的專用社區。近年來的老人社區強調
社區內的休閒設施與人際關係。其目標是創造活躍的老化（active aging）。最近
一個更新進的理念是老年人能在家養老（aging in place），無需遷出。為此，一
個新的「村莊」（the Village）組織應運而出。村莊由一群居家的老人組成，成
員彼此提供交通工具的應用，居屋的維護與整修以及社交互動。這類村莊一方面
能夠讓老人在家居住，享有獨立自主的活動空間，另一方面則不失社交活動的人
際關係。

　　三、「安可事業」（encore career）的延伸：安可原意是指音樂曲目演奏後
應聽眾要求所增加的延長曲目。運用退休後老人成熟的人格、手藝及知識技術發
展第二春的事業，特別是用在社會問題的處理和解決。美國目前有四十個以上這
類組織，登記參與的老人有四百五十萬人之多。（Dennis 2014）

　　以臺灣目前的社會環境，社會老年學可研究的議題很多，提出下面幾項供參
考：

　　1.社會對老人的印象和岐視老人的相關議題；

　　2.孝道的現代性，盡孝的方式；

3. 宗教與老人；

4. 死亡習俗禮儀；

5. 退休與理財；

6. 老年婚姻關係；

7. 老人休閒活動；終生學習相關議題。

8. 老人居住問題，三代同堂？

9. 老人福利與政府；

10. 健保與老人病診；

11. 都市更新與老人交通問題；

12. 安養之家的設計準則；

13. 老人與社會工作員；

14. 老年學專業訓練；

15. 老年醫學和老年社會學的配合。

本書社會老年學篇包括老年人口（楊靜利）、老年與家庭（李紹嶸）、休閒活動（周學雯）、老人福利（林金立）、社會參與（陳麗光）及成功老化（林麗惠）等六章。執筆者皆為其各自領域專家學者，有助讀者瞭解老人與社會之關係。

參考資料

一、英文部分

Abel, E. K. (1992). "Parental Dependence and Filial Responsibility in the Nineteenth Century: Hial Hawley and Emily Hawley Gillespie, 1884-1885." *The Gerontologist* 32 : 519-526.

Achenbaum, A. W. (1978). *Old Age in the New Land.* Baltimore, Md.: Johns Hopkins University Press, 1978.

Atchley, R.C.(1971). "Retirement and Leisure Participation: Continuity or Crisis?" *The Gerontologist* 11:13-17.

Atchley, R.C.(1989). "A Continuity Theory of Normal Aging." *The Gerontologist* 29:183-190.

Atchley, R.C.(1999). *Continuity and Adaptation in Aging: Creating Positive Experiences.* Baltimore: Johns Hopkins University Press。

Baltes, Margret M. and Laura L. Carstensen, (2013). "The Process of Successful Aging: Selection, Optimization, and Compensation," pp.81-104 in *Understanding Human Development* eds. by U.M. Standinger, et.al, New York: Springer.

Cole, T. (1992). *The Journey of Life: A Cultural History of Aging in America.* Cambridge, U.K.: Cambridge University Press, 1992.

Cowgill, D. O. (1993). "Aging and Modernization: A Revision of the Theory." In *Communities and Environmental Policy.* Edited by Jaber F. Gubrium, *Communities and Environmental Policy.* Springfield, Ill.: Charles Thomas, 1993. Pages 124-146.

Cowgill, D. O., and Holmes, L. D., eds. (1972). *Aging and Modernization.* New York: Appleton-Century-Crofts, 1972.

Demos, J. (1972). "Old Age in Early New England." In *Turning Points: Historical and Sociological Essays on the Family.* Edited by J. Demos and S. Boocock. Chicago: University of Chicago Press, 1978.

De Vos, S. (1991). "Extended Family Living Among Older People in Six Latin American Countries." *Journal of Gerontology* 45, no. 3 : S87-94.

Dowd, James J. (1975). "Aging as Exchange: A Preface to Theory." *Journal of Gerontology* 30:584-594.

Eberhard, Wolfram (1962). *Social Mobility in Traditional China.* London: E.J. Brill.

Elder, Glen H.; Monica Kirkpatrick Johnson and Robert Crosnoe (2003). "The Emergence and Development of Life Course Theory." In: Jeylan T. Mortimer and Michael J. Shanahan (eds.). *Handbook of the Life Course.* New York.: Springer, 2003, pp. 3-19

Foner, N. (1984). "Age and Social Change." In *Age and Anthropological Theory.* Edited by David I.

Kertzer and Jennie Keith Ithaca, N.Y.: Cornell University Press, pp. 195-216.

Hareven, T. (1994). "Aging and Generational Relations: A Historical and Life course Perspective." *Annual Review of Sociology* 20(1994): 437-461.

Havinghurst, R.J. (1961). "Successful Aging." *The Gerontologist* 1: 8-13.

Havinghurst, Robert, Bernice Neugarten, and Sheldon Tobin. (1968). "Patterns of Aging." pp. 161-172 in *Middle Age and Aging*, edited by B. Neugarten. Chicago, IL: University of Chicago Press.

Hendricks, J., and Davis, H. C. (1978). "The Age Old Question of Old-Age: Was It Really So Much Better Back When?" *International Journal of Aging and Human Development* 8 (1978): 139-154.

Laslett, P. (1976). "Societal Development and Aging." In *Handbook of Aging and Social Sciences.* Edited by Robert H. Binstock and Ethel Shanas. New York: Van Nostrand Reinhold, 1976. Pages 57-116.

Li, Wei (2009). "Diversity of Elderly Leisure Activities and the Transition of Life Stages: An Integrated View of the Three Major Theories of Aging" *Taiwan Gerontology Forum*, No.2, pp. 1-41.

Lemon, B., V. Bengtson, and J. Petersen. (1972). "An Exploration of the Activity Theory of Aging: Activity Types and Life Expectation among In-Movers to a Retirement Community." *Journal of Gerontology* 27: 511-23.

Palmore, E. B., and Manton, K.(1974). "Modernization and Status of the Aged: International Correlations." *Journal of Gerontology* 29(1974): 205-210.

Rhoads, E. (1984). "Reevaulation of the Aging and Modernization Theory: The Samoan Evidence." *Gerontologist* 24(1984): 243-250.

Riley, Matilda White, Marilyn Johnson, and Anne Foner. (1972). *Aging and Society. Volume III, A Sociology of Age Stratification.* New York: Russell Sage Foundation.

Rose, Arnold (1960). "The Subculture of the Aging: A Topic for Sociological Research." *The Gerontologist* 2: 123-127

Stearns, P. N. (1977). *Old Age in European Society.* New York: Holmes and Meier.

Thorson, J. A. (1995). *Aging in a Changing Society.* New York: Wadsworth Publishing.

Tibbitts, Clark (1963). "Introduction: Social Gerontology Origin, Scope and Trends," *International Social Science Journal*, XV(3): 339-354.

Tsai, Wen-hui (1997). "Oriental Filial Piety and Modern Chinese Society in Taiwan," pp. 274-295 in *Aging: Asian Concepts and Experiences Past and Present*, eds. by Susanne Formanek and Sepp Linhart. Wien: Der Osterreichischen Akademie Der Wissenschaften

Tsai, Wen-hui (2003). *Class Struggle and Deviant Labeling in Mao's China: Becoming Enemies of the People.* New York: The Edwin Mellen Press.

Wilson, M. (1977). *For Men and Elders.* London: International African Institute.

二、中文部分

內政部（2014）。內政統計資料。

朱思盈（2010）。《聽覺缺損對臺灣老年男性榮家住 民生活品質的影響》。國立成功大學老年學研究所碩士論文。

李薇（2009）。《從老化理論的整合觀點看老年生活歷程的轉變: 以休閒活動為例》國立成功大學老年學研究所碩士論文。

蔡文輝（2014）。《社會學理論》。臺北：三民。

蔡文輝（1990）。《功能理論: 派深思》。臺北：風雲。

蔡文輝（2008, 2011）。《老年社會學》。臺北：五南。

蔡文輝、徐麗君（1985）。《老年社會學: 理論與實務》臺北：巨流。

觀察者http://www.guancha.cn/entertainment/2012_10_20_104934.shtml?XGYD

世界衛生組織http://www.who.int/mediacentre/news/releases/2014/world-health-statistics-2014/en/

第十一章　人口老化與老年人口

/ 楊靜利

第一節 前言

從十七世紀後期開始，全球的人口數量再也沒有減少過，歐洲則於整個十八世紀期間穩定地成長，到了十八世紀末，有些人開始擔憂人口成長可能引發的問題。1798年馬爾薩斯（Thomas R. Malthus）發表人口論（An Essay on the Principle of Population），嚴謹且深入地分析人口與糧食之間的關係，使得人口成長至少在討論層次上形成一個「問題」。十九世紀歐洲的人口數量仍持續增加，只是糧食增加速度更快，因而瓦解了馬爾薩斯的預言，人口成長不再是個威脅。然而十九世紀晚期，歐洲的生育率開始下跌，由於當時的人力等於國力，所以各國政府相當憂慮人口衰退對國家發展的影響，尤其是法國於1870～1871年的普法戰爭吃了敗仗之後，法國政府對於德、法之間的人口數量差距更是耿耿於懷，也因此「鼓勵生育」（pro-natalist model）從一百多年前就是法國政府的重要議案。

歐洲與北美各國於十九世紀末開始產生的生育率下跌現象到二次大戰期間停止下來，戰後甚至有「嬰兒潮」（Baby Boom）產生，人口衰退的「危機」暫告解除。另一方面，開發中國家的生育率仍甚少變化，但促成死亡率下跌的因素（如公共衛生的改善、預防醫學的發展）於戰後直接從已開發國家移植過來，死亡率乃快速下跌，中南美洲與亞洲各國人口急速成長，因而有全球「人口爆炸」（The Population Bomb）之議，人口與自然資源的平衡問題再次受到矚目。鑑於人口「問題」將日益嚴重，美國洛克菲勒三世（John D. Rockfeller 3rd）在美國國家科學委員會（National Academy of Sciences）的贊助下，於1952年成立人口委員會（The Population Council），目的在於協助世界各國政府與民間，了解自己國家的人口問題，並籌思解決之道。爾後其立即於1953年資助國際人口研究聯盟（International Union for the Scientific Study of Population, IUSSP），協助聯合國於1954年在羅馬舉辦第一次世界人口會議（United Nations World Population Conference），並於1955年協助印度政府建立世界第一個家庭計畫，進行節制生育工作。從50年代中期到60年代末期，人口委員會的家庭計畫「指導」幾乎遍及中南美洲與亞洲各國，並逐漸深入非洲地區，臺灣也在該人口委員會的指導下，於1961年在臺中實施「家庭計畫實驗」，後於1964年全面推行家庭計畫，以節制生育、控制臺灣的人口成長。（The Population Council, 2005）

　　70年代期間歐美國家嬰兒潮消退，「人口爆炸」成為開發中與未開發國家、而不是全球性的問題。已開發國家生育率低於替換水準，除了使得人口總量減少之外，人口年齡結構老化是另一個重要問題，各國政府紛紛成立各式委員會關切此一現象，聯合國也在1982年召開第一次「維也納人口老化國際行動會議」（Vienna International Plan of Action on Ageing），提出「維也納計畫」（Vienna Plan）。該計畫的主要目標在於提升政府與公民社會面對人口老化挑戰之能力，除了呼籲滿足老年依賴人口之需求外，也強調高齡人口的發展潛能，其針對七大領域議題提出62項行動建議，七大領域分別為：健康與營養、高齡消費者保護、住宅與環境、家庭、社會福利、所得安全與就業，以及教育[1]。（United Nations 1983）

　　新世紀之後，聯合國於2002年召開第二次「馬德里人口老化世界會議」（Second World Assembly on Ageing Madrid 02），以安全（security）、尊嚴（dignity）與參與（participation）為核心理念，審視人口發展的新趨勢並提出新的行動計畫，內容包含三大面向：1.高齡人口與發展（Older persons and development）[2]；2.高齡健康與福祉促進（Advancing health and well-being into old age）[3]；3.建立賦能與支持的環境（Ensuring enabling and supportive environments）[4]。另一方面，由於家庭計畫的成功（甚至於過度）[5]，開發中國

---

[1]　詳細內容可參考聯合國網站http://www.un.org/esa/socdev/ageing/vienna_intlplanofaction.html
[2]　如高齡勞動、教育訓練、代間關係、老年貧窮、急難救助、社會安全制度等。
[3]　如健康照護服務的普及與均等、老年與HIV/AIDS、照顧者與健康專業人員訓練、老年心理健康、老年與失能等。
[4]　如居家生活環境、照顧者協助與支持、遺棄虐待與暴力，以及建立多元的老人形象等。
[5]　高度發展區域（more developed regions）指歐洲、北美洲、澳洲、紐西蘭與日本；低度發展區域（less developed regions）包括非洲、亞洲（日本除外）、拉丁美洲與加勒比海、美拉尼西亞、密克羅尼西亞及玻里尼西亞。

家的人口老化壓力也隨之而來、而且老化的速度更快，因此新的人口行動計畫特別強調開發中國家與已開發國家的老人差異，包括：1.老人多居住在鄉村地區而不是城市地區；2.家戶型態多為與子女同住而不是獨立居住（僅與配偶同住或獨居）；3.老年女性化的現象不明顯，高齡男性人數仍然較多；4.社會發展與人口老化同時發生，未若已開發國家一樣先社會發展、再人口老化，老年相關社會政策必須重新建立。（United Nations, 2002a）

　　臺灣同樣複製已開發國家的人口轉型過程，因此轉型的速度相當快。英國的人口轉型費時約一百五十年（1800～1950），而臺灣的人口轉型則被壓縮到六、七十年之間完成（1920～1984）（陳寬政、王德睦與陳文玲，1986），淨繁殖率自1984年開始低於替換水準，如今已列入超低生育率（lowest low fertility）國家之林，快速地人口衰退與人口老化已成為不可避免的趨勢。除了人口老化的速度更甚於已開發國家之外，臺灣老年人之社會經濟特性也與已開發國家有許多不同之處，「他山之石」可以借鏡卻無法模仿，因此更細緻地掌握臺灣老年人口的特性，是因應未來人口老化的重要工作。

　　本章首先介紹人口老化的測量指標，除了常見的老年人口占總人口的比例、老年依賴比（aged dependency ratio）以及老化指數（aging index）外，同時介紹聯合國2002年新提出的「潛在支持比」（Potential support ratio）與「父母支持比」（parent support ratio）之老化指標。第二節呈現世界的人口老化趨勢，指出開發中國家人口老化的急起直追之勢。第三節說明人口變遷的原因，並以臺灣的人口變遷為例，說明人口老化勢不可擋的原因。第四節討論臺灣老年人口的特性，包括年齡組成與性別組成，說明老年人口本身的人口老化以及老年女性化的現象。最後一節討論壽命延長與健康發展，包括壽命極限的爭論、健康餘命的概念與測量，以及壽命延長與健康發展之間的關係。

第二節　人口老化的測量指標

測度人口老化有許多不同的指標，如老年人口占總人口的比例、老年依賴比（aged dependency ratio），乃至於老化指數（aging index）等，都是學者與政府規劃單位經常使用的，老年人口占總人口的比例是最常使用的指標，也是聯合國定義老化國家的依據。由於幼年人口無生產力，為確實反應人口老化對社會的負擔，乃有老年依賴比之使用，為老年人口與工作年齡人口的相對數量，通常以65歲以上人數相對於15-64歲或20-64歲人數之比值來表示；另一方面，老年人口比重的增加往往來自於幼年人數的減少，基於幼年人口與老年人口對工作人口的依賴可以相互抵銷，乃有老化指數的設計，為老年人口相對於幼年人口的比重，所著重者乃依賴人口的組成。

聯合國2002年提出的「世界人口老化報告」（World population Aging, 1950-2050）則提出另外兩個新的測量指標。第一個指標是「潛在支持比」（Potential support ratio），這其實只是老年依賴比的倒數，也就是15-64歲工作年齡人口數除以65歲以上的老年人數，藉以表達一個社會中平均每位老人可有多少生產力人口來支持。第二個指標是「父母支持比」（parent support ratio），由於老年死亡率大幅下跌，五、六十歲者撫養高齡人口的機率愈來愈高，為了反映高高齡人口的家庭支持人力，乃以「85歲以上人數除以50-64歲的人數」定義為父母支持比，85歲以上者與50-64歲組的年齡差距至少21-35歲，約是一代的間隔。各種常見的人口老化指標整理如表11-1。

表11-1　人口老化測量指標

指標	操作化定義
老年人口比例	老年人數（60歲及以上）除以總人數
老化指數	老年人數（60歲及以上）除以幼年人數（15歲以下）
老年依賴比	老年人數（65歲及以上）占工作年齡人口數（15～64歲）比例

指標	操作化定義
潛在支持比	工作年齡人口數（15～64歲）除以老年人數（65歲及以上）
父母支持比	高高齡老人（85歲及以上）人數除以子女（50～64歲）人數

說明：幾歲算是老人並無明確定義，英國與美國因為其社會安全制度之標準退休年齡為65歲，因此習慣將65歲以上人口稱為老人，但聯合國討論世界人口老化趨勢或老年人口的健康狀況時，經常以60歲為分界點，因為許多開發中國家平均餘命相當低，存活到65歲以上的比例並不高。此處的定義為聯合國人口局（Population Division, DESA, United Nations.）於2002年提出的「世界人口老化報告」（World population Aging, 1950-2050）之定義。

第三節　世界的人口老化

　　爲了掌握全球的人口變遷趨勢，聯合國定期刊布「世界人口展望報告」
（World Population Prospects），本節利用2012年世界人口展望資料庫（United
Nations, 2013），說明世界的人口老化情形與趨勢，橫跨的時間從1950年到2050
年止，除了呈現老年人口的區域分布外，同時也比較高度發展區域與開發中區域
的老化程度差異。

一、老年人口的分布

　　1950年全球60歲以上者約有2億人，至2000年時則增加了3倍，約有6億人。
聯合國預計在2025年及2050年，60歲以上的人口數又將呈倍數成長，分別爲12
億及20億。圖11-1爲老年人口數量按洲際別分，顯示亞洲的老年人數最多，一直
以來均占全世界老年人口的半數左右，2050年時，其比例更達六成以上。此一
現象與亞洲的總人口數最多有關，若看老年人口的比例（圖11-2），則不管目前
或未來，都是以歐、美國家的比例較高，2050年時，歐洲老年人口的比例將達
三分之一，但亞洲的上升速度相當快，顯示人口老化的威脅更爲嚴峻。

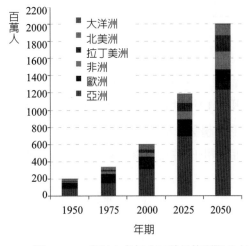

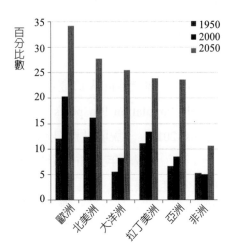

圖11-1　60歲以上老年人口數量的洲際分布　　圖11-2　60歲以上老年人口比例按洲際別分

　　若按經濟發展程度來分，2000年以前低度發展區域與高度發展區域[6]的60歲以上人數差異不大（圖11-3），但2000年以後，前者的成長速度比後者快了許多，2050年時高度發展區域的老年人數是2000年的1.8倍，但低度發展區域卻成長了4.3倍之多。估計2050年時，全球將有80% 的老人住在目前的低度發展區域。至於老年人口的比例（圖11-4），低度發展區域的人口老化程度未來仍低於高度發展區域，不過差距將逐漸縮小。

二、老化負擔的差異

　　前述五個指標中，老年依賴比、潛在支持比與父母支持比乃是用來反映老年的撫養與照顧負擔，而老年依賴比與潛在支持比互為倒數，指標意義其實相同，因此以下我們僅描述老年依賴比與父母支持比這兩個指標在2010年至2050

---

[6] 相關討論可參考郭文華（1998）與蔡宏政（2007）

年期間的變化。由於洲際與區域發展程度高度相關，因此以下也只討論洲際差異，不再依區域發展程度來分。

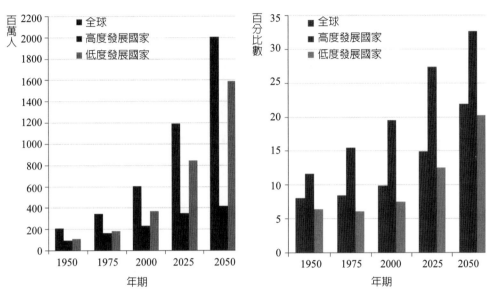

圖11-3　60歲以上老年人口數量按發展程度分　圖11-4　60歲以上老年人口比例按發展程度分

(一) 老年依賴比

　　2010年全球老年依賴比為11.67（圖11-5），代表每百位15-64歲人口需扶養11.67位老人。聯合國預計至2050年全球老年依賴比會升高為24.7，平均每4位15-64歲生產人口即需扶養1位老人。高度發展區域將從23.8上升至44.4，而低度發展國家也從8.9上升到21.88，雖然最終的幅度較小，但成長速度比高度發展國家快。就洲際的差異來看，歐洲的老年依賴比是全球最高的區域，2010年歐洲地區整體老年依賴比為23.9，2050年時將高達46.5，即每2位工作人口扶養1位老人。而非洲是全球老年依賴比最低的區域，2010年到2050年間，老年依賴比將從6上升到9.45。若分國家來看，日本將是全球老年人口依賴比最高的國家，2050的老年依賴比為74，中國與澳門特別行政區、義大利老年依賴比分別為

64、62，也是相當高的國家。

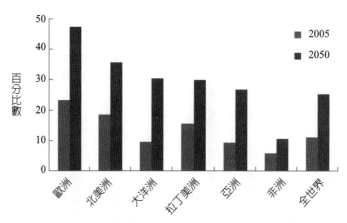

圖11-5　老年依賴比按洲際別分，2010年與2050年

(二) 父母支持比

　　2010年全球父母支持比為4.9，表示全球每100位50至64歲的人口需撫養4位85歲以上的老人。2010至2050年期間，高度發展國家父母支持比的比值將從9.7上升到30，而低度發展國家將從3上升到8，成長倍數雖然與高度發展國家類似，但絕對水準低了許多。分區域來看（圖11-6），2010年時北美洲的父母支持比最高，比值為9.19，其次是歐洲與大洋洲，比值皆約為8～9。而到了2050年時，歐洲將為全球最高的區域，父母支持比為28，其次是北美洲26.9。亞洲的成長速度也是相當快，其中日本的比例為全世界最高的國家，每百位50至64歲的生產人口中需撫養72位85歲以上的老人。

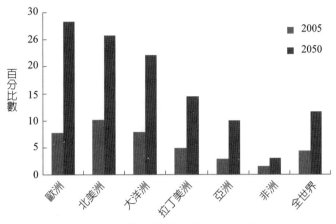

圖11-6　父母支持比按洲際別分，2010與2050年

　　上述各項人口老化指標乃是特定時點上的靜態人口呈現，其水準高低則視過去的人口動態變化而定，包括出生、死亡與遷移。下一節中，我們以臺灣的人口變遷為例，說明人口老化的原因與結果。

第四節　人口老化的原因與結果

人口老化爲人口轉型的必然結果（陳寬政、王德睦與陳文玲，1986；涂肇慶與陳寬政，1988；Kirk, 1996）。人口轉型的過程雖於各國皆然，都是死亡率領先下跌而造成人口之大幅成長，出生率隨後下跌則使人口成長趨向和緩，已開發與新開發國家在轉型速率上卻有很大的不同。已開發國家的人口轉型過程中，由於醫藥衛生知識漸次累積，死亡率下跌的速度較爲徐緩，所造成的人口成長自然幅度較小，對於生育控制的需求也就較不明確，所引發的生育率變遷也相對較爲緩慢；由於直接從已開發國家引進醫藥衛生知識與技術，新開發國家的人口轉型一開始就發生死亡率的迅速下跌，造成人口之快速大幅增長，被一些學者渲染爲所謂的「人口爆炸」，乃引發相對較爲強烈的節育動機，從而促成生育率隨後迅速下跌。如今世界各國除非洲國家以外都在陸續完成人口轉型的歷程，其中以中國大陸的生育率於1970年代十年間減半的速度表現最爲受人矚目；整個人類的人口成長正趨向和緩發展中，代之而起的乃爲人口老化所帶來的問題。本節以臺灣爲例說明人口變遷的原因與結果，不過我們先說明人口年齡結構變遷的兩個重要觀念。

一、人口年齡結構變遷的兩個重要觀念

人口年齡結構指的是各年齡層人數占總人數的比重，通常我們用人口金字塔描繪人口的性別／年齡，表現人口下寬（幼年人口多）上窄（老年人口少）的靜態結構。由於各年齡層有不同的人生任務，彼此之間不容易替代，例如我們無法在幼年先工作，青壯年退休，老年再受教育，因此人口結構變化如果過於劇烈，原有的社會經濟制度就來不及反應。舉個例子來說，如果幼年人口每年快速的增加，學校的教室與課桌椅就不敷使用，課桌椅可以馬上購買，興建教室卻

至少需要一年半載；等硬體設備擴充完畢，還要大費周章聘任足夠且適任的師資。當這些小朋友逐漸長大離開學校就業之後，雖然他們眾多的人數為社會挹注大量的勞動力，上層職缺有限卻使他們必須面臨更激烈的升遷競爭。而當他們逐漸年華老去，相偕步入老年，如果後繼的人口數量衰減，則社會又將面臨養老負擔加重的威脅。反過來說，如果幼年人口每年快速減少，雖然學校的班級規模可以縮小，師生比提高、教育品質跟著提升，但教育設備閒置、教育成本提高、甚或教職人員過剩，卻也是不得不仔細思考的問題；同樣地，當這些小朋友逐漸長大離開學校就業之後，上層職位的大量空缺雖然使他們不必面臨激烈的升遷競爭，但對雇主來說，適當的人才不易尋覓，難以維持原有的競爭力，整個社會也可能面臨勞動力短缺，必須引進外籍勞工以為因應。綜上所述我們可以了解，人口結構的重點不在於每一個年齡組有多少人，而是某一年齡層人口相對於其他年齡人口數量的變化。所以前面我們介紹的人口老化測量指標，都是不同年齡組人口的相對數量。

除了相對數量的變化之外，討論年齡結構時必須念茲在茲的是：每個人都是由母親生育而來，然後一年加一歲地長大。這個天經地義的概念，是了解人口變遷的重要關鍵。所以今年剛入學的小朋友6年前就出生了，今年大學畢業的年輕人22年前就出生了，今年退休的老年人65年前就出生了（假設65歲退休）。再換個角度來看，今年剛入學的小朋友，20年後已陸陸續續進入勞動市場、完成婚事並開始生育；今年大學畢業的年輕人，20年後成為職場的主力，同時也差不多完成生育大事；今年退休的老年人，20年後如果還活著，大概也白髮蒼蒼，齒牙動搖，生活起居相當仰賴他人照顧。換句話說，今天的年齡結構早在數十年前就開始形成，且持續影響未來數十年的年齡結構。因此當我們警覺到未來年齡結構的走向不利於現有社會經濟制度，想藉著人口政策立即改變年齡結構乃是不可能的，只能緩進改變社會經濟制度來因應年齡結構的變化。所以人口政策（如鼓勵生育）只有長期或延宕人口老化的效果，沒有立竿見影的作用，也無法獨立解決年齡結構變化所衍生的問題。

二、臺灣的人口變遷

　　掌握前述的觀念，就容易了解臺灣人口變遷的問題所在了。臺灣地區人口死亡率自1920年開始因公共衛生改善、疫病受到有效控制而顯著下跌（陳紹馨，1979；Barclay, 1954），由於年齡別死亡率的特徵是U型曲線，也就是幼年及老年兩端的死亡率比較高，死亡率下跌的成效會明顯作用在幼年及老年兩端。自1920年以來，至少有五成以上的死亡率下跌係嬰幼兒死亡率之下跌，老年死亡率之顯著減少則是相當晚近的發展（Mirzaee, 1979; Tu, 1985）。嬰幼兒死亡率既然下降，在生育率不變的情況下，每對夫妻所擁有的存活幼年子女數增加，帶動了人口數量的成長與年齡結構的幼年化。

　　死亡率於1920年就開始下降，生育率則自1951年才開始下跌，兩者時間相距約一代其實相當符合常識，在嬰幼兒死亡率高的期間，父母為了確定將來有足夠的成年子女數，自然需要多生一點以防患未然，嬰幼兒死亡率如果下降，這種多生一點的準備就可以減少。在死亡率剛開始下降時，正值生育期的父母並不知道嬰兒死亡率要下降了，因此照著過去的習慣與規範生育，直到死亡率下降期間出生的嬰兒長大後，他們的日常生活中不再常有兄弟姐妹或鄰居小朋友死亡的經驗，這種有備無患的觀念才漸漸淡出，生育率也才隨之下跌（王德睦，1988、1989）。

　　生育率雖然自1951年就開始下跌，但新生嬰兒數量卻自1976年後才開始顯示減少的動向。「生育率」用以測量平均一位婦女生育多少小孩；「生育數量」則是每位婦女生育的小孩數之加總，生育率愈低理應新生嬰兒數量就愈低，但二者是否完全同步變動還受到另一個因素的影響，也就是母親數量。由於嬰幼兒死亡率自1920年就開始下降，日治時期乃累積愈來愈多的嬰幼兒人口，他們於光復後陸續晉入生育年齡，雖然生育率開始下跌了，但因為母親的數量相對龐大，因此每年出生的嬰兒人數仍是有增無減，一直要到生育率有更大的跌幅，其影響力逐漸超過總體母親數量的影響時，每年出生的嬰兒人數才會開始減少（Preston, 1986）。換句話說，出生人數多寡除了取決於每一對夫婦生育的子女數之外，也受可生育婦女人數（也就是母親數量）的影響，而這一次母親的數量當然又決定於上一代母親的數量與生育率，如此代代繁衍。所以我們說：「每個人都是由母親生育而來，然後一年加一歲地長大」是了解人口變遷的關鍵，在人口學上，此一關係稱為「人口動能」（population momentum）。1951至1976年間出生的嬰兒，在人口結構上乃形成了一個峰期人口，許多人誤以為這是臺灣的「嬰兒潮」；事實上，歐美戰後嬰兒潮現象指的是實質的生育率上升，也就是每位婦女生育的子女數增加，而臺灣自日治時代迄今，生育率除了於部分龍年稍有反彈之外，一直維持下跌的趨勢，這個峰期人口只是前述「人口動能」之作用（陳寬政、王德睦與陳文玲，1986）。

　　將死亡率與生育率變化的時間點抓住，再掌握人口動能的作用，就能清楚刻劃出來臺灣的人口結構變遷過程。1920年死亡率下降，許多原來可能死亡的嬰幼兒存活下來，人口開始增加，存活下來的小孩長大後（約1950年代）生育率方開始下跌；生育率雖然下跌，但因為母親數量很多，因此人口仍繼續快速成長，爾後生育率繼續下跌，母親的數量也慢慢減少，人口成長的速度才緩和下來；迨生育率降低至替換水準以下，人口負成長成為不可避免的結果。替換水準指平均一位母親擁有一個「成年」女兒，這裡的成年定義為母親生育該女兒時的年齡，概念上表示一位條件相同（至少活到母親生育她之年紀）的新人「替換」一位舊人，如此下一代的人口數量可維持與上一代相同。替換水準以下表示平均一位母親擁有不到一個成年女兒，替換不足，人口自然產生負成長。由於生育率低於替換水準，幼年人口將逐代縮減（但不會馬上縮減，剛開始時因為母親數量仍高，仍會持續增加一段時間），使得幼年人口占總人口的比例不斷下降，相對地，老年人口占總人口的比例則不斷提高，人口的年齡結構乃逐漸老化。

　　從上面的說明，我們了解人口老化的主因是生育率下跌，而另一方面，高齡人口的死亡率也呈下降趨勢，高齡人口的壽命及數量不斷增加，使得人口老化的程度加深。所以阻止人口老化必須阻止生育率繼續下跌（提高死亡率雖然也是方法之一，但這是不可能的對策），也就是允許較多的人口總量，所以人口總量的降低與人口老化速度的減緩，乃是必然的衝突。

　　為了呈現人口老化的發展趨勢，我們將過去、現在與未來的人口年齡結構繪如圖11-7。1920年代到1950年代期間，人口金字塔的底部逐漸擴張，1950-1976年峰期人口開始進入，至現在2012年時人口結構往紡綞形狀（或稱彈頭型）轉變。當這群人逐漸往高齡方向推移的時候，由於生育率沒有回升的跡象，後繼人口縮減，人口老化將持續而來，於20年後加速發展，迨峰期人口完全退出生命歷程，也就是2040-2050年之間，人口結構才可能趨於穩定，屆時老年人口占總人口的比例可能接近35%，相對於工作人口的比例（老年依賴比）則接近於63%。相較於目前11%的老年人口比例，以及15%左右的老年依賴比而言，變化不可不用劇烈來形容，此一人口老化速度與日本並駕其驅，名列世界前茅（楊靜利、涂肇慶與陳寬政，1997），對社會的衝擊將甚於其他各國。更令人憂心的是，圖11-7所列之人口結構乃是假設至2033年時，總生育率將上升到1.3，2012年臺灣總生育率雖然回升到1270（內政部統計處，2012），但一般認為乃龍年效應，不是真正的回升，2011年則只有1.065，比較可能是目前的真實狀況，則人口老化的挑戰恐怕比我們想像中的更大。

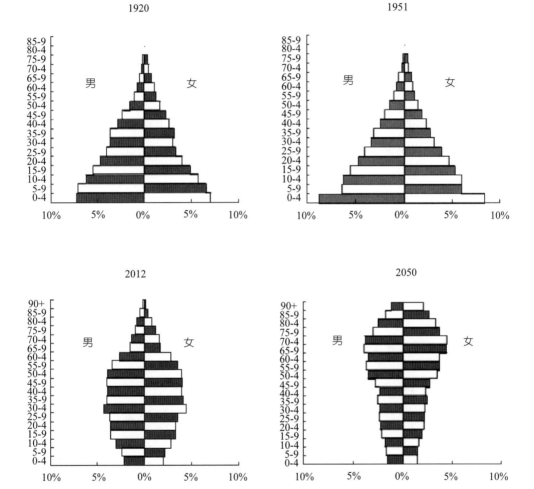

圖11-7 　臺灣人口年齡結構之變遷，1920～2050

資料來源：1920年之資料來自於《臺灣省五十一年來統計提要》（臺灣行政長官公署，1947），1951年資料來
自於《中華民國臺閩地區人口統計》（內政部，1965），2012年資料來自於內政統計月報的〈戶籍
登記現住人口數按五歲、十歲年齡組分〉（內政部，2014a），2050年資料來自《中華民國臺灣地
區民國97年至145年人口推計》（行政院經濟建設委員會人力規劃處，2008）。

第五節　臺灣老年人口的組成

　　由於人口動能的作用，多數已開發國家的老年人口不可避免地將達總人口的四分之一以上，人口老化除了使老年人口總數不斷攀升之外，老年人口的特性也將產生變化。本節討論臺灣老年人口組成的變化，包括年齡與性別組成，橫跨的時間爲1980～2050年。

一、年齡組成

　　老年死亡率的下降使得高高齡（oldest old）人口的比重快速上漲，老年死亡率的下跌是否已趨近於極限是一個頗具爭論性的議題。我們首先就臺灣的人口登記與推計資料，利用前述的老化測量指標，呈現臺灣人口老化趨勢所蘊含的養老負擔，然後再說明老年人口的年齡組成變化。

(一) 臺灣的人口老化測量，1980～2050

　　臺灣在1980年時老年人口數爲76萬人，僅占總人口的4.3%。而截至2012年底，內政部的人口統計顯示臺灣在過去30年的期間老年人口數已增爲3倍，達到2,600,152人，占總人口的11.15%（內政部統計年報，2014b）。另依據經建會《中華民國2012年至2060年人口推計》，未來40年臺灣老年人口將再增爲3倍，至2050年時65歲以上的老年人口將會有765萬人，約占總人口的36.5%（表11-2）。除了老年人口數的成長之外，人口變遷也使得未來老年依賴比、父母支持比急遽升高。1980年至2010年間，老年依賴比從6.7%上升到14.6%，也就是說，1980年時臺灣每15位生產人口扶養1位老人，但到了2010年時，平均每7位生產人口就需撫養1位老人。另根據經建會的人口推計，2050年時老年依賴比約爲67.6%，即每1.5位生產者就需撫養1位老人。而在父母支持比上，1980年時為1.2%，此數值至2010年時約增為5倍，估計在2050年時父母支持比為36%，每100位50至64歲的生產人口需撫養36位85歲以上的老人。

表11-2 臺灣的人口老化趨勢，1980～2050年

年期	65歲以上人口數	老年人口占總人口比例（%）	年依賴比（%）	父母支持比（%）
1980	766140	4.3	6.7	1.2
1985	977055	5.1	7.7	1.6
1990	1268631	6.2	9.3	2.1
1995	1631054	7.6	11.1	3.1
2000	1921308	7.9	12.3	4.2
2010	2487893	10.7	14.6	5.5
2020	3807654	16.1	22.6	8.0
2030	5639346	23.9	37.3	10.6
2040	6843621	30.1	51.2	20.8
2050	7658518	36.5	67.6	35.8

資料來源：1980～2010來自內政部歷年人口統計，其餘來自行政院經濟建設委員會人力規劃處《中華民國2012年至2060年人口推計》。

(二) 高齡人口年齡組成，1980～2050

父母支持比的變遷趨勢其實已經蘊含了高高齡人口的成長，表11-3為1980年至2050年老年人口的年齡分布狀況，更明確顯示老年人口的高齡化現象。1980年臺灣80歲至84歲的老人數占總老年人口數的7%、85歲至89歲占2.4%、90歲以上僅占0.7%。至2012年底，人口統計顯示臺灣80歲至84歲的老人已占總老年人口數的14.6%、85歲至89歲占7.6%、90歲以上為3.2%，高高齡人口（85歲以上）的比例約為1980年的3倍（內政部統計月報，2014a）。未來臺灣高齡人口比例變化將會更加顯著。依據經建會的人口推計，臺灣於2050年時，85歲以上的高齡人口占總老年人口的比例將超過20%，90歲以上的人口比例也將會是2010年的3倍，約占總老年人口（65歲以上）的8.5%。換句話說，臺灣於2050年每5位老

人就至少有1位是85歲以上的老人。

表11-3　臺灣老年人口的年齡組成，1980～2050年

年期	65歲以上人口數	65歲以上人口年齡分布（%）					
		65-69	70-74	75-79	80-84	85-89	90+
1980	766140	45.9	28.5	15.5	7.0	2.4	0.7
1985	977055	41.6	30.2	16.8	7.8	2.8	0.8
1990	1268631	43.1	27.3	17.6	8.2	3.0	0.8
1995	1631054	40.7	28.8	16.6	9.4	3.4	1.1
2000	1921308	34.3	30.3	19.7	9.8	4.4	1.5
2010	2487893	29.4	25.9	20.0	14.6	7.2	2.9
2020	3807654	37.9	23.7	15.5	12.0	7.2	4.6
2030	5639346	30.4	26.8	21.4	12.0	6.2	4.5
2040	6843621	23.5	23.0	21.3	16.8	10.8	5.3
2050	7658518	22.6	22.7	18.3	16.2	12.0	8.5

資料來源：1980-2010來自內政部歷年人口統計，其餘來自行政院經濟建設委員會人力規劃處《中華民國2012
年至2060年人口推計》。

二、性別組成

　　基本上，新生兒的性別分布是男多於女，但由於女性的年齡別死亡率多低
於男性對應的年齡別死亡率，因此若不考慮遷移因素，到老年的時候性別結構經
常是女性多於男性。臺灣老年人口的性比例（每百名女性對應的男性人數）於
1995年以前逐年上升（表11-4），主要是臺灣光復時期國軍遷臺的人口逐漸邁入
老年所致。根據退輔會資料，1984年時榮民的最低年齡為51歲，主要年齡分布
約在60-70歲之間（楊靜利，1999），目前他們全部都已經80歲以上，且有相當
數量的人過世，因此對老年性比例的影響逐漸減小。1995年後性比例就開始下

降，不過至今仍未穩定下來，必須等到戰後來臺軍人完全凋零之後，才會回復到一般的情況。

　　表11-4為臺灣1980年至2050年老年人口性比例的變化趨勢。依據經建會的人口推估，2050年時老年人口的性別比例約為78，此一結果主要來自高齡老年人口年齡組成的變化。2000年到2050年間，65歲至69歲以及70歲至74歲的性別比例維持在85-90之間，75歲至79歲大約維持在八成；但80歲以後性別比例有較大幅度的變化，2050年時90歲以上的老人裡，女性人數將近男性的2倍。

表11-4　臺灣老年人口性比例，1980～2050年

年期	65歲以上人數		年齡別性比例（%）						
	男性	女性	合計	65-69	70-74	75-79	80-84	85-89	90+
1980	380086	386054	98.5	119.2	95.4	81.6	65.3	52.6	35.9
1985	505081	471974	107.0	126.4	112.3	87.9	75.0	59.3	44.6
1990	678485	590146	115.0	133.4	118.5	103.2	79.3	67.8	50.0
1995	892767	738287	120.9	134.4	128.9	111.9	95.1	71.9	60.7
2000	1011023	910285	111.1	102.4	127.6	119.6	101.2	85.0	66.3
2010	1188511	1299382	91.5	91.2	85.3	89.3	107.4	96.3	80.1
2020	1745636	2062018	84.7	90.9	87.4	80.3	72.0	72.5	90.2
2030	2554815	3084531	82.8	91.0	87.3	81.2	74.1	65.7	61.7
2040	3042078	3801543	80.0	88.1	87.1	82.0	74.4	66.7	58.2
2050	3362676	4295842	78.3	89.2	85.5	80.0	74.5	67.4	56.6

資料來源：1980～2010來自內政部歷年人口統計，其餘來自行政院經濟建設委員會人力規劃處《中華民國 2012 年至 2060 年人口推計》。

　　老年女性化的現象使得大家開始注意老年相關的社會政策是否具有性別意識，例如女性的勞動參與率較低，甚至於終身未曾工作，則老年時將缺乏職業年金的保障，或者雖可獲得給付但保障額度不足，可能較容易陷入貧窮。又老年女性與老年男性的照顧需求不同，既然高齡人口大部分為女性人口，未來長期照顧

的內容應該特別注意老年女性的特殊需求。不過對喪偶者來說，男性可能比女性需要更多的關懷，研究就指出，不論男、女性，只要有配偶一起居住，即使多了子女同住並不會增加或減少死亡風險；但對男性來說，只與子女同住者相對於與配偶子女同住者，有顯著較高的死亡風險，女性則無此一現象。換句話說，「配偶是老人生活支持的最大保障」，而對女性來說，配偶的角色還可以由子女來取代，但對男性來說，配偶一旦過世，子女所提供生活起居照顧或精神支持，似乎就是無法達到配偶的水準，至少在男性老人的感受上。（黃于珊、呂宗學與楊靜利，2010）因此雖然老年女性人數遠大於男性，但男性似乎是更需要注意與關懷的對象，至少對喪偶的男性來說。

第六節　壽命延長與健康發展

　　表11-2至表11-4所使用的人口推計資料，乃是假設男性出生時平均餘命於2060年增加為82歲，女性則增加為88歲。這樣的假設是否過於保守或樂觀，文獻上有不少爭論。而壽命不斷延長後，是否新增的餘命多為不健康的餘命也一直是社會關心的焦點。本節首先討論文獻上關於壽命極限的爭論，其次介紹健康餘命（Healthy life expectancy）概念並整理世界衛生組織（World Health Organization, WHO）於2002年所估計的各國出生時與60歲時的健康餘命，最後則說明文獻上對於壽命延長與健康發展之間關係的看法。

一、壽命極限

　　早期平均餘命快速成長主要來自低年齡組人口死亡率下跌，一直到低年齡組死亡率已經降至極低的情形下，中、高年齡組的死亡率下跌對平均餘命的貢獻才逐漸突顯出來。由於年輕人口的死亡率已經低到不易改善的水準，已開發國家的平均餘命若要進一步下跌，則必須依賴中、高年齡組死亡率的改善。Kannisto et al.（1994）從27個已開發國家資料高齡死亡率資料推測人類壽命發展的空間，他們發現已開發國家80歲以上高齡者死亡率的改善有加速趨勢。自1960年代以來，80歲以上女性的死亡率平均每年改善1%至2%，男性為0.5%至1.5%。百歲人瑞的數目也不斷增漲，1950年以來平均每十年增加一倍。如果高齡死亡率下降已接近極限，則各國高齡死亡率水準應有趨同現象，實際情形則與此相反。再者，死亡率隨年齡增漲的趨勢自80歲左右起開始減緩（Horiuchi and Wilmoth, 1998；Thatcher, Kannisto and Vaupel, 1998）。另外，從人類壽命長度（life span）的變化來看，自1960年代以來歐洲與日本等低死亡率國家的超級老人（supercentenarians指110歲以上者）數目持續增加；各國最高壽命紀錄

（maximum life span）也不斷被突破（Wilmoth and Robine 2003）。例如Robine and Vaupel（2002）依據國際壽命資料庫中（International Database of Longevity, IDL）258位超級老人的資料歸納出110～115歲之間死亡機率大約為50%，115歲之後甚至有轉降跡象。依據高齡死亡率下降、高齡人口數增加、特定年齡（85歲左右），以後死亡率增幅減少等長期歷史趨勢來看，部分學者推斷人類平均餘命的發展尚未接近極限。

　　至於平均餘命會繼續增加到什麼地步？Oeppen and Vaupel（2002）觀察八個先進國家女性1840～2000年的平均餘命發展趨勢，指出平均餘命以每十年上升2.5歲的速度在增加。他們甚至樂觀的表示，如果過去一百多年來的發展狀況持續下去，已開發國家女性的平均餘命在2060年左右有希望突破百歲。另有研究從老年人的健康狀況間接推論未來的趨勢，Manton, Stallard and Tolley（1991）認為個體壽命長短受到生物、環境與人為因素的影響，雖然每個人終會衰老、生病、然後死亡，但是衰老的速度可能因個人行為或其他危險因子而加快或減慢。在考量危險因子對老年人健康狀況的影響後，他們得到的結論是：透過健康的生活方式，人類的平均餘命可能因延緩老化或疾病的發生而達到95歲以上，甚至百歲以上。Manton等人的觀點與Fries（1980）的疾病壓縮論（compression of morbidity）有部分類似，認為慢性病可能由於生活方式改變、醫療技術的進展而延後發生，進而延年益壽；但兩者對平均餘命極限的看法迥異，Fries主張在衰老與生物因素的限制下，人類壽命延長將趨近於某特定自然極限，大約在85歲左右。也因為有壽命極限，因此疾病延後發生也不會使平均壽命明顯延長，最終只是將疾病壓縮於壽命後期。

　　相較於Wilmoth、Vaupel、Manton等人對壽命延長的樂觀預期，Olshansky等人採取疾病別死亡率的研究取向，表示無論是慢性病死亡率遞延（Olshansky 1985, 1987）或年齡別死亡率下降的模擬結果，都顯示平均餘命要明顯超過85歲的機會不大。他們以美國1985年的疾病別死亡率為例（當時美國兩性平均餘命為71.2與78.3歲），設算若平均餘命要達到85歲，50歲以上死亡率需要下降55%。而消除所有主要慢性疾病造成的死亡（心血管疾病、心臟病、糖尿病、癌症），即相當於成年死亡率下降75%，兩性平均餘命也未能到達百歲（Olshan-sky, Carnes and Cassel, 1990）。因此他們認為，如果未能找出有效防止衰老發生的方法，即使未來人們對部分衰老疾病能有效控制而延長壽命，隨著高齡人口增加，原本罕見的疾病或新的衰老疾病將逐漸顯現且愈來愈難對抗（Carnes and Olshansky, 1993；Carnes, Olshansky and Grahn, 1996）。因此Olshansky, Hayflick and Carnes（2002）認為平均餘命要在本世紀超過90歲的機會非常小。

　　國內的相關研究結果得到與Olshansky等人類似的結論，陳寬政等（1999）曾以臺灣、日本的經驗資料模擬死亡率下降與平均餘命的長期趨勢，從1920年以來，死亡率的長期發展以及未來每年下降1%左右的結果來看，平均餘命的上限約落於85歲。李大正（2010）運用Bongaarts（2005）提出的移動邏輯模型（shifting logistic model）呈現臺灣1955～2008年間衰老死亡率與衰老餘命的變化，若將衰老餘命視為平均餘命發展上限的指標，也顯示臺灣兩性平均餘命的發展已接近上限。但兩個分析均是統計模型的應用，未來還需要進一步分析臺灣的內在（疾病）死亡率，了解不同疾病死亡率與衰老死亡率的關連，才能比較明確地支持此一主張。

二、健康餘命

　　雖然壽命的極限仍不確定，可以確定的是死亡率還在繼續下跌，平均壽命延長的趨勢還沒停止。唯存活不一定等於健康，如果新增的餘命都是不健康的餘命，則人口老化的問題將雪上加霜；如果老年人口的健康狀況有所改善，則人口老化的照護壓力就可以稍微減輕。世界衛生組織基於生命表的計算，於1984年發表了一個關連疾病（illness）、失能（disability）及死亡的概念模型（WHO, 1984）如圖 11-8，其中A區塊代表完全健康，C區塊代表死亡，B區塊則是非健康地存活，依是否失能再分為兩個部分，虛線右邊的部分為失能者，左邊部分則是雖然有病痛，但未到失能的狀態。依此可以取得三條曲線，分別表示不同健康狀況下的存活率，最內（左）側者表示健康生命之存活率與年齡的關係，其次則除健康生命外，也包括雖不健康卻至少未致失能者之存活率，最外（右）側者又包括因長期慢性疾病或衰弱而致失能者的存活率，也就是一般人（或平均）的存活率。

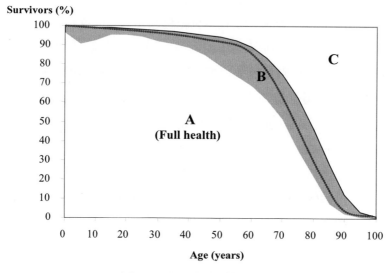

圖11-8　存活狀態按健康情形分

　　WHO的「2004年世界衛生報告」爲健康餘命專刊，計算了所有會員國於2002年出生時與60歲時之健康餘命，我們擷取出生時一般平均餘命的後十名與前十名國家，並加上臺灣的資料，整理如表11-5。出生時平均餘命後十名國家均爲薩南非洲國家，前十名則除了日本以外，全部爲歐洲國家，其平均餘命水準約爲薩南國家的兩倍，全球健康不平等的狀況可見一般。出生時健康餘命的排名雖然與一般餘命略有不同，但差異不大。撒南非洲國家不僅兩種出生時餘命的水準均低，其終身的健康損失比重也較大。

　　撒南非洲國家60歲的餘命與先進國家的差距，不若出生時餘命來得大。出生時餘命的大幅差距主要是因爲其營養與衛生環境不佳使得嬰幼兒死亡率甚高，拉低了整體的壽命水準；而能夠在惡劣的環境中平安成長至60歲者，其之後的存活機率自然也較突出，因此60歲之後的平均餘命與已開發國家的差距就較小。不過其健康損失比重頗大，不論男、女性，幾乎均達三成以上，也就是60歲之後的餘命中，有三分之一的時間乃是在健康狀況不良的情況下度過。健康優勢國家60歲之後的健康損失較小，但也約兩成左右，特別是女性的部分，幾乎在每個國家，男性的健康損失比重都較女性來得大，不過絕對值（非健康餘命年數）仍然以女性較長。

表11-5　各國健康平均餘命，2002*

國家	出生時						60歲時					
	平均餘命		健康餘命		健康損失（%）		平均餘命*		健康餘命		健康損失（%）	
	男性	女性	男性	女性	男性	女性	男性	女性	男性	女性	男性	女性
獅子山	32.4	35.7	27.2	29.9	15.9	16.2	12.3	14.6	7.8	9.2	36.9	36.9
辛巴威	37.7	38.0	33.8	33.3	10.4	12.3	14.9	17.5	9.7	10.6	35.0	39.2
賴索托	32.9	38.2	29.6	33.2	10.1	13.1	15.0	17.2	9.9	11.0	34.0	36.2
尙比亞	39.1	40.2	34.8	35.0	11.0	13.1	13.0	15.9	9.8	10.4	24.7	34.4
史瓦濟蘭	36.9	40.4	33.2	35.2	10.1	12.9	15.3	17.6	10.2	10.9	33.5	38.2
波札那	40.2	40.6	36.0	35.4	10.4	12.9	15.5	18.8	10.9	11.9	29.5	36.8
馬拉威	39.8	40.6	35.0	34.8	12.1	14.3	14.3	15.8	9.7	10.4	31.9	34.0
安哥拉	37.9	42.0	31.6	35.1	16.6	16.4	12.9	15.0	8.1	9.6	37.5	35.8
布吉納法索	40.6	42.6	34.9	36.3	13.9	14.8	13.7	15.2	8.6	9.7	37.0	36.1
尼日	42.6	42.7	35.8	35.2	15.9	17.5	13.4	15.1	8.5	9.3	36.2	38.4
臺灣	72.7	78.4	67.1	71.5	7.7	8.8	20.0	22.9	15.9	18.6	20.5	18.7
義大利	76.8	82.5	70.7	74.7	7.8	9.5	20.3	24.5	16.4	19.4	19.5	20.6
瑞典	78.0	82.6	71.9	74.8	7.9	9.5	20.7	24.3	17.1	19.6	17.4	19.2
澳洲	77.9	83.0	70.9	74.3	9.0	10.4	21.3	25.1	16.9	19.5	20.9	22.2
西班牙	76.1	83.0	69.9	75.3	8.2	9.3	20.5	25.0	16.4	19.9	19.9	20.4
瑞士	77.7	83.3	71.1	75.3	8.5	9.7	20.9	25.1	17.1	20.4	18.2	18.7
法國	76.0	83.6	69.3	74.7	8.8	10.6	20.6	25.9	16.6	20.4	19.4	21.3

國家	出生時						60歲時					
	平均餘命		健康餘命		健康損失（%）		平均餘命*		健康餘命		健康損失（%）	
	男性	女性	男性	女性	男性	女性	男性	女性	男性	女性	男性	女性
安道爾	76.8	83.7	69.8	74.6	9.2	10.8	20.9	25.6	16.6	19.9	20.4	22.3
聖瑪莉諾	77.2	84.0	70.9	75.9	8.2	9.6	21.5	26.0	16.2	19.9	24.8	23.6
摩納哥	77.8	84.5	70.7	75.2	9.1	11.0	21.1	26.4	17.3	20.5	18.0	22.4
日本	78.4	85.3	72.3	77.7	7.8	8.8	21.5	26.9	17.5	21.7	18.5	19.4

說明：*60歲時的平均餘命爲2000年資料，其餘數值爲2002年資料，因此60歲的健康損失有些微高估。

資料來源：臺灣的資料來自於行政院主計處，http://www.stat.gov.tw/public/Data/671115462371.pdf（2010/07/10
　　　　下載）；其他國家的60歲平均餘命資料來自於 WHO Globe Health Observatory, http://apps.who.int/
　　　　ghodata/（2010/07/10下載），其他資料則來自於世界衛生組織 The World Health Report 2004（WHO,
　　　　2004）

　　臺灣雖然非WHO會員國，衛生署仍比照「2004年世界衛生報告」之內容，計算臺灣出生時與60歲時的平均健康餘命。臺灣男、女出生時的一般餘命世界排名均爲第40名，但健康餘命則分別排名第31與第28名，似乎顯示臺灣人口的健康損失比重相對是較小的，不過這與健康的定義有關，因此仍有待進一步的確認。

三、壽命延長與健康發展的關係

　　隨著壽命的延長，老年人口的健康狀況是否有所改善？文獻上對於平均餘命的延長與疾病的關係主要有三種不同的觀點，首先是「疾病壓縮論」（compression of morbidity, Fries 1980; 1983; 2003），認爲老化啓始與慢性病症出現的年齡之上升速度將高於平均餘命的增加速度，人類終其一生都維持活力，只有在生命末期時面臨突如其來的崩潰而死亡，因此處於疾病的時間縮短。第二個觀點則恰好相反，Gruenberg（1977）認爲由於人類處理疾病能力顯著的進展，死亡率逐漸下降，平均餘命不斷的增長，但是因為目前我們對於長期發展的疾病之控制並不是非常有效，因此老年的疾病率與失能率將隨著死亡率的下降而增加，或者即便有效控制了某些疾病（例如降低老年人的心臟病死亡率），卻提高了其他疾病（例如癌症）的罹病率。第三個觀點則是認為上述兩種情況可能同時發生，Verbrugge（1984）認為未來人類在健康維護與疾病控制方面都將有所進步，因此在死亡之前健康狀況維持良好的人愈來愈多，但功能嚴重失能的比率也愈來愈高，只有介於兩者之間的輕微疾病或中度失能的比率將會降低。

　　九〇年代晚期以後，各種不同資料與方法的研究，普遍支持美國老人的失能（disability）率正在逐漸下降（Freedman, Martin and Schoen, 2002; Manton, Gu and Lamb, 2006），其他已開發國家（如法國、日本與英國）也顯示同樣的情形（Robine, Romieu and Allard, 2003; Äijänseppa et al. 2005）。不過臺灣晚進的資料似乎比較支持疾病擴張論，Chang and Zimmer（2007）利用國民健康局老人長期追蹤調查之1989、1993、1996與1999年四波資料，以日常生活功能（ADL）障礙為測量指標，並計算免於失能的平均餘命（disability-free life expectancy），顯示失能率於1989～1993年間下降，1993～1996年間持平，而1996～1999年間則反向上升。免於失能的平均餘命也是1989～1993年間最長，1993～1996年間次之，而1996～1999年間最短。另一方面，陳寬政等人（2009）利用健康保險申報資料拆解平均每人醫療費用，發現看診天數增加是醫療費用上漲的主因，顯示人口老化似乎同時伴隨疾病擴張，使得看診期間拉長。李大正（2010）同樣利用健康保險資料，但分析的是死亡距離與醫療費用的關係，發現2000至2007年間費用開始上漲的時間有前推的趨勢，也隱含罹病期間拉長的趨勢。九〇年代後期的疾病擴張有可能是因為1995年全民健保實施、使得就醫的可近性提高所致，但新世紀的擴張恐怕就比較難以歸因於政策效果了，只是上述分析的期間仍不夠長，還需要密切觀察未來的變化。

　　不論是壓縮或擴張的結論，Parker and Thorslund（2007）提醒，與採取何種失能定義（包括失能指標的選取以及失能程度的區分）有很大的關係，而每一種定義蘊涵不同的照護方式，（慢性）疾病與症候群產生需要確定病因並進行醫

療，活動能力降低則需要復健、輔具與家務協助，社會參與受到限制則除了改善
個人的條件之外，還需要社會環境的配合，因此其認爲現在的證據仍無法說明
未來長期照護需求之變遷趨勢，任何有關未來需求的評估應該使用不同的指標
（例如慢性疾病、ADL & IADL、自評健康狀況）分別討論。

參考書目

一、英文部分

Aijanseppa S, Notkola IL., Tijhuis M., Van Staveren W., Kromhout D., and Nissinen A. (2005). "Physical Functioning in Elderly Europeans: 10 Year Changes in the North and South: the Hale Project," *Journal of Epidemiology and Community Health*, 413-419.

Barclay G. W. (1954). *Colonial Development and Population in Taiwan*. Princeton: Princeton University Press, 1954.

Bongaarts, J. (2005). "Long-Range Trends in Adult Mortality: Models and Projection Methods," *Demography*, 23-49.

Carnes, B.A., Olshansky, S. J. (1993). "Evolutionary Perspectives on Human Senescence," *Population and Development Review,* 793-806.

Carnes, B.A., Olshansky S. and Grahn D. (1996). "Continuing the Search for a Law of Mortality," *Population and Development Review,* 231-264.

Chang, M.C. and Zimmer, Z. (2007). "Aging and disability in Taiwan: Prevalence and transitions from a panel study," pp. 23-34 in *Trust: Longer Life and Healthy Aging，*edited by Yi Zeng et al.(eds.), New York, NY: Springer.

Freedman, V., L. Martin., and R. Schoen. (2002). "Recent Trends in Disability and Functioning among Older Adults in the United States: A Systematic Review, " *Journal of the American Medical Association*, 3137-3146.

Fries, J. (1980). "Aging, Nature Death, and the Compression of Morbidity," *The New England Journal of Medicine*, 130-135.

Fries, J. (1983). "The Compression of Morbidity," *Milbank Memorial Fund Quarterly*, 397-419.

Fries, J. (2003). "Measuring and Monitoring Success in Compressing Morbidity," *Annals of Internal Medicine*, 455-459.

Gruenberg, E. (1977). "The Failures of Success," *Milbank Memorial Fund Quarterly*, 3-24.

Horiuchi, S. and Wilmoth J. (1998). "Deceleration in the Age Pattern of Mortality at Older Ages," *Demography*, 391-412.

Kannisto, V., Lauritsen J., Thatcher A. and Vaupel J. (1994). "Ruductions in Mortality at Advanced Ages: Several Decades of Evidence from 27 Countries, " *Population and Development Review*, 793-810.

Kirk D. (1996). "Demographic Transition Theory," *Population Studies*, 361-387.

Manton, K. (1991). Stallard E. and Tolley D., "Limits to Human Life Expectancy," *Population and Development Review,* 603-637.

Manton, K., Gu XiLiang, and Lamb V. (2006). "Long-Term Trends in Life Expectancy and Active Life Expectancy in the United States, " *Population and Development Review*, 81-106.

Mirzaee, M. (1979). *Trends and Determinants of Mortality in Taiwan, 1895-1975*. Ph. D. Dissertation, Center for Population Studies, University of Pennsylvania.

Oeppen, J. and Vaupel J. (2002). "Broken the Limits to Life Expectancy." *Science*, 1029-1031.

Olshansky, J. (1985). "Pursuing Longevity: Delay vs Elimination of Degenerative Diseases." *American Journal of Public Health*, 754-757.

Olshansky, J. (1987). "Simultaneous/Multiple Cause-Delay (SIMCAD): An Epidemiological Approach to Projecting Mortality." *Journal of Gerontology*, 358-365.

Olshansky, S., Carnes B and Cassel C. (1990). "In Search of Methuselah: Estimating the Upper Limits to Human Longevity." *Science*, 634-640.

Olshansky, S., Hayflick L. and Carnes B. (2002). "Position Statement on Human Aging." *The Journal of Gerontology*, B292-B297.

Parker, M. and Thorslund M. (2007). "Health Trends in the Elderly Population: Getting Better and Getting Worse." *The Gerontologist*, 150-158.

Preston, S. H. (1986). " The Relation between Actual and Intrinsic Growth Rate." *Population Studies*, 343-351.

Robine, J. and Vaupel J. (2002). "Emergence of Super Centenarians in Low Mortality Countries. " *North American Acturial Journal*, 54-63.

Robine, J., Romieu I., andAllard M. (2003). "French Centenarians and Their Functional Health Status." *Presse Medicale*, 360-364.

Thatcher, A., Kannisto V. and Vaupel J. (1998). *The Force of Mortality at Ages 80 to 120.* Odense: Odense University Press.

The Population Council (2005). "About the Population Council, Highlights in Council History.". http://www.popcouncil.org/about/timeline.html(Date visited: May 26,2005).

Tu, E. Jow-Ching (1985). "On Long-term Mortality Trends in Taiwan, 1906-1980. " *Chinese Journal of Sociology*, 145-64.

United Nations (1983). "Vienna International Plan of Action on Ageing." http://www.un.org/esa/socdev/ageing/vienna_intlplanofaction.html(Date visited: July 11,2010).

United Nations (2002a), "Second World Assembly on Ageing Madrid." http://www.un.org/ageing/secondworld02.html (Date visited: July 11,2010).

United Nations (2002b). "World population Aging, 1950-2050." http://www.un.org/esa/population/publications/worldageing19502050/(Date visited: July 11,2010)

United Nations (2009). "World Population Prospects: The 2012 Revision Population Database.", http://esa.un.org/unpd/wpp/index.htm (Date visited: Jan 27,2014)

Verbrugge, L. (1984). "Longer Life but Worsening Health: Trends in Health and Mortality of Middle-aged and Older Persons, " *Milbank Memorial Fund Quarterly*, 475-519.

Wilmoth, J. and Robine J. (2003). "The World Trend in Maximum Life Span," *Population and Development Review*, 605-628. 29(Supplement): 239-257.

World Health Organization, WHO (1984). "The Uses of Epidemiology in the Study of the Elderly", *Report of a WHO Scientific Group on the Epidemiology of Aging. Technical Report Series 706*. Geneva: World Health Organization.

World Health Organization, WHO (2004). "The world health report 2004-changing history.", 2004. http://www.who.int/whr/2004/en/index.html(Date visited: July 11,2010).

二、中文部分

內政部統計處（1965），中華民國臺閩地區人口統計，1965。

內政部統計處，內政統計月報，2014a。http://sowf.moi.gov.tw/stat/month/list.htm，取用日期：2014年1月27日

內政部統計處，內政統計年報，2014b。http://sowf.moi.gov.tw/stat/year/list.htm，取用日期：2014年1月27日

王德睦（1988），〈臺灣地區嬰幼兒死亡率對生育率之影響〉，《人口學刊》，11，頁1-17。

王德睦（1989），〈臺灣地區人口成長之若干可能〉。論文發表於「臺灣轉型後期的人口現象與分析研討會」。臺北：中國人口學會。

臺灣行政長官公署（1947），臺灣省五十一年來統計提要。臺北：臺灣省行政長官公署統計室，1947。

行政院經濟建設委員會人力規劃處（2008），中華民國臺灣地區民國97年至145年人口推計。http://www.cepd.gov.tw/m1.aspx?sNo=0000455，取用日期：2010年5月3日。

李大正（2010），〈人口老化與全民健保支出：死亡距離取向的分析〉，嘉義：國立中正大學社會福利所博士論文。

郭文華（1998），〈美援下的衛生政策：1960年代臺灣家庭計畫的探討〉，《臺灣社會研究季刊》，32，頁39-82。

涂肇慶與陳寬政（1988），〈調節生育與國際移民：未來臺灣人口變遷的兩個關鍵問題〉，《人文與社會科學集刊》，1，頁77-98。

楊靜利（1999），〈老年居住安排：子女數量與同居傾向因素之探討〉，《人口學刊》，20，頁167-183。

陳紹馨（1979），《臺灣的人口變遷與社會變遷》。臺北：聯經。

陳寬政、王德睦、陳文玲（1986），〈臺灣地區人口變遷的原因與結果〉，《人口學刊》，9，頁1-23。

陳寬政、劉正、涂肇慶（1999），〈出生時平均餘命的長期趨勢〉，《臺灣社會學研究》，3，87-114。

陳寬政、林子瑜、邱毅潔、紀筱涵（2009），〈人口老化、疾病擴張與健保醫療費用〉，《人口學刊》，39，59-83。

黃于珊、呂宗學與楊靜利（2000），〈臺灣老人居住安排與死亡率〉。論文發表於「臺灣人口學會年會、社會發展指標、及時空人口學研究聯合學術研討會」。臺北：臺灣人口學會。

楊靜利、涂肇慶與陳寬政（1997），〈臺灣地區人口轉型與人口老化速度之探討〉，15-38，收錄於見孫得雄、李美玲與齊力編，《人口老化與老年照護》。臺北：中華民國人口學會。

蔡宏政（2007），〈臺灣人口政策的歷史形構〉，《臺灣社會學刊》，39，66-106。

第十二章　老年與家庭

/李紹嶸

第一節　家庭與社會

　　人類學家和社會學家都很重視家庭的研究，他們都不否認：在人類社會裡，家庭組織是一個最基本的社會制度。而人類學家並不直言對家庭的研究，實因這個「家庭」一詞的意義，在文化上、在地域上，甚至在中外古今的歷史中，都有很大的差別和變化。嚴格來說，人類學家和歷史學家研究裡的許多家庭制度與組織常跟當今，尤其是工業社會裡的小家庭相去甚遠。人類學家所指的不是家庭（family）而是家族（kinship）；家族包括一個較廣闊的、人與人之間的關係，它指一群因婚姻關係、生育、相同血源系脈所形成的一群人；這群人可能同居一處互動頻繁，也可能分散四方甚少相知，家族成員人數可能高達數百人。家庭在社會學的定義則比較重視親密的人際關係，成員人數較少；它指的是一群因婚姻關係、生育或領養關係而聚集一起過日子的人。這裡所要探討的老人家庭是一個在現代社會裡，由於醫療衛生健康等的改進而產生的一種從未有過的新型家庭模式，成員主要是高齡的年長老人。這些老人可能獨居，也可能與其年輕子孫同居互動，跟當今最受歡迎的小家庭模式不完全相同。

一、家庭的功能

　　社會裡的每一個人一生都生活在某種型式的家庭裡。古今中外的家庭組織在社會功能及性質上可能有所不同，但都有其存在的必要性；由於家庭裡的各種不同資源讓人們由嬰兒長大成人並終老。大多數的學者都會同意，家庭具有下列幾項重要的功能：生育及社會化的功能、經濟的功能、感情的功能以及社會地位的功能。

　　一個社會如果想要延續生存，必要有新的一代來接替延續香火，並提供生理、心理，及社會各層面的健全發展，使之成為被社會接受的成員，這需要跟其他社會成員具有相同的語言、行爲模式、價值觀念等等。家庭份子彼此合作、分工提供其成員食衣住行以及心靈感情上的基本需要。爲了達到這些需求，人們以各種行爲活動來換取所需。由於家庭背景的不同，社會成員取得高低不同的社會地位，這包括了教育程度、經濟資源，以及家族地位等，這些既得地位（ascribed status）能左右人們一生的際遇及機會。

(一) 生育的功能：社會學家認爲生育是家庭的最主要功能之一，一個社會如果想要繼續延存，必要有新的一代來接替延續香火。家庭幾乎是古今所有社會所認可的特定制度，擔負起這生育的功能。事實上，據我們所知，並沒有一個社會鼓勵或贊成在家庭之外的生育。不論在中國或其他東方社會，甚至在西方社會，家庭之外的生育總是受到社會不同程度的歧視及責難。即使在西方現代社會裡，婚前及婚外性行爲十分開放的情況下，私生子也是被社會歧視的一群社會成員。爲人父母者不但要照顧、供應子女日常生活所需，也應負起對子女道德培養、心智發育的責任。換言之，生育的功能並不僅僅只是將兒女帶到這個世界就算盡了職責，更要負起養育的責任，使他們成爲能被社會接受的一份子。

(二) 社會化的功能：個人人格在幼年成型時受家庭成員的影響最大。父母、兄弟姐妹，以及其他親長常成爲孩童人格模塑的典範。個人的語言、行爲、思想模式、價值觀念等都始於家庭的模塑。家庭擔負著一個重大的責任：把家庭裡的新成員訓練成一個能被社會接受的份子。在成長的過程中，由於接觸面的增廣，這社會化責任就超出了家庭的範圍，其他社會制度如學校、友儕團體、工作團體、大眾傳播工具等亦擔負起社會化的職務，然而家庭仍然是最重要的。

(三) 經濟的功能：家庭或家族一直是一個經濟單位，在各個文化都屬實。家庭有責任提供其成員食衣住行等的基本需要，爲了達成這人類基本的需求，家庭份子彼此分工合作，以取得或換得所需。在早期農業社會裡，家庭更是一個自給自足的經濟單位。家庭份子相互依賴，各盡其職。婚姻的結合不在於感情，而是功利效率的結果：年齡、健康、耐勞、勤奮以及家庭背景都成爲擇偶的條件。在當今的工業化的社會裡，生產功能逐漸爲工廠制度所代替；家庭雖不能自給自足，卻是以自我的能力賺得收入資薪，再以金錢換取所需，成爲一個重要的經濟消費單位。

(四) 感情的功能：家庭賦予人們一種歸屬感，是個避風港，一有危機就找家人一同分擔，只要回到家就萬事不愁。人們都需要感情的寄託：年幼靠父母兄長，年長成家則靠婚姻配偶，年老就更得靠老伴及成年子女。在現代工業化社會裡，人際關係改變了：社區內鄰里關係淡薄，工作場所同事競爭極烈，人們常有一種疏離感，唯有家庭才能提供一種安全親密的環境。血濃於水，親人是世上最親密的，人們常常只在親人面前顯露真正的自我。

(五) 社會地位的功能：在人們出生時，就已由家庭獲得了第一個社會地位。人一生的價值觀、行為模式、教育機會、職業選擇、事業成就，甚或伴侶選擇，事事都受家庭背景的影響，在傳統社會裡尤其明顯。當今的工業社會裡，雖然社會地位較常以個人的成就來衡量，例如教育程度、職業收入等，家庭背景仍具有賦予機會的功能。較好的家庭背景能提供家庭份子較多的機會、知識、資訊、較廣的視野、觀點等等，能協助個人在一生中做更理想、更能成功的選擇。

二、家庭的類型

家庭簡單的可分為：大家庭、小家庭，以及目前新成形的單親家庭和隔代家庭。大家庭包括二代以上的成員或再加上近親如叔姑等家人；小家庭指夫妻及其生育或領養的未婚子女；單親家庭則指一位長輩及其子女所組成的；隔代家庭則是由祖父母輩帶著孫輩所組成的。絕大多數的單親家庭是以母親為首；近年來，以男性為首的單親家庭有增長的現象。在工業社會裡，因工作求學、離婚分居，甚或吸毒犯罪，做父母的不能親自教育扶養未成年子女，而交由祖輩代為之，是為隔代家庭（蔡文輝，2007）。家庭成員只包括兩個年長老人的小家庭在歷史上並不多見；它的大量出現則是人類社會工業化、醫療衛生現代化以後的現象。在二十世紀裡，科學醫療衛生知識技術突飛猛進，生活條件跟著大大的改進，人類的壽命在一世紀裡幾乎增長了一倍，於是高齡老年人口倍增。這現象不僅在先進已開發國家出現；二次世界大戰後，開發中國家借用了這些知識技術，尤其在最近的二、三十年裡更是明顯。老年人數增加，再加上大家庭制度式微、小家庭制度盛行，使得老人家庭壩增。這個人類歷史上獨特的家庭結構給當代社會帶來經濟及社會層面巨大的壓力與考驗。

心理學家和家庭問題研究者通常會把人們一生經歷過的家庭生活分成幾個不同的階段來看。大致上包括下面九個主要階段：

(一) 未婚單身期（single）

(二) 新婚無子女期（newlywed with no children）

(三) 撫養幼童期（with children, youngest under 6）

(四) 撫養學齡子女期（youngest child over 6）

(五) 與未成年子女同住期（married couple with dependent children）

(六) 仍就業的空巢期（employed head of household with no kids at home）

(七) 退休的空巢期（retired head of household with no kids at home）

(八) 仍就業的鰥寡獨居期（working widow/widower live alone）

(九) 退休鰥寡獨居期（retired widow/widower live alone）

以往研究家庭者絕大多數專注在前六期的家庭生活，很少涉及中老年家庭。不過近年來由於高齡老年人口的急速增加，老年家庭的研究才得以受到注意。

三、家庭與高齡年老者

(一) 老年高齡人口

通常是以65歲訂為老年。老年人口數目的增加不僅是死亡率的降低，也是因為踏進65歲的人口數目多於65歲以上人口死亡的數目。老年人數的增加並不是當代社會人口結構的唯一指標；老年人口比率才是更明確的指標。由於工業化的衝擊，年輕人結婚較晚、生育較少，使得老年人口比率數字更為顯著。聯合國訂定老年人口超過總人口數的7%是為高齡化社會（aging society，亦譯成老化社會），如超過14%就是所謂的高齡社會（aged society），老年人口達到20%就被稱之為超高齡社會（super-aged society）。

在1980年代，世界上只有德國可稱為高齡社會，老年人超過15%。當時義大利13%、美國11%、日本9%。到2010年，已有三個國家可稱之為超高齡社會：日德義（分別是日本23.0%、德國20.3%、義大利20.2%）。這是指平均每五個人中就有一位是老人！如依目前的人口增長現象，預估這三個超高齡社會老人人口將在2040年會超過30%。

臺灣老人人口比率增長也在快速地追上：1980年老人人口占4.4%，1993年有7.1%，達到高齡化社會的稱謂，2011年已達11%；如按目前的趨勢，預估將會在2017年達到高齡社會的標準、到2025年則會成為超高齡社會。從表12-1所列資料做簡單的比較，臺灣老年人口比例只用了24年就會由高齡化社會（7%）發展成高齡社會（14%），而未來由高齡社會進入超高齡社會更只需8年，比原先超紀錄的日本還要快。

表12-1　臺灣及其他國家老年人口轉型年數比較

	7%→14%	14%→20%
法國	1865～1980（115年）	1980～2019（39年）**
奧國	1890～1975（85年）	1975～2011（36年）**
義大利	1927～1988（61年）	1988～2008（20年）**
英國	1930～1975（45年）	1975～2020（45年）**
德國	1932～1972（40年）	1972～2010（38年）**
美國	1954～2013（69年）	2013～2040（27年）**
日本	1970～1994（24年）	1994～2006（12年）*
臺灣	1993～2017（24年）	2017～2025（8年）*
南韓	2000～2018（18年）	2018～2026（8年）*
中國	2000～2027（27年）	2027～2035（8年）*

Notes:

*資料取自*Why Population Aging Matters: A Global Perspective*. Washington, D.C.: National Institute on Aging, http://www.nia.nih.gov

** 資料取自Jae-Jin Yang, Thomas Klassen eds., *Retirement, Work and Pensions in Ageing Korea*. New York: Routledge, 2010, p.38.

(二) 家庭人口結構

　　老年人口比率增長的現象能大大影響家庭生活、家庭人口結構以及整個社會的組成。我們可將家庭成員分成幾個輩分來比較家庭人口結構的變遷：孩子輩、父母親輩、祖父母輩及曾祖父母輩。在醫療技術尚未發達前，生育率及死亡率仍高的十九世紀家庭的共同特徵是孩子多，同時絕大多數的祖父母在孫輩成年前就已過世。家庭人口結構就像個金字塔：孩子多是金字塔寬厚的底層，祖父母、曾祖父母存活的不多是尖端小小的上層。今日在現代化的衝擊下，生命餘年快速增長，家庭結構則像個傾向一邊的長方形，有更多的輩分同時存在。家庭裡子女兒孫較少，卻有更多的長輩；不僅祖父母、即使是曾祖父母仍活存的已不再是稀奇現象。老輩的人口已成變形金字塔較寬的上層，其餘兩輩分比率較前減少。

　　未來的家庭結構將會像個倒過來的梯形：祖輩及曾祖輩是較寬的上層，孫輩人口少是較窄的底層。這些家庭結構的改變對社會、家庭、個人，以及對教育、經濟、福利、醫療等政策都有十分重大的影響，例如有較多的長輩協助輔養兒童，同時日增的長輩老人需要被照顧及扶持。社會政策制定者必須考慮到這些家庭結構的改變而計畫未來施政的方向及重心；比如教育方向措施、學校設備、師資訓練以及老人福利、醫療健康、照顧人員等等事項。

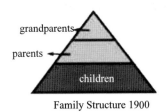
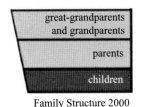
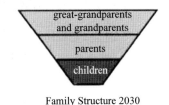

圖12-1　家庭輩分組合轉型圖

資料來源：Terry Mills (2011), "Aging in the 21st Century: Family Relationships in an Aging Society". University of Florida Extension, Institute of Aging.

第二節　老人家庭生活

　　隨著老年人口的增加，有老年人的家庭也跟著增加。不僅是成年子女各自成家，老年人也接受新時代的新觀念：隱私權的重視、小家庭生活的自由自在、不受兒孫的牽制等等。只要身體健康，還能自理日常生活，老年人都願意維持小家庭的生活方式。老年人家庭有著它特有的特質。老人所扮演的主要社會角色在改換、老人醫療照顧的需求在增加、社會關係的互動與前大不相同；同時，整個社會環境、觀點態度都在慢慢改變。

一、老人家庭生活的改變及其特質

　　人們生活在社會家庭，隨著時代的變遷、環境的改進、年歲的增長，人們的生活也該為調適周遭的新環境而有所改變；老年人也該如是，才能安怡的度過人生的最後階段。這裡主要討論變遷中的老人家庭角色、社會關係互動、社會態度、家庭人口結構、老人婚姻狀態、老人照顧需求等及其特質。

(一) 社會價值觀點態度及社會互動對老人家庭生活的改變

　　各個社會對老年人的觀點原本不同：某些尊老，有些棄老人而不顧。在歷史上不難發現某些生活物質缺乏的社會有殺老人（senilicide or senicide）的現象。當社會走向富裕、科技進步、老人增壽，社會的觀點也會隨之改變，雖然不會再聽到因物資不足而殺老人的事件，但也會因老人人數，更因老人人口比率增長太快，使社會的經濟負擔突增，而讓政府措手不及。在當前的民主社會裡，選票就是力量；老年人數增加，透過選舉投票或組成游說團體，慢慢改變社會對老年人的觀念及態度，也漸漸影響政府對老年福利的重視。同時，老年人口增加，消費能力仍在，也能給社會增添了專對老人的新興事業，同樣能刺激商業、促進經濟發展。老年人的累積智慧及經驗更能讓家庭、社會、政府、國家受益。

人們的社會互動跟其所扮演角色有極大的關係。老年人由職場退休後，其主要的社會角色就由職場移往家庭。這不是說這群人以往年輕時不重視家庭，不論男女在青壯年時期只要在外工作都會把生活重心放在事業工作上，把一週最好的時光都放在爭事業賺薪金以養家餬口；退休後才發現家人才是最重要的，從以往的社交圈中慢慢淡出，生活的重心、日常的互動等就轉移到家庭。對剛退出職場，特別是在事業上有成就的，在退休初期常會需要許多調適。

(二) 老人家庭角色的改變

人們一生扮演著許多的角色，時常都有變動，進入老年階段自然也有不少的改變。老年人年歲增長、認知能力遲緩、體力消退、知識跟不上時代，在職場的角色就得交棒給年輕人；再加上子女都已長大成家立業，於是老年人最重要的社會角色慢慢地轉移了。任何人生階段接受新的社會角色都得經過一段再社會化（resocialization）的過程，在踏入老年人階段對新角色的接受及適應（adaptation）較其他時期更具挑戰。原本在職場的主要社會角色（master social role）得完全交出，這對一個一生都以事業為重的男女性都是很不容易調適的過程。退休後，人們只得以家庭為重，老夫老妻的角色就變成最主要的。對某些人這是如魚得水，樂在其中；對另一些人則無所事從，不知如何打發時間。以往在職場的權勢威風已不在；如果原未參與勞動力人口的家庭主婦，以往老先生在職場就職，只需照顧好下班在家時刻；早已習慣了自己一個人，時間活動都好安排打發。如今兩人整天兩眼對四眼，所謂的24/7（一星期七天、每天二十四小時）。於是，日常生活的重新安排考量就成為退休後的主要課題。家事的分配、活動的安排、作息的配合、家庭財務的管理支配，以及夫妻家庭地位的重新安排等等都不是簡單的事，原本做父母的主要角色在此時遠不如做祖父母的角色來得更為重要。老年人如能對家庭角色重新調適得當，則有助於對退休生活、老年婚姻、兒孫關係滿意程度的提高。

(三) 老人家庭人口結構的改變

　　家庭始於兩人的婚姻結合，而後添增了下一代；家庭人數由二而三、四，或更多；孩子經養育成長而外出獨立，到最年幼的老么也出外自立門戶後，家庭就成為所謂的空巢期（empty nest），還原到最初的兩人世界。如一切安順，空巢期可延長到退休終老。現今人是長壽了，一世紀前的生命餘年才四十上下，現今幾乎增倍；如無意外事件，老夫老妻相伴退休養老含飴弄孫的幸福生活可達十幾二十多年，直到一人先往生。家庭人口結構由起初的二人增至多人，再回歸成二人，最後變成一個人。這造成婚姻終止於一方的死亡，鰥寡都有。然而，男女有別，女性的確比男人長壽，鰥少寡眾是不爭的事實。這種鰥、寡孤獨情況不會是一成不變的，或因再婚、或因找到好伴（同性或異性）同居，更可能跟子女親人同住等等情況對老人的生活各有所不同的層次的影響。

　　老年人在老伴死亡、或分居離婚後其婚姻狀況由有偶變成喪偶或離婚，這也是一種另類的單身未婚身分，有學者稱之為「新近的單身」（newly single）身分，這對老年人的家庭生活有巨大的變化。有研究指出人生經歷的痛苦以喪偶為首，離婚次之。有些人能在短期內順利走出這失去配偶老伴的陰影；有些則很難適應，甚或一輩子都走不出這陰影。這跟個人的性格、人生價值觀、夫妻婚姻長短、感情親密程度有密切的關係。能走出這陰影的，或能找到志同道合的同伴，不論是同性或異性、一人或數位，都能一同走這人生的最後一段旅程。人是社會的群居動物，總得找個伴一同分擔生活中的苦、分享生活中的樂。有些高齡老人還能找到合適的伴侶建立起第二春，完全脫離單身的身分。

(四) 婚姻狀況（Marital status）

　　對任何成年人，其生活方式、作息規劃及生命的價值觀等都因其婚姻狀況而有所不同，老年人更是如此。人們的婚姻狀況不是一成不變的，會因喪偶而成鰥寡；如今社會允許分居、離婚、再婚；每個人的境遇情況不同。未婚者因結婚變成有偶，因配偶死亡變成鰥寡喪偶，也因離婚分居進入「新近的單身」的身分；而這「新近的單身」者能因再婚而轉回成有偶，或保持「新近的單身」的身分直到生命結束。

婚姻狀況大致可分為有偶（married）、離婚（divorced）、喪偶（widowed）及未婚（never married）。由於所討論的重點在於生活方式，可將同居加附於有偶一項，分居加附於離婚一項。

有偶（配偶／同居人）：根據中華民國統計年鑑，在民國一百年（2011），65歲以上臺灣老人有偶比率男約77%、女約47%。如依年齡性別來看，65～74歲（所謂少老young old），男約83%、女約59%，75～84歲（所謂中老middle old）男約74%、女約38%，85歲以上（所謂老老old old）的比率男女相去甚大，男性仍有五成以上有偶（56%）、女性僅一成有加（13%）。這自然跟男女生命餘年相關，女性壽命較長是事實。老年人有配偶常常不是所謂的原配或第一次的婚姻對象；喪偶或離婚後，再婚／同居的情況不少；再婚的有偶，男性比女性高；老年男性有同居人的情況也較女性為高。

喪偶：男女兩性喪偶的比率則映證上述有偶的數字。女性生命餘年較長，變成「新近的單身」的身分後不再改變婚姻狀況的較多。臺灣65歲以上老人喪偶比率，男性僅約一成半（15%）、女性近五成（約47%）。如依年齡別，男性由少老65～74歲組的8%增加到老老組的32%；女性則由三分之一（34%）增長到超過八成（83%）。

根據內政部老人狀況調查報告也有類似的資料：2005年65歲以上老人男性有偶同居的超過七成，高達71.6%；女性尚不到一半，占43.4%；女性喪偶的占一半以上，55.0%；男性僅二成有餘，22.0%。四年後，2009年男性有偶同居稍增長到73.7%，女性減少到41.6%；女性喪偶的占54.0%、男性20.2%，女性喪偶的比率數字比男性高出許多。男性生命平均短少約四、五年，同年齡的女性人數超過男性，年齡越老性比率（一百位女性對男性數）就越低。

離婚或分居：老年人退休後離婚或分居情況常有所聞。原本夫妻老來是個伴，現今勞燕分飛的情況愈來愈多，大多數是由女方提出。依中華民國統計年鑑2004～2011年的資料，65歲以上的老人中，離婚或分居者的比率年年有增加，男女皆如是。老人由2004年的2.5%到2011年的3.6%，其中男性由3.1%上升到4.4%；女性由2.0%上升到2.9%。老年離婚的增加不僅發生在臺灣地區，在美國，1997年有7%的65歲以上老人離婚或分居；2001年比率升到10%。鄰近的日本，結婚廿年以上的「熟年世代」（現今五、六十歲），在2004年有多達42,000對離婚，是1985年的兩倍，結婚三十年以上夫婦的離婚對數是1985年的四倍。這些明顯表明老來分手的現象正在增加中。

二次大戰後，醫藥衛生的進步，使這一代的老年人長壽。以往婚姻平均維持二、三十年，人就過世了。如今生命延長女性至八十餘年、男性也接近這年數；如果五、六十歲退休時已無法忍受不良好關係的婚姻，還得忍另外二、三十年？既然子女都獨立了，對社會家庭的責任已了，那就分手各過各的，求個生活安寧。退休常是老夫老妻離婚分手的導火線：婚姻生活方式的改變，彼此整日相伴。如未在退休前做好實質上的、心理上的準備，使原本緊張的夫妻關係點燃分手之念，再加上現今社會對離婚的接受程度，也讓老人重新思考婚姻的本質，不再畏懼外人或子女朋友的反應。於是在經濟不虞匱乏的情況下，老年人也勇於對不滿意的婚姻道別。

老年人不論經由喪偶或離婚而成新近的單身，在生活上比未婚的年輕單身難得多。年輕人未婚能將時間精神專注在事業上。老年人已退休，體力不如前，一天二十四小時難以打發；經濟上、身體上沒毛病還能應付三餐以及日常生活等其他基本需要；原本的住宅太大了，得重新安排居處；相交多年的夫妻朋友，如今顯得有點格格不入；以往多是老伴開車，如今得學著開車；在沒有車就沒有腳的社會裡，也還得考慮是否該搬往交通方便之處。在在都能影響老人的家居日常生活。

一項對臺灣老人實證研究發現（孫傳凱，2010），不論性別為何，從失婚的狀態轉變成有偶或同居的老人，都會比一直維持失婚狀況的老人來得健康，其差異尤以男性為最。對於一開始有偶或同居的女性老人，在婚姻狀況轉變成失婚後，其健康狀況跟一直維持有偶或同居的女性無異；而男性老人則是在有偶或同居轉變成失婚後，健康狀態就會突然變差。該研究建議政府或相關單位在面對老人問題時，對於獨居老人，尤其是男性，需要特別注意其健康、生活起居方面的狀況；可嘗試鼓勵失婚的老人找尋老伴，若情況許可甚至可選擇再婚，如此一來較能解決失婚無人照料的窘境，以能降低死亡的危險率。

再婚：由於男女平均生命餘年的差異，女性壽命較男性長約4到6年，加上丈夫平均年長妻子2到5歲，兩者合計差距可達十年。平均來看，女性失去老伴後，可再活十餘年。男性的早逝使得男女性比率不均衡，年齡愈長男性人數愈少、女性相對人數多；鰥寡的比率大約1：3或1：4；人口學家預估二十、二十五年後這比率可能到1：10。僅以此數字比率來看，鰥夫找伴就較容易；同時，社會也接受迎娶年輕的妻子；寡婦則難得多。現今這一代的許多老年男性一輩子被服侍慣了、從未曾做過家事，老伴一走還真不會照顧自己、處理家事，除非子女晚輩能接納照顧，否則還真得要另找個伴才好過日子。女性老人則恰恰相反，她們對照顧自己、打理家事完全沒有問題，再加上老姐妹一群，日子好打發，不必再找個老太爺來伺候。

老年寡婦人數較多，在喪夫後就不再為人妻，扮演了多年的主要社會角色就得轉換；在現代社會裡她們還得考慮到怎麼扮演這新女性的角色。人類歷史中，女性角色扮演的選擇是很有限的，尤其是老年的寡婦，她們單獨生活是十分危險的，在許多社會更是不被允許的。上世紀早期，女性在停經後就等於是無用的老人；同年齡的男性在職場、在農地還能有一、二十年的精壯年歲。而老年寡婦唯一有貢獻的角色就只是當個老祖母。然而這些都在改變中：目前，婦女在喪夫悲痛之後能做許多以前所未能做的事。她們像是社會裡新產生的一個族群，一族老女人（older women tribe）。以往總見先生太太一同出進參加社會活動。如今常見幾個老婦人一同外食玩耍、一同旅遊觀光、一同參加義工，並彼此照顧，甚或同住一處；不再只是個隨叫隨到照顧孫兒的老祖母。這是一族因有相同的悲痛經驗而結合成的人群，她們認為只有她們才能真正彼此了解。最早的寡婦支持團體組成於1967年，由美國波士頓的一群女性所成立的widow-to-widow program。目前已有無數的類似團體，對老年喪夫的婦女提供一個新的、有希望的生活方式，並在精神上、實質上給予協助與支持，讓她們能擴展自己的興趣，發現自己的優點特長，以展現出個人的特殊才華。

　　人常言「孝順子女比不上半路夫妻」，對晚年喪偶的老人，能找個伴是難能可貴的事。然而老年人的再婚會面臨許多來自子女、親友及社會各方面的重重壓力。於是，現今許多老人就採取不婚同居或走婚的方式。這裡所謂的走婚是指兩人雖在心裡上彼此「互託終身」也「居住一處」，卻無財產上、法律上的牽制，再加上再婚的離婚率偏高，有些老人也嘗試年輕人流行的試婚同居。有些既使能結成婚，為能維持跟子女及家人親和的人際關係、贍養關係、遺產分配等，老年人也流行在婚前擬訂協議書。

　　未婚：任何社會裡總有一小部分男女生從未結婚成家。到了老年這群人仍可獨居自理。根據中華民國統計年鑑2004-2011年的資料，65歲以上的未婚老人 由4.20%降到3.04%，男性降得多於女性；男性由5.85%減至3.67%，女性由2.53%到2.47%，變化不大。中國老齡科研中心的最近一次調查，中國60-64歲的城市低齡老人喪偶率16%，農村20%。而80歲以上的高齡老人喪偶率，城市63%，農村76%。

　　未婚單身一生都能安排處理自己的日常生活。然而沒有子嗣沒有伴，單獨生活到年老是很不容易的。人到了老年總會想何去何從？到頭來誰會成個好幫手？如有個親密的親人好友能做依靠或近親的晚輩能夠照應，在心靈上就能獲得極大的安慰。

表12-2　臺灣地區老人婚姻狀況分配（百分比）民國93及100年（2004 、 2011）

	兩性	男性				女性			
	65+	65+	65-74	74-84	85+	65+	65-74	74-84	85+
民國93（2004）									
有配偶或同居		76.35	83.29	89.86	48.98	48.81	60.74	34.16	12.28
喪偶		14.73	10.05	18.50	36.72	46.69	34.87	61.32	82.38
離婚或分居		3.07	3.14	3.09	2.31	1.96	2.24	1.62	1.09
未婚		5.85	3.53	8.55	12.00	2.53	2.15	2.87	4.25

	兩性	男性				女性			
	65+	65+	65-74	74-84	85+	65+	65-74	74-84	85+
民國100（2011）									
有配偶或同居		77.23	83.47	73.76	56.31	47.21	59.41	37.55	12.93
喪偶		14.68	8.15	19.59	32.30	47.37	34.13	58.46	82.56
離婚或分居		4.42	5.40	3.20	3.34	2.95	3.85	1.94	1.40
未婚		3.67	2.97	3.45	8.05	2.47	2.61	2.05	3.10

資料來源：百分比算自中華民國統計年鑑，民國93及100年，行政院主計處編印。

二、家庭份子關係與老年人

　　對很多中老年夫妻退休是等待了許久的盼望，退休表示著有更多自我的時間，遊山玩水、探親敘舊、培養嗜好、享受清福。然而老夫老妻卻未算計到退休對夫妻關係、婚姻與家庭帶來的改變。社會裡，許多財經專家對退休後的經濟層面提供完整的建議，但是對於退休後的人際關係、個人整體的安康（well-beings）卻很少注意。

(一) 老年夫妻關係

　　一般人對退休都有美好的憧憬，然而研究指出：退休是具挑戰性，不時也能帶來挫折感。例如，僅僅離開職場就能影響個人的自我觀感與評價以及跟他人的關係，尤其是跟配偶的關係。退休後的夫妻生活都會遭遇到一些問題，如何調適成為一個重要的課題。夫妻在退休前的溝通與互動是非常重要的，例如夫妻如能開誠布公、保持良好關係，那麼調適會容易些，也會對退休後生活有較高的滿意度。如果夫妻原本就有婚姻感情問題，彼此不滿，那麼退休後仍會繼續同樣的情形。事實上，只就退休後夫妻相處時間增多都能改變彼此的關係，甚至那原本恩愛的一對也會有些摩擦、埋怨，偶爾也會對婚姻、對配偶產生厭煩之感。

　　人生踏入老年階段，婚姻配偶該是日常生活的重心，尤其在離開職場退休以後。夫妻間婚姻生活滿意程度的研究指出：老年夫妻相處時間多者，對老年的日子比較滿意。一項對47對老年夫妻所做的研究發現，這類夫妻的健康狀況較好（Waldinge, 2010）。另外一項對1,700老人的研究也發現婚姻的滿意度跟老人的憂鬱症程度有直接的關聯（Hoppmann, 2012）。有研究也發現老年夫妻較少吵架，彼此身體上的親密接觸並未完全消失，而且日常生活角色的分配比年輕時更加平等（Charles & Carstensen, 2002）。

　　雖然如此，老年夫妻也不可能完全沒有問題。下面幾項是主要的問題：

1. 溝通（communication）
2. 性（sex）
3. 財務（money）
4. 家務（house chores）
5. 衝突（conflict）
6. 信任（trust）
7. 家人親戚（family members）
8. 外遇（小三）問題（extra-marital affairs）

　　針對上述這些問題時所在，跟其他年齡層的夫妻關係十分類似，專家提出下列幾項解決的辦法供老年夫妻參考：

　　1. 家務要分明（designate household tasks）：家務事的分配原本就是婚姻衝突的一大原因。雖然近年來雙職家庭增加不少，但是基本上還是男主外女主內的職務分配。退休後的老年家庭男人在家時間增多，家務事的分配就必須重新釐定。專家認爲做家事也算是一種運動，有益健康。

　　2. 流暢的溝通（open communication）：溝通是婚姻裡最主要的關鍵。夫妻對此應開誠布公討論個人對生活婚姻的期盼及要求，更要知曉兩人共同的想法與願望，例如個人的興趣、夢想、目標；彼此的共同活動、目標及性親密等等。只有兩人溝通協調，夫妻才能避免衝突。

　　3. 公私分明（setting boundaries）：老人退休生活中，公私分明是非常重要的。這是將時間、活動等，分清你的、我的、我們一同的、單獨的或共同的。例如個人的嗜好、朋友、參與活動、私有時間；或以夫妻的身分參加社交活動、發展共同的愛好。彼此同意如何擺平公私的分配可維持老人退休生活的和諧。

4. 啓發高質時刻（finding quality time）：有些老年人太沉溺於自我的活動，例如當義工、個人特別的嗜好、運動等。有時老先生做一件事、老太太做另外的事；彼此各做各的，就是沒時間一起。夫妻應刻意爲彼此找機會溝通：一同喝杯茶、散個步、聊個天、看場電影、看部電視劇都是高品質的溝通時刻，如此才能維持和諧感情。

(二) 老年人與子女

我們東方人總以爲美國或西方國家的家庭比較傾向核心家庭（nuclear family），子女通常在大學畢業後或結婚後即自父母家遷出自立門戶，沒有大家庭的現象。但是最近人口學家和社會學家發現，成年子女仍居父母家或由外搬回父母家合居的人數明顯有上升的趨勢。這些回流的成年子女往往是因爲經濟困難無法承擔高昂的房價或房租，或者是單親家庭需要年老父母照顧未成年兒童，因此美國和一些西方國家的「三代家庭」（three generations family），亦稱「數代合居戶」（multigenerational household），有愈來愈多的傾向。美國2010人口普查資料顯示有5,100萬人（即總人口的16.7%）的家裡，住有至少兩代以上的成年人。2012年的一項調查指出，有三分之一（32%）的成年子女相信他們遲早會搬去跟父母住（Abrahms, 2013）。其實這類「三代家庭」或「數代合居戶」在其他國家也存在的，2009年的資料指出在亞洲大約就占有9.4%。

各個家庭，不同輩分間的關係有很大的差異。不同的輩分關係包括父子輩、祖孫輩，甚或曾祖曾孫輩。有些感情融合，有些則不；有些互動聯絡頻繁，有些則不。輩分間的關係主要看彼此間感情的親密程度：互動接觸的頻率、經濟協助的大小次數等。除了彼此原有的感情親密關係外，也要看居處的遠近距離、各自的經濟和社會資源等等；有時也要注意到當事人的年齡、職業、身體健康狀況，甚或性別、家庭人數多少等，都能影響到輩分間的關係。

成年子女常跟母親較親近，跟父親遠不如跟母親親密。女性原本就是維繫家族家庭親密關係的主要人物，她擔任著感性的角色，不論男女性都能跟母親談心事、談瑣碎小事；跟父親只能談電腦、談球賽、談國家大事。兩者都能表明親密關係、互動頻率，但在程度上是有差距的。

我們中國人有個傳統觀念：嫁出去的女兒潑出去的水；娶進的媳婦，尤其是長媳，孝敬公婆接掌家事是天經地義的事，責任重大卻也義不容辭。現代社會裡這觀念雖已淡出，但老年人在有所需時仍常較依賴長子長媳。

家中長輩如有離婚的，通常成年子女跟離異的雙親較疏遠。疏遠的程度要視離婚的時候長短、是否再婚、再婚多久、有無異父母兄弟姊妹，以及以往的親密程度，當事人的年齡、性別等等。

(三) 老年人與孫輩

老年生活，除了相依為命的老伴外，就算子女及孫輩最為親密。在當今工業社會裡，由於成年子女忙於事業，退休老年人跟孫輩的關係就更為重要。美國大約有10%的未成年兒童住在祖父母的家庭，其中有四分之三是以祖父母為戶長（head of household）的家庭。換言之，大約有一百萬未成年兒童家裡只有祖父母而無父母輩的成員，這也就是所稱的隔代家庭。臺灣的資料欠缺，相信在現代化的衝擊下，祖孫輩的家庭也不會少。

生育少，家庭人口少，家庭份子間的互動自然較集中頻繁，彼此感情較親密。社會變遷如此的快速，代溝是必然的。然而親情重如山、血濃於水，彼此仍時時相互協助、提供物質精神上的援助。但是為了工作事業，一家人不住一處就使得面對面的互動受到限制。感謝科技的發達使得遠距離的互動較能達成，不論是用電話、電郵，甚或最近的社群媒體等方式，使得相距遠程的親人可隨時聯絡，雖不能面對面卻能即時聽到、看到對方，也是一種難能可貴的互動過程。忙於事業的父母缺乏在時間上、感情上對正在成長中子女加以照應及養育，老年的祖父母，尤其是已退休的，就能在這方面提伸出援手、彌補短缺，特別是在成長過程中感性方面的需求。

不是所有的老年人都願意接受為人祖父母的角色，對某些老人變成祖輩就是代表著個人的老化,而具負面的態度。然而絕大多數的健康老人則認為得孫是值得驕傲感恩的、能含飴弄孫是人生的一大福分。美國的一項調查發現72%的老人認為,能做祖父母是他們一生中最有意義、最有滿足感的一件事;68%指出做了祖父母後讓他們跟成年子女更親近;90%喜歡在閒聊中提及自己的孫子女;63%認為他們現在帶孫子女比當年自己帶子女時更用心、更體貼(www.grandparents.com)。

世新大學研究中心在民國97年10月的一項民意調查「國內年輕學生對祖父母態度及行為全國民意調查報告」中指出,祖孫關係中跟祖父母最親的有80.5%;不親的,占13%,其中男孫多於女生;年齡也是一因素,年齡愈大親密程度愈低。親密人中以奶奶最多,44.4%;外婆次之,35.6%;爺爺占13.3%;外公殿後,6.6%。祖孫輩互動的頻繁率是能提升對老年人的正向態度。

在美國有個祖父母節,訂在勞工節後的第一個星期天,大都是在每年九月初,不過有三分之二(66%)的祖父母都不知道有這麼個節日,也從未慶祝過這專為他們訂立的節日。在2012年祖父母節前,美國有兩項有關祖父母角色的研究報告發表,都指出大多數的祖父母都會幫忙看顧孫輩,並提供財務金錢上的協助,以幫子女省錢和建立更強大親密的家庭關係。

我們也有祖父母節,教育部首次訂民國99年8月29日為第一屆祖父母節,推動許多活動,包括祖孫夏令營、大手牽小手代代(帶帶)攜手學習趣(去)、祖孫互動傳真情代代(帶帶)同樂學習趣(去)、以促進祖孫互動,引導更親密的祖孫關係,隨後固定每年八月的第四個星期日為祖父母節。

美國大都會人壽成熟市場研究所(Metlife Mature Market Institute)在2012年九月初公布其對1,008位45歲以上的祖父母網路調查結果:其中近六成(59%)的老父至少有一個孫輩住在50哩範圍內(亦即約一小時車程),居住超遠距離的祖孫也有不少,約四成(39%)有一孫輩住500哩以外;8%有一個孫輩住在同戶裡,二成(20%)住多代家庭;約有四分之三(74%)的祖父母每周都當孫輩的保母或白天負責照顧孫輩。有六成(62%)在過去五年曾為孫輩提供財務金錢的協助,平均支援8,289元,主要用於投資及教育方面。該調查指出老輩不僅在金錢上給予協助，還教導孫輩良好的價值觀，如誠實、正當行為、投票、自給自助、高等教高、良好健康習慣等等。

密西根大學從1992年開始對13,626位滿50歲以上的祖父母進行長期追蹤調查，每兩年對他們做一次訪問（Luo, 2012）。這項資料發現在1998年到2008年之間有六成（61%）不住在一起的祖父母，至少有一年幫忙看顧孫子女50小時，有七成（70%）協助看顧至少兩年。該研究同時發現：教育程度和所得較高的祖父母更可能照顧孫輩。比較不可能如此做的祖父母，通常是家裡還有未成年者或有需照顧者、自己年紀較大、獨處、沒有工作、經濟不允許。其中四成（39%）指出並非不關心孫輩，實在無能為力，只因自己身體健康不佳或是住得太遠等等原因。

祖父母能否照應孫子女自然跟其意願、經濟情境，以及住處距離有密切關係。調查資料顯示下面幾項事實：

1. 祖父母在美國每年大約花費520億美元在孫子女身上，其中320億是用在孫子女教育費用上

2. 有62%在過去一年內曾經資助子女和孫子女

3. 23%在過去一年裡曾幫忙照顧孫子女

4. 40%在過去一年裡曾幫忙付房貸或房租

5. 70%每星期至少看到孫子女

6. 44%希望能住得更近些

7. 72%經常照顧孫子女

8. 13%為主要照顧者

9. 92%曾為孫子女換過尿布

10. 64%曾陪孫子女去看病

由這些調查數字來看，顯然祖父母與孫子女的互動在美國是十分頻繁的，尤其這些年來美國經濟不景氣，失業率居高不下，成年子女攜帶孫子女回來跟老年父母同住的現象日益增多，使祖孫關係和互動自然更較親密頻繁。

三、老年人的特殊情況及需求：照顧需求的改變

(一) 老年人的健康及醫療

　　現今由於社會富裕，飲食習慣、工作性質、生活作息等等都在改變，人們肉食增加、運動減少、多用大腦少用四肢，於是普遍的體重增加、慢性疾病氾濫。人們隨著年齡的增長，身體健康逐漸衰退，例如體力、聽力、視力、各個器官功能等都非常明顯大不如前；另外認知能力、反應力、記憶力、注意力、專心的時段都漸退化。除了健康、認知退化外，還會有病痛不適，老年人需要更多醫療上的照顧，尤其當前醫療技術發達，以手術藥物治療，疾病就可恢復健康。以往致死的疾病在當今的醫術下被治癒，維持生命。臺灣醫療人員、技術、設施以及醫療制度都是世界一流，人民壽命延長是必然的。醫療進步，許多疾病都能醫治，但人終歸會終老，危害生命的病痛、需要的特殊照顧等等只是被延後了，而非完全被免除。一旦需要他人照顧，甚或完全不能自理時就會需要全時間、長期的看護。以往農業社會，這些責任落在老伴及家人的肩上；當前的社會，由於工業化、都市化、教育程度提高等等，再加上近些年的少子化，使得照顧老人的職責除了近親家人外，政府的福利機構就得牽入參與輔助。

　　臺灣社會富裕，教育程度高，一般人不願做長期的看護工作，只得靠外來的勞工。到真正需要專業人員時就得住進安養、長期照顧等機構。對老年人長期照顧需求的增加是社會進步富裕後的必然現象。然而服務高齡老人的人口是非常缺乏的，在醫療服務業裡，能專注於老人領域的專業醫師、藥劑師、護理人員、社工人員在比率上是不足以應付急增的老年人口。

　　臺灣老年人口在2010年約有250萬，其中身障人口約110萬，長照人口的需求量約45萬。預計在15年後，即2025年，老年人口將達460萬，身障人口約200萬，長照人口的需求量則高達88萬。這對整個臺灣社會及家庭是個很大的負擔及挑戰。（薛成泰，2012）

　　老夫老妻彼此相扶相助一同生活，這是多麼幸福。然而，喪偶的經驗在所難免，留存者會經歷人生中最難接受、最難面對的改變，不論在精神上、身理

上、經濟上、社會生活各個層面上，都受到極大的衝擊。這時最需要家人親友協助度過這漫長悲痛時段，有些老年人更需要社會福利機構及專業人員提供援手。喪偶的哀痛常被列爲人生痛苦經驗的首位。

(二) 老年人的經濟情況

就貧窮程度來看，老年人的家庭經濟情況比一般年齡層好些，在貧窮程度下的老年人在比率上較低。根據內政部的民國98年（2009）老人調查資料，老年人保有儲蓄財產占五成（52%），沒有的占四成多（43%）。其中男性有產的較高，占59%，女性46%。對日常生活費用使用感到充裕夠用的達四分之三有餘（77%），不夠用的約二成多（22%）。男性感到充裕夠用的較女性爲多，但差距不甚明顯。獨居無配偶的老人經濟狀況較差；日常生活費不夠用的以離婚者最高，占三分之一，33.36%。

該老人狀況調查指出，65歲以上老人的經濟主要來源以「子女奉養（含媳婦、女婿）」爲首，占42%；以「政府救助或津貼」次之，17%；第三是靠「自己退休金、撫恤金或保險給付」，占16%。

該調查報告中，將老年人的主要經濟來源及次要經濟來源合算成一項「經濟來源重要度」的指標。重要度指標的計算方法是「主要經濟來源的百分比」加上「次要經濟來源百分比的一半」。依「重要度」指數來看，老年人的經濟來源仍是以「子女奉養（含媳婦、女婿）」爲最高，指數48；「政府救助或津貼」第二，指數30。不論性別、年齡、婚姻狀況（除了未婚者外）都以這兩項來源爲首。按性別來看，女性高齡老人更顯著，這兩項指標都高出男性許多。女性分別是58及33，男性38及26。男性老年人靠「自己退休金、撫恤金或保險給付」較高，27；女性不到其三分之一，僅8.7。依年齡，歲數愈長，靠子女奉養的指數愈高；靠自己的收入則正好倒過來，隨年歲增高指數下降。依婚姻狀況來看，較特殊的指標現象有：喪偶者依賴子女奉養的指數最高，高達62；靠政府救助或津貼次之，也達36。未婚者的情況原本特殊，靠「自己儲蓄、利息、租金或投資所得」的有28；靠「子女奉養」的指數僅4.5；依賴「政府救助或津貼」高達

55；依賴「社會親友救助」的有2.54，比其他高齡老人高出許多。詳細數字參看表3。

這些數字都頭顯示臺灣老年人對退休後的經濟資源尚未做好自我的妥善準備，沒有周全的準備就只得靠子女、靠政府的協助了。

表12-3　臺灣老年人經濟來源的重要度（民98）

	自己工作營業收入	自己儲蓄投資等所得	自己退休金等	子女奉養（含媳婿）	政府救助津貼	社會親友救助
年齡65+	7.91	14.93	17.37	48.29	29.66	0.40
65-69	12.59	15.89	20.17	42.01	20.79	0.39
70-74	5.96	13.56	16.70	52.70	32.75	0.60
80+	1339	13.37	20.56	54.36	33.73	0.27
性別						
男	11.28	16.08	26.63	37.87	26.36	0.35
女	4.75	13.86	8.70	58.04	32.75	0.45
婚姻狀況						
有偶／同居	10.28	15.69	22.09	40.02	24.23	0.35
喪偶	4.47	13.13	10.29	61.77	36.32	0.38
離婚分居	8.95	15.53	15.31	46.38	34.17	0.57
未婚	2.05	27.80	19.51	4.45	55.44	2.54

重要度指數＝主要經濟來源百分比＋次要經濟來源百分比之半

資料來源：內政部老人調查（民98），表113，頁367-369。

雖然大多數老人需要子女或政府方面的協助，也有少數約一成的老年人（10.57%）需對子女提供定期（3.80%）及不定期（6.77%）的經濟金錢支援。65歲的老人，父母往生的占八成，（81.44%），餘下的有4.33%需要提供經濟支援。換言之，這是高齡父母仍健在（18.56%）的老人中，四分之一以上還需要對老輩提供經濟支援。

　　臺灣草根影響力基金會在2012年所做的調查中發現，約有四成銀髮父母因家計需要還在工作，近七成跟兒女同住。該研究更指出，臺灣65歲以上長者還在工作的主要原因是：上有80多歲的高齡父母，受惠醫療進步，依然健在，需要奉養；下又有兒孫需要照顧。因此，工作年齡有拉長的趨勢。隨著人口老化、少子化，上要奉養父母、下要養育子女的「三明治世代」，落在年齡五十多歲的一輩；到了65歲，為不造成兒女的負擔，更想多存點錢留給兒女而繼續工作。這項調查也顯示：逾四成的銀髮父母需要兒女奉養，其中有八成兒女提供生活費二萬元以下，以一萬元居多。（臺灣時報，2012）

　　政府在民國99年度直接提供12萬名中低收入老人生活津貼；每月領取國民年金之老年年金給付有18萬8,853人，老年基本保證年金則有83萬2,118人，領有老農津貼有69萬6,143人，領有榮民就養給付有7萬595人。

　　政府設有對中低收入老人特別照顧津貼，在老人狀況調查報告（民國98年）中發現有四分之三（74.02%）的老人不知曉此項福利；約五分之一（24.53%）知道卻未利用；只有極少數（1.45%）知道也曾申請利用過，其中以男性及80歲以上老人較多。

　　如果老人經濟情況較差，沒有足夠的退休金，卻擁有房產，就能以房屋的所有權申請逆向貸款（reverse mortgage）。在美國逆向貸款始於1961年，當時為協助一位新寡的緬因州婦人仍能留居原處而設立的。逆向貸款是以其房產做抵押，向私人貸款公司申請；貸款公司則按老人的性別、年齡及不動產當時的價值精算出每月折現的金額，讓老人每月取得一定金額的收入直到離開人世，讓老人不必擔心餘生生活費用的不足。1980年代開始，它受到聯邦政府的關注，雷根總統於1988年簽署成法，逆向貸款受到聯邦政府的保險以保護申請貸款的老年人。近年來這類貸款很受歡迎，申請案件每年都有增加。

　　臺灣內政部在2013年開始試辦「以房養老」計畫。其對象原則上鎖定年滿65歲以上的老人；同時當事人沒有法定繼承人，獨自擁有不動產權，其不動產的價值不超過社會救助法規定的中低收入戶標準。這跟美國的逆向貸款是類似的方式，只是美國方面的貸款完全是私人行為，政府只介入保險以保護老人。

(三) 老年人的被虐待情況

由於老人受虐絕大多數是不會報案，老人受虐問題究竟有多嚴重實在無法確知。當事人怕丟臉或是怕失去照顧者而不願或不敢報案，甚或當事人頭腦已經不清楚了，搞不清楚一切狀況。更值得注意的是，絕大多數的施虐者是自家親人或照顧者。

常見的受虐型態可分類如下：1.身體虐待；2.精神性虐待；3.性侵害；4.物質剝奪：剝奪老年人處理財務的權利，或是對老年人的金錢與財產做不當的處置；5.疏忽：拒絕提供或故意不滿足其生活所需；6.自我疏忽：老年人拒絕生活所需的食物、個人衛生或醫療服務；7.遺棄：有扶養義務的親人故意離開或拋棄老年人。

老人受虐的原因很多。在當事人方面：年歲老了、慢性疾病纏身、認知功能障礙、缺乏社會支持、收入低、教育程度低、酒精藥物成癮或濫用、罹患精神疾病、有家庭暴力的家族史。在家中照顧者方面：有經濟負擔、對老化有負面看法、有高度的生活壓力、有家庭暴力史、有酒精成癮問題、經濟依賴老人等。這些情況，較可能對被照顧的老人施暴。

此外，在照護機構裡，虐待的情況更為複雜；機構的照護品質及照護人員跟老人受虐是十分相關的。例如：非疾病引起的營養不良、體重減輕或脫水；手腕或腳踝因過度約束而造成的皮膚損傷；因照顧忽視而造成的一些特殊生理或心理症狀，如骨折、瘀傷、慢性腹痛、頭痛、焦慮憂鬱、藥物依賴；照顧人員對老人表現冷淡或謾罵，使老人顯得很害怕照顧者。

在各個老年人口日增的社會，防止老人受虐的需求日益迫切，但各處救助、防範人員、機構等為數都不多、不夠。這類機構應不僅只是一般的救助，而是需要全方位專業團隊的長期協助及防患；不僅是只有社工人員，還應有第一線的照顧醫師（通常是家庭科醫師或老人醫學專家）、精神科醫師、心理科醫師、護理人員、刑事檢驗專家、律師、患者的代理人及警方人員一同辨認、調查及制裁虐待事件，並且注意事後的補助辦法。我國雖於1997年6月18日公布「老人福利法」，政府可以依職權介入老人保護工作，又設有對老人遭受虐待遺棄之保護機構，但這幾年來，執行成效相當有限。根據行政院內政部老人調查表2008年報告，65歲以上老人竟有近七成（69%）不知此機構；知道的三成（31%）也只有小小部分曾利用過（0.15%）。

美國每年約200萬老年人遭到虐待、被剝削壓榨或無人理會。專家也表示實際數字會更多，一些研究更指出有一成的老人至少曾遭受某種形式的虐待。雖也有專門收容受虐老人的機構，並提提供醫療、心理和法律協助，卻也為數不足。

最近發現老人院裡的工作人員要應付一項很少被討論到的現象，住院老人對其他住院老人的強暴行為（Residence-to-Residence Violence, RRV）。工作人員除了要照顧老人身體病痛，還得花時間精力在住院老人的習性行為上，以保護住院老人受到不必要的生理精神及金錢上的傷害損失，更試圖防範此類行為的發生。美國嬰兒潮一代的老人不願住進總體機構式（total institution）的老人院，常選擇其他的退休社區，如assisted living或continued care等。然而這些機構工作人員更少，就怕有更多的RRV案件。（AARP, 2013）

老人虐待受到的關注程度遠不如婚姻暴力和兒童虐待等議題。各地的受虐老人求助意願都低，自己本身並不了解情況，這是老人保護工作最大障礙。

第三節　老人的居住型態

　　人們居住的型態跟年齡、就學、就業、婚姻狀況、家庭教育背景、社會都市發展、人口組成、家庭人數，以及文化背景等等都有關係。我們可能居於小家庭、大家庭、兩代、三代、隔代家庭、獨居、與其他親戚或朋友同住，甚或居於療養院等等，都跟個人的人生經驗旅程息息相關。

一、適當的老人居住環境

　　老年人居住的情景跟一般年輕人不大相同。以往傳統社會流動遷徙的情況較少，只要長輩健在，分家機會不大，三代同堂很普遍，四代同堂也不少。當今工業社會，年輕人十八、九歲就進城求學，學業完成就留在大都市就業成家，自立門戶，不再跟長輩住在一個屋簷下。年長者受現代化觀念的影響，同時也習慣了二老獨自生活的自由。除非萬不得已，婚姻狀況、健康情況、經濟條件有所改變，不然絕不會改變老夫老妻的原有生活方式。

　　老年人的居處及其周圍環境應具有一些條件才適合年老者的日常生活作息，例如：

　　1.安全舒適：四周環境及屋內設備齊全方便，不易跌倒，並防火、防盜；

　　2.活躍刺激：所在社區能保有老人原有的嗜好習慣，並帶給老人退休後新的生活情趣，就近提供適當的休閒活動；

　　3.起居方便：鄰近社區有市場，提供衣食所需；有娛樂場所，以利精神上的舒解；有交通公具，外出方便；

　　4.醫療設施：醫院診所距離居處不遠，因為老人家看病的機會較多，路途遠費時費神，非常辛苦。

　　由於老年人口的多樣化，例如性別、年齡、身理健康狀況、家庭成員等，每個老年人居住型態的需求就有所不同。尤其在退休時，應考慮許多上述因素外，更應考量計畫該留居原處或是搬家改換環境。前者留居原處，也就是最近所提倡的在地老化（aging in place）觀點相同：如果生活起居尚能自理、原住處四周環境也屬理想，鄰里熟悉；如果居處本身還適合老年人，住房只需稍稍整修更適合老人起居，留居原處也是滿不錯的選擇；如是樓房多層，可將臥室移到底層、免得上下樓梯不方便；如房間太多，孩子們原有、搬出後不常用的房間可關上，並可請人定期打掃。

搬往新居，選擇較適合老人居住的地區及房設，不論是選擇地區較近兒孫、天氣較理想、交通較方便、房設較舒適、較易整理打掃等都不是個簡單的決定。除了選擇一般的住房，如獨門獨院或公寓式，還可選擇專為老年人設計的社區或機構。尤其在退休多年後、年歲較長已不能自理日常生活所需，或老伴身體不適需要醫療專業人員特殊的照顧時，則可選擇提供特殊需求的住處，如護理之家、老人之家、安養中心等，以得到最適合最理想的醫護協助。

對於老年人居住型態的選擇有極大影響的幾個因素是年齡、婚姻狀況、健康狀況以及經濟條件等。年齡愈長的單身老人愈不會搬家，除非搬去跟子女同住，讓兒女們來照顧，或住進護理之家、安養中心之類的老人住所。除非上述因素有所改變，老年人仍常保留中國人的老觀念「一動不如一靜」，不太願意，也不太會改變居所。

二、臺灣老人的居住型態

臺灣已發展成現代化社會，已擁有許多現代化社會的特徵，然而我們仍保留了不少傳統父系大家庭（patriarchal extended family）的觀念：養兒防老、大家庭、兒孫滿堂等。有研究指出：大都會裡的中年人，對老年人居住的安排較偏好三代同鄰，只有少數願意獨居。許多成年子女也不願意將老年的父母送進安養機構，除非萬不得已。老年人跟子女同住的現象雖然較前減少卻仍超高，根據2009年老人狀況調查的資料，老年人家庭組成是兩代、三代或四代家庭共高達六成八（68%），有配偶或同居人的不到二成（19%），獨居的不到一成（9%），住進安養長照機構的約百分之三（3%）。如按性別來看：女性老人跟家人二、三代同住的更高，達四分之三（74%）；男性僅跟配偶或同居人同住的百分比較高、超過四分之一（26%）；獨居則女性老人較高；居於長照機構的，則男性老人較高。

表12-4　臺灣地區老人家庭組成（百分比）民國98年（2009）

	獨居	僅與配偶或同居人同住	兩代家庭	三代家庭	四代家庭	僅與其他親戚或朋友同住	住共同事業戶
65+	9.16	18.76	29.83	37.86	0.78	0.82	2.79
男	7.94	25.62	29.24	32.01	0.80	0.68	3.70
女	10.31	12.35	30.37	43.33	0.75	0.95	1.94

註：兩代家庭：包括配偶（同居人）及子女同住，僅與子女同住，與父母同住，與孫輩同住。
　　三代家庭：包括與子女及孫輩同住，與父母及子女同住，與父母及孫輩同住。
　　住共同事業戶：包括安養機構，長期照顧機構等。
資料來源：中華民國98年老人狀況調查報告，表47，頁248-249。行政院主計處編印。

現代化的發展使得兒孫不在身邊，如果想跟孩子們同住，照傳統，理所當然是跟兒子，尤其是長子長媳。然而目前發現的意願與實際現象似乎不全是：已婚兒子跟父母同住的仍較女兒多；不跟老年父母同住，而選擇住在附近的比率，兒子女兒相差不大。有些不只一個兒女的年老父母還會輪流到各個孩子家住，以便公平，跟各個兒女孫輩都有接觸的機會。不少老年人會用理智來選擇最理想、最適合當事人的居住方式，也常會選擇較能溝通、更能照顧的女兒同住，而不再遵循傳統父族居地（patrilocal）的方式了。即使不住在同一屋簷下，許多也選擇住在鄰近，以便得到兒女更多的照顧及協助。現今，年輕夫妻間夫家與娘家的關係，以及居住安排已跟以往大不相同。

三、未來老人的居住型態

　　由於各地老年人數的增長、家庭人口結構的改變、快速的都市化，再加上最近世界經濟不景氣等等現象，對居住模式都有所影響。就美國、日本近二、三十年來的經驗，有些是可借鑑我們未來的發展。

(一) 「五五活躍成人社區」（**55 active adult community**）

　　近些年來有一新發展出的老人住宅模式，它的對象是身心仍健康的老人。例如在美國非常受歡迎、55歲以上有活力的「成人社區」（55 active adult cpmmunity）。這種成人社區最早建於1970年代後期，在溫暖氣候南部所謂的太陽帶，sun belt地區，各州都爭相建立，處處都受歡迎；最近在四季分明較寒冷的偏北地區也有類似的發展。社區可上千戶，大的更達六、七千戶；還有發展到一個城市。它們請有專人管理，另有警衛、有門房；還活動中心、健身房、游泳池、網球場，甚或高爾夫球場、飯店等。大多是獨門獨院，也有公寓式的。居住成員至少一位滿55歲，擁有房地產權，每月繳管理費。

(二) 多代家庭（**multigenerational family**）

　　另一新的建房設計是在建房的前院或後院增蓋一小棟，所謂岳母房，它可謂是一獨立的小公寓：有一臥室／起居室，另加盥洗室、簡單的小廚房及洗衣機等設備，可以完全獨立運作生活。如有需要，晚輩就住同一庭院，可隨時彼此幫忙協助。這達到了彼此重視隱私權的維持及相互照應的需要，使老年人，尤其是鰥寡孤獨的長輩重新融入家庭生活。

　　這是一項新發展的美國家庭模式：成年子女或其闔家回住嬰兒潮父母的居處，或嬰兒潮接入日漸年邁的雙親（或一位）共同居住。在美國，愈來愈多不同族群的家庭選擇多代同堂的生活方式，這跟二十世紀末期臺灣提出「三代同鄰」或「三代同棟（公寓大樓）」的觀念是一樣的。

(三)社會組合、鄰里的組織（social organizational neighborhood）

由於嬰兒潮已開始踏入老年，美國嬰兒潮始於1946年，終於1964年。如今美國的嬰兒潮人（baby boomers）約有7,800萬人，這群嬰兒潮已於2011年首批開始踏入老年階段。美國部分嬰兒潮老人發覺有自我的特殊需要，而組成一個像鄰里的組織：居住附近擁有相同背景的人家共用相同的醫生、藥房、藥劑師、水電工，一同組成一個聯盟，選有會長、理事、祕書，以解決處理大家共有的問題與需要。另也有一群有相同背景的老年人，如從未結婚，或離婚喪偶者居住一處，不論以往相識與否，一同照顧彼此的生活起居，分擔彼此身心的需要，造成一個新型的社會組合。

(四) 合居安排（cohousing）

美國老年人的居住方式另一特殊狀況是同居安排。一群原本不相識的人組成像公社式的同居方式，或都是老一輩的、有數個輩分的：老人找其他老人、單親家庭找高齡的老人家；彼此雖無血源親屬關係卻能同居一處，共同設立生活規條，分擔日常生活瑣事及花費，彼此扶持並互惠，建立深厚的感情關係，這對嬰兒潮一代很有吸引力。被稱之為高齡長者合居（elder cohousing）的住宅方式已漸在增建中，美國合居者協會（The Cohousing Association of the United States）還可提供許多協助。

日本從高齡化社會邁向高齡社會，再領先進入超高齡社會，其老人住宅政策是由政府策劃，於1963年制訂的「老人福祉法」中，確認老人為住宅政策的特定對象（陳政雄，1997）；在1970年代先後推出三代同堂公共住宅；「銀髮住宅方案」於1987年代推出適合獨居老人居住的公共住宅，包括銀髮住宅、照顧住宅，不再局限於老人必須與子女同住。「老人生活福祉中心」由1989年起，因鄉村地區人口外流而提供結合小型住宅與日間服務中心的福利設施。近年來，護理之家走向小規模，照顧引向家庭化，使早期的機械化照顧變成住宿化（residentialized）。日本對老年人的照顧及住宅安排走向住宿化及小型化，改變了傳統老人不是跟子女同住，就是住在養老機構的二分法。

　　最近，臺灣老人退休養老居處增加了高品質、高價位的老年養生村，那是高級社會人理想住處。長庚養生文化村算是知名度最高的一處，其入住條件：1.年滿60歲，配偶年齡不限；2.通過長庚醫院身體檢查合格者，日常生活能自理，無法定傳染病、精神疾病、失智症、癲癇控制不良或器官移植病況不穩者。

　　臺灣未婚男女人數有增長的現象，就如美國嬰兒潮一代的未婚人數較以往多。目前在美國已漸有專替從未結婚的單身安排住處。在不久的將來，大批從未成家的老年人，如何安頓居處方式會成為一個新的景象。有些學者甚至提出高齡長者區（elderurbia）的新概念來描述老人密集的新市郊社區，以別於傳統的郊區人（suburbania）。

　　不論老人居住的方式如何，應依個人的需要、家庭背景、經濟能力，以及整個大社會環境所能提供的來做最妥善處理安排。由有活力老化（active aging）的角度來看，壽命延長、生活加料才是上策，保持生理及心理健康的生活形式才是成功老化（sussesiveful aging）的精髓。

參考書目

一、英文部分

AARP (2013). "A spin on elder abuse," *The Magazine*, Fall.

Abrahms, Sally (2013) *AARP Bulletin* 3 "Generation Under One Roof." p.16

Brubaker, T.H. (1991). "Family relationships in later life: A burgeoning research area". In A. Booth (Ed.), *Contemporary families: Looking forward, looking back* pp. 226-248. Minneapolis: National Council on Family Relations.

Chamie, Joseph (2007). *Why Population Aging Matters: A Global Perspective* . Washington, D.C.: National Institute on Aging, http://www.nia.nih.gov

Charles, S.T. & Carstensen, L.L. (2002)."Marriage in old age." In M. Yalom and L.L.Carstensen(Eds.), *Inside the American couple: New thinking, new challenges* , pp.236-254. Berkeley: University of California Press.

Gottman, John M. (1994). *What Predicts Divorce?* NY: Psychoogy Press.

Hoppmann, Christiane (2012), *Psychology and Health*, 26 Jun 2012.

Luo, Ye, *et. al.* (2012). "Grandparents Providing Care to Grandchildren: A Population-Based Study of Continuity and Change." *Journal of Family Issues*, Sept. 2012, vof 33, 9: pp.1143-1167.

Metlife Mature Market Institute (2012). Grandparent Investing in Grandchildren: How Grandparents Share Their Time, Value, and Money. www.Mature Market Institue.com.

Mills, Terry (2011). "Aging in the 21st Century: Family Relationships in an Aging Society." University of Florida Extension, Institute of Aging.

Olson, Erlbaum. & DeFrain, J. (2006). *Marriages and families: Intimacy, diversity, and strengths*. Boston: McGraw Hill.

Stafford, Philip (2009). *Elderburbia: Aging with a Sense of Place in America*. Google電子書

Sternberg, S.J. & Barnes, M. eds. (1988). *The psychology of love*. New Haven, CT: Yale University Press.

Szinovacz, M.E. & Schaffer, A.M. (2000). Effects of retirement on marital conflict tactics. *Journal of Family Issues, 21(3)*, 367-389.

Szinovacz, M.E. & DeViney, S. (2000). Marital characteristics and retirement decisions. *Research on Aging, 22(5)*, 470-498.

Szinovacz, M.E. & Harpster, P. (1994). Couples' employment/retirement status and the division of household tasks. *Journal of Gerontology: SOCIAL SCIENCES, 49(3)*, S125-S136.

Editors, "Surprising Facts About Grandparents: We reveal how today's grandparents are defying stereotypes" (grandparents. com)

Waldinge, Robert J. (2010). *Psychology and Aging*, Vol 25(2), June 2010, 422–431.

Wilcox, W.B. & Nock, S. L. (2006). What's love got to do with it? Equality, equity, commitment and women's marital quality. *Social Forces*, 84, (3), 1321-1345.

Yang, Jae-Jin & Thomas Klassen eds. (2010). *Retirement, Work and Pensions in Ageing Korea.* New York: Routledge, p.38.

Yogev, S. (2002). *For better or worse: But not for lunch.* NY: Contemporary Books.

二、中文部分

孫傳凱（2010）婚姻與健康─臺灣老人實證研究。國立中央大學產業經濟研究所碩士論文。

薛成泰（2012）「二○二五年人口結構」。總統府專題報告載於
http://www.yucc.org.tw/news/domestic/20121004-1

陳政雄（1997）「日本的高齡者福利政策與福利設施之探討」，中華民國建築學會第十屆建築研究成果發表會論文集，第453-456頁。

聯合新聞網（2013）〈養兒防老⋯⋯照顧爸媽女兒最多〉
http://udn.com/NEWS/NATIONAL/NAT5/7966657.shtml#ixzz2WOH5LMao

行政院主計處（2004-2011）《中華民國統計年鑑》。臺北：行政院主計處。

行政院內政部（2005, 2009）《老人狀況調查報告》。臺北：行行政院內政部。

臺灣時報2012 12 22 p.A10）羅友三、鍾志明。

〈臺灣草根影響力基金會〉2012年調查
http://moe.senioredu.moe.gov.tw/ezcatfiles/b001/img/img/28/187042068.pdf

第十三章　老人與休閒活動

/周學雯

第一節　前言

　　老年人年紀增長，在卸下子女照顧的責任或從奮鬥一生的職場退休後，空閒時間頓時多了起來，而這些空閒時間的安排決定了老人的生活品質。高齡者擁有比其他年齡層更多的空間與時間，若積極地參與具有社交性、接近自然、運動及學習特性的休閒活動，可以使老年的生活更加豐富而有意義。休閒與主觀幸福感（Kelly and Steinkamp, 1987）、生活滿意度（Russell, 1990）、成功老化（Rowe and Kahn, 1997）均有密切的關係，本篇將介紹何謂休閒、休閒參與對高齡者的休閒效益、高齡者休閒參與的相關理論、比較歐美高齡者與臺灣高齡者休閒活動參與類型與頻率，最後探討未來老人休閒趨勢與對老年人休閒遊憩服務的提供提出建議。

一、何謂休閒？

　　什麼是休閒？一般而言，休閒可以用三個觀點來定義。第一是以最普遍的「時間」觀點來定義，意旨不受工作所需或家庭責任等所拘束的時間，而可以從事自己喜歡的事情。然而，同樣是自由的時間，相信你一定不同意：在候診室等待的20分鐘和開心地與老友下棋的20分鐘，會有同樣的休閒體驗。因此，單純以沒有被束縛的時間來定義為休閒，似乎顯得不足夠。

　　第二個普遍定義休閒的觀點是以「活動」來定義，意指某些特定形式的活動，諸如看電視、打球、爬山等，大眾普遍認為的應該是自願在非工作時間中愉悅地從事的活動，Dumazedier（1967）就活動的觀點，把休閒定義為個人在盡完義務後，依自己的意願，自由參與能放鬆、獲得創造力的各項活動。然而，以活動形式來定義，仍有其限制，例如打球對大部分人而言，是一項愉悅的休閒活動，但對職業球員而言，卻是他的工作與職業所需，而不是放鬆的休閒。

第三個定義休閒的觀點是以心靈狀態（state of mind）或經驗狀態（state of being）來檢視休閒。古典休閒觀將休閒視為愉悅、自我充實、自在、閒適的心靈或經驗狀態，哲學家Pieper（1948）說明休閒應當是一種能夠以歡愉的心境來接受自己與世界的一種心境，許多心理學家以知覺自由（perceived freedom）與內在控制（internal locus of control）兩個概念來闡釋休閒，說明休閒是一種自我可以擁有選擇的權力，不被強迫也不是義務，可以自我掌控，不為外在的獎賞鼓勵所從事，而是所做即所為，單純是為了自己的喜好所從事的行為（Kelly and Godbey, 1992）。

學者Godbey（2003）曾為休閒下了以下定義：「休閒是生活在免於文化、物質環境之外在迫力的一種相對自由狀態，且個體能夠在內心愛的驅動（internally compelling love）下，以自己所喜愛且直覺上感到值得的方式行動，並且堅信不移。」此定義完整地解釋了休閒並非在完全自由的情境下，而是相對的包含著自由的本質、具有自我抉擇的意思之外，更重要的是它帶有堅持與積極的正向意義。

第二節　休閒對高齡者的效益

　　老年生活常伴隨著身體功能老化、認知功能降低、社會接觸減少、角色喪失與許多壓力事件，諸如配偶死亡或疾病發生等，造成生活上多方面的影響。維持休閒活動的參與，有助於維持或改善各個層面的機能與發展，是影響老化的適應能力關鍵因素之一。

　　許多研究顯示，休閒在高齡者生活中扮演重要的角色，並能延緩許多老化所帶來的負面影響。對高齡族群而言，維持適當的休閒活動對身心均有裨益，從事有益的休閒活動可以確保高齡者有能力從事日常生活工作、思考與感覺，並在生理、心理以及社交面向的狀況能夠產生助益，達成良好的老化適應能力並且保有整體性的健康生活，包括保持身體的自主活動能力與活動量，保有積極正面的心態，同時擁有親人、友伴等互動關係從而得到情感的支持（Rowe and Kahn, 1997）。

　　高齡者參與休閒活動可得到許多休閒效益，而效益（Benefits）代表著心理層面的欲望需求滿足（Driver, Brown, and Peterson, 1991）。Driver（1997）強調效益對於人或實質環境而言，是需求獲得正向的改變，包括人際關係、體適能、預防社會問題或穩定社群等；在個人方面，是一種特殊心理的滿足經驗，像是活動結束後感覺良好、感受親密的人際互動、精神充沛等。

　　國內外許多學者曾研究休閒參與對高齡者所帶來的休閒效益，以下就生理、心理與社會三個層面來探討休閒參與對高齡者之休閒效益。

一、休閒對高齡者的生理效益

　　每個人的老化速度不一，有些人「未老先衰」，有些人卻是「老當益壯」，許多文獻已證明運動或休閒性身體活動（leisure-time physical activity）能有效延緩或降低老化所帶來的一些生理機能衰退。此外，心臟血管疾病、糖尿病、癌症常列為當前死亡之主要原因，肥胖常為這些疾病的因素，導致這些疾病與肥胖的形成及高齡者是否有足夠的運動或身體活動量的生活型態有密切的關係。

研究證實適量的身體活動可以降低死亡的風險（Fiatarone, et al., 1990; Lee, 1995; Lennartsson and Silverstein, 2001）、維持老年生活的功能及獨立性（Fiatarone, et al., 1990; Unger, Johnson, and Marks, 1997）、降低與老化相關之慢性病況（如心血管疾患、高血壓、糖尿病及骨質疏鬆症等）發生的風險（Bijnen, et al., 1998; Ellekjar, Holmen, Ellekjar, and Vatten, 2000; Lee, 1999; Manson, et al., 1992）。

休閒性身體活動並不一定需要是滿頭大汗、費力的身體活動，才對生理功能有所助益（Glass, De Leon, Marottoli, and Berkman, 1999; Hakim, et al., 1998; LaCroix, Leveille, Hecht, Grothaus, and Wagner, 1996）。近年來，許多研究顯示諸如輕鬆的散步、一些不費力的休閒活動、從事義工活動，對自我健康知覺（Van Willigen, 2000）、降低死亡率（Musick, Herzog, and House, 1999; Oman, Thoresen, and McMahon, 1999; Shmotkin, Blumstein, and Modan, 2003）與降低生活依賴（Morrow-Howell, Hinterlong, Rozario, and Tang, 2003; Oman, Thoresen, and McMahon, 1999）均有幫助。

二、休閒對高齡者的心理效益

休閒活動參與，在老年人的心理健康中扮演關鍵的角色。在休閒參與中，老年人有機會去重新檢視自己的長處與弱項，依自己的喜好選擇，並樂於接受休閒參與中的各種挑戰，調適自我並發展新的能力，藉由休閒的參與，可提高高齡者之情感能力、成就感與自我效能，協助適應老化的生活。

許多研究指出休閒參與和老人生活滿意度呈現正向相關性（Griffin and

McKenna, 1999; Kelly and Godbey, 1992），但與孤獨感（Fly, Reinhart, and Hamby, 1981）、焦慮感呈負向相關性（Kaufman, 1988）。

　　高迪理（1993）更具體指出休閒活動對高齡者的幾種功效：1.在心情上能免除無所事事的焦慮，並藉此放鬆安定自己的心境；2.在單調的生活上能夠增添些變化，消磨空閒的時間，或擁有服務他人的機會；3.在心智發展上能夠獲得歡喜，補充過去想學習但未能學習的滿足感、求知慾；4.能夠擁有發揮創造力、實質性自我表達、展現天分的機會；5.可以獲得感官上的愉悅，包括生理、心理和精神上對自我的肯定；6.保持活力，有機會與他人接觸來往，享有合群而不孤獨的感受。

三、休閒對高齡者的社會效益

　　休閒活動具有提供社會化機會的特性，讓參與者置身環境之中並且產生人際互動，因為人與人之間關係的發展，從而延續、加強社會角色之扮演（Jackson, Dunne, Lanham, Heitkamp, and Dailey, 1993; Lilley and Jackson, 1994），休閒參與提供老年人許多社會參與的機會，許多人際關係的連結是透過以休閒為基礎的社會活動中，人與人之間有了互動的機會，在非正式且放鬆的情境下，建立了伙伴關係（friendship）與社會支持（social support）系統，個人得到情感支持也獲取訊息及資源。許多老年人在退休後，參與志工服務的活動，並從中建立了新的人際關係，發現參與休閒能促進信任、合作和人際間的聯繫（Hemingway, 1999）。

第三節　高齡者休閒參與的相關理論

　　高齡者休閒參與相關理論源自於社會學基礎，主要包括撤離理論（disengagement theory）、活躍理論（activity theory）、延續理論（continuity theory）。近年來，選擇、最適化與補償理論（selection, optimization, and compensation）及情緒選擇理論（socioemotional selectivity theories）也逐漸受到重視，以下將介紹各個理論的發展與主張：

一、撤離理論（disengagement theory）

　　撤離論由社會學家崑銘（Elaine Cumming）與亨利（William Henry）（1961）所提出，其主張為老年人隨著年紀的增長，一方面因應自己身心的變化，另一方面為了符合社會的期望而自動從社會退出的傾向，此為雙向的需求（蔡文輝，2005），老年人已完成生命中的責任，其社會角色與價值體系已不再為社會所需，所以社會期望老年人從社會中撤離，讓出其角色給新一代的接班人，而老年人也認為自己已完成該盡的義務，應可自社會各種角色的束縛中撤離，擁有更多的時間來回顧一生，達到自我統整的整合。

　　然而，此理論受到諸多批評，包含撤離論並不適用於每一位老人（Nimrod and Adoni, 2006），有些老人退出的程度較大，有些則較小；有些學者認為撤離論是以社會角度來檢視老人的功能性（functional），並非以老人個體的角度來詮釋其老化（李宗派，2004）。此外，現代社會中，有許多老人仍活躍在政治舞臺、社會角色或其專業領域上。

二、活躍理論（activity theory）

　　活躍理論主張能夠持續維持社會活動的老年人較有可能獲得正向的自我概念、社會整合與生活滿意度，並達到成功老化（Havighurst, 1968）。在老年人與休閒活動的研究中，許多都以活躍理論來詮釋（Burnett-Wolle and God-bey, 2007; John, 1996; Reitzes, Mutran, and Verrill, 1995; Zaranek and Chapleski, 2005），其原因在於相信大多數的老年人能保有一定程度的活動能力，而主張隨著休閒參與及休閒涉入程度的提升，將使老年人更積極的參與社會活動，肯定自我存在的價值，並提高生活滿意度。

三、延續理論（continuity theory）

　　延續論由老年學者Atchley（Atchley, 1971, 1989）所提出，延續論主張大部分老年人會延續以往的思考方式、生活安排、經驗與行為模式及人際網絡來適應老化，其理論適用於一般非失能或特殊狀況的老人，強調老人傾向以一貫的行為模式，來適應新的生命歷程。延續包含內在延續（internal continuity）與外在延續（external continuity）兩個層面：內在延續包含脾氣、體驗、情感、喜好、信念、態度價值觀、與人生觀等心智層面的面向；而外在延續則指老年人會選擇習慣的環境、從事長久發展的興趣喜好或與熟悉的人群來往（陳肇男，2003）。

　　在老年人與休閒活動的研究中，許多研究也以延續理論來詮釋其中關係（Mannell and Kleiber, 1997）。其主要假設有三方面：內在心理狀態的穩定、外在社會行為的穩定、人們習慣用於協商改變的方法（Burnett-Wolle and Godbey, 2007）。然而，由於延續論比較適用於正常老化（normal aging）的老年人，而這些高齡者通常是有強烈的自主性與獨立性，延續論對於一些面臨疾病問題或較低社經地位的高齡者，在面對老化產生的影響與衝擊其解釋力較為薄弱。

　　Searle、Mactavish與Brayley（1993）分析1,209位16歲至65歲受訪者關於他

們的休閒參與型態，研究將休閒型態的轉變分為四種類型：持續型（無增加或減少任何休閒活動）、增加型（增加新的休閒活動）、替換型（停止以往參與的休閒活動，但替換新的活動參與）、終止型（終止以往長期參與的休閒活動）。研究結果發現，年紀愈增長，歸類為持續型的比率愈多。

四、選擇、最適化與補償理論（Selection, Optimization, and Compensation）

選擇、最適化與補償理論（selection, optimization, and compensation, SOC）源自於人類發展心理學領域（Baltes and Baltes, 1993），並被廣泛的應用在各個領域，包括經濟學、失能調適、社會關係與認知心理學等（Gignac, Cott, and Badley, 2002; Li, Lindenberger, Freund, and Baltes, 2001）。

SOC理論形容這是一個「人們在面對逐漸增加限制與有限的資源下所採取的策略，以達到目標的過程」（Baltes and Carstensen, 2008）。如其名稱所示，SOC包含三個部分，第一，選擇（selection），是指老化中因面臨逐漸喪失的資源，如體力與時間，因而必須重新對目標安排優先順序，選擇可達成的任務，並放棄一些無法達成的目標。第二為最適化（optimization），對所選定的目標，集中其內外在的資源運用，做最適合的組合與安排，使其達到最佳的利用，以達成目標。第三為補償（compensation）是一種為因應達到目標，而對於一些限制所做的調適與策略，如利用科技產品的輔助、尋求他人協助等。

近年來，研究老年人休閒與健康的學者也開始重視SOC理論在休閒領域的應用（Burnett-Wolle and Godbey, 2007; Godbey, Burnett-Wolle, and Chow, 2007）。加拿大學者Ryan等人（2003）研究高齡者如何因應視力退化，以從事閱讀活動而言，他們發現老年人會減少一些閱讀活動（selection），開始學習如何使用有聲書及相關的機械使用（optimization），並佐以燈光或放大鏡的輔助（compensation）等方式來調適閱讀的休閒興趣。

五、社會情緒選擇理論（Socioemotional Selectivity Theories）

社會情緒選擇理論預測生命週期中的社交網絡的大小與其組成（Carstensen, 1992），Carstensen（1992）認為雖然廣大的社交網絡常被認為是有利的，但隨著年歲的增長，老年人由於知覺剩餘的生命有限，將傾向縮小社交網絡，而此作法對有限的體力與資源的應用，反而對其健康與情緒的穩定更有利，老年人會減少認識新朋友或遠離其他關係較疏遠的人際互動，並把有限的時間與資源用在與自己最親密的家人或老朋友上。

以上各家理論對於老人休閒參與的解釋雖看似相互對立，然而卻又相互互補，適切地詮釋著老年人休閒參與的不同層面，李薇（2009）檢驗蔡文輝所提出的退休三階段論，認為撤離論、活躍論與持續論並非互斥，而是適用在解釋退休時期的不同老化階段。其研究結果證實，老化過程在不同的階段能以不同的理論觀點來解釋，老化的面貌並非單一，而是呈現多樣性的面貌。

第四節　老人休閒活動的參與類型與頻率

　　休閒參與係指參與某種特定活動的頻率或個人普遍所參與的休閒活動類型（Ragheb and Griffith, 1982）。休閒活動測量指標大多區分不同活動類型的參與，分類方式有很多種，有的以活動參與的數量及投入情況分類，有的以身體、心理及社會情境的範圍來區分，也有以活動發生的環境為分類基礎，而最常見的分類方法是以活動的型態為基準。

　　高迪理（1993）提出高齡者的休閒活動的種類和內涵相當多元，其休閒活動參與分類可以從下面幾個角度考慮：1.消費（從完全免費到高度消費）；2.地點（在自己家中到必須遠離住家）；3.參與程度（從僅為旁觀、觀望者到實際投入積極參與者）；4.人數（從獨自活動到團體活動）；5.體能耗費（從非體能運動性到需要大量體能性活動）；6.活動性質（如才智性、技術性、手藝性、社會性）；7.器材、道具、場地（沒有特別到需要特定，室內到室外）；8.家人的涉及程度（與家人共同參與或到非與家人參與）；9.活動型態（靜態到動態）等。

　　許多有關高齡者休閒活動的研究，其活動類型大都依照休閒活動的性質、型態和內容加以分類。在臺灣關於高齡者休閒參與的主要大型政府主持之調查，包括有內政部統計處的「老人狀況調查」（內政部，2010）、中央研究院所主持的「臺灣社會變遷基本調查計畫」中第五期第三次（中央研究院所，2007）調查增列休閒生活為調查項目，及國民健康局所主持的歷次「臺灣地區中老年身心社會生活狀況長期追蹤調查系列」（行政院衛生署國民健康局，2010）。

　　內政部統計處（內政部，2005）老人狀況調查摘要分析指出，老人日常生活中最主要的活動為：1.從事休閒娛樂活動（14.18％）；2.從事養生保健活動（12.12％）；3.照顧孫子女（10.55％）；4.與朋友聚會聊天（24.72％），由此可見，休閒幾乎成為老年人生活的全部。「臺灣社會變遷基本調查計畫」中第五期第三次（2007年），將休閒活動分類為：1.看電視、DVD、影帶；2.到電影院看電影；3.逛街購物（目的為娛樂消遣）；4.看書；5.參加藝文活動，如音樂會、戲劇表演、展覽；6.跟親戚聚會或家族聚會（指沒有一起同住的家人或親戚）；7.跟朋友聚會、玩牌或下棋；8.聽音樂；9.從事體能活動，如運動、上健身房、散步；10.到現場看體育比賽；11.做手工藝，如裁縫、工藝；使用電腦或上網。

　　而「臺灣地區中老年身心社會生活狀況長期追蹤調查」將中老年的休閒活動參與類型分為：1.看電視；2.聽收／錄音機；3.看報紙、雜誌、讀書或小說等；4.下棋或打牌（含麻將、四色牌）；5.與親戚、朋友或鄰居聊天，泡老人茶；6.種花、整理花園、園藝、盆栽（專指無收入的園藝或盆栽）；7.散步；8.慢跑、爬山、打球等個人戶外健身活動；9.參加團體運（活）動：如歌唱會、跳舞、太極拳、外丹功等早覺會或唱卡拉OK等團體活動；10.其他。黃世芳（2009）分析此資料庫，發現參與率最高的三個活動為看電視（92.6%）、散步（63.7%）和聊天、泡老人茶（61.0%），而這些活動的參與頻率幾乎都是每天參與；而參與最低的三個項目則為戶外健身活動（14.4%）、團體運（活）動（10.2%）、下棋或打牌（8.8%）。

　　在西方的研究方面，Strain, Grabusic, Searle and Dunn（2002）訪問加拿大380位高齡者在1985年和1993年參與的休閒活動變化。在1985年，參與率最高的前三項活動為看電視、閱讀和逛街，而看電影、觀賞運動比賽的參與率最低，在1993年參與率最高的前三項和最低的活動項目仍是相同。

　　總括而言，我們可以看出在歐美與臺灣，目前大多數老年人的休閒仍偏向靜態的活動，並以打發時間的方式為主要目的。

第五節　老人休閒參與的影響因素及休閒阻礙

　　前面談到休閒對高齡者生活與滿意度具有重要的影響，休閒參與也能為高齡者帶來生理、心理與社交上許多的效益。然而，高齡者休閒參與的頻率不高，休閒的類型也不夠多元。究竟有什麼因素影響著老年人的休閒參與呢？有許多影響老人休閒參與的因素，以一般人口社會學的因素而言，主要包括有性別、年齡、教育程度、婚姻狀況、經濟條件、健康狀況等。

　　以性別而言，大多數研究顯示，由於早期女性缺乏受教育的機會、受限於家庭責任的約束及無經濟自主的能力，所以相較於男性而言，較少有機會發展休閒活動等相關技能與機會。因此，多數高齡婦女的休閒活動多偏向靜態、居家型、消遣性的活動居多，甚至大部分的時間，仍局限在家事相關的活動中，如照顧子孫、拜訪親朋好友等（Zimmer and Lin, 1996；鄭政宗、賴昆宏，2007）。

　　以年齡來看，老年人隨著年齡愈增長，其休閒參與的場域範圍（Leisure Repertoire）將縮小，參與的程度也逐漸降低，休閒參與隨著年紀的增加而趨向撤離，主要可能是因為生理功能的衰退所導致。Iso-Ahola（1980）以生命歷程的觀點提出休閒場域範圍的概念，他提到人從出生時，對休閒毫無認識與準備，在孩童期與青少年期逐漸學習接觸各式各樣的休閒活動，培養對於休閒的認知、情誼與技能，在中年期達到休閒參與場域範圍的最大化，而隨著個人生理功能的衰退與社會資源的消逝，休閒參與的場域範圍將又隨著年紀增加而逐漸縮減。

　　另一個影響高齡者休閒參與的主要因素為教育程度，若高齡者的教育程度愈高，由於接受訊息的機會愈多，且在受教育的過程中較有機會去培養自我的休閒嗜好與相關知能與技能，因此休閒參與也就更活躍、更多元；研究分析也指出教育程度較低的老年人，其休閒的類型多為打發時間之消遣性休閒活動（陳畹蘭，1992；鄭政宗、賴昆宏，2007）。經濟狀況與教育程度有一定的相關性，此也反應在老年人休閒參與上，經濟狀況較優裕的老年人較經濟狀況差的老年人在休閒參與上較為多元。

　　婚姻狀況是影響老年人休閒參與的重要因素，研究指出，喪偶常常成為自長期休閒參與活動中撤離的因素。此外，老年人的健康狀況也左右著他們休閒參與的機會與程度，老年人健康狀況與休閒參與程度成正相關，愈健康的老年人休閒參與愈多；但究竟是愈健康的老年人，愈有機會參與休閒活動？或是休閒參與較多的人，身體愈健康？兩者的關係似乎雙方面相互影響著。

　　除了以上人口社會學變相的影響因子外，高齡者休閒參與的影響因子還包括自我效能（self-efficacy）、社會支持（social support）、動機（leisure motivation）、社會生態環境（socioal environment）等因素。

　　自我效能是指相信自己能完成目標的能力（Conn, 1998），同樣面對生活許多限制與挑戰的老年族群，具有高效能的老年人會對自己比較有信心，相信自己仍然可以完成目標，休閒參與也較高。社會支持是指老人從自己的家庭成員、親戚、朋友、鄰居，或正式照顧人員等得到的協助，包含情感上的支持、訊息的提供等。老年人得到的社會支持愈多，休閒參與愈高。

　　休閒參與動機是休閒參與的動力，前面談到雖然許多人都知道體能性休閒活動對健康的效益，然而，高齡者身體活動量卻明顯不足。根據一項分析臺灣與美國大型公共衛生調查的比較研究中發現（溫啓邦, et al., 2007），在美國65歲以上的高齡者，有33.8%的老年人沒有運動的習慣；而在臺灣，更有高達四成（41.3%）的老年人缺乏運動習慣。也有許多研究顯示，許多人參與了運動的一些相關課程或介入方案，但長期的效益卻有限，因為有一半以上的參與者會在六個月後放棄這些運動（Dishman, 1988; Thompson and Hoekenga, 1998; Willis and Campbell, 1992）。

　　為何會如此？因為大部分老年人從事運動或身體活動的動機是出自於害怕或擔心時，諸如害怕缺乏運動會導致骨質疏鬆、擔心不活動會腦筋遲鈍，當在這樣的動機下，高齡者所從事的身體活動以某種形式來說，是被動的、不得已的或是強迫的，一旦擔心、害怕的動機減弱，從事身體活動的可能性就會明顯的降低；相反的，我們也看到許多長者，把自身從事的身體活動當作生活中重要的休閒或生活重心，例如筆者常常看到許多晨泳會的長者，由於對游泳的熱愛，不論春夏秋冬，颱風下雨，都會去游泳，始終如一。所以，休閒性身體活動，出自於本身的選擇與喜愛的活動，相較起來，更能持續維持。

　　另一方面，以往對於高齡者休閒參與的探討，多局限在以個人行為的微觀角度來探討。近年來，尤其是體能性的休閒活動參與，則開始運用社會生態學模式（social ecological model）來檢視其休閒參與，這模式主張休閒參與的行為除了受到個人因素影響外，整體的環境（包含社會環境與物理環境，諸如公園遊憩設施服務的可近性、居家附近的步道、交通運輸、都市設計等因素）及政策的推廣，都會對高齡者的休閒參與造成影響（Sallis, 2005）。

　　以上，是以個別的人口背景因素與自我效能（self-efficacy）、社會支持（social support）、動機（leisure motivation）、社會生態環境（socioenviron-ment）因素來看老年人休閒參與的影響因素，在休閒專業領域中，我們因為某些因素的限制而無法以自己喜歡的方式從事休閒活動，稱為休閒阻礙；休閒阻礙可分為三種形式（Crawford, Jackson, and Godbey, 1991）：第一種為內在阻礙（intrapersonal constraints），是指一些因為個人心理因素所受到的阻礙，比如老年人因為怕自己能力不足或因傳統觀念束縛，擔心他人眼光等因素而有的心理內在層面阻礙因素。第二種為人際阻礙（interpersonal constraints），這類阻礙涉及與他人互動的因素，如老年人無法找到一同跳國際標準舞的伴侶而無法從事休閒活動。第三種為建構性阻礙（structural constraints），係指一些外在的環境或社會因素阻撓個體從事休閒活動的參與因子，例如老年人想從事游泳活動，附近卻沒有游泳池的設施，或沒有方便的交通運輸可以讓他去參與。而這三種阻礙呈現一種層級式的關係，當個人在休閒參與時，他首先必須要能先克服自己的內在阻礙，進而尋求人際阻礙中的人力資源，最後一步，則是化解外在的建構性阻礙。

第六節　未來老人休閒趨勢

　　全世界的老年人口正在快速的成長中，而隨著平均壽命的增加，我們可以預見一般人自工作崗位上退休後或放下養家育子的責任重擔後，仍有一段很長的生命歷程。休閒，是文化的一部分，甚至是生產文化的元素，未來的老人休閒將是怎樣的面貌呈現？

　　以往，老人總是被認為是一群具有高度同質性的群體。然而，今天的老人圖像與昨天的老人不同，隨著教育水準的提升與生命經驗更加豐富，相信明日的老年人也將以更多元的面貌呈現；同樣的，老年人的休閒方式也將更豐富而多元，常聽現在的長輩說道他們年輕時有「舞禁」的規定，相對於現在，許多舞蹈性的社團與活動活躍在社會的每個角落，許多老年人可以在年輕時就有機會自由去發展自我的興趣，不管是體能性、文藝性、知識性、服務性活動，未來的老年人休閒活動類型與範圍場域將更寬廣。

　　此外，隨著醫藥的進步與對健康的重視，未來老年人不僅是壽命延長，其健康餘命的時間也相對拉長，未來的老年人將更健康有活力去從事各樣的休閒活動，臺灣巨大捷安特領導人劉金標先生，以高齡75歲，完成騎自行車環島與從北京騎到上海，長達1,668公里的「京騎滬動」長征之旅。相信，未來的老年人可以完成許多現代老年人認為的「不可能的任務」。

　　休閒（Leisure）源自於拉丁文Licere，與英文的license（許可，發給執照，言論自由）同字首，意旨「被允許」（to be permitted），或是「自由」（to be free），而Licere與希臘語的Schole含意相同，與英文的學校（school）或學者（scholar）同字源，指的是一種終生學習的理念（Kelly, 1987；林東泰，1992），「活到老，學到老」已不再只是一個口號，而是一個事實。筆者在參觀許多長青學苑的活動中，看到許多老年人聚精會神地在學習許多課程，包括繪畫、語言、陶土……，看到他們認真的模樣，真的很敬佩。相信未來老年人將在他們的休閒中持續學習、思考，而且是一種理想上的自由狀態，以及具有啟發精神的積極意義，休閒更是讓老人自主選擇與學習發展的經驗與歷程。

第七節　提供高齡者休閒遊憩服務的建議

　　隨著老年人口的快速膨脹，提供休閒遊憩服務或文康服務的需求日增，可預期將成為未來政府部門與社會各個組織所需面對的重要任務之一。在此，提供五點建議參考：

一、正面的態度

　　以往對老年人的印象，總認為老化是負面、衰退的，但隨著老年人健康的增進，許多老年人是充滿活力且積極向上的，對於老年人服務的提供者，也應以更正向的觀點來看待所服務的族群。

二、充實內涵

　　老年生活的充實與否也正影響著其生活品質（Wearing, 1995），休閒不再只是單純的打發時間，休閒將成為高齡者生活的重心，如何充實休閒的內涵。Csikszentmihalyi（1997）提出活動設計的挑戰程度需與個人的技巧相當，則參與者可體驗到全神貫注、忘卻所有外在的時間與煩惱的流暢體驗（flow experience），若是挑戰難度高於參與者的技能，則參與者會感受到焦慮，反之，若挑戰程度低於參與者的技能，則參與者極可能感到無聊而興趣缺缺。

三、多元包容

誠如前面所述，未來的老人面貌將以更多元的形貌出現，服務的提供者當具有更大的包容性，不同年紀、性別、族群、教育背景、宗教信仰、文化背景、傳統、社經地位、語言的老年人，將有不同的休閒需求。

四、突破阻礙

影響老年人休閒參與的因素不是單純的個人因素，服務的提供者需考慮整體社會環境、物理環境的影響，並協助老年人了解分析有哪些內在、人際與建構的休閒阻礙，要完全免除這些阻礙因素並非容易，但更應指導的是如何給高齡者賦能（enpower），使其更有能力去協商（negotiate）並突破這些阻礙。

五、經驗傳承

不同的老年人所累積的生活智慧與經驗，將是服務提供者最大的資源，如何去善加利用這些活生生的歷史生命教材，整合過去與現在的經驗，讓老年人成為有意義的貢獻者，並同時讓他們感受到「被需要」。冀望，未來休閒的活動，使老年生活的生命，更豐富、更精彩、更有意義。

參考書目

一、英文部分

Atchley, R. (1971). "Retirement and leisure participation: Continuity or crisis?" *The gerontologist, 11*(1 Part 1), 13.

Atchley, R. "A continuity theory of normal aging." *The gerontologist, 29*(2), 183.

Baltes, M., and Carstensen, L. (2008). The process of successful ageing. *Ageing and Society, 16*(04), 397-422.

Baltes, P., and Baltes, M. (1993). "Psychological perspectives on successful aging: The model of selective optimization with compensation." *Successful aging: Perspectives from the behavioral sciences.*

Burnett-Wolle, S., and Godbey, G. (2007). "Refining research on older adults' leisure: Implications of selection, optimization, and compensation and socioemotional selectivity theories." *Journal of Leisure Research, 39*(3), 498.

Carstensen, L. (1992). Social and emotional patterns in adulthood: Support for socioemotional selectivity theory. *Psychology and aging, 7*(3), 331-338.

Conn, V. (1998). "Older adults and exercise: path analysis of self-efficacy related constructs." *Nursing Research, 47*(3), 180.

Crawford, D, Jackson, E, and Godbey, G. (1991). "A hierarchical model of leisure constraints." *Leisure Sciences, 13*(4), 309-320.

Csikszentmihalyi, M. (1997). *Finding flow: The psychology of engagement with everyday life.* New York, NY: Basic Books.

Cumming, E, and Henry, W. (1961). *Growing old, the process of disengagement.* New York, NY: Basic Books.

Driver, B. (1997). "The defining moment of benefits." *Parks and Recreation, 32*(12), 38-41.

Driver, B., Brown, P., and Peterson, G. (1991). *Benefits of leisure.* State College, PA: Venture Publishing.

Dumazedier, J. (1967). *Toward a society of leisure.* New York, NY: Free Press.

Fiatarone, M., Marks, E., Ryan, N., Meredith, C., Lipsitz, L., and Evans, W, (1990). "High-intensity strength training in nonagenarians: Effects on skeletal muscle." *The Jounal of the American Medical Association, 263*(22), 3029.

Fly, J., Reinhart, G., and Hamby, R. (1981). "Leisure activity and adjustment in retirement." *Sociological Spectrum, 1*(2).

Gignac, M., Cott, C., and Badley, E. (2002). "Adaptation to disability: applying selective optimization with compensation to the behaviors of older adults with osteoarthritis." *Psychology and Aging, 17*(3),

520-524.

Godbey, G. (2003). *Leisure in your life: An exploration* (6th ed.). State College: Venture Publishing.

Godbey, G., Burnett-Wolle, S., and Chow, H. (2007). "New ideas for promoting physical activity among middle age and older adults." *Journal of Physical Education, Recreation and Dance, 78*(7), 1-58.

Griffin, J., and McKenna, K. (1999). "Influences on leisure and life satisfaction of elderly people." *Physical and Occupational Therapy in Geriatrics, 15*(4), 1-16.

Havighurst, R. (1968). "Personality and patterns of aging." *The gerontologist, 8*(1 Part 2), 20.

Hemingway, J. (1999). 'Leisure, Social Capital, and Democratic Citizenship.' *Journal of Leisure Research, 31*(2), 150-151.

Iso-Ahola, S. (1980). *The social psychology of leisure and recreation*. Dubuque, IA: Wm. C. Brown Company Publishers.

Jackson, L., Dunne, J., Lanham, G., Heitkamp, K., and Dailey, S. (1993). 'Age-Appropriate Activities.' *Activities, Adaptation and Aging, 17*(4), 1-9.

John, C. (1996). Encouraging social interaction among depressed nursing home residents. *Activities, Adaptation and Aging, 21*(1), 49-53.

Kaufman, J. (1988). "Leisure and anxiety: A study of retirees." *Activities, Adaptation and Aging, 11*(1), 1-10.

Kelly, J., and Godbey, G. (1992). *The sociology of leisure*. State College, PA:Venture.

Kelly, J., and Steinkamp, M. (1987). "Later-life satisfaction: Does leisure contribute?" *Leisure Sciences, 9*(3), 189-199.

Li, K., Lindenberger, U., Freund, A., and Baltes, P. (2001). "Walking while memorizing: Age-related differences in compensatory behavior." *Psychological Science, 12*(3), 230.

Lilley, J., and Jackson, L. (1994). "The Value of Activities." *Activities, Adaptation and Aging, 18*(1), 49-64.

Mannell, R., and Kleiber, D. (1997). *A social psychology of leisure*: Venture Publishing Inc.

Morrow-Howell, N., Hinterlong, J., Rozario, P., and Tang, F. (2003). "Effects of volunteering on the well-being of older adults." *The Journals of Gerontology Series B: Psychological Sciences and Social Sciences, 58*(3), S137.

Nimrod, G., and Adoni, H. (2006). "Leisure-styles and life satisfaction among recent retirees in Israel." *Ageing and Society, 26*(04), 607-630.

Oman, D., Thoresen, C., and McMahon, K. (1999). "Volunteerism and mortality among the community-dwelling elderly." *Journal of Health Psychology, 4*(3), 301.

Pieper, J. (1948). *Leisure: The basis of culture* (G. Malsbary, Trans.). South Bend, IN: St. Augustine's Press.

Ragheb, M., and Griffith, C. (1982). "The contribution of leisure participation and leisure satisfaction to life satisfaction of older persons." *Journal of Leisure Research, 14*(4), 295-306.

Reitzes, D., Mutran, E., and Verrill, L. (1995). "Activities and self-esteem: Continuing the development of activity theory." *Research on Aging, 17*(3), 260.

Rowe, J., and Kahn, R. (1997). Successful aging. *The Gerontologist, 37*(4), 433.

Russell, R. (1990). "Recreation and quality of life in old age: A causal analysis." *Journal of Applied Gerontology, 9*(1), 77.

Ryan, E., Anas, A., Beamer, M., and Bajorek, S. (2003). "Coping with age-related vision loss in everyday reading activities." *Educational Gerontology, 29*(1), 37-54.

Sallis, J., and Linton, L. (2005). Leisure research, active lifestyles, and public health. *Leisure Sciences, 27*(5), 353-354.

Searle, M., Mactavish, J., and Brayley, R. (1993). "Integrating ceasing participation with other aspects of leisure behavior: A replication and extension." *Journal of Leisure Research, 25*(4).

Strain, L., Grabusic, C., Searle, M., and Dunn, N. (2002). "Continuing and Ceasing Leisure Activities in Later Life." *The Gerontologist, 42*(2), 217.

Unger, J., Johnson, C., and Marks, G. (1997). "Functional decline in the elderly: Evidence for direct and stress-buffering protective effects of social interactions and physical activity." *Annals of Behavioral Medicine, 19*(2), 152-160.

Van Willigen, M. (2000). "Differential benefits of volunteering across the life course." *The Journals of Gerontology: Series B: Psychological Sciences and Social Sciences, 55*(5), S308.

Wearing, B. (1995). "Leisure and resistance in an ageing society." *Leisure Studies, 14*(4), 263-279.

Zaranek, R., and Chapleski, E. (2005). "Casino gambling among urban elders: Just another social activity?" *The Journals of Gerontology Series B: Psychological Sciences and Social Sciences, 60*(2), S74.

Zimmer, Z., and Lin, H. (1996). "Leisure activity and well-being among the elderly in Taiwan: Testing hypotheses in an Asian setting." *Journal of Cross-Cultural Gerontology, 11*(2), 167-186.

二、中文部分

中央研究院所（2007），《臺灣社會變遷基本調查計畫第五期第三次》。
  http://www.ios.sinica.edu.tw/sc/

內政部（2005），《民國94年老人狀況調查結果摘要分析》。臺北：內政部統計處。

內政部（2010），《98年老人狀況調查報告》。臺北：內政部統計處。

行政院衛生署國民健康局（2010），《中老年身心社會生活狀況長期追蹤調查系列》。
  http://www.bhp.doh.gov.tw/bhpnet/portal/Them.aspx?No=200712270002

李宗派（2004），〈老化理論與老人保健（二）〉，《身心障礙研究》，*2*（2），77-94。

李薇（2009），《從老化理論的整合觀點看老年生活歷程的轉變：以休閒活動為例》。臺南：國立成功大學老年學研究所碩士論文。

高迪理（1993），〈老人的文康休閒活動〉，《社區發展季刊》64，84-86。

陳畹蘭（1992），《臺灣地區老人休閒活動參與影響因素之研究》。嘉義：國立中正大學社會福利研究所碩士論文，1992。

陳肇男（2003），〈臺灣老人休閒生活與生活品質〉，《人口學刊》26，96-136。

黃世芳（2009），《社會支持對臺灣高齡者參與休閒活動之影響》。臺南：國立成功大學老年學研究所碩士論文。

溫啓邦等（2007），〈從分析運動熱量談當前臺灣全民運動政策－比較臺灣與美國民眾的運動習慣、強度與頻率〉，《臺灣公共衛生雜誌》，26（5），386-399。

蔡文輝（2005），《社會學》。臺北：三民。

鄭政宗、賴昆宏（2007），〈臺中地區長青學苑老人之社會支持、孤獨感、休閒活動參與及生命意義之研究〉，《朝陽學報》12，217-254。

第十四章　老人福利

/林金立

第一節 老人福利的中心價值

　　人口高齡化的現象是普遍存在世界各地的。在可預見之未來，人口老化的現象將會持續不斷，而老人權益與福祉的保障，俱已形成一項國際社會所共同的議題（黃源協、蕭文高，2006）。

　　隨著人權的重視與文明的發展，老人福利的觀念，除了「老有所終」的照顧意涵，及「老吾老以及人之老」的同理心與博愛，更進一步延伸了高齡勞動力再運用、人生價值發揮的另一面向的層次。

　　以下說明聯合國老人綱領之主張，並從社會工作專業倫理價值中延伸，詮釋老人工作者的原則：

一、聯合國老人綱領

　　聯合國會員大會於1991年通過「聯合國老人綱領」（United Nations Principles for Older Persons），其主張包括（黃旐濤等，2007；OHCHR, 2006）：

(一) 獨立
1. 老人應有途徑能獲得食物、水、住屋、衣服、健康照顧、家庭及社區的支持、自助。
2. 老人應有工作的機會。
3. 老人在工作能力減退時，能夠參與決定退休的時間與步驟。
4. 老人應有途徑獲得適當的教育及訓練。
5. 老人應能居住在安全與適合的環境。
6. 老人應盡可能長久的居住在家中。

(二) 參與

1. 老人應能持續融合在社會中，參與相關福利的政策制定，並且與年輕世代分享知識與技能。
2. 老人應能尋找機會來服務社區與擔任適合自己興趣及能力之志工。
3. 老人應能組織老人的團體或行動。

(三) 照顧

1. 老人應能獲得符合社會文化價值、來自家庭及社區的照顧與保護。
2. 老人應有途徑獲得健康上的照顧，以維持身體、心理及情緒的水準，並預防疾病的發生。
3. 老人應有途徑獲得社會與法律的服務，以增強其自治、保護與照顧。
4. 老人應能夠在人性及尊嚴的環境中，適當利用機構提供的服務。
5. 老人在任何居住、照顧與治療的處所，應能享有人權和基本自由，包含了對老人尊嚴、信仰、需求、隱私及決定其照顧與生活品質權利的重視。

(四) 自我實現

1. 老人應能適當地追求充分發展的可能。
2. 老人應有途徑獲得教育、文化、宗教、娛樂的社會資源。

(五) 尊嚴

1. 老人能在尊嚴和安全感中生活，自由發展身心。
2. 老人應不拘年齡、性別、種族、失能與否等狀況，都能被公平的看待。

聯合國老人綱領主張老人應該要有像其他年齡層人口一樣的生活環境，能夠隨心所欲的過他們想過的日子，有權獲得照顧及其他必要服務，能夠繼續彰顯自己的價值與發揮能力，能夠有一個不歧視的環境尊嚴的過日子。

這樣的價值與社會工作倫理中的「充權」原則相同。

二、「充權」原則是老人福利工作的中心原則

　　「充權」係指相信並認可一個人在面對自己的需求與問題時，有能力與權力找到適切的資源及合宜的行動來解決自己的問題，進而掌握與改善生活。

　　「充權」是社會工作專業倫理中一個很重要的價值，由此原則而延伸的「賦權」工作方法，於不同領域的服務中各有應用。在老人福利領域中，不僅是在個案工作的應用，更在相關政策制定及服務方案中都可以看到價值的實踐。老人福利政策的「經濟安全」、「健康維護」內涵，重要措施中的「心理及社會適應」、「教育與休閒」措施，都是追求讓老人可以繼續「充權」的生活，而「長期照顧」的目標為讓失能者能夠繼續獨立自主的生活，也正是「充權」價值的實踐。

第二節　老人福利政策的發展

一、憲法有關老人福利政策

我國憲法第155條，對於「老弱殘廢」等狀況應予以扶助與救濟。增修條文第10條第8項，直接明示「國家應重視社會救助、福利服務、國民就業、社會保險及醫療保健等社會福利工作，對於社會救助和國民就業等救濟性支出應優先編列」。憲法條文明確指出國家應保障民眾之基本權益，對於「老弱殘廢」之扶助、救濟與相關福利政策，更是國家行政機關與立法機關的職責。

隨著高齡社會浪潮的襲來，我國政府積極推動相關政策立法與服務措施推動，無論是老人福利法的修訂、長期照顧十年計劃以及相關政策立法、友善老人方案等措施的推動，都是依循憲法的精神，希冀減輕人民的負擔，進一步促進社會的繼續發展。

二、社會福利政策綱領關於老人福利發展

(一) 1994年社會福利政策綱領

1994年政府為了呼應社會的需求，凝聚社會共識，引導公私部門朝向共同的方向努力，由內政部社會司擬定提出，有關老人福利政策主要為「加強老人安養方案」與「建構長期照護體系先導計畫」二案，其中尤以「加強老人安養方案」之影響尤為深遠。

「加強老人安養方案」於1998年5月推動第一期、2002年6月推動第二期，總計實施6年，特別的是第二期起，與行政院經濟建設委員會「照顧服務福利及產業發展方案」相互搭配，也引起了老人福利是否產業化的爭論。

加強老人安養方案含括老人福利各個面向之整體服務規劃，共有八大措施茲

敘述如下：

  1. 長期照顧與家庭支持。

  2. 保健與醫療照顧服務。

  3. 津貼與保險。

  4. 老人保護網絡體系。

  5. 無障礙生活環境與住宅。

  6. 社會參與。

  7. 專業人力培訓。

  8. 教育及宣導。

八大措施完整的敘述了我國因應高齡社會到來的各個政策發展面向，其中「3年設立2,000個社區關懷據點」、「設立300個居家服務支援中心」目標，及揭櫫之居家服務補助對象擴大至非中低收入失能民眾、各縣市設立輔具支援中心、各縣市開辦獨居老人緊急救援連線，完成「建構長期照護體系先導計畫」開辦等重要服務成果，可說是我國國家級社區照顧政策的濫觴。其他達成的重要成果還包括完成全國未立案老人安養護機構清查輔導、開辦「敬老福利生活津貼」、完成「照顧服務員技術士技能檢定制度」等。

(二) 2004年與2012年社會福利政策綱領修訂

隨著社會的變遷與需求的改變，社會福利政策綱領於2004年進行修訂，列出九大原則與五大重點，分述如下：

  1. 九大原則：

   (1) 人口福祉優先

   (2) 包容弱勢國民

   (3) 支持多元家庭

   (4) 建構健全制度

   (5) 投資積極福利

   (6) 中央與地方分工

(7) 公私夥伴關係

(8) 落實在地服務

(9) 整合服務資源

2. 五大重點內容：

(1) 社會保險與津貼

(2) 社會救助

(3) 福利服務

(4) 就業安全

(5) 社會住宅與社區營造

(6) 健康與醫療照護

　　2012年再度修訂，從2004年之基礎上，考量我國社會福利政策的歷史傳承與實施現況，援引多層次保障概念，以經濟安全為核心漸次擴大，區分社會救助與津貼、社會保險、福利服務、健康與醫療照護、就業安全、居住正義與社區營造等六大項目為2012年版本綱領之內涵。（行政院社家署，2014）

　　茲將2004年版本與2012年版對於老人福利內涵項目比較：

表14-1　2004年、2012年社會福利政策綱領關於老人福利之「內涵項目」比較

內涵項目	2004年版	2012年版	比較
社會保險與津貼	(1)社會保險之目的在於保障全體國民免於因年老、疾病、死亡、身心障礙、生育，以及保障受僱者免於因職業災害、失業、退休，而陷入個人及家庭的經濟危機，據此，其體系應涵蓋職業災害保險、健康保險、年金保險、就業保險等。 (2)參與勞動市場就業之國民的	(1)社會保險之目的在於保障全體國民免於因年老、疾病、死亡、身心障礙、生育，以及保障受僱者免於因職業災害、失業、退休，而陷入個人及家庭的經濟危機。據此，其體系應涵蓋職業災害保險、健康保險、年金保險、就業保險、長期照護保險等。	社會保險增加長期照護保險。

內涵項目	2004年版	2012年版	比較
社會保險與津貼	退休給付，應以年金化、年資可隨當事人移轉的社會保險原則爲優先來設計。 (3)國民年金制度之設計應足以保障國民因老年、身心障礙，及死亡等事故發生後之基本經濟安全，以及達到國民互助、社會連帶、世代間公平合理的所得重分配爲原則。	(2)社會保險之退休給付與老年給付，應以年金化、年資可隨個人移轉的原則來優先設計。	
社會救助與津貼	(1)國家應提供低所得家庭多元社會參與管道，豐富其社會資源。 (2)社會福利提供者應結合社會救助與福利服務體系，以滿足低所得家庭的多元需求。	(1)政府應提供低所得家庭多元社會參與管道，擴增其社會資源，避免社會排除。 (2)政府應結合民間資源提供補充性之社會救助或福利服務，讓無法納入救助體系的弱勢者得到適時協助。 (3)政府應結合金融機構推展微型貸款、微型保險、發展帳戶、逆向房貸、財產信託等方案，增進弱勢民眾資產累積或抵禦風險的能力。	(1)照顧對象從低所得者，延伸至弱勢者與一般國民。 (2)更強調與民間資源之連結，建構補充性社會救助與福利服務。 (3)推動以屋養老的逆向貸款措施。
福利服務	(1)國民因年齡、性別、身心狀況、種族、宗教、婚姻、性傾向等社會人口特質而有之健康、照顧、保護、教育、就業、社會參與、發展等需求，政府應結合家庭與民間力量，提供適當的服務，以促進其身心健全發展。 (2)各項健康與福利服務之提供應以容易接近、連續性、權責分明、費用負擔得起，以	(1)政府對於國民因年齡、性別、身心狀況、種族、宗教、婚姻、性傾向等社會人口特質而有之健康、照顧、保護、教育、就業、社會參與、發展等需求，應結合家庭與民間力量，提供適當的服務，以促進其身心健全發展。 (2)政府針對經濟弱勢之兒童、少年、身心障礙者、	(1)政府的責任法制化，更強調政府有照顧國民的的責任。 (2)更清楚的整合社會福利、衛生醫療、教育及相關資源，營造高齡友善環境，除了清楚的界定政府

內涵 項目	2004年版	2012年版	比較
福利 服務	及滿足全人需求為原則規劃之。 (3)政府應積極推動無障礙之社區居住及生活環境。 (4)政府與民間應積極維護老人尊嚴與自主，形塑友善老人的生活環境。 (5)以居家式服務和社區式服務作為照顧老人及身心障礙者的主要方式，再輔以機構式服務；當老人及身心障礙者居住於家內時，政府應結合民間部門支持其家庭照顧者，以維護其生活品質。	老人、婦女、原住民、婚姻移民家庭、單親家庭等應有適切協助，以提升生活品質。 (3)政府對各項健康與福利服務之提供應以可近性、連續性、權責分明、費用負擔得起，以及滿足全人需求為原則進行規劃。 (4)政府與民間應整合社會福利、衛生醫療、教育及相關資源，營造高齡友善環境，保障老人尊嚴自主與健康安全。 (5)政府應結合民間倡導活躍老化，鼓勵老人社會參與，提供教育學習機會，提升生活調適能力，豐富高齡生活內涵。並強化代間交流，倡導家庭價值，鼓勵世代傳承，營造悅齡親老與世代融合社會。 (6)政府照顧老人及身心障礙者應以居家式和社區式服務為主，機構式服務為輔。 (7)政府應結合民間資源提供家庭支持服務措施，提升家庭照顧能量及親職教育功能、減少家庭照顧及教養壓力，預防並解決家庭問題。	部門的責任外，也將高齡社會的觀念從「施予服務」的觀念變成「共享社會」的精神。 (3)開始活躍老化的觀念與作法。 (4)從關注家有失能者的家庭照顧者，擴散至一般有教養壓力的家庭。

內涵項目	2004年版	2012年版	比較
社會住宅與社區營造／居住正義與社區營造	(1)為保障國民人人有適居之住宅，政府對於低所得家庭、身心障礙者、獨居或與配偶同住之老人、受家庭暴力侵害之婦女及其子女、原住民、災民、遊民等家庭或個人，應提供適合居住之社會住宅，其方式包括以長期低利貸款協助購置自用住宅或自建住宅，或提供房屋津貼補助其向私人承租住宅，或以低於市價提供公共住宅租予居住，以滿足其居住需求。 (2)政府應補助低所得家庭維修住宅，以維持其所居住社區可接受之居住品質。	(1)政府為保障國民有適居之住宅，對於有居住需求之家庭或個人，應提供適宜之協助，其方式包含提供補貼住宅之貸款利息、租金或修繕費用。	(1)關注對象從「低所得家庭、身心障礙者、獨居或與配偶同住之老人、受家庭暴力侵害之婦女及其子女、原住民、災民、遊民等家庭或個人」，修正為「有居住需求之家庭或個人」，支持方式也略為修正。 (2)2012年版本對社會住宅的論述卻反不如2004年版本。
健康與醫療照護	(1)政府應以建設健康城鄉為己任，營造有利國民身心健康之生活環境。	(1)政府應致力促進及保護全民健康，積極推動弱勢國民健康照護與健康維護方案，以縮短國民間的健康差距，建立支持性的高齡友善環境。	2012年版本有更積極針對高齡社會的因應政策，也可以看出醫療衛生在高齡化趨勢中的責任認知與投入。

內涵 項目	2004年版	2012年版	比較
健康 與醫 療照 護	(2)政府應依據社區之醫療保健需求，整合社區醫療保健資源，全面提升醫療品質，發展優質、安全、可近性之全人的醫療照護體系。	(2)政府應加強衛政、社政、勞政、環保、教育、交通等行政部門的協調與合作，創造支持性社會環境，營造樂活社區、健康城市、健康學校，及健康職場，培養國人健康生活型態，加強國人健康狀況及影響因素之監測，並強化疾病的預防保健。 (3)政府應健全長期照護體制，充實長照服務人力與資源，強化服務輸送體系，增進服務品質，縮減城鄉差距，並積極推動相關立法工作。	

林金立整理　資料來源：2014、2012社會福利政策綱領

三、從老人福利法修法看老人福利政策之發展

　　臺灣從四十年代的農業社會，逐漸朝向工商業的發展，家庭勞動人口需求降低，醫療衛生的進步讓平均餘命逐年增加，再加上各項重大交通建設的陸續完成，加速了人口的移動，一直到近代結婚年齡延後、生育率的下降，隨著不同時代社會的變遷與特性，政府必須回應社會需求、制定政策，從老人福利制定修法的過程，就可以明顯看出臺灣社會變遷的過程。

　　從老人福利法制定與修法的歷程，可以看臺灣老人福利的發展，以下從法案中對於政府責任的規範，來說明我國老人福利發展的不同時期：

(一) 家族照顧與貧弱救濟期（1979年以前）

　　四十、五十年代的臺灣，因為平均餘命尚低，再加上家庭照顧力量仍強，當

時平均每個婦女生育率4-5人，三代同堂是常態，鄰里與親族力量都強，如果有老人照顧的需求，也都由親族與社區提供了，社會中的老人福利需求主要是針對貧困無依的老人，提供救濟與安置。

戰後社會安定後，政府設置了公立救濟院，收容安置無人奉養的低收入戶老人，另外為戰後老弱傷殘戰士的照顧，成立榮譽國民之家。社會中主要的民間福利服務提供，則是從日治時代就已存在，以收容照顧遊民、孤苦無依者的救濟院，他們主要由民間宗教、慈善人士成立，提供孤苦無依、乏人照顧的民眾收容服務，大多數是以年長者為主，可是當時對於老人的定義為70歲以上，所以對於年齡的限制也沒有清楚的規範，據同仁仁愛之家60週年刊物記載：當時這些救濟院被地方俗稱為「乞丐寮」，三餐通常還要自己料理，自行種菜、養雞鴨豬等，還會尋找一些手工的工作，讓這些被收容者有經濟收入。

隨著法令的制定的社會的發展需求，這些當初的「乞丐寮」，後來大多都發展為綜合性福利服務的財團法人仁愛之家，對臺灣老人福利的發展有非常重要的貢獻。

(二) 公益慈善與家庭責任期（1980年～1996年）

1. 公益慈善的價值

1980年老人福利法制訂通過，針對老人照顧服務的措施，僅有機構式服務，包括提供健康長者安老的安養機構，與提供有照顧需求老人服務的療養機構，而若要設立老人福利機構，則應辦理財團法人登記，完全公益、慈善，必須是非營利組織才能投入辦理老人福利服務工作。

此外，因為高齡者照顧的需求逐漸出現，政府開始有居家服務方案的試辦，但都僅限於「服務計畫」的層次，未及政策的層級。1983年高雄市辦理由志工投入居家老人服務計畫；臺北市亦於同年7月規劃實施，1986年時則改採由政府透過約聘雇方式，聘任全職在宅服務員提供服務；臺灣省也在1986年開始試辦；但當時居家服務大多以關懷與精神慰藉為主，若有照顧需求，還是必須由家庭負擔主要照顧責任（吳淑瓊，2004）。

2. 照顧是家庭的責任

這個時期老人照顧依然由家庭承擔完全責任，政府介入角色極少，社會中的服務選擇除了機構安置外，幾乎沒有其他具有法令規範的選擇，因此爲了因應國內逐漸出現的失能者長期照顧需求，行政院勞委會於1992年開放家庭聘雇外籍監護工，讓家庭中有身心障礙或失能照護需求者可以聘雇，此亦是由家庭負擔金錢與管理責任，來照顧親人。

3. 法令的不足

1980年制定的老人福利法，有關老人福利的措施和條文只具宣示性，無實質的福利提供，存在著下列幾項問題（黃旐濤、徐慶發，2007；行政院研考會，1994）：

(1) 目次不明，責任不清：未明定政府應負之責任，僅談及增進老人福利，而無實際政策措施。

(2) 老人定義年齡偏高：法條所稱老人爲年滿70歲以上之人，而當時公務人員規定退休年齡爲65歲，且平均餘命男性爲68歲、女性爲74歲，是以規定爲70歲，應爲國家財政考量，卻忽略實際的老人需求。

(3) 經費不足，無法展開工作：《老人福利法》雖規定各級政府應按年編列預算，並得動用社會福利基金，但各級政府編列老人福利預算因欠缺一定原則可循，難以爭取，而社會福利基金已作爲地方財政收入，用以支應地方財政已不足，難以再支持老人福利業務。

法令無法呼應社會開始出現的需求，除了上述問題外，在社會出現了未立案機構的狀況，更是嚴重影響老人的權益，當時的老人福利法規定要設立老福機構，必須捐贈出來設立爲「財團法人」才能合法辦理，而對未立案機構沒有罰則，在社會開始出現照顧需求的情況下，政府的政策與措施皆不合時宜，未立案機構如雨後春筍般的出現，根據老人福利推動聯盟保守估計高峰期時，全臺灣應該有超過一千家以上的未立案機構，依社會司統計資料，1999年6月18日最後期限要求所有機構立案登記時，當時所列管未立案機構數統計爲714家，其收容服務的人數約13,000餘人。

在這樣的背景與社會殷殷的期盼下，1992年行政部門始著手草擬修法，並於1997年5月31日完成三讀，通過老人福利法修訂。

(三) 積極責任與多元服務建構期（1996年～2007年）

1997修正通過之老人福利法，針對社會現況與未來發展，採取了更積極的觀念，規範政府籌募經費之職責，並明訂各項法定福利，開始了多元服務體系的建構，且突破以往只有非營利組織才能投入服務的框架，開放了小型私人機構的設定。

1. 政府職責：預算與人力

規定各級政府老人福利之經費來源包括：(1)按年專列之老人福利預算；(2)社會福利基金；(3)私人或團體捐贈。

該條文最大的意義在於政府有責任要按年專列老人福利預算，將政府的責任入法規範。

另為提升品質與強化管理，規範各級政府必須設立專責機構，並置具備資格（證照）之專業人員，且需定期舉辦專業訓練，提升政府與民間組織老人福利專業人員之素質。

2. 開始建構多元化服務體系，我國長期照顧服務之主要法源基礎。

在建構服務體系部分，條文中開始有了多元的服務模式，包括老人福利機構、居家照顧服務、加強老人保護措施、鼓勵三代同堂的住宅方案等，這些政策在後來2004年修訂的社會福利政策綱領也納入其中。

(1) 老人福利機構：規範各類老人福利機構。

① 長期照顧機構：以照顧罹患長期慢性疾病且需醫護服務之老人為目的。

② 養護機構：以照顧生活自理能力缺損且無技術性護理服務需求之老人為目的。

③ 安養機構：以安養自費老人或留養無扶養義務之親屬或扶養義務之親屬

無扶養能力之老人爲目的。

④ 文康機構：以舉辦老人休閒、康樂、文藝、技藝、進修及聯誼活動爲目的。

⑤ 服務機構：以提供老人日間照顧、臨時照顧、在宅服務、法律諮詢服務等綜合性服務爲目的。

(2) 提供居家照顧服務：明定政府應提供之法定福利項目，且透過社會福利考核作業，要求各地方政府落實預算之編列，帶動我國老人福利的大躍進。

① 居家護理。

② 電話問安。

③ 居家照顧。

④ 餐飲服務。

⑤ 家務服務。

⑥ 居家環境改善。

⑦ 友善訪視。

⑧ 其他相關之居家服務。

(3) 老人住宅方案：爲鼓勵三代同堂，開始推動社區居住之住宅方案，其中鼓勵民間興建老人住宅一項，開放可由公司法人來興建提供，突破了過往的限制。

① 政府興建國民住宅，提供與老人同住之三代同堂家庭，給予優先承租之權力。

② 專案興建適合老人安居之住宅，以出租方式提供老人承租，並採取綜合服務管理方式。

③ 鼓勵民間興建適合老人安居之住宅，專供老人租賃。

(4) 加強老人之保護

明定依法令或契約而有扶養義務者，對老人有遺棄、妨害自由、傷害、身心虐待，或留置無生活自理能力之老人獨處於易發生危險或傷害之環境等行爲之一者，處以罰鍰；並得依老人同意或依老人之申請，予以適當短期保護與安置，老人如欲對其直系血親尊親屬提出告訴時，主關機關應協助之，條文規範了直轄市、縣政府及老人福利機構之職權。

(5) 機構私人化：「開放小型私人」老人福利機構設立。

為解決未立案機構的問題，開放小型（49床以下）且不對外募捐、不接受補助或享受租稅減免者，得免辦財團法人登記。

老人福利領域中一直存在是否開放營利或堅持非營利的論辯，在法令開放小型機構設立時，自然引起很大的討論，最後政府採取了「形式轉進、原則堅持」的做法，在老人福利法中繼續堅持著非營利的規定，但對於小型私人機構，則是以「個人興辦社會福利事業」的概念存在與設立，所以小型機構既非營利組織，但也不是營利組織，他們無法設立公司法人，既然非公司，在法令上就不是營利組織了，可是卻存在著實質營利的事實！

當時的權宜之計隨著時間的發展，根據社會司2012年統計，小型機構目前已占臺灣老人福利機構數量的85%以上，法令的不周全也陸續造成管理上的困擾，這樣的現象在未來的修法中必須要被審慎思考與立法規範。

3. 2000年5月3日《老人福利法》部分條文修訂

為了讓服務數量愈來愈多的居家服務獲得更清楚的法源，並更進一步規範地方政府在相關老人福利工作上之權責，在2000年時微幅修訂了部分條文：

(1) 對身心受損的失能老人，地方政府應予協助使之得到持續性照顧，地方政府應提供或結合民間資源，提供居家護理、餐飲服務及其他相關之居家服務等項目。

(2) 規定有關機關、團體應鼓勵老人參與社會教育等活動，以充實老人精神生活。

(3) 對於老人被虐待、遺棄，疏於照料等情事，導致有生命、身體、危難，縣市主管機關及老人福利機構應予協助或安置，並依法追訴。

(四) 政府責任與多元發展期（2007年起）

1997年老人福利法第一次全面修正，歷經十年後，臺灣65歲以上老年人口已占總人口數10%以上，伴隨而來的老人相關需求成為政府施政之重要課題，因此在參照1991年「聯合國老人綱領」，以及審酌我國未來發展方向，於2007年1月12日經立法院三讀通過修正案，並於2007年1月31日公布施行（社會司，2012）。

1. 建構充權的高齡友善環境

此次修正通過之老人福利法以「達到促進老年尊嚴」、「獨立自主生活」為主要目的，且為因應未來高齡社會之整體面向與老人照顧服務之需求多元、複雜、不可分割性，納入了充權的觀念及相關預防措施，如為鼓勵高齡勞動力再運用，明訂雇主不得歧視老年員工；為確保高齡者安全，政府得代替老人聲請禁治產宣告；為更多元發展長期照顧體系，將居家式、社區式、機構式服務等更明確規範內容等，也更確認了老人福利法為我國長期照顧服務主要法源基礎的地位。

2. 長期照顧服務之法源更為確定

我國自1997年老福法修法後，1998年獨居老人議題浮現，1998年5月行政院核定「加強老人安養服務方案」，至2007年底方案辦理期程屆滿，這期間各項長期照顧實驗、試辦計畫陸續推動，如衛生署於1998年提出「老人長期照護三年計畫」、2002年「照顧服務福利及產業發展方案」等，但大多基於各部會權責業務需求自行推動，無長遠性財源，業務執行缺乏整合，造成照顧服務片段不連續，服務對象或有重疊或無法取得照顧措施，普及性不足，且各項服務推動之法源也仍有不足（長期照顧十年計劃，2007），因此2007年的修法將中央、地方政府及相關部會之權責明確規範，並且對於長期照顧服務各項服務內容也明確列出，呼應2007年行政院提出「我國長期照顧十年──大溫暖社會福利套案之旗艦計畫」的推動。

3. 政府責任清楚明訂入法

為了整合相關政策及部會業務，並因應高齡化的衝擊，提供老人多元連續服務、在地老化、全人照顧的願景，2007年老人福利法修法，通過老人福利法第

15條:「直轄市、縣（市）主管機關對有接受長期照顧服務必要之失能老人，應依老人與其家庭之經濟狀況及老人之失能程度提供經費補助。」

　　該條文讓臺灣對失能老人的照顧，由過去家庭負擔完全責任，走向由國家、社會、家庭一起分擔照顧的壓力。

第三節 老人福利政策內容

　　我國之老人福利政策三大內涵爲「經濟安全」、「健康維護」、「生活照顧」，另有三大措施「老人保護」、「心理與社會適應」、「教育與休閒」等（社會司，2012），茲分述如下：

一、我國老人福利政策與內容

(一) 各項老人福利措施

政策主軸	政策項目	政策內容	服務標準與現況
經濟安全		依老人福利法11條規定，老年經濟安全保障包括了生活津貼、特別照顧津貼、年金保險制度方式，年金係採取社會保險之方式提供，以下介紹社會福利法規關於老人之津貼與救助措施：	
	低收入戶老人生活補助	家庭總收入分配全家人口，平均每人每月低於最低生活費之家庭，戶內有未接受機構安置之低收入戶老人，發給低收入老人生活津貼。	每人每月最低生活費標準，2008年臺北市爲14,152元，高雄市爲10,991元
	中低收入老人生活津貼	針對65歲以上，生活困苦、無依或子女無力扶養之中低收入老人，且未接受政府公費收容安置者。	發放區分爲未達最低生活費1.5倍，跟達最低生活費1.5倍以上、未達2.5倍者兩類。
	中低收入老人特別照顧津貼	針對未使用長期照顧服務之居家中低收入失能老人，爲彌補家庭工作人口成員因照顧而喪失經濟來源，發給中低收入老人特別照顧津貼。	每月發給5,000元

政策主軸	政策項目	政策內容	服務標準與現況
健康維護		延長健康壽命是因應高齡社會趨勢的重要策略，而減少疾病的發生是健康維護的積極思維。	
	老人預防保健服務	主管機關應定期舉辦健康檢查及保健服務；全民健康保險也開辦理老人健康檢查。	
	中低收入老人醫療費服務	為避免貧困老人因為無力負擔健保費與醫療費用，而延誤就醫。	低收入戶老人就醫時之保險費、醫療費用，由政府予以補助，中低收入年滿70歲以上之保險費亦由政府全額補助。
	中低收入老人裝置假牙補助	為避免因為牙齒缺損造成營養攝取不足，以致影響健康，補助活動假牙。	針對有需求之低收入、中低收入戶居家老人，及全額公費安置之老人，提供假牙裝置補助。
	中低收入老人重病住院看護費補助	避免貧困老人因為無醫療照顧費用而延誤就醫。	針對於機構內、居家之低收入、中低收入老人，因病住院，政府編列經費給予不同額度補助。
生活照顧		我國老人生活照顧可區分為「居家照顧」、「社區照顧」、「機構照顧」等三大類，並依「全人照顧」、「在地老化」及「多元連續服務」三大原則規劃辦理。	
	居家照顧	老人福利法17條，為協助失能之居家老人得到所需之連續性照顧，以滿足老人就地老化之期望，並減輕家庭照顧的負擔，政府應自行辦理或結合民間資源辦理。	1.醫護服務。 2.復健服務。 3.身體照顧。 4.家務服務。 5.關懷訪視服務。 6.電話問安服務。 7.餐飲服務。 8.緊急救援服務。 9.住家環境改善服務。 10.其他相關居家服務。

政策主軸	政策項目	政策內容	服務標準與現況
生活照顧	社區照顧	老人福利法18條，為提高家庭照顧老人之意願及能力，提升老人在社區生活之自主性，政府應自行辦理或結合民間資源辦理。	1.保健服務。 2.醫護服務。 3.復健服務。 4.輔具服務。 5.心理諮商服務。 6.日間照顧服務。 7.餐飲服務。 8.家庭托顧服務。 9.教育服務。 10.法律服務。 11.交通服務。 12.退休準備服務。 13.休閒服務。 14.資訊提供及轉介服務。 15.其他相關社區式服務。
	機構服務	老人福利機構計有長期照顧機構、安養機構、及其他老人福利機構三類，其中以「長期照顧機構」為主要。 長期照顧機構以照顧生活功能缺損，需人照顧之老人，又分為下列三種類型： 1.長期照護型：罹患長期慢性病，且需要醫護服務。 2.養護型：生活自理能力缺損需他人照顧，或需鼻胃管、導尿管護理服務。 3.失智照顧型：失智症中度以上、具行動能力，且需受照顧。	老人福利法19條明確規範了老人福利機構應提供下列服務： 1.住宿服務。 2.醫護服務。 3.復健服務。 4.生活照顧服務。 5.膳食服務。 6.緊急送醫服務。 7.社交活動服務。 8.家屬教育服務。 9.日間照顧服務。 10.其他相關之機構式服務。 並特別指出機構式服務應以結合家庭及社區生活為原則。

政策主軸	政策項目	政策內容	服務標準與現況
生活照顧	其他支援性服務	針對家庭照顧者之協助	1.臨時或短期喘息照顧服務。 2.照顧者訓練及研習。 3.照顧者個人諮商及支援團體。 4.資訊提供及協助照顧者獲得服務。 5.其他有助於提升家庭照顧者能力及其生活品質之服務。
		設置輔具支援中心：為強化老人於社區生活之能力，並協助老人維持獨立生活之能力，各縣市設置輔具中心。	1.專業人員之評估及諮詢。 2.提供有關輔具之資訊。 3.協助老人取得生活輔具。
社會參與	老人社會參與的價值，除了休閒與豐富人生，另一個更大的價值是能夠因此延長健康壽命，透過下列三個措施提供老人教育與休閒服務：		
	鼓勵老人組織社會團體與參與休閒活動	1.鼓勵籌組各類退休聯誼社團，並補助辦理研習與休閒活動。 2.各類優待措施：老人搭乘國內交通工具、進入康樂場所及參觀文教設施，予以半價優待。	
	舉行老人休閒、體育活動	1.長青學苑：學習項目分為休閒性、學習性、社會性課程等。 2.休閒育樂活動：各縣市不定期舉辦敬老園遊會、長青運動會、槌球比賽、老人歌唱比賽等。	
	設置休閒活動設施	1.設老人福利福務（文康活動）中心：於各鄉鎮市區公所興設老人文康活動中心，作為各項老人活動、福利服務之場所。 2.行動式老人文康休閒巡迴服務：針對偏遠、資源缺乏、交通不便、幅員寬廣的地區，利用巡迴專車深入社區各地老人聚集之聚落地標，提供各項福利服務與照顧之諮詢。	

政策主軸	政策項目	政策內容	服務標準與現況
老人保護	我國老人福利法有「老人保護」專章，明定政府有責任對老人應有保護措施及積極之作為。		
	設置相關資訊及資源「單一窗口」	由地方政府設置「單一窗口」及老人保護專線，主動掌握相關資訊及資源，以落實老人保護、安養相關措施。	
	強化獨居老人之關懷服務	透過社區關懷據點，連結社區資源提供關懷訪視服務。	
	居家緊急通報系統	連結緊急醫療救護系統，提供緊急支援服務。	
	成立「失蹤老人協尋中心」。	結合警政、醫療、福利機構、戶政、鄉鎮鄰里等，建立協尋機制。	
	老人保護聯繫會報	為發揮老人保護功能，以各縣市為單位，結合警政、衛生、社政、民政及民間力量，建立老人保護體系，並定期召開老人保護聯繫會報。	
心理及社會適應	為協助老人適應生理與心理的變化，降低參與社會之主客觀障礙，並且確保其權益，辦理之相關措施包含：		
	敬老活動	長春楷模選拔、重陽敬老，以及各種尊老、敬老活動。	
	適應輔導	設置全國性之老朋友專線，補助民間單位辦理相關長青關懷專線、諮詢服務中心等。	
	鼓勵社會參與	推動「祥和計畫」，鼓勵長者籌組長青志願服務隊繼續參與社會。	

政策主軸	政策項目	政策內容	服務標準與現況
其他福利措施等方面	所得稅減免	為鼓勵子女與老人同住，所得稅法已有增加免稅額的規定。	
	優先承租國民住宅	國民住宅優先提供三代同堂家庭承租。	
	搭乘交通工具半價優惠	搭乘國內交通工具享有半價優惠。	

資料整理：林金立　資料來源：衛生福利部社家署網站，2014。

(二) 各項服務的現況

　　根據內政部統計資料，103年6月底，65歲以上人口數為2,748,989人，以下為各項福利服務之現況：

1. 獨居老人關懷服務

列冊需關懷之獨居老人人數				全年服務成果（人次）								獨居老人占65歲以上人口數（%）
合計	中（低）收入戶	榮民	一般老人	合計	電話問安	關懷訪視	居家服務	餐飲服務	陪同就醫	年底安裝緊急救援連線（人）	全年轉介服務（人次）	
47,752	11,823	2,360	32,569	3,243,151	568,537	543,724	761,196	1,355,312	14,382	4,783	1,232	1.73%

資料整理：林金立　資料來源：衛生福利部社家署　資料時間：103年6月

2. 老人福利機構服務

		長期照護型	養護型	失智型	安養	社區安養堂	老人公寓	小計
公立機構	機構數	0	5	0	10	6	0	21
	床位數	0	1,459	0	3,208	252	0	4,919
	入住數	0	952	57	2,096	27	0	3,132
公設民營	機構數	0	11	0	1	0	4	16
	床位數	0	2,200	0	49	0	434	2,683

		長期照護型	養護型	失智型	安養	社區安養堂	老人公寓	小計
公設民營	入住數	0	1,728	0	38	0	319	2,085
財團法人	機構數	7	85	1	14	0	0	107
	床位數	899	11,970	64	2,689	0	0	15,622
	入住數	577	8,446	57	1,845	0	0	10,925
小型私人	機構數	47	864	0	0	0	0	911
	床位數	1,573	34,124	0	0	0	0	35,697
	入住數	1,397	27,158	0	0	0	0	28,555

資料整理：林金立　資料來源：衛生福利部社家署　資料時間：103年6月

統計2014年6月老人福利機構總數為1,055間，總床位數為58,921床，入住人數為44,697人。

3. 居家及社區照顧服務

	服務單位數	服務個案人數	服務人次（次／日）	其他統計
居家服務	170	41,777	3,302,159	
失智日間照顧服務	16	294	29,415	
失能日間照顧服務	84	1,755	177,158	
家庭托顧服務	24	144	10,919	
餐食服務		6,496	911,426	
交通接送服務		23,197		134,589（服務趟次）

資料整理：林金立　資料來源：衛生福利部社家署　資料時間：103年6月

二、日本老人福利措施

日本與我國國情接近，兩國政府與民間之往來密切，近年來我國各界參訪日本高齡服務政策與做法愈來愈密切，了解日本老人福利措施，有助於我國老人服力的推動，以下列舉日本介護保險之外，日本之高齡保健與福利措施：

(一) 老人福利措施一覽表

	項目
高齡福祉措施	輕度需求者生活協助服務
	交通接送服務
	送餐到宅服務
	住宅改善協助補助
	家具傾倒預防改善補助
	居家緊急通報系統裝設服務
	家庭照顧者慰問補助
	照顧用品補助
	失智症者家庭支持性服務
	照顧預防事業
高齡健康促進與保健	高齡者健康檢查
	疾病疫苗預防接種
	健康教育與諮詢
	到宅指導居家健康知識
	地區性疾病預防與健康講座
	高齡健康促進服務

資料整理：林金立　參考資料：日本松戶市居家老人保健與福祉措施表，2013。

(二) 對健康促進的努力

　　日本在面臨超高齡社會的措施上，對長者的健康促進是很重要的策略，簡述如下：

　　1.照顧預防事業：日間服務中心型態。

　　(1) 運動機能回復教室：透過有氧運動、活動、運動器具的使用，幫助長者運動機能回復。

　　(2) 營養改善教室：針對營養失調不足的長者，給予個別化營養諮詢與指導服務。

(3) 口腔機能提升教室：指導口腔清潔、咀嚼、吞嚥機能的運動與體操等。

(4) 認知機能回復教室：透過趣味性的活動設計讓長者可以得到全身的運動，提升營養的改善及溝通刺激等，讓長者的腦部得到活化。

2. 健康教育與諮詢：健康的諮詢及戒菸協助。

3. 到宅指導居家健康知識：包括保健師、營養師、物理治療師及齒科衛生士的整合性服務，提供居家老人生活健康指導。

第四節　未來與展望

　　因高齡社會的趨勢伴隨而來的各項需求，是政府與社會各界關注的焦點，目前社會最關注的重點大多集中在「長期照顧」的推動上，政府也透過長期照顧十年計劃、訂定長期照顧服務法及長期照顧保險法等策略，來建立我國的照顧體系，但在平均餘命逐漸增加的情況下，社會負擔可預期的將更為沉重，必須要有更全面性的思維來面對未來。

　　世界先進國家這些年來積極推動的觀念，從「延長平均餘命」轉化到「延長健康壽命」，希望追求的不只是高齡，而是健康的高齡，依衛生署2008年統計，我國平均約72.3歲開始需要被照顧，以平均餘命80歲計算，每人平均約有7年多的時間是需要被照顧的，如果我們能將需要被照顧的時間往後延，那無論是對個人、家庭，以致於國家，都是很大的效益，這就是延長健康壽命的概念。

　　那要怎麼樣才能延長健康壽命呢？相關研究指出，社會參與力愈高的老人，使用醫療的次數愈低，需要被照顧的時間也較晚，因此我們要致力的除了是將長期照顧體系建構好之外，另一個不能忽視的重點是，要建構一個讓長者可以自由參與社會的環境，他們能夠隨心所欲的過他們想要過的生活，沒有歧視、沒有障礙，他們的能力與價值能夠繼續發揮，這樣的社會不只是老人的天堂，更是全民的天堂。

　　在高齡社會即將到來之際，我們必須體認老人福利絕不只是救助與照顧，而是建構與發展，將老人視作資產，用更積極的思維來推動各項社會建設、公共建設、交通建設，這才是更全面的老人福利。

第十五章　老人的社會參與

/陳麗光

第一節　前言

　　經濟結構的改變、科技的進步，與教育的普及等，使老人不再如過去扮演經驗與知識傳承者的角色，家庭與社會對老人人力資源的需求相形降低，再加上多代共居形式的減少亦造成世代間的疏離，老人在此大環境的背景下，更有必要積極參與社會，以促進晚年生活的正向適應與發展。面對高齡化此一全球性現象，如何於延長壽命之餘，也延長生命的獨立自主與貢獻，使老人活得久、活得好，是個人、家庭、與社會共同的渴盼。「參與」為「聯合國老人綱領」（United Nations Principles for Older Persons）提出五種老人應有權利的一項（United Nations, 1991），此外，「參與」亦分別被納入最常被引用的「成功老化」（Rowe & Kahn, 1997）與「活躍老化」的定義（WHO, 2002），為使老化成為正向經驗的必須元素，顯見社會參與對老年生活的重要性。

　　社會參與涵蓋之層面甚廣，依抽象概念可將老人的社會參與分為集體的（collective）、生產的（productive），及政治的三種形式，此三種依序堆疊如金字塔般，最下層為集體的參與（包括參與一般地方性社團，如老人會）、中層為生產的參與（主要為提供服務與物質支援，如參加社福團體）、最上層為政治參與；由下至上來看，參與所需的資源漸增、但參與的人數漸減（Bukov, Maas, & Lampert, 2002: 510-517）。若依具體參與活動內容區分，老人參與社會的管道非常多元，並無共識性的範疇。黃國彥、詹火生（1994）將老人的社會參與分成有酬的工作與無酬的志願服務兩種；曾中明（1993）則認為老人的社會參與可包含休閒活動、志願服務、進修研習、宗教活動、政治參與五類；而聯合國於訂定1999年為「世界老人年」時則指出：老人應有充分參與教育、文化、休閒及公民活動的機會；臺灣「老人福利法」第二十四條：「有關機關、團體應鼓勵老人參與社會、教育、宗教、學術等活動，以充實老人精神生活。」亦可見對老人參與應含括的範疇。

第二節 五種老人參與社會的管道

本章總和上述後，將依序介紹老人於志願服務、學習、宗教、工作與政治共五項社會參與管道，期促使相關知識的了解以及對老人提供服務與資源方向的參考。

一、老人與志願服務參與

在家庭、朋友、休閒、社區、宗教團體等老人重要的社會網絡（Arber, Perren, & Davidson, 2002: 77-93）中，志願服務為兼具多種功能且可促進上述社會網絡的重要社會參與活動之一。「聯合國老人綱領」第8條指出：老人應具尋找與發展服務社區的機會，並能擔任適合自己興趣及能力之志工工作（United Nations, 1991）。為響應此倡議並善用激增的老人人力，各國政府逐漸發展與鼓勵運用老人擔任志工的機會。本節將以老人與志工為主題，首先先定義志願服務並說明其多元本質，再分別介紹老人志工特徵與服務組織類型、老人參與志願服務的益處、動機與阻礙，及著名高齡志工方案，以呈現老人參與志願服務之現況與未來。

(一) 志願服務的定義與本質

志願性提供服務的行為早在有志工一詞之前便存在。根據我國「志願服務法」第一章第三條之定義：志願服務即「民眾出於自由意志，非基於個人義務或法律責任，秉誠心以知識、體能、勞力、經驗、技術、時間等貢獻社會，不以獲取報酬為目的，以提高公共事務效能及增進社會公益所為之各項輔助性服務」，而「對社會提出志願服務者」即簡稱志工，美國勞工局（U.S. Department of Labor, 2010）則將凡為組織無酬工作者定義為志工。除了為組織提供服務外，非正式的志願服務（Informal volunteering）：人們提供家庭（Donnelly & Hinter-long, 2010）、朋友、鄰居的非組織性協助（Dowling, 1997: 247），也是一種重要的志願服務類型，但一般而言，當我們說志願服務時，主要多指對組織提供的無償性服務。

　　不論對何種年齡層而言，志願服務皆具備多面向的本質，其可被視為是一種休閒（Fischer & Schaffer, 1993），也可是一個利益社會與個人的生產性活動（Choi, 2003: 179-196）。對許多老人而言，雖然無金錢上的收益，「志工」更可以是其於離開職場後，一份嶄新的工作與職稱（Warburton, Terry, Rosenman, & Shapiro, 2001: 586-605），而於助人的同時，志願服務往往提供並產生豐富的學習（陳麗光，2010：55-74）。不論是被視為休閒、學習、生產性活動，投入志願服務皆有助補償或取代老年期關係與角色的減少，除了為老人參與社會的重要管道外，亦為促進成功老化的重要策略（林麗惠，2006：1-36；陳麗光，2010：55-74）。

(二) 老人志工特徵與服務組織類型

　　參考美國2005年至2009年五次的調查數據（U.S. Department of Labor, 2010），相較於該國16歲上以民眾參與志願服務的比例（27%）及65歲以上老人的參與率（24%），臺灣民眾參與志願服務的比例普遍偏低，根據「老人狀況調查結果摘要分析」，65歲以上老人過去一年從未參與過志願服務者高達84.6%（衛福部，2014），且2011年全國調查顯示65歲以上老人參與志願服務的比例僅約占總參與志工人數的14%（衛福部，2012）。一般而言，有工作、教育程度與收入較高、有宗教信仰、自評健康、有較大社交網絡者，較傾向從事志願服務工作（Warburton, Terry, Rosenman, & Shapiro, 2001: 586-605; Choi, 2003: 179-196），而性別與婚姻狀況對參與志願服務與否的預測，尚無一致結論（Choi, 2003: 179-196）。許多調查與研究也發現：參與志願服務的累積時數與年齡相關（U.S. Department of Labor, 2010; Warburton, Terry, Rosenman, & Shapiro, 2001: 586-605），老人雖相較於主要參與志願服務的青壯年（約30-49歲）之比例低，但一旦參與，卻是最有承諾的一群，投入的每週時數多半較其他年齡層多。另外，原對擔任志工不感興趣者，退休後前兩年最容易興起興趣，原有擔任志工經驗者，退休後多半會繼續參與（Bradley, 1999: 45-50）。

而針對服務組織類型，不分年齡與性別，美國民眾最頻繁投入的志願服務組織，皆為宗教類及教育與青少年服務類，其中，65歲以上老人遠較其他年齡組別有更高比例的宗教組織服務參與（U.S. Department of Labor, 2010）。而臺灣的調查資料則顯示：年齡與性別皆會影響服務組織類別的選擇，針對50-64歲及65歲以上老人，其最常服務的組織類別皆依序為環保及社區類、社會福利類、醫療保健類、教育類，而65歲以上老人中有50.4%選擇在環保及社區類組織服務，比重明顯高於其他類型組織（內政部，2010）；主計處（2003）的調查亦指出：宗教與環保為老人最高投入時間的志願服務工作類別。

(三) 老人參與志願服務的益處

許多研究結果顯示：參與志願服務有助維持老人實際的健康與自覺的健康感，對心理健康與主觀幸福感亦有正向效益（林麗惠，2006：1-36；Wilson & Musick, 1999; Choi, 2003: 179-196），且有助減緩憂鬱（Li & Ferraro, 2005）。根據Wilson與Musick（1999），由於參與志願服務可引導老人發展更堅實有力的社會網絡，藉以緩衝壓力，且因服務而增強的自覺自我效能與自尊，皆可轉換或避免壓力的產生，進而減小疾病與致死的危機。

由於志工為社會認同的一種角色，透過志願服務的參與，老人可被視為社會資源而被善用，藉由參與其間，老人可找到一種運用時間的良好方式，創造每日生活的規律與結構，滿足與他人溝通互動與情感支持的需求，中和寂寞的負向影響，建構更完整的自我感與認同，並擴大生命經驗與可能性（林麗惠，2006：1-36；Bradley, 1999: 45-50）。此外，志工的利他特色也有助老人學習新技能與知識，並發展對晚年生活有益的智慧與態度（陳麗光，2010：55-74）。綜觀上述，助人過程中的對外接觸、互動及學習，使得擔任志工產生對老人直接或間接身心靈健康的促進效益。

(四) 老人參與志願服務的動機與阻礙

學者對人們從事志願服務的動機有多種說法，有的認為參與來自內在而非外在動力（Wilson & Musick, 1999: 141-168），有的則主張利己與利他的動機同時存在。另外也有學者提出參與服務的動機具多元性，隨個人特徵與生命階段或服務經驗而異（Clary & Snyder, 1999: 156-159）。不論是哪種說法，貢獻自我生命以涵育、照顧下一代（Generativity），為老年期重要的發展需求，亦為許多老人投入服務的重要動力。再者，宗教或文化的影響，譬如：《聖經》裡提到「施比受更有福」、佛教強調「佈施」的重要等，促成「擁有多的人應要幫助擁有少的人」的價值與行為標準，成為人們提供他們的時間、金錢、知識、技能等去服務他人的驅動力（Dowling, 1997）。

除上述動機外，其他研究也指出：單純為了助人、希望覺得自己是有用且有生產力的、實踐道德與社會責任，為三項老人從事志工服務的重要理由（Bradley, 1999: 45-50；Okun, Barr, & Herzog, 1998: 608-621），其中，後兩項為老人擔任志工頻率之重要預測因子（Okun, Barr, & Herzog, 1998: 608-621）。而為了學習自己有興趣的事物或分享拓展原有的知識與興趣（Bradley, 1999: 45-50），亦為常見的老人服務動機。此外，Clary與Snyder（1999）發展的志工功能量表（Volunteer Function Inventory, VFI），也可用以了解老人擔任志工的可能動機結構。

而針對阻礙因子，一般而言，阻礙高齡者從事志願服務的原因可分兩類：一是源自實際的發生、另一則源自老人預想的擔憂。前者包括健康與行動功能變不好、收入減少、因照顧家庭或工作太忙、交通不便等；後者則譬如擔心自己太老、擔心被分配的工作太無聊或太挑戰、怕被綁住或自己過度承諾、怕被視為理所當然。當阻礙因子出現時，從未擔任志工的老人則對參與怯步，而已擔任者便可能減少服務時數、甚或停止參與。

(五) 高齡志工方案介紹

為使讀者更具體了解老人參與志願服務的可能與方向，以下簡要介紹美國聯邦政府所屬的國家與社區服務組織（Corporation for National and Community Service）於美國境內長年執行的三個高齡志工方案：「寄養祖父母方案」（Foster Grandparent Program）、「高齡夥伴方案」（Senior Companion Program）、及「退休與高齡志工方案」（Retired and Senior Volunteer Program, RSVP）之特色與內容。此三項著名方案分別於1965、1968、1969年便開始實施，迄今仍受到全美民眾的肯定與歡迎。三者皆針對55歲以上老人進行招募與訓練，以提供社區不同族群之服務，前兩者每週需服務40小時，RSVP則由老人志工自行決定付出多少時間。

其中，「寄養祖父母方案」為一代間方案，雖名為寄養，但並無實際寄養的關係。該方案的目標在藉由老人豐富的經驗與知識，提供有特別需求的學童或年輕人課業輔導、行為榜樣、及如良師益友般的幫助、指引與支持。「高齡夥伴方案」則是善用老人人力資源，以提供社區中無法自行處理日常生活簡單事務的成人民眾所需之幫助，譬如：協助購物、協助與醫生溝通，或不時拜訪與問候，藉以使受幫助的民眾得以盡可能在自己家中生活，並減少健康照護上的鉅額開銷。「退休與高齡志工方案」則為全美最大的老人志工網絡，目前已有超過50萬名志工參與。該方案旨在提供老人彈性提供社區服務的機會，包括服務地點、時間皆由老人志工自行決定，而服務的內容可由老人自行選擇要以既有知識與技能來提供協助，抑或選擇發展新的能力來進行服務。

(六) 小結

志願服務為老人參與社會的重要管道之一，鼓勵老人從事志願服務工作，為對高齡者本身、其家庭，及整個社會皆有助益之多贏策略。志願服務兼具休閒、學習，及生產力的本質，使晚年期的生活得到新的目標與專注，於助人的同時，老人也得到多方面的收穫，包括再度建立人際網絡、提升自我概念及價值、轉換或避免負向感受等，對促進老人身心靈的健康有明確的功效。面對臺灣老人參與志願服務的偏低比例，相關單位應配合對老人參與動機與障礙的了解，並參考國外著名方案作法，以鼓勵更多老人投入。

二、老人與學習參與

　　面對不斷有新知識與新工具產生的時代，提供學習已成為各國因應高齡社會的重要對策。高齡教育自1962至1972這十年間興起並開始蓬勃發展（Jarvis, 2001），隨後，聯合國於1976年的會員大會中亦特別提及各國應為高齡者設計教育活動，臺灣亦於2006公布《邁向高齡社會老人教育政策白皮書》，明白宣示政府對老人學習的重視。迄今，「學習」已被認為是促進老人參與社會、使老人享有美好生活品質的重要活動，亦為使老人能順利與他人互動、與社會融合，並產生新機會的一項必要。不論是退休前的預備與規劃、退休後的生活調適與新嘗試，抑或是面臨衰退與疾病的教育介入，以及死亡的面對等，皆是老年期學習的主題。本節將依序針對為什麼老人需要學習、老人學習者的特徵與動機、老人參與學習的阻礙，及重要的老人學習方案，共四項作簡要介紹，以提供讀者連結老人與學習之基礎知識。

(一) 為什麼老人需要學習

　　學習對卸下工作與家庭繁重責任的高齡者而言，為一種繼續參與社會的方式，使老人得以於身體、心智、社會各方面保持自主性的方法之一。學習機會對老人可能扮演的角色包括：幫助高齡者獲得知識、能力、技巧（陳麗光，2010），提供心智刺激（Jenkins, 2011）與身體能力的再預備、生命力的修復與更新、促進在加倍複雜環境下的生存能力（Glendenning, 2001: 63-70）、促進人際與支持網絡的形成。Schuller（2004）則將學習可能帶來的好處分成人為資本（human capital，例如：得到技能）、社會資本（social capital，例如：牽涉其中的關係）、角色資本（identity capital，例如個人對自我及生命的觀點）。此外，學習也能促進活躍老化、減緩生理與認知功能的衰退（Leung, Chi, & Chiang, 2008）、增強老人的自我效能（Bunyan & Jordan, 2005）、提高老人的社會融合與幸福感（Hatch, Feinstein, Link, Wadsworth, & Richards, 2007），而上述諸多學習的好處都可能使參與老人更注重健康（陳毓璟，2010）。對社會而言，透過學習活動所學到的知識或技能可提供老人再就業的能力，使其得以繼續貢獻社會，保持有生產力的老化（productive aging）。

　　儘管上述研究已顯示豐富的證據支持學習活動的參與對老人的好處，然而，根據衛福部調查（2014），65歲以上老人之日常生活主要活動以「與朋友聚會聊天」、「從事休閒娛樂活動」及「養生保健活動」為主，僅3.6%表示「有參加研習或再進修活動」，與其他先進國家相比，我國老人參與學習的比例偏低（教育部，2006），此現象讓我們了解探討老人參與學習的動機與阻礙因素的重要性，底下將進一步說明之。

(二) 老人學習者的特徵與動機

　　目前多項針對西方老人的研究結果顯示：性別、婚姻狀態、先前教育程度、經濟能力、僱用狀況、過去學習經驗，皆與人們於老年期是否有熱情參與學習有關（Jung & Cervero, 2002: 305-320）。而一項針對中國退休者做的研究則發現：過去經驗、個性、社會支持程度、獨居與否、對學習的看法、自覺對學習的勝任與否（Leung, Chi, & Chiang, 2008: 1105-1121），亦為影響老人參與學習活動的特徵。

　　探討老人學習的可能動機將有助其學習的促進、引導或改變。老人對某項知識與其生活相關程度的看法，是影響老人學習動機的重要因素之一（Leung, Chi, & Chiang, 2008: 1105-1121），而「保持獨立」往往同時為老人學習的動機與結果（Neikrug et al., 1995）。此外，社交互動以及單純只為學習的好奇，亦為許多老人參與學習的原因，只是前者對美國老人而言具有重要性，但對歐洲老人而言，社交便較不像單純求知來得重要（Kim & Merriam, 2004: 441-455）。臺灣一項針對6000位55歲以上民眾所做的調查顯示：維持「身體的健康」為其最強烈的學習需求與動機（黃富順等，2008：94-96）。目前對老人學習動機的研究已很多，但卻多半僅針對身體功能無礙者或經濟無虞等特定族群，缺乏更多元的探討（Chen et al., 2008: 3-21），未來的老人服務提供者在運用對動機的了解促進老人學習時，仍須針對不同狀況的老人作個別的了解與調整。

(三) 老人參與學習的阻礙

　　動機與阻礙往往是一體的兩面，誠如上述發現：「維持健康」為老人重要的學習動機之一，生理機能與認知能力的衰退亦為重要的學習參與障礙（Purdie & Boulton-Lewis, 2003: 129-149）；此外，許多研究顯示：沒有學習伙伴或家庭不鼓勵（黃富順等，2008：94-96）、時間與費用的考量、學習機會的資訊取得、學習興趣等，皆是老人普遍的學習障礙因子（Kim, 2008: 709-735）。

　　其次，某些預期性因素亦會阻礙老人進行學習（Delahaye & Ehrich, 2008: 649-662），尤其是對學習本身預期性的焦慮感（Gelade et al., 2003），此種焦慮包括怕被同儕與教師拒絕（Crawford, 2004）、缺乏對學習能力的自信與過去負向學習經驗（Department of Education, Science and Training, 2003）、固執於某種觀點與知識而拒絕正確的學習內容（Spigner-Littles & Anderson, 1999: 203-209）等。老人學習的阻礙因子，與學習者的背景、經驗及學習的主題等皆有關係，且於學習開始前、學習進行中皆會發生。儘管文獻上已針對老人學習的動機與障礙有廣泛的探討，但研究者往往傾向將老人視為為同質性的一群（Chen et al., 2008: 3-21）。事實上，學習可依其主題、發生場域，與老人彼此間的異質性交互產生不同的學習需求、動機、障礙，在進行老人學習方案的規劃或推動前，應作更細緻的探求與釐清。

(四) 重要的老人學習方案

　　由於高齡教育的實施始於西方，故迄今歷史悠久且長續經營的著名老人學習方案多發生於歐美，臺灣因基於老人福利法，政府有義務提供老人參與學習之機會，故大多的學習方案與經費皆由政府發起、委辦，近年來也陸續參照國外著名方案，依國情略作修改後推動。以下介紹主要風行於歐洲國家的第三年齡大學及緣起於美國的老人寄宿學習，另亦描述我國進行中的樂齡學習各方案，以便讀者了解相關實施與特色。

1. 第三年齡大學（U3A, University of the Third Age）

　　U3A為國際級的高齡教育方案，世界許多國家都有U3A的設置，由於法國與英國分別於1972年與1982年創辦U3A，故目前各國的U3A方案作法，多半以此兩國爲基礎，再依各國國情或特定目標設計。法國特色之U3A以開放大學爲老人提供教育服務爲起點，盡可能與正規大學連結，故在經營管理、課程規劃、授課地點與師資等，皆由大學負責並提供資源，經費則由地方政府資助；而英國模式之U3A大多由學員本身義務發展課程、提供教學帶領與上課地點，經費亦由學員繳交之會費支持（李素端，2005）。近年來由於網路科技的風行，虛擬第三年齡大學（U3A Online）的成立，提供全球老人線上學習課程與資源，尤其可以貢獻因地理、身體、社會層面不便的老人之生活。臺灣的老人大學兼具英法U3A的特色，若與英國版相較，較傾向由地方政府負責成立與管理，但若與法國版相較，臺灣的老人大學雖也以學校師資授課爲主，但因一開始隸屬內政部，故大多傾向自行規劃運作其活動，並不與地方大學相連結。

2. 老人寄宿所（Elderhostel）

　　源自社會學家Marty Knowlton於歐洲見到青年旅館後的發想，於1975年在美國新英格蘭區域的五所大學院校內設置老人寄宿所，提供55歲以上老人離家住宿，以進行學習的各類主題方案，1977年成爲非營利組織，並自1981年開始國際方案的規劃。其以融合教育與旅行、學習與度假爲特色，爲美國最大且國際間參與人數最多的老人學習方案，全美各州及全球90個國家都有其組織，目前每年於美國境內提供將近8,000個學習方案，另亦隨趨勢所需開創代間方案、服務學習等新興項目（Elderhostel, 2010）。而臺灣爲開創老人多元學習管道，於2008年參考法國第三年齡大學及美國老人寄宿所之推動模式，結合國內13所大學校院，針對年滿60歲之健康老人辦理「老人短期寄宿學習計畫」，爲期五天的課程由大學師資規劃，以促進健康老化、融入大學教學活動、增進世代融合爲設計理念，同時也允許各承辦學校自行發揮課程規劃創意（教育部，2009）。

3. 樂齡學習中心與樂齡大學

　　政府爲落實《老人教育政策白皮書》（教育部，2006）之政策構想，在積極參考國外方案後，於2008年起廣設高齡學習管道。其中，整合鄉鎮市區老人學習資源與場地，自2008年到2013年，全國已規劃設置271個樂齡學習中心，提供日間課程予55歲以上民眾就近的學習機會，其中包含7個樂齡學習示範中心（黃碧端，2014）。相對於樂齡中心強調在地化的近便性學習規劃，教育部依據「人口政策白皮書」中「建構完整高齡教育系統」之施行重點（行政院，2008），推動老人寄宿所、樂齡學堂、樂齡大學三案，以提供老人進入大學環境的學習管道。其中，2008年推動「老人寄宿所」一年後，經調整住宿的必要性而於2009年改推出「樂齡學堂」，兩案皆為針對60歲以上老人辦理的短期課程，學歷不限（教育部，2010a）。教育部根據前述兩案修正後於2010年改推動「樂齡大學」，目前針對55歲以上老人設計課程，提供如一般大學學生一樣，於大學內進行上下學期各18週的學習（教育部，2010b），截至102學年度為止已有98所大學設置樂齡大學（教育部，2013），如此使老人於大學校園中與年輕學生共學並享有優質的師資的高齡學習管道，乃亞洲首創（黃碧端，2014）。

4. 小結

　　學習為老人參與社會的管道之一，老人健康的維持、促進及廣泛與社會融合，有賴「活到老，學到老」的理想實現。好的老人學習方案必須以了解老人生理、心理、社會三層面的需求，熟悉其學習之動機與阻礙因子為前提，並考量老人個別的獨特性、學習主題的特色等，方能提供促進學習之設計與系統，使老人得以於支持的環境下持續投入終身學習。目前臺灣老人參與學習的比例雖低，但在政府這幾年有計畫的積極創造在地化、多元性的學習機會之努力下，相信將有更多老人得以透過學習參與，達成其年少學習的夢想，進而使老年生活更為充實、更具成長。

三、老人與宗教參與

　　過去人們往往將宗教視爲迷信，晚近隨老人人口的激增，晚年期的宗教研究漸被重視。目前針對老人與宗教的文獻雖不少，但多爲在西方脈絡下針對西方老人的經驗，而臺灣許多長期進行的全國性調查計畫，也是最近幾年才開始於取樣中增加65歲以上的老人族群。本節以老人與宗教參與爲主題，首先描述宗教爲老年期重要的社會參與活動之證據，再依序介紹宗教對老人的功能、宗教因應策略類態與形塑因子，以提供讀者連結老人與宗教參與之基礎認識。

(一) 宗教爲老年期重要的社會參與活動

　　宗教是一將信念、實作、儀式與符號組織化，藉以促進人與神聖力量的接近並涵養其了解自我對他人的責任與關係之系統（Koenig, McCullough, & Larson, 2000）。人們對宗教的參與可能是組織性的（如參加教會禮拜、法會活動等），也可以是非組織性的（如祈禱、自己讀經等）。根據蓋洛普公司自2002到2006年針對18歲以上民眾做的電訪調查（Newport, 2006）與「美國宗教調查」（Pew Research Center, 2008a）兩份資料，65歲以上老年人認爲宗教對其生活非常重要者，皆占約七成，而18-29歲民眾僅不到五成認爲宗教非常重要。調查亦顯示：18-29歲與70歲以上老人未信仰宗教之比例分別爲25%與8%，相差三倍之多（Pew Research Center, 2008b），且隨著年齡增加，人們表示祈禱頻率增加的比例亦增高（Levin & Taylor, 1997: 75-88, Newport, 2000）。由上述可知，對美國老人而言，自覺宗教重要的程度及參與宗教活動的情況，皆會隨年齡增長而增高。

　　臺灣民眾的信仰雖以佛、道教與民間信仰爲主（章英華、傅仰止，2005），但宗教對於老人生活的重要性亦與上述發生在美國的狀況類似。根據主計處「社會發展趨勢調查」（2003）中的「社會參與」部分，宗教類爲65歲以上有參加社團的老人投入時間最多之社團類型，同樣的，有參與志願服務的老人之服務項目亦以宗教類的比例最高。「老人狀況調查報告」（衛福部，

2014）也顯示：不論是50-64歲或是64歲以上的國民，凡有固定參加社會活動者，其所參與活動的前兩項皆包括宗教活動。而中研院執行的「臺灣地區社會變遷基本調查」也指出：不論宗教信仰狀況為何，84.8%的民眾表示有在拜神、拜祖先，且連續三年的調查結果皆顯示：有一半以上的受測者表示相信「宇宙有一個至高無上的神」（章英華、傅仰止，2005），顯見宗教信仰活動為臺灣民眾一項不可或缺的日常生活安排。

　　綜合以上美國與臺灣的調查結果，我們可以清楚看見：宗教的確為老年期重要的社會參與管道。然而，為什麼宗教對老年期這個階段特別重要呢？在了解老人對宗教重要性的看法與參與狀況後，為更清楚宗教對老人的影響，以下將進一步介紹宗教的功能。

(二) 宗教的功能

　　面對隨老化而生的諸多生理或社會層面的改變，老人往往易有自我感產生與維繫的困難，再加上「病」與「死」的相對接近，如何維持或轉化自我價值感與認同感，成為老年期一項重要的工作。此時，除了仰賴過去累積的經驗與智慧外，宗教往往成為老人正向適應的資源，藉由信仰，老人可建立一個意義系統，並藉以與神聖強大的力量相聯繫，進而使個人的價值感得以穩定、重建，甚至是增強。是以，過去不篤信或與宗教無關者，於此階段中容易重新接觸宗教。

　　儘管宗教也可能帶來負向、病態的效應，但1980年代末期的許多文獻回顧皆提出一致性的結論：不論性別、年齡、種族、教派，宗教參與程度高者有較好的健康狀況（Ellison & Levin, 1998: 700-720），不論是參與組織性或非組織性的宗教活動，老人自我健康評估皆較未參與者高（Krause, Ingersoll-Dayton, & Liang, 1999: 405-421; Yeager, 2006: 2228-2241）。此外，參與宗教活動時間增加除與身體失能及憂慮症狀的降低有關外（Idler, 1987），亦可提高生活滿意、自尊、樂觀的程度（Krause, 2003: S160-S170），並促進老人提供他人情感上的支持（Krause, Ingersoll- Dayton, & Liang, 1999: 405-421）。

　　針對生病老人，研究者也發現：有尋求神職人員或教友支持或提供他人靈性支持者，其面臨疾病的沮喪程度較低（Koenig et al., 1998: 213-24），不少研究亦支持宗教與減緩對死亡的恐懼（Wink, 2006: 93-110）及降低死亡率有關（Yeager, 2006: 2228-2241）。即便對於生命末期的老年病人，參與宗教頻率越高，或是自覺虔誠度越高者，其心理及社會範疇的生活品質皆較高，亦即老人出現的憂鬱症狀會較少、情感較為正向、與親朋好友的社交網絡會較廣泛（Idler, McLaughlin, & Kasl, 2009: 528-537）、對死亡接受度較高且較不感焦慮與恐懼、對於人生仍感到有希望。身處此特殊階段的老人而言，宗教的確有助其主觀安適感的提升（Ardelt & Koenig, 2007: 61-79）。

　　除上述實證研究支持宗教可促進老人的身心健康與安適外，以下幾項宗教對老年期的可能貢獻，亦有助我們在宗教與老人健康安適兩者間做更直接且清楚的連結（Emery & Pargament, 2004: 3-27）：

　　1.宗教可做為個人穩定性的資源──當一個人的外表、體力、資源因年老而改變時，身為某教教徒的身分仍舊不變，此使老人在面對快速改變中仍能維持一種繼續感（sense of continuity），有助自我定義。

　　2.宗教可做為親密與歸屬感的來源──由於老年期的社會網絡面臨轉變，宗教集會可適時提供老人建立多元友誼的社會網絡，同時也使老人有機會與相似宗教價值者相遇，增加建立親密關係的機會。

　　3.宗教可提供靈性的支持──大部分的信仰強調人從出生到死亡皆有神常相伴看顧，是以，處於較少人際互動，極易產生社會孤立感的老年期中，即便當一個人面臨危急、絕望，神都是相對而言較可能被接近的支持資源。

　　4.宗教可確認個人與生命的重要性──儘管面臨身體、心理、社會等層面的改變或喪失，當面對許多難以理解的過渡時期，宗教提供個人一個較大的意義架構，以及一種仁慈的、有希望的眼光來看待過去、現在與未來。

　　5.宗教可提供力量感與掌握感──老人難免感覺自己的力量在衰退，此時，透過和神的關係，老人可以經驗到比較大的自我效能與控制感，而透過參與宗教聚會，亦可使老人因經驗、智慧、才能的增加而感覺增能（empower）。

上述各功能間的共同性可被視為是Erikson（1986）提出的第八階段發展任務——「自我的整合」的一種反映，而這些功能亦支持Erikson（1997）後來於新增的第九個發展階段中引進宗教，強調可藉宗教促進老年期超越老化任務（gero-transcendence）達成的必要性。此外，宗教亦有再構（religious reframing）的功能，實證研究發現：篤信宗教者較可能以比較慈悲的觀點去重新建構事件的意義，譬如：認為負向經驗是神的計畫或禮物，因而會較少感受到被威脅，同時較能將遭遇的壓力視為是一種成長的機會（Pargament et al., 1990）。而宗教的轉化性功能（religious transformation）亦有助於老人面臨無助、憎恨等負向情緒時，可藉強調寬恕的宗教力量將其轉化成對他人的憐憫與關愛等正向情感（Emery & Pargament, 2004: 3-27）。儘管如上描述，研究結果多顯示宗教對老人有益，但部分研究亦出現相反的結果（Pressman, et al., 1992: 98-109），推究可能造成的因素後發現：當探討宗教對老人的影響時，除必須留意性別、種族、文化、不同教義的影響，以及篤信與否所造成的差異外（Krause, 2003: S160-S170; Krause, Ingersoll-Dayton, & Liang, 1999: 405-421; Newport, 2006），老人對於信仰抱持內在或外在傾向之動機，更為影響宗教功能的重要因素（Ardelt & Koenig, 2007: 61-79）。了解宗教對老人可能的功能後，底下將介紹運用宗教於生活的幾種類別與決定如何運用的形塑因子。

(三) 宗教因應策略類型與形塑因子

宗教經常被視為人們遇到狀況後被動處理或否認事實的原因，直到近十幾年來，才開始有大量研究關注宗教性因應（religious coping）的探討，並將其與人們的健康與安適做連結（Emery & Pargament, 2004: 3-27）。所謂因應（coping），即當事人面臨生活中重要狀況時試圖去了解與處理的努力（Emery & Pargament, 2004: 3-27）。Pargament與其同事（1998）依據當事人主動因應的程度，將宗教性因應分成三類：(1)推遲性的宗教因應（deferring religious coping）——當事人處於較被動角色，並將解決問題的責任推予神；(2)自我導向性的宗教因應（self-directed religious coping）——當事人扮演較主動的角色，神則被視爲是提供問題解決的資源；(3)合作性的宗教因應（collaborative religious coping）——當事人將神視爲是一起努力解決問題的伙伴，彼此共同分擔解決問題之責任。

三種方式中以合作性宗教因應形式最爲普遍，由於邁入老年期後社會網絡的改變，老人也面對著身邊許多熟識或親近的親朋好友離世的狀況，因此，要找到他們愛或信任的人來一起努力解決問題的困難度增高，與上帝或神互爲伙伴的關係更顯重要。當老人採取合作性的宗教因應方式時，除了可得到成就感外，他們還可以再次得到在老年期逐漸消失中的一種自我效能的控制機會。

選擇採用哪種宗教因應策略會較有所幫助，端看當時的情境。形塑人們採取哪類宗教因應措施的因素有三，包括：(1)社會因子（如國家或宗教組織的文化）；(2)情境因子（Situational factors），亦即壓力的類型與數量、遭遇壓力事件的時間長度；(3)個人因子，亦即人口學上的特徵、個性、篤信的程度等。除上述三種因素外，內、外在宗教動機傾向者分別較易採行合作性與推遲性的宗教因應策略（Pargament et al., 1988: 90-104），且宗教因應的正負向影響與有效性，對較虔誠者的預測性較高。雖然某些宗教因應策略會導致較不好的結果，但大多數的老人皆表示他們的確運用宗教來面對晚年生活眾多的挑戰，且在宗教裡找到力量與慰藉（Emery & Pargament, 2004: 3-27）。

(四) 小結

宗教活動是民眾不可或缺的日常生活安排，更是老年期重要的社會參與管道，其對老人所提供的支持、慰藉與引導力量無庸置疑。當評估宗教的功能時，必須留意性別、種族、文化、篤信程度，及宗教動機的影響。面對老年期的改變、喪失，以及死亡的接近，生命充滿焦慮與不確定感，而宗教的各種功能與因應策略，有助促進老人積極面對自我整合與超越老化的發展任務，以繼續開展其生命智慧，達到身心靈的安頓。

四、老人與工作參與

　　「工作」經常是人們投注一天中大部分時間的焦點，也是主要的自我定位來源，透過工作，人們得到經濟所需，藉以參與社會並維持人際互動網絡。是以，「退休」或離開職場往往引發許多老年期的巨大改變。然而，是否繼續工作除了牽涉到老人個別的需求與考量外，此議題亦牽涉雇主與政府。本章以老人與工作為主題，依臺灣「就業服務法」之規定，將45-65歲者界定為中高齡者，並以勞動基準法之強制退休年齡之規定，將65歲以上者定義為高齡者，依序藉高齡就業的國際倡議與退休政策，老人繼續工作的原因，老人參與工作的社會意義、問題、因應，共三部分來進行簡要介紹。

(一) 高齡就業的國際倡議與退休政策

　　國際間對中高齡與高齡者的工作權益議題的留意始於1930年代，當時國際勞工組織（International Labour Organization, ILO）即要求各會員國必須提供失能、老人及其遺屬保險（行政院勞委會，2008）；而聯合國亦於1948年的「世界人權宣言」及當年在巴黎舉行的大會中提交老人宣言（Declaration of Old Age Rights）的草案內容，開始有老人人權的構想與研議，最後於1990年正式提出的老人宣言中，便包含多項老人就業的提案，譬如：彈性退休年齡的概念、創造支持老人就業的環境與機會等。而於第二次老人問題世界大會報告書中（United Nations, 2002），更明確的針對老人人力資源議題提出多項目標，包括：為所有想工作的老人提供就業機會；促使公眾意識到老年人的權威、智慧、生產力與其他重要貢獻等。由上述脈絡可見國際間持續對於老人透過就業以維持人權與貢獻之倡議。

　　為回應上述倡議，許多國際組織紛紛提出因應高齡者勞動參與的策略，例如經濟合作發展組織（Organization of Economic Cooperation and Development, OECD）於2005年的會議中，便提出政府、雇主及個人對高齡就業議題應有的努力，包括：政府應投入資源，協助中高齡退休者再就業，並調整強制退休的年齡限制；雇主必須避免年齡歧視，發展各年齡勞動結構；個人則需要調適自我工作態度，繼續學習以延長工作年齡（行政院勞委會，2008）。再者，各國亦紛紛制訂高齡勞動的相關法令，其中，延後退休為具體被落實的政策，一來是希望促進中高齡勞工持續就業以彌補人口老化可能造成的勞動力不足，二來是希望由政府的角度保障高齡者的就業權益並促進其生活品質。

　　根據經濟發展程度及人口結構的不同，各國對退休年齡亦有不同的規定，在OECD 34個會員國中，其2012年規定年齡顯示：冰島和挪威的退休年齡最高，男女都是67歲；土耳其女性58歲退休最低。其中，規定男女相同退休年齡的國家占多數（OECD, 2012）。總體而言，發展中國家的法定退休年齡低於已發展國家，這也反映了預期壽命的差別。儘管多數人認為個人的選擇或能力應當是確定退休年齡的第一標準，且年齡越大的人越傾向這種觀點（HSBC, 2005），但許多國家都已試圖藉由延長退休年齡來減輕因人口老化所帶來的各種壓力。譬如：英國根據其《退休體系改革白皮書》，將退休年齡從現在的男65歲、女60歲，逐步提高至2044年男女都68歲（Department of Work and Pension, 2006）；美國則根據1983年社會保障法案（Social Security Act）之修正案規定，從當年至2017年，逐步將退休年齡由65歲提高到67歲（Boaz, 1987）；臺灣則於2008年4月25修法公布，將勞工強迫退休年齡由60歲延長至65歲（立法院，2008）。而除了延後退休年齡外，漸進式退休也漸被各國考慮實施。

(二) 老人繼續工作的原因

　　美國退休年齡於50至90年代間雖呈現緩慢年輕化，但面臨退休金減少、醫療支出增加、股票市場變動等經濟現況，再加上平均餘命延長後，民眾期望晚年生活能持續與社會接觸等因素，使得人們開始考慮延後退休的可能性。AARP於2003年針對50-70歲勞工所做的調查中，高達68%的受測者計畫退休後繼續工作或不打算退休，便為中高齡者對延長工作態度的反映（AARP, 2005）。另其於2006年針對60-69歲高齡工作者所做的調查也指出約有30%的受測者於退休後再度投入職場（AARP , 2009）。綜合上述可見，有為數不少的老人於退休年齡後仍處工作狀態或希望繼續工作，且由上述調查資料亦可發現，老人繼續工作的原因可分成經濟與非經濟兩類。

老人對自身經濟的關切，亦可由臺灣50-64歲及64歲以上民眾皆表示對未來生活的「健康」與「財務」兩項最為憂心的調查數據看出（衛福部，2014）。而即便是歐美，由於過去退休後仰賴社會保險、退休金、個人儲蓄的三大經濟支柱模式已開始改變，經濟考量因而也成為老人決定繼續就業與否的核心原因。而除經濟需求外，AARP於2003年針對50-70歲勞工所做的退休研究顯示：老人退休後希望繼續工作亦有非經濟方面的原因，包括希望保持心理上的活躍及生理上的活動力、希望仍是有生產力或有用的、認為工作有趣、學習新事物、追求夢想、保持與人群接觸等（AARP, 2005）。另外，對於工作內容或工作環境的滿意，亦是可能之原因（Smyer & Pitt-Catsouphes, 2005）。

(三) 老人參與工作的社會意義、問題、與因應

65歲以上的老人仍然可以積極參與勞動市場，成為社會可貴的人力資源。對高齡者而言，繼續工作有益維持社會角色，並做較好的生活安排與自我調適；而對社會與國家而言，延長退休年齡最明顯的好處，主要在促使中高齡者就業機會的增加，藉以補充勞動力，減緩政府退休金帳戶與相關財政負擔。是以，高齡者就業的政策方向，對老人生活安頓、社會穩定、國家發展皆有正面意義（曾進勤，2003）。面臨老年生活不同的需求，高齡者多表現出為願獲取就業機會而再學習的意願，而在眾多就業職業的選擇中，老人普遍對零售業、服務業、教育業、電腦支援等職業類別感到興趣，為老人繼續就業或轉職的優先考量（Hursha, Luib & Pransky, 2006: 45-55）。

為促使老人就業成為普遍的現象，政府、企業與個人皆需發展因應對策。臺灣政府於《人口政策白皮書》（行政院，2008）中已將「促進中高齡就業與人力資源運用」列為因應高齡社會的八項對策之一，且於2010-2015年的政策方向中，特別針對此項思考相關因應作法，主要包括：(1)研議放寬中高齡者領取就業促進津貼相關規定，加強辦理中高齡者就業服務；(2)研議訂定「高齡化社會

就業促進法」；(3)研議修訂勞動與退休相關法令，鼓勵高齡就業者繼續就業；(4)鼓勵企業繼續留用高齡者。若欲提高齡者之勞參率，OECD建議針對影響提前離退職場的因素，包括退休制度、雇用阻力、就業能力等展開制度面的檢討與調整（行政院主計處，2006）。其他學者的研究也建議制訂高齡工作者雇用比例、提供高齡者教育訓練機會、制訂保障高齡者再就業之安全與收入等相關法令與政策，以促進高齡人力資源運用之參考（曾進勤，2003：261-276；Hursha, Luib, & Pransky, 2006: 45-55）。

　　儘管如此，高齡就業仍存在許多待解決的問題，例如：延長退休年限之配套或階段性措施、與其他年齡族群的工作機會競爭問題、企業或雇主經營成本和人事代謝率的考量等。再者，年齡歧視與社會普遍存有對高齡工作者的刻板印象，亦為規劃老人就業作法時不可輕忽的問題。事實上，人們對老人工作者的既定印象往往同時包括正負相混的觀點，譬如：認為高齡員工可信賴、對組織較忠誠、有豐富經驗及較好的人際技巧，但卻同時認為其較不具使用新科技與面對組織改變的調適能力（Van Dalen, et al., 2010: 309-330），較不愛學習新事物、工作態度難以改變、體能差、反應慢、學習效果跟不上需要改變的速度等。儘管如此，研究也發現：不論雇主或雇員、年輕或高齡，人們普遍認為在職場能力上，認知與身體為基礎的技能遠較可信賴與重承諾的特質重要（Van Dalen, et al., 2010: 309-330），以上的發現似乎可充分解釋老人獲得雇用機會之不易。此外，性別、社經地位、種族、文化等造成勞動市場諸多不平等的因素，亦會由就業階段延伸到退休後，帶來老人再就業的不同挑戰（周玟琪，2008）

(四) 小結

　　工作為老人重要的社會參與管道之一，提供老人繼續工作的權益已為國際重要趨勢。儘管高齡者投身職場對國家與社會成本及對老人個別生活規劃皆有正向價值，但除考量老人就業的經濟性與非經濟性需求外，各國政府與學者雖提出許多政策方向與建議，人們普遍對於老人就業能力偏負向的觀點，方為企業與社會釋出適合高齡者工作機會的主要阻礙。為使老人豐富的知識、技能、與經驗得以繼續為職場所留用，除更有彈性且配套完整的聘僱作法外，給予民眾更多對於老人與老年期的正確教育，似乎才是創造老人以工作參與社會機會之基礎。

五、老人與政治參與

政治參與為人們參與社會的一種形式，凡牽涉到社會群體與資源配置之決策行為，皆可稱為政治參與（Bukov, Maas, and Lampert, 2002: 510-517）。在老人多種政治參與中，最常被提到的為直接的政治參與，例如選舉、參與議會等，此外，還有一些延伸的形式，例如涉及以民主程序爭取特定個人與群體權益的各式社會組織等。若以後者廣義來看，涉及到公民權、人權議題之活動，均為政治參與（Leichsenring & Strumpel, 1994）。本節將以老人參與政治活動為主題，依序針對老人參與政治活動的重要性與好壞處、老人政治參與的常見形式，以及重要老人政治參與組織共三項進行簡要介紹。

(一) 老人參與政治活動的重要性與好壞處

許多時候，人們認為談政治涉及敏感，因而不願多提或多了解，更遑論接觸與參與。由於個人的成功老化必須植基於制度完善的大環境，加上進入老年期後，參與社會的管道與機會相對減少，是以，藉參與政治組織與活動為自己的權益積極發聲，對老人本身與社會兩者皆具重要意義，不但老人本身可得到展現能力的機會、有助安適感的提升，亦可藉以整合老人多樣的訴求與需要，更促進社會大眾與政府思考老年相關政策的走向。對老人而言，參與政治活動具有多重功能，包括：(1)使老人維持與社會的接觸和連結；(2)使老人得到提出增進其理想的老年生活主張、爭取自我權益的機會；(3)使老人成為決策圈的一部分，因而得以塑造適合他們本身的老化形式；(4)使老人抵抗社會排除，維持另一種形式的生產力；(5)使老人在面對社會角色喪失時，得到除接受現狀外的其他選擇，並因參與而增能賦權（Binstock, 2006: 24-30）。

　　然除上述正向影響外，老人投身政治活動亦可能因角色考量的不同，而於不同老人群體間及與年輕人間，產生權益的拉扯。首先，由於老人間存在極大的異質性，投身不同政治主張的團體也可能壓縮其他較弱勢或被動族群（譬如中下階層的老人）之權益，因而導致該群老人更容易被社會邊緣化。同時，老人政治參與率的提高，可能也會影響老人與年輕人間的世代衝突或焦慮感，譬如當老人強調自我權益的同時，往往易造成年輕一代的資源減少或負擔加重；另一方面，當立法推動者是因其他因素考量而推動老人相關政策時，老人對政治活動的參與及影響力，往往容易成為被操控利用的工具（Jirovec & Erich, 1992: 216-227；Leichsenring & Strumpel, 1994）。如此看來，老人政治參與，在參與者、推動者的角色扮演，以及資源分配、社會觀感等方面，仍需要社會跨世代、跨群體的持續溝通與整合。

(二) 老人政治參與的常見形式

　　臺灣雖有不少退休組織，但大多傾向從事聯誼活動（張怡，2003：225-235），根據衛福部調查資料（衛福部，2014），臺灣50-64歲、65歲以上老人沒有參與政治性團體活動的比例皆達九成以上，如此的低比例雖符合前言中提到的社會參與類型的金字塔模式（Bukov, Maas, & Lampert, 2002: 510-517），但亦部分源自臺灣特殊的歷史背景。老人對政治活動的參與，除要有相關資源配合外，更需要有公民意識（Strate, Parrish, Elder, & Ford, 1989: 443-464），以及對相關政策與措施的關心與敏感度。然而，根據衛福部（2014）老人狀況調查，臺灣65歲以上的老人，除了「老人健康檢查」、「國民年金」超過半數的老人知道且曾經利用過之外，其他諸如中低收入老人津貼、老人學習、居家照護、醫療補助、住宅等十三項社福措施，老人知道且曾利用的比率不到一成；50-64歲的情況稍好，但仍有五成以上受試者完全不知道其他十項老人相關服務福利措施。以上數據隱約可看出國內老人對於政府各項老人福利措施缺乏接觸與了解，更遑論參與這些與自己相關權益的監督、發聲、爭取。

　　相對於臺灣，美國老人往往踴躍參與政治活動，他們投票、投入競選活動、與官員連繫、參與地方老人組織等，以爭取相關權益。其中，他們也從事專門為老人舉辦的政治活動，並自稱為銀髮立法院（Silver-haired legislatures），進行老年相關議題或草案的討論與制訂、出席立法機關之公聽會，並將做成的決議提供給州議會與州長作為施政參考（Binstock, 2006: 24-30）。在美國，數以百萬計的老人為政治相關組織的會員，藉由發聲與行動，積極履行其「高齡公民」的身分（Binstock, 2006: 24-30）。Jirovec與Erich（1992）整理他人的研究並做調整後，以美國老人為例，將老人政治參與的形式區分為投票、協助競選活動、社區性或合作性行動（communal or cooperative acts，如擔任社區鄰里幹部、工會或共同興趣團體的會員）、從事個人化的接觸活動（personalized contacts，譬如討論政治話題、寫信或投書給政府等）四大類。其中，美國2008年的總統選舉中，65歲以上的投票率最高，占該年齡層投票比例的70.3％，且從2000-2008的總統選舉中，65歲以上投票率的變化也最小，為投票率高且票源穩定的一群人（U.S. Census Bureau, 2010b）。而臺灣針對2008年的總統選舉雖60歲以上占總人口數的投票比率並非最高，但占該年齡層投票比例之最高，達91.3%（崔曉倩、吳重禮，2011：26）。

　　老人從事上述介紹的哪種政治活動與其人口學特徵有關。一般而言，教育程度較高、男性、健康狀況較好，或是社經地位較高的老人，有較高的政治參與率，而選擇參與哪類政治活動類型亦與老人的人口學特徵有關，例如：收入、健康狀況、教育程度較高者，較少從事個人接觸或地方社團的政治活動；而已婚與教育程度較高者，往往有較高的投票率；家庭主婦（夫）、健康較差、或鰥寡的老人，則最常在投票行為裡缺席（Strate, Parrish, Elder, & Ford, 1989: 443-464；Jirovec and Erich, 1992: 216-227）；另外，由1996年至2008年歷次總統與國會選舉投票之人口變項方面發現：年齡越老、教育程度越高、收入較高、已婚、白人、女性，投票比率較高（U.S. Census Bureau, 2010a）。

(三) 重要的老人政治參與組織

　　1.灰豹組織（Gray Panthers）：於1970年由五位全國性宗教或社工組織之退

休者所創辦。因為創辦者皆為老人，且該組織參與政治議題的方式多較激進，故取名灰豹。灰豹組織因強調世代間的合作與共榮，故成員年齡不限，但成立初期，成員以50歲以上的民眾居多。由於創辦者被強迫退休的遭遇，故該組織最初的焦點在喚起政府對退休後諸多問題的重視：包括健康、住宅、收入減少、社會關係與職業角色的喪失、老年公民權、年齡歧視等。其後，該組織帶領成員於越戰時期以抗議行動表達想法，陸續贊助黑宮老化會議（Black House Conference on Aging），以表達白宮老化會議中缺乏非裔與會人士的抗議；於1974年美國醫學協會會議（American Medical Association's conference）場外，以諷刺劇爭取健康照護之基本人權（Health Care as a Human Right）；推動改善聯邦法令中對於年長病人醫療保險相關的申訴與理賠權益；藉跨國聯盟為年長者與病患爭取處方藥物等。目前灰豹組織已由美國境內擴展成為跨國組織，各年層會員藉由純粹捐款或實際參與活動，繼續進行各種跨領域議題的關注（Sanjek, 2009）。

2. AARP：該組織之前身為全國退休教師協會（National Retired Teachers Association），於1958年將參與對象擴展為全美50歲以上民眾後成立AARP。組織名稱原為美國退休人協會（American Association of Retired Person），但因為服務的範圍越來越廣，服務對象已不只限於已退休人士，於是在1999年開始對外的組織名稱直接以字母縮寫稱呼，減少外界發生該組織「只服務退休人士」的誤解。AARP關注主題廣泛，專門服務世界各地50歲以上的人群，透過諮詢、服務或參與，促進人們生活品質與社會之正向改變。目前旗下有基金會、退休教師會、研究中心、世界服務網等子機構，提供服務並從事調查研究出版。在其廣泛關注的社會議題中，「政治與社會」為其中之一，除提供會員國內外新聞、環保、歷史、公民社會與政治議題等訊息與知識外，並提供成員發聲與討論的管道。例如先前美國總統歐巴馬提倡的健保法案，該組織也成立觀察中心，密切跟進該法案及相關醫療體系和產業訊息。AARP組織本身即為年長者社會參與的管道，其除了政治性的遊說行動外，也提供會員物質方面、互助基金等非政治性的服務。透過集體的力量，除致力讓老人獲得生活各方面的協助外，亦積極影響社會政策。

(三) 小結

投入政治組織或活動為老人參與社會的重要管道之一，面臨老年期此一資源減少，但各項社會需求增多的特殊階段，鼓勵老人關心社會與個人權益並積極發聲，有其特殊意義與必要。儘管不同老人族群與不同世代之間難免因角度不同而有權益的拉扯，但老人可藉多元參與形式表達自己對社會議題的關注與意向，進而喚起社會大眾與政府對相關議題的深入思考，是一種面對漸由社會撤退的生活趨向中，消極接受社會排除等現狀之外，老人積極塑造自我老化形式，創造另一種生產力的選擇。

第三節　結論

　　社會參與爲促進老人成功老化的重要策略，唯有成功老化的個人，才能帶來穩定和諧的家庭、社會與國家。不論是透過志願服務、工作、學習、宗教、政治，投入社會各項活動非但可彌補或取代老年期多項改變與損失，促進老人的正向適應與成長，創造了老人生命的第二春，其亦可減小因老化產生家庭與社會的成本及負擔，使老人寶貴的生命經驗、知識、技能、智慧得以繼續被妥善運用，進而產出對社會與國家正向的回饋與貢獻，爲兼顧個人與整體利益的必要策略與努力方向。

　　面對人口老化的衝擊，不論老人從事何種形式與內容的社會參與，皆有助其降低疾病、失能、死亡的危機，促進其身心靈健康和安適，並進一步提升社會與國家有形與無形的生產動力。儘管老人可由參與社會活動中得到各種助益，然而參與率的提升仍有待更多高齡相關教育的推動，以破除老人本身與社會大眾對老人社會參與的迷思與阻礙。除了了解國際重要倡議、政府重點政策、他國方案作法外，人人皆有責任積極促成身旁老人社會參與的機會。「老」並不是充斥疾病與依賴的生命階段，透過社會參與，老人得以活得久、活得好，並於自主和尊嚴的社會支持系統下，更爲家庭、社會與國家的珍貴資產。

參考書目

一、英文部分

AARP (2005). "The Business Case for Workers Age 50+: Planning for Tomorrow's Talent Needs in Today's Competitive Environment," A Report for AARP Prepared by Towers Perrin. http://www.aarp.org/work/work-life/info-2005/workers_fifty_plus.html (Data visited: June 30, 2010)

AARP (2009). "Older Workers on the Move: Recareering in Later Life.". http://www.aarp.org/research/ppi/econsec/work/articles/lib175_recareering.html (Data visited: June, 30, 2010)

Arber, S., Perren, K., & Davidson, K. (2002). "Involvement in social organizations in later life: Variations by gender and class. In L. Adersson (Ed.)," *Cultural Gerontology*, (pp.77-93). Westport, Conn: Auburn House.

Ardelt, M., & Koenig, C. S. (2007). "The importance of religious orientation and purpose in life for dying well: Evidence from three case studies," *Journal of Religion, Spirituality & Aging,* 19(4), 2007, 61-79.

Batson, C. D., Schoenrade, P., & Ventis, W. L. (1993). *Religion and the individual: A social-psychological perspective.* New York: Oxford University Press.

Binstock R. H. (2006). "Older people and political engagement: From avid voters to 'cooled-out marks'," *Generations* , 30(4), 24-30.

Boaz, Rachel F. (1987). "The 1983 amendments to the Social Security Act: Will they delay retirement? A summary of the evidence," *The Gerontologist,* 27(2), 151-155.

Boulton-Lewis, G. M. (2010). "Education and learning for the elderly: Why, how, what," *Educational Gerontology,* 36(3), 213-228.

Bradley, D. B. (1999). "A reason to rise each morning: The meaning of volunteering in the lives of older adults," *Generations,* 23(4), 45-50.

Bukov, A., Maas, I. & Lampert, T. (2002). "Social participation in very old age: Cross-sectional and longitudinal findings from BASE," *Journal of Gerontology: Psychological Sciences*, 57B(6), 510-517.

Choi, L. H. (2003). "Factors affecting volunteerism among older adults," *The Journal of Applied Gerontology*, 22(2), 179-196.

Chen, L. K., Kim, Y., Moon, P., & Merriam, S. B. (2008). "A review and critique of the portrayal of older adult learners in adult education journals, 1980-2006,"*Adult Education Quarterly*, 59(1), 3-21.

Clary, E. G., & Snyder, M. (1999). "The motivations to volunteer: Theoretical and practical considerations," *Current Directions in Psychological Science*, 8(5), 156-159.

Crawford, D. L. (2004). "The role of ageing in adult learning: Implications for instructors in higher education," *New Horizons for Learning.* http://www.newhorizons.org/lifelong/higher_ed/crawford.htm. (Data visited: Mar 30, 2014)

Delahaye, B. L. & Ehrich, L.C. (2008). "Complex learning preferences and strategies of older adults," *Educational Gerontology,* 34, 649-662.

Department of Education, Science and Training. (2003). *Adult learning in Australia: You can too, Canberra.* Australia: AusInfo.

Department of Work and Pension, "Security in retirement: Towards a new pensions system," Department of Work and Pension, UK., 2006. http://www.dwp.gov.uk/docs/white-paper-summary.pdf. (Data visited: Mar 30, 2014)

Dowling, W. (1997). "Voluntarism among older women. In J. M. Coyle (Ed.)," *Handbook on women and aging.* pp. 242-252. Westport, Conn: Greenwood Press.

Elderhostel (2010). "Elderhostel-Adventures in lifelong learning". http://www.roadscholar.org/ (Data visited: Mar 30, 2014)

Ellison, C. G., & Levin, J. S. (1998). "The religion-health connection: Evidence, theory, and future directions," *Health Education & Behavior*, 25(6), 700-720.

Emery, E. E., & Pargament, K. I. (2004). "The many faces of religious coping in late life: Conceptualization, measurement, and links to well-being," *Ageing International*, 29(1), 3-27.

Erikson, E. H. (1997). *The life cycle completed (Extended version / with new chapters on the ninth stage of development* by Joan M. Erikson ed. New York: W.W. Norton.

Erikson, E. H., Erikson, J. M., & Kivnick, H. Q. (1986). *Vital involvement in old age.* New York: Norton.

Fenimore, M. A. (1997). "My brain is still working!: Conversations with centenarians about learning in their second century of living", *Canadian Journal for the Study of Adult Education,* 11(1), 57-70.

Fischer, L. R., & Schaffer, K. B. (1993). *Older volunteers: A guide to research and practice.* Newbury Park, CA: Sage.

Gelade, S., Catts, R., & Gerber, R. (2003). *Securing success: Good practice in training people aged 45 and over who are disadvantaged in the labour market.* Canberra, Australia: Department of Communications, Information Technology and the Arts.

Glendenning, F. (2001). "Education for older adults," *International Journal of Lifelong Education*, 20, 63-70.

Griffith University, "A virtual university of the third age.", 2010. http://www3.griffith.edu.au/03/u3a/ (Data visited: Mar 30, 2014).

Hatch, S. L., Feinstein, L., Link, B. G.,Wadsworth, M. E. J., & Richards, M. (2007). The continuing benefits of education: Adult education and midlife cognitive ability in the British 1946 birth cohort.

Journal of Gerontology: Social Sciences, 62B(6), S404–S414.

HSBC, "The future of retirement in a world of rising life expectancies," HSBC, UK. , 2005. http://www.agewave.com/research/landmark_futureRetirement.php. (Data visited: Mar 30, 2014).

Huang, Chin-Shan (2005). "The development of a university for older adults in Taiwan: An interpretive perspective," *Educational Gerontology*, 31, 503-519.

Hursha, N., Luib, J. & Pransky, G. (2006). "Maintaining and enhancing older worker productivity," *Journal of Vocational Rehabilitation*, 25, 45-55.

Idler, E. L. (1987). "Religious involvement and the health of the elderly: Some hypotheses and an initial test," *Social Forces*, 66, 226-238.

Idler, E. L., McLaughlin, J., & Kasl, S. (2009). "Religion and the quality of life in the last year of life," *Journals of Gerontology: Series B: Psychological Sciences and Social Sciences*, 64B(4), 528-537.

Jarvis, P. (2001). *Learning in later life: An introduction for educators and careers*. London: Kogan Page.

Jirovec, R. L. & Erich, J. A. (1992). "The dynamics of political participation among the urban elderly," *Journal of Applied Gerontology*, 11(2), 216-227.

Jung, J. C. & Cervero, R. M. (2002). "The social, economic and political contexts of adults' participation in undergraduate progarmmes: A state-level analysis," *International Journal of Lifelong Education*, 21(4), 305-320.

Kam, P. (2000). "Political disempowerment among older people in Hong Kong," *Journal of Cross-Cultural Gerontology*, 15, 307-329.

Kim, A., & Merriam, S. B. (2004). "Motivations for learning among older adults in a retirement institute," *Educational Gerontology*, 30(6), 441-455.

Kim, Y. S. (2008). "Reviewing and critiquing computer learning and usage among older adults," *Educational Gerontology*, 34(8), 709-735.

Koenig, H. G. (1998). "Religious attitudes and practices of hospitalized medically ill elderly adults," *International Journal of Geriatric Psychiatry*, 13, 213-24.

Koenig, H. G., McCullough, M., & Larson, D. B. (2000). *Handbook of religion and health*. New York: Oxford University Press.

Krause, N. (2003). "Religious meaning and subjective well-being in late life. " *Journal of gerontology: Social Sciences*, 58B(3), S160-S170.

Krause, N., Ingersoll-Dayton, B., & Liang, J. (1999). "Religion, social support, and health among the Japanese elderly," *Journal of Health & Social Behavior,* 40(4), 405-421.

Leichsenring, K., & Strumpel, C. (1994). Putting political participation on the agenda. *Ageing International,* 21(2), 27-30.

Leung, A., Chi, I., & Chiang, V. (2008). "Chinese retirees' learning interests: A qualitative analysis." *Educational Gerontology*, 34, 1105-1121.

Levin, J.S., & Taylor, R.J. (1997). "Age differences in patterns and correlates of the frequency of prayer," *Gerontologist*, 37, 75-88.

Levin, J. S., Taylor, R. J., & Chatters, L. M. (1994). "Race and gender differences in religiosity among older adults: Findings from four national surveys," *Journal of Gerontology: Social sciences*, 49(3), S137-S145.

Li, Y. & Ferraro, K. F. (2005). "Volunteering and depression in later life: Social benefit or selection processes?" *Journal of health and social behavior*, 46, 68-84.

Merriam, S. B., Caffarella, R. S., & Baumgartner, L. M. (2007). *Learning in Adulthood: A Comprehensive Guide*. San Francisco, CA: Jossey-Bass.

Newport, F. (2006). "Religion most important to blacks, women, and older Americans." http://www.gallup.com/poll/25585/religion-most-important-blacks-women-older-americans.aspx. (Data visited: Mar 30, 2014)

Newport, F. (2009). "State of the States: Importance of religion." http://www.gallup.com/poll/114022/State-States-Importance-Religion.aspx. (Data visited: Mar 30, 2014)

OECD (2012). "Ageing and Employment Policies-the Average effective age of retirement versus the official age in 2012 in OECD countries,". http://www.oecd.org/document/47/0,3343, en_2649_34747_39371887_1_1_1_1,00.html. (Data visited: Mar 30, 2014)

Okun, M. A., Barr, A., & Herzog, A. R. (1998). "Motivation to volunteer by older adults: A test of competing measurement models," *Psychology and Aging*, Oxford University Press, 13(4), 608-621.

Pargament, K. I., Ensing, D. S., Falgout, K., Olsen, H., Reilly, B., Van Hiatsma, K., & Warren,R. (1990). "God help me (I): Religious coping effects as predictors of the outcomes to significant negative life events," *American Journal of Community Psychology*, 18, 793-824.

Pargament, K. I., Kennell, J., Hathaway, W., Grevengoed, N., Newman, J., & Jones, W. (1998). "Religion and the problem-solving process: Three styles of coping," *Journal for the Scientific Study of Religion*, 27, 90-104.

Pew Research Center, *U.S. Religious Landscape Survey Report-Religious Affiliation: Diverse and Dynamic.* Washington D. C.: The Pew Forum on Religion & Public Life, 2008a.

Pew Research Center, *U.S. Religious Landscape Survey Report-Religious Beliefs and Practices: Diverse and Politically Relevant.* Washington D. C.: The Pew Forum on Religion & Public Life, 2008b.

Pressman, P., Lyons, J.S., Larson, D.B., & Strain, J.J., Religion, anxiety, and the fear of death. In J.F. Schumaker (Ed.), *Religion and mental health* (pp. 98-109). New York: Oxford University Press.

Purdie, N., & Boulton-Lewis. G. (2003). "The learning needs of older adults," *Educational Gerontology*, 29(2), 129-149.

Rowe, J. W., & Kahn, R. L. (1997). "Successful aging," *The Gerontologist*, 37(4), 433-440.

Sanjek, R., Gray Panthers. (2009). Philadelphia: University of Pennsylvania Press.

Schuller, T. Three capitals: A framework. In T. Schuller, J. Preston, C. Hammond, A. Brassettgrundy and J. Bynner (eds). pp. 12-33. The Benefit of learning: The impact of education on health, family life and social capital. (London and New York: Routledge Falmer), 2004.

Smyer, M. A. & Pitt-Catsouphes, M. (2005). "Older workers: What keeps them working?," The Center on Aging & Work/Workplace Flexibility at Boston College. http://agingandwork.bc.edu/documents/IB01_OlderWrkrs.pdf. (Data visited: June 30, 2010)

Spigner-Littles, D., & Anderson, C. E. (1999). "Constructivism: A paradigm for older learners," *Educational Gerontology*, 25, 203-209.

Strate,J. M., Parrish, C. J., Elder, C. D. & Ford, C. (1989). "Life span civic development and voting participation,"*The American Political Science Review*, 83(2), 443-464.

Swindell, R. (2000). "A U3A without walls: Using the Internet to reach out to isolated older people," *Education and Ageing*, 15(2), 251-263.

Torresgil, F. M., & Kuo, T. (1998). "Social Policy and the Politics of Hispanic Aging," *Journal of Gerontological Social Work*, 30(1), 143-158.

United Nations (1991). "United Nations Principles for Older Persons. http://www.un.org/documents/ga/res/46/a46r091.htm (Data visited: Mar 30, 2014).

United Nations (2002). " Report of the Second World Assembly on Ageing," Second World Assembly on Ageing, Madrid, 8-12 April 2002, United Nations, New York. http://undesadspd.org/Ageing/MadridPlanofActionanditsImplementation/SecondAssemblyonAgeing.aspx. (Data visited: Mar 30, 2014)

U.S. Census Bureau, "The 2010 Statistical Abstract.", 2010a. http://www.census.gov/compendia/statab/2010/tables/10s0406.pdf. (Data visited: Mar 30, 2014)

U.S. Census Bureau, "Voting and Registration in the Election of November 2008." , 2010b. http://www.census.gov/prod/2010pubs/p20-562.pdf.(Data visited: Mar 30, 2014)

U.S. Department of Labor, "Volunteering in the United States, 2009.", 2010 http://www.bls.gov/news.release/volun.nr0.htm. (Data visited: Mar 30, 2014)

Van Dalen, P. H., Henkens, K., & Schippers, J. (2010). "Productivity of Older Workers: Perceptions of Employers and Employees," *Population and Development Review*, 36(2), 309-330.

Warburton, J., Terry, D. J., Rosenman, L. S., & Shapiro, M. (2001). "Differences between older volunteers and non-volunteers: Attitudinal, normative, and control beliefs," *Research on Aging*, 23(5): 586-605.

Wilson, J., & Musick, M. (1999). "The effects of volunteering on the volunteer," *Law and Contemporary Problems*, 62(4), 1999, 141-168.

Wink, P. (2006). "Who is afraid of death? Religiousness, spirituality, and death anxiety in late adult-hood," *Journal of Religion, Spirituality & Aging*, 18, 93-110.

Yeager, D. M., Glei, D. A., Au, M., Lin, H.-S., Sloan, R. P., & Weinstein, M. (2006). "Religious involvement and health outcomes among older persons in Taiwan." Social Science & Medicine, 63, 2228-2241.

二、中文部分

立法院（2008），〈勞動基準法〉。http://lis.ly.gov.tw/lghtml/lawstat/version2/01139/0113997042500.htm，取用日期：2014年3月29日。

內政部（2010），〈民國98年老人狀況調查摘要分析〉。http://sowf.moi.gov.tw/stat/Survey/list.html，取用日期：2014年2月18日。

內政部（2013），〈國民生活狀況意向調查摘要分析〉。http://sowf.moi.gov.tw/stat/Survey/list.html，取用日期：2014年2月18日。

台北市政府社會局，臺北市各老人服務中心，2010。http://www.bosa.tcg.gov.tw/i/i0400.asp?code=0402013，取用日期：2014年3月30日。

行政院（2008），《人口政策白皮書——少子女化、高齡化及移民》。台北市：行政院。

行政院主計處，〈社會發展趨勢調查〉，2003。http://win.dgbas.gov.tw/dgbas03/ca/society/index.html，取用日期：2014年3月29日。

行政院主計處（2006），〈工作與退休〉。http://www.stat.gov.tw/public/Data/6811548471.pdf，取用日期：2014年3月29日。

行政院勞工委員會（2008），《高齡化社會勞動政策白皮書》。台北市：行政院。

行政院衛福部（2012），〈100年全年志願服務（社會福利類）統計表〉。

李素端（2005），〈英國第三年齡大學之發展與特色〉，《成人及終身教育》，8，33-43。

林麗惠（2006），〈高齡者參與志願服務與成功老化之研究〉，《生死學研究》，4，1-36。

周玟琪（2008），〈從新批判老年學觀點初探臺灣民眾對未來退休年齡與退休後再就業意願、型態與影響因素〉，發表於「2008年行政院國科會高齡社會研究成果學術研討會」。台北：行政院國家科學委員會、高齡社會整合型研究團隊。

章英華、傅仰止（主編）（2005），《臺灣地區社會變遷基本調查計畫—第四期第五次調查計畫執行報告》。台北市：中央研究院民族學研究所。

教育部（2006），《邁向高齡社會老人教育政策白皮書》。台北市：教育部。

教育部（2009），〈教育部委託大學院校辦理老人短期學習計畫介紹〉。http://b001.senioredu.moe.gov.tw/front/bin/ptdetail.phtml?Part=970106-1&Rcg=5，取用日期：2014年3月29日。

教育部，〈教育部補助大學校院開設「樂齡學堂」專案計畫〉，2010a。http://moe.senioredu.moe.gov.tw/front/bin/ptlist.phtml?Category=2，取用日期：2014年3月29日。

教育部，〈教育部補助大學校院開辦樂齡大學計畫（草案）公聽會實施計畫〉，2010b。http://ncu.edu.tw/~ncu7020/ann/download.php?...&duid=52&dfn=0990004177-1.doc，取用日期：2010年6月30日。

教育部（2001），〈教育部100年樂齡家庭生活與學習調查〉。http://moe.senioredu.moe.gov.tw/ezcatfiles/b001/img/img/28/154701326.pdf，取用日期：2014年3月28日。

教育部（2013），〈樂齡學習網102學年度樂齡大學一覽表〉。https://moe.senioredu.moe.gov.tw/front/bin/ptdetail.phtml?Part=13090099&PreView=1，取用日期：2014年3月28日。

張怡（2013），〈影響老人社會參與之相關因素探討〉，《社區發展季刊》，103，225-235。

陳麗光（2010），〈高齡女性參與志願服務之學習過程對其成功老化之促進角色〉。頁55-74，收錄於中華民國社區教育學會、國立臺灣師範大學社教學系（主編），《高齡志工與社區學習》。台北市：師大書苑。

陳毓璟（2010），〈老人寄宿所模式在活力老化學習之成效研究〉。健康促進與衛生教育學報，33，91-114。

崔曉倩、吳重禮（2011），〈年齡與選舉參與：2008年總統選舉的實證分析〉，《調查研究》，26，07-44。

黃國彥、詹火生（1944），《銀髮族的社會資源》。嘉義市：國立嘉義師範學院。

黃富順、林麗惠、梁芷萱（2008），《我國屆齡退休及高齡者參與學習需求意向調查研究報告》。新竹市：玄奘大學成人教育與人力發展學系。

曾中明（1993），〈老年人的社會參與~志願服務〉，《社區發展季刊》，64，94-96。

曾進勤（2003），〈從充權的觀點談高齡人力資源開發運用-以高雄市長青人力資源中心為例〉，《社區發展季刊》103，261-276。

黃碧端（2014），〈邁向世代融合的高齡社會〉，《2014高齡教育與代間學習國際研討會》，5-7。

衛生福利部（2014），〈老人狀況調查報告〉。http://www.mohw.gov.tw/cht/DOS/Statistic.aspx?f_list_no=312&fod_list_no=4695，取用日期：2014年12月5日。

第十六章　成功老化

/林麗惠

　　歷經1960年代發展至今，有關成功老化的研究，已從生理學、醫學的角度，擴展到社會學、心理學的多元對話領域，希望多面向的成功老化概念，能在老年學領域中獲得更進一步的探討與發展。1987年美國《Science》期刊，跳脫衰退、疾病、失能之架構，重新探正向的觀點定義成功老化，隨即引發老年學界對於此一議題廣泛地討論，之後有將近100份的科學出版品相繼出現，使得成功老化成為美國老人學會（Gerontological Society of America）在其年度大會中的討論主題，而且，世界衛生組織的全球老化計畫（Global Program on Aging）也在7個國家展開有關成功老化議題之探究。

　　事實上，當一個國家的高齡人口逐日增加時，有關成功老化及其相關議題之探究，以協助高齡者順應發展任務，進而使其體會晚年生活的意義與價值，乃是高齡化社會的當務之急，因為對於成功老化及其決定因素的通盤了解，有助於老年學研究者從不同層面提出成功老化的因應之道（Griffith, 2001）。有鑑於此，本章即以成功老化為主題，首先探討成功老化之界定，其次闡述成功老化的相關理論與模式，接著分析成功老化的決定因素與測量工具，最後再提出成功老化的因應策略與途徑。

第一節　成功老化之界定

　　有關成功老化之界定，分別從成功老化概念之發展，以及成功老化的定義二方面，說明如下。

一、成功老化概念之發展

　　成功老化之概念，早在1960年代即由R. J. Havighurst等人提出，且曾經使用不同的名詞來界定此一概念，如K. Lawton將其視為士氣（morale），L. George將其解釋為幸福感（well-being），B. L. Neugarten等人則將其視為生活滿意度（life satisfaction）（Griffith, 2001）。在1960到1970年間，對於此一概念之探究，多屬活動理論和撤離理論之論辯，而較少論及成功老化的積極功能。

　　從1970年代到1980年代早期，美國社會意識到高齡人口大量增加對於社會、經濟與健康照護的影響，老年學（有關老化的研究）及老年病學（老人的健康照護）的研究因而蓬勃發展。在1990年代則致力於對此一概念之界定與內涵達成共識，進而探究其相關因素，以利了解個體處於變遷的環境中如何適應老化。

　　此一時期已有不少研究提出從正向的觀點來探討老化的相關議題，例如強健老化（robust aging）強調身體功能、心理健康、認知功能，以及生產活動（Garfein & Herzog, 1995）、健康老化（healthy aging）強調避免失能（Khaw, 1997）、生產性老化（productive aging）強調具生產力的行為，包括志願服務、勞動市場的參與（Moody, 2001）、活躍老化（active aging）強調健康、參與、安全三方面的機會提供（WHO, 2002）。但其中最被廣泛討論及深入探討者仍為成功老化，使得近幾年來，成功老化已成為高齡學研究者熟悉的術語，而且也有大量的研究投注此一領域中（Rowe and Kahn, 1997; Griffith, 2001）。

　　麥克阿瑟研究基金會（John D. and Catherine T. MacArthur Foundation）在1984年召集一群研究老化相關問題的學者，一起致力於找出「新老年學」（New Gerontology）的概念基礎。其研究根基是對於成功老化的概念，強調老化的正面意義，目標是要跳出實際年齡的局限，希望能藉由長期的研究，跨學科的方式，蒐集必要的資訊，並發展成功老化的概念性基礎架構，進而提升美國高齡者的心理和認知能力（Griffith, 2001；張嘉倩，1999）。因此，成功老化概念之建構，並非建基在某一個特定的理論基礎上便已足夠，事實上，對於此一概念之探究，應廣泛地結合生物、心理和社會科學的理論與實務，並以多元的層面及寬廣的角度進行探討。

二、成功老化的定義

　　有關學術界對成功老化的定義，Bowling（2007）曾以成功老化為關鍵字，在 PubMed, PsycINFO及SocioFile的資料庫中進行搜尋，共計獲取2,055篇有關成功老化的相關文獻。先排除170篇文獻過短的文章，或過度偏向生理學或動物學的文章，以及有關個人主觀的陳述，又或是僅進行文獻回顧卻沒有研究方法的文章等，並將刪除後的1,885篇內容進行成功老化定義之彙整與分類，共計包括社會功能類、生活滿意類、心理類、生物類，以及個人對成功老化之觀點等五類。

　　從半世紀之前就有學者開始界定成功老化的概念，然而至今仍未獲得共識，究其原因包括（Rowe & Kahn, 1998）：第一，把成功老化定義得太狹隘，只專注於某個研究者的想法，而非提出一個人類發展的整合理論；第二，把成功視為沒有明顯失敗，就像把健康視為沒有明顯的疾病一般；第三，忽略了老化的正面意義與潛在的好處；第四，沒有定義出什麼是好、什麼是壞、什麼是成功、什麼是不成功。誠如Baltes和Baltes（1990）所提，有關「成功」的本質較為含糊，使得對於成功之界定較難獲得一致的共識。茲就國內外學者對於成功老化的定義，以及成功老化的特徵，綜合分析如下：

(一) 國內學者對於成功老化的定義

黃富順（1995）提出成功的老化（或稱順利的老化）係指個體對老化的適應良好，生理保持最佳的狀態，進而享受老年的生活。能夠做到成功老化的人通常經歷數十年的初級老化（primary aging）過程之後，繼之為相當短暫的三級老化（tertiary aging）過程，最後在平靜的狀態中（通常在睡眠中）走完人生全程。亦即，能夠成功老化的人，避免了次級老化的產生，且其智慧仍可持續增長。

徐立忠（1996）提出社會老年學家對於成功老化的界定，有多層次的解釋，包括老化過程之生理、心理及社會等，強調所謂成功的老年，就是老人對老年人格表現和生活適應的總和，在老人團體與環境互動過程中，所形成的身心整合，達到平衡狀態的行為模式。換言之，老人遭致生理、心理和社會各方面衝擊所採取的反應態度與適應能力。

葉宏明、吳重慶、顏裕庭（2001）為文指出，成功老化係指老當益壯，在結構、功能上變化最小的個體，且沒有環境、疾病、生活型態的不良影響；更進一步地說，成功老化是指基因和正面的環境因素互相作用，老化的過程是各種功能緩慢而溫和的降低，少有疾病和殘障的影響。對自己晚年的生活滿意，比較活躍、參與社會活動的老人，多屬於成功老化的老人，他們有良好的生活習慣、對壓力的處理態度良好、對工作的滿意度高、積極參與社會的活動，有良好的社會資源。

徐慧娟和張明正（2004）在其共同發表的〈臺灣老人成功老化與活躍老化現況：多層次分析〉一文中，將成功老化定義為可存活並滿足日常生活中身體、心理、社會面向健康的基本需求，使用指標包括：身體健康，意指日常生活活動未失能；心理健康，意指認知無失能與無憂鬱症狀；社會健康，意指有高度社會支持。同時滿足此三面向者，即為成功老化的老人。

林麗惠（2006）在其臺灣學習者成功老化之研究中，對於成功老化之觀點，強調生理、心理和社會三者缺一不可，並將成功老化定義為：個體成功適應老化過程之程度。強調老化的過程中，在生理方面維持良好的健康及獨立自主的生活，在心理方面適應良好，在社會方面維持良好的家庭及社會關係，讓身心靈保持最佳的狀態，進而享受老年的生活。

　　林美玲、翁註重、李昀儒、邱文科（2009）在其共同發表的〈以健康成功老化為願景——探討高齡者參與產出型志願服務活動之實證研究〉一文中，提及老年學研究已從過去以消極維持老人身體機能健康為前提，改將目標設定為增進老年人的生活品質，強調成功老化並非來自單一的身體機能健康與否的認定，而是具有複雜的心理與社會的交互層面。

　　分析上述學者對於成功老化的定義可知，黃富順（1995）與葉宏明等人（2001）較傾向以生物老化的觀點，強調老化的過程是各種功能緩慢而溫和的降低，而且能夠成功老化的人，得以避免次級老化的產生；而徐立忠（1996）、葉宏明等人（2001）、徐慧娟和張明正（2004）以及林麗惠（2006）、林美玲等人（2009）均強調生理、心理與社會三個層面的重要性，高齡者在身體健康（沒有疾病和失能）的情形下，在心理及社會層面要達到成功的老年，就應該維持心理功能的正常運作，且積極參與社會、維持良好的人際關係。

(二) 國外學者對於成功老化的定義

　　根據Wolfe（1990）針對867位55歲以上的高齡者進行研究，旨在驗證成功老化和參與高等教育課程之關係，研究中根據供需模式之理念，強調教育活動能提升高齡者所擁有的資源，進而使其成功地老化。在此一研究中，成功老化分別由身體健康和心理健康二層面予以衡量。研究結果指出，由於高齡者有各種不同的需求，因此成功老化應界定為：個體能夠滿足個人需求的能力，而且此一研究也發現，參與活動的高齡者均有學習和成長的共同需求。

　　根據Rowe和Kahn（1998）指出，成功老化取決於個體的選擇和行為，相當強調個體的自主性，只要個體想要進行成功老化，即可藉由自身的選擇（如：生活型態的改變）和努力（如：運動）而達成。因此，可將成功老化界定為保有三項關鍵行為或特徵的能力，包括：在生理上降低疾病或失能的風險、在心理上維持心智與身體的高功能、在社會上積極參與社會活動。

根據Griffith（2001）之研究，認為高齡者有持續發展的潛能，而且能在晚年期邁向自我實現，因此，實有必要針對高齡者成功老化的經驗進行探究。研究中回顧過去十年中，許多學者對成功老化提出不同的詮釋，但就其內涵而言，應包含以下四個層面：第一，個體參與活動的程度；第二，個體撤退的能力；第三，對生活的滿意程度；第四，人格統整的程度。該研究以118位高齡者為研究樣本，了解其對死亡的知覺和成功老化之關係，並採上述四個不同的層面來界定成功老化。研究結果發現，高齡者對死亡的知覺與成功老化有顯著關係存在。

在Chou和Chi（2002）所做的研究中，以1,106位60歲以上的香港高齡者為研究對象，進行橫斷性的研究，並將研究對象分為初老、中老、老老等三個族群。研究結果將成功老化界定為四個層面，包括：功能、情感、認知和投入等，這四個層面彼此相互獨立。研究中進一步運用多元迴歸模式進行分析，指出年齡、性別、教育程度、親屬人數、與朋友的聯繫頻率、經濟壓力、慢性病的數量、自評健康狀況、聽力損傷和生活滿意度等，均可作為成功老化的預測因子。

在Glass（2003）的研究中，論及成功老化的定義時，除應強調健康、長壽之外，亦應重視心理層面的感受，將成功老化界定為：在晚年期感受到擁有良好生活品質的感受程度。另外，在Montross、Depp、Reichstadt、Golshan、Moore、Sitzer和Jeste（2006）的研究中，認為成功老化其實很單純，有幾個好朋友聚在一起、參加一些活動、閱讀一些好書，強調人際關係的重要性，相當重視社會層面。

分析上述學者對於成功老化的定義可知，Wolfe（1990）、Glass（2003）強調成功老化應由身體健康和心理健康予以衡量，著重於生理和心理二個層面，並未提及社會層面；相反地，Griffith（2001）、Montross（2006）等人所提成功老化的內涵，則偏重於社會層面，強調個體參與活動的程度，並未提及生理和心理層面。另外,在Chou和Chi(2002)以及Rowe和Kahn(1998)的研究中,均強調生理、心理與社會三個層面的重要性,而且Rowe和Kahn(1998)更強調這三者缺一不可。

第二節　成功老化的相關理論與模式

一、成功老化的理論

在1940年代中期以後，社會學家對於老化理論的研究顯著增加，隨即帶動社會老年學在社會學研究領域中之發展（蔡文輝，2008）。社會老年學主要在研究非生理層面的老化過程，爲了分析上的方便，周家華（1995）將其歸納爲二類：其一是微視層面的分析，主要在解釋個體對老化的適應過程，其中又以活動理論、撤離理論、連續理論和角色理論等最爲著稱；其二是鉅視層面的觀點，主要在研究高齡者和社會的關係，其中以老年次文化理論、年齡階層化理論及社會環境理論等常被提及。

由於本章關切的焦點在於個體對老化的適應過程，而且，社會老年學家對於成功老化的界定有多層次的解釋，包括老化過程之生理、心理及社會等，較常見的就是撤退和活動理論（徐立忠，1996）。再根據Shapiro（1984）之研究，在老年學的領域中有關成功老化的相關理論，應包括活動理論、撤離理論及連續理論等，茲就這三個理論說明如下。

(一) 活動理論

活動理論（Activity theory）是由R. J. Havighurst在1953年提出，以描繪人類心理社會層面的老化過程，強調老人在身體功能退化的前提下，唯有認清限制並不斷的參與活動，才可進行成功的老化。其後，由E. W. Burgess在1960年探討符號互動論和社會老年學二者的關係時帶動活動理論之發展，而成爲早期美國老年學的重要理論之一。

Burgess認爲隨著預期壽命的延長，高齡者逐漸老化的現象也是可以預期的，而且隨著高齡人口的日漸增加，將使其成爲社會上一個獨特的族群。然而，社會結構中的各種機構，包括職場、家庭、親族和社區，已無法將這群年邁的高齡者視爲完全參與的成員，其結果將使高齡者與社會中的日常活動漸行漸遠，進而被迫處於不活動的靜止狀態（Burgess稱此爲無角色的角色狀態），使其未能發揮有意義的社會功能。

　　Burgess強調高齡者在此一情況下，不應扮演負面或無角色的角色，相反地，高齡者應藉由扮演新角色，以彰顯其存在的意義。活動理論的學者強調，高齡者若能成功地扮演此一新的社會角色，將能確保他們在社會結構中的地位，進而使他們有良好的社會適應（Henry, 1989）。進一步地說，活動理論主張，高齡者除了在生理及健康方面有所變化之外，其實和中年人一樣，仍然具有心理和社會需求，使得高齡者希望積極地參與社會活動，亦即，高齡者可藉由非正式角色的扮演，來取代因老化而喪失的義務性角色，此即Burgess所強調的，高齡者並非沒有角色，而是由新角色來取代失去的角色。

　　活動理論的基本假設有四（Henry,1989；周家華，1995）：第一，角色失去愈多，活動參與量愈少；第二，愈能維持高度的活動參與量，愈有助於高齡者的角色認同；第三，自我概念的穩定性有賴於所扮演角色的穩定；第四，自我概念愈趨正向積極，生活滿意度愈高。由此而衍生出來的涵義是，大多數的高齡者仍保有相當程度的活動能力，而老年期持續活動的程度，與其過去的生活型態和社會經濟因素有關。因此，在老化過程中，應持續某種程度的社會活動之參與，以豐富老年生活。

　　活動理論提出後，受到相當多的批評，如G. Maddox認爲，有些高齡者根本視退休後的悠閒歲月是辛苦多年的報償，對他們而言，不活動才是最大的享受（周家華，1995）。儘管如此，活動理論仍爲成功的老年生活，提供一個合理的解釋基礎，使得高齡者繼續參與社會活動，以維繫其社會關係與社會地位，進而成功地調適晚年的生活。

(二) 撤離理論

　　撤離理論（Disengagement theory）係由E. Cumming和W. Henry在1961年，針對肯薩斯州257位50至90歲身體健康、經濟自足的高齡者，進行的橫斷面調查分析所提出的。這是第一個從社會而非生物或心理觀點，來解釋老化適應過程的社會老年學理論，自此以後，嘗試從社會學觀點解釋老化適應過程的理論逐漸產生（Osgood, 1989；周家華，1995）。撤離理論深受社會功能論或結構功能論學派之影響，基本假設爲（Henry, 1989）：個人與社會之間的疏離乃經常發生，且是每個人都難以避免的現象，同時也是成功老化所必須經歷的過程。

由此衍生出來的觀點是，個體到了某一年齡，均應從原來的社會角色中退出。然而，整個社會確是必須延續的，因此乃發展出所謂的退休制度，藉由新舊血輪之交替，以維持社會的均衡。所以，若從社會延續的觀點來看，此一理論並不認爲老年是中年的延長，反而主張高齡者的社會角色和價值體系已不再適應社會的需要，而必須採取撤退的行動（Osgood, 1989）。換言之，撤離理論認爲老化是一種個人由社會撤離，也同時被社會背離的過程，社會期待高齡者的撤退，讓年輕人得以順利進入社會的舞臺，此一過程使得中年時期存在個人與社會之間的平衡，被一種新的平衡所取代。就社會功能論的觀點而言，撤離理論認爲唯有如此，社會上的事務才能夠持續正常地運作。

由此可知，Cumming和Henry認爲高齡者從社會活動中撤退，並不是一件有負面影響的事，事實上，Cumming和Henry二人在1961年所做的研究指出，有許多高齡者從社會活動中撤退之後，反而提高士氣，且擁有較高的生活滿意度，特別是針對80歲以上的高齡者而言，他們不但享受撤退的過程，而且還呈現出一種難以在年輕人身上發現的平靜。是以，支持撤離理論的研究學者，將高齡者撤退的過程視爲一種自然而然的適應，以符合整體社會平衡的需要。

儘管如此，撤離理論不免有過於扼殺高齡者存在價值之虞，例如R. J. Havighurst等人指出，隨著年齡的增長，高齡者在社會及心理上的參與會有減少的現象。但是，就生活滿意度來看，繼續參與社會活動並維持社會關係的高齡者，其生活滿意度遠高於從社會中撤退的高齡者（Osgood, 1989；周家華，1995）。有鑑於此，Cumming和Henry將此一理論修正爲進取型和選擇型，前者希望和社會保持聯繫、接觸，認爲撤退之後反而不利於健康；後者選擇撤退以明哲保身、自求多福。

(三) 連續理論

連續理論（Continuity theory）係由R. C. Atchley在1976年提出，此派理論較偏重發展心理學的觀點，主張人類生命週期的每一個階段都有高度的連續性，而且是一個動態的發展歷程。其主要論點有二（Shapiro, 1984；周家華，1995）：第一，強調在生命週期過程中，人格特質的前後連貫性，亦即早年經驗所培育的氣質，將持續表現在老年期的發展歷程中；第二，人格的變遷是來自生物、心理和社會的交互關係，亦即個人有其特殊的人格特質，在生命週期的發展歷程中，與上述因素產生互動，而人格的變遷即是這些因素互動所產生的適應過程。

Atchley曾將退休劃分成退休前期、蜜月期、覺醒期、再適應期、穩定期及終止期等六階段。其中，老人在穩定期，因已習慣退休角色的規範，故其既有的價值觀、態度和習慣等，均可能融入社會適應中，成為一個再社會化的人。因此，連續理論不僅主張人生的連續性及動態發展性，也強調退休前、後生活安排的重要性（Shapiro, 1984；周家華，1995）。由於個體在生命成熟的過程中，會將某些特質、價值觀和人生目標融入人格之中，且因人格的培養乃是經年累月持續進行的，使得高齡者人格的穩定性與僵化程度較高。基此，連續理論強調在老化的動態過程中，由於個人的氣質有所不同，會有不同的老化態度，若能藉由終身學習活動的參與，充實老年生活所需的知能，將有助於促進高齡者邁向成功老化。

整體而言，無論是活動理論或撤離理論之觀點，僅在說明老年生活可能會有的現象，而非必然的結果，而且，這二個理論仍再發展或修改之中，尚未屬於完整且成熟的理論。是以，二者之間若能相輔相成、靈活運用，將有助於全盤了解高齡者老化的適應情形。若能再融入連續理論的論點，更將有助於探討成功老化的動態發展歷程。

二、成功老化的模式

　　根據Pruchno、Wilson-Genderson和Cartwright（2010）之研究，以5,677位50～74歲的紐澤西州高齡者為研究對象，採電話訪問的方式進行調查，研究結果提出一個雙因子成功老化模式（A Two-Factor Model of Successful Aging），強調應兼採客觀標準和主觀感受二層面來評定受試者的成功老化情形。研究中進一步指出，年齡、性別對於客觀標準所界定的成功老化有所影響，但對於受試者主觀感受的成功老化並無影響。有關成功老化的模式，最主要且被廣泛討論的觀點有二：其一是Baltes和Baltes（1990）的選擇、最適化與補償模式，另一則是Rowe和Kahn（1998）的成功老化模式。

(一) 選擇、最適化與補償模式

　　Baltes和Baltes（1990）使用變異與彈性的概念，將成功老化與否定義為一個心理適應良好的過程，其中包含三個要素：選擇（selection）、最適化（optimization）以及補償（compensation），簡稱SOC模式，如圖16-1所示。所謂選擇（S），係指當個體邁向老年，身心功能開始衰退或體力有限的時候，應該要選擇在生活中最迫切需要完成，或是個人最想做的事情作為首要完成的目標，捨棄其他比較不重要的事情，又或將其列為次要目標，幫助老年人維持資源或健康。所謂補償（C），係指在日常生活中，發現因老化造成功能上的衰退而導致無法再進行某項活動時，可以藉由工具或科技的協助，以達成繼續從事該活動的期望或需求，例如藉由輔具（拐杖、支撐架）協助老年人可以獨立上下樓梯，即為一例。所謂最適化（O）係指將個人能力與現有資源做調配，使其發揮最大的效益，進而滿足日常生活之所需。

　　選擇與補償乃是此一模式之關鍵，個體若擁有較多的資源，將較能因應老化過程中所造成的損失，亦即，希望個體在邁向老化的過程中，能以最小的損失，得到最大的收穫。此一理論訴求的重點在於，個體身心功能的衰退實為老年生活中不可避免的，而成功老化的目標即應強調老年過程中的「得」，並且盡可能降低「失」對於老年生活產生的影響。再者，因考量個體面臨的老年生活狀況不一，導致個體對於成功老化的認知與界定也有所不同。因此，Baltes和Baltes（1990）主張成功老化的目標應依據個人的重要排序與社會期待而訂定，並藉SOC策略來完成目標。選擇、補償與最適化可以被視為一個整合的適應策略，也可以將其視為各自獨立的要素；此一模式發展出適合促進個人成功老化的策略，而其核心焦點即在於藉由SOC策略以促進適應。

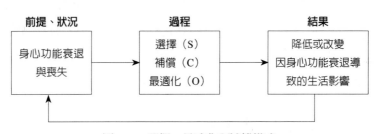

圖16-1　選擇、最適化與補償模式

資料來源：出自Baltes和Baltes（1990）

　　Schulz和Heckhausen（1996）進一步修正Baltes和Baltes（1990）所提之模式，強調個體在面臨老化的過程中，進行選擇與補償的機制時，會受制於環境的交互作用及資源多寡之影響，而產生成功或失敗的適應經驗，成功的經驗有助於個體適應老化的過程，並藉此提升其適應能力；失敗的經驗則需要藉由補償的機制，協助個體維持現狀，並藉此恢復或提升個體的適應能力，以期降低適應不良所產生的威脅感。Schulz和Heckhausen（1996）認為當外界環境出現變化時，個體透過初級控制（primary control）──藉由改變環境而達到適應，也可透過次級控制（secondary control）──藉由改變自己而適應環境，讓自己達到最佳的調適狀態。

　　所謂初級控制策略，係指個體會投資人力、物力於所欲達成的目標上，企圖去改變外在的世界，以期符合個人的需求或期望；次級控制策略則指個體會努力改變自己內在的世界，影響自己的動機、情緒，以期使因衰退或失去的經驗，對自己的自尊、動機所造成的負面影響能降到最低的程度。個體採取次級控制策略與年齡成正相關（Schulz and Heckhausen, 1996），年紀愈大愈可能採取次級控制策略，努力改變自己對於衰退或失去的看法，來因應老化的適應過程。

(二) Rowe和Kahn（1998）的成功老化模式

　　Rowe和Kahn（1998）強調成功老化取決於個體的選擇和行為，相當強調個體的自主性，只要個體想要進行成功老化，即可藉由自身的選擇（如：生活型態的改變）和努力（如：運動）而達成。因此，可將成功老化界定為保有三項關鍵行為或特徵的能力，包括：在生理上降低疾病產生的風險，在心理上維持認知和身體功能，在社會上積極參與社會活動。此三項要素即為成功老化的重要成分，如圖16-2所示。

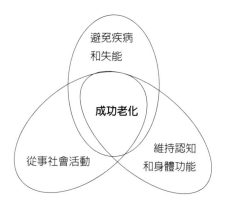

圖16-2　成功老化的組成要素
資料來源：出自Rowe和Kahn（1998:39）

　　從圖16-2可知，由避免疾病、維持認知和身體功能，以及從事社會活動，三者交會組合之處，即為成功老化的展現，亦為Rowe和Kahn（1998）所稱之成功老化模式，此一模式係以麥克阿瑟（MacArthur）的研究為基礎。麥克阿瑟的研究著重於老化的正向觀點，希望能超越生物年齡的限制，並從基因、生物醫學、行為科學，以及社會因素等方面，來提升高齡者在晚年生活所需的功能。

　　更進一步地說，避免疾病和失能，不僅強調目前沒有疾病，也強調沒有疾病的危險因子。維持良好的整體功能，則需要身體和心理二者均健全，因為不好的身體功能會影響到認知功能的發揮，反之亦然。而從事社會活動對於成功老化更具有潛在的助力，在諸多的社會活動中，成功老化最關切二項：與他人的關係，以及有生產力的行為。所謂生產性，應以更廣泛地觀點予以界定，不論是有酬或無酬的工作，只要高齡者認為有價值，均可視為具有生產性。

　　Crowther、Parker、Achenbaum、Larimore和 Kownig（2002）提出應將正向靈性的概念加入Rowe與Kahn的模式中，強調宗教、正向靈性有助於個體的成功老化。由於正向靈性與安適感、減少憂鬱與壓力等有關，例如：參與志願服務與長壽有關，信奉宗教可以減少不健康的行為（如藥物濫用、酗酒），再加上宗教與靈性活動往往為老人生活中的一部分，因此Crowther等人（2002）主張將此要素加入，期使Rowe和Kahn的模式更具完整性。

　　上述二個模式分別代表不同的觀點，適用情況亦有所不同（徐慧娟、張明正，2004）。Baltes和Baltes（1990）的選擇、最適化與補償模式，強調個體在發展過程中連續適應的過程；而Rowe和Kahn（1998）的成功老化模式，係屬一種可以客觀測量的老化狀態。因此，若欲探討某一介入策略，在老化適應的心理層面造成之影響，採用Baltes和Baltes（1990）的模式較合宜；若欲了解高齡者的成功老化情形，則採用Rowe和Kahn（1998）的模式較為恰當。

第三節　成功老化之決定因素與測量工具

一、成功老化之決定因素

　　由於老化過程牽涉到多個面向，是一種多變、複雜的現象，使得成功老化也應從多面向的概念，了解其決定因素。避免疾病與失能是消極地維持健康，除不生病之外，老年人的身體與認知功能的維持，必須藉由不斷地活動與練習來維繫；再加上生產性活動與社會活動的進行，使得老年人可以保持自我價值感與歸屬感，以利在老年期中仍然能夠實現自我。為達成此一目標，活動的執行與維持乃是基本要件（Wacks, 1990）。在兼顧生理、心理和社會三個層面的考量下，有哪些因素會影響成功老化，亦為本章關切之焦點。茲就國內外的相關文獻，歸納分析成功老化的決定因素如下：

(一) 國內學者對於成功老化決定因素之看法

　　根據黃富順（1995）指出，想進行成功的老化，在生理上要注意飲食、營養均衡、攝取有益健康的食物、避免肥胖，並經常運動、不吸菸、不酗酒；在心理上要樂天知命、參與社交活動、培養對事物的好奇心、常思考、多使用腦力，並能保有對環境的控制與自主感；在情緒上要樂觀開朗、保持平靜溫和、不隨便動怒、具有平心靜氣的修養功夫。

　　此外，徐立忠（1996）提出有關成功老化的四個基本要素，包括：認知、自律、自助、持續。簡言之，認知就是認清自己、了解別人；自律就是管制自己、顧及他人；自助就是幫助自己、幫助他人；持續就是計畫退休、滿意過去、安於現實、開創未來。

　　根據林麗惠（2006）之研究，指出高齡者對於邁向成功老化應具備條件，可歸納為健康自主、經濟保障、家庭、社會及親友關係、學習、生活適應等六個層面。就各層面而言，健康自主層面所占的比率最高，占31.5%，其次為經濟保障層面，占25.7%，第三則爲家庭層面，占16.8%。

　　再者，王永慈（2008）的研究中提及成功老化的決定因素，包括：生理健康、心理健康、社會參與、靈性歸屬、經濟自足等。李百麟（2009）的研究則指出，身體健康、心理健康、人際關係、經濟滿意度、休閒活動，以及生活滿意度等均爲成功老化的影響因素。

(二) 國外學者對於成功老化決定因素之看法

　　在Wacks（1990）的研究中，針對12個個案進行研究，這些個案分別來自二種截然不同的社經背景，一爲退休教師，另一爲低收入戶的高齡者。研究中歸納出四個影響成功老化的因素，包括：順應變遷、安於現狀、持續投入、生活滿意，而其中持續投入被視爲最重要的層面，因爲藉由持續不斷的投入，有助於高齡者尋求個人的意義觀點及自我認同，進而提高其生活滿意度。

　　根據Elliott（1997）所做的研究，係以生命史研究法，針對一名102歲居住在南加州退休住宅的高齡者，進行爲期二個月的深度訪談。研究結果指出，成功老化的三個影響因素，包括：對上帝的信仰、追求獨立自主的驅動力、喜歡與他人互動等。這三項因素，有助於高齡者獲得生命的意義，進而邁向成功老化的生活。

　　在Fallon（1997）所進行的研究中，係以滾雪球的抽樣方法，以八位男性和八位女性，年齡在85歲以上的高齡者爲研究樣本，請其描述成功老化的經驗，以了解與成功老化有關的決定因素。採非結構性的訪談，並在訪談過程中進行錄影，請研究樣本回答以下二個問題：第一，請問在您的生命中有何重要的事件，讓您的生命具有意義？第二，如果讓您的生命再重新活過一次，您會有何不同的作法？研究結果指出，有助於提升成功老化的主要因素，包括：家庭、與朋友的關係、工作的意義性、宗教／信仰、保持心智上和生理上的活躍。

　　根據Nutt（2001）之研究，旨在探究獨自居住在老人社區的高齡者，對於老化經驗之描述，試圖了解社會網絡和參與學習和老化經驗之關係，進而了解其對成功老化和整體幸福感之影響。爲達研究目的，兼採質性與量化的研究方法，除了針對十位立意抽樣的高齡者進行深度訪談，也採用士氣量表以蒐集主觀幸福感的量化資料。研究結果指出，成功老化取決於個體擁有足夠的物質和非物質資源，以支持個體營造有意義的生活型態，而且與主觀幸福感有關。

根據Charbonneau-Lyons（2002）所做的研究中，以226位大學生、44位研究生，和59位獨自居住的高齡者爲研究對象，以探討不同年齡對於成功老化的見解是否有所差異。該研究所使用的工具是一個含有29個題項的問卷，問卷中含括七大類別，包括：社會和家庭關係、內在價值觀、經濟狀況、成就感、認知功能、獨立感和外在相貌等。研究結果指出，社會和家庭關係、內在價值觀、經濟狀況、成就感、認知功能等五項對於成功老化的影響最大，獨立感具有部分的影響力，而外在相貌的影響力最小；此外，不同年齡對於成功老化的見解，在經濟狀況和外在相貌二方面有差異存在，亦即，高齡者比學生更重視經濟狀況和外在相貌。

再者，根據Bowling和Dieppe（2006）之研究指出，最常被英國高齡者提及的成功老化因素，依序爲：身體健康、心理健康、社會活動參與、財務充足、人際關係，以及鄰居友善等六項。

(三) 綜合分析

歸納上述學者對於成功老化決定因素之看法，可將成功老化的決定因素歸納爲健康、經濟、家庭、社交、學習和適應等六項，茲綜合分析如下：

1. 健康因素

黃富順（1995）、林麗惠（2006）、王永慈（2008）、李百麟（2009）、Elliott（1997）、Fallon（1997），以及Bowling和Dieppe（2006）均指出健康因素的重要性，強調高齡者想進行成功的老化，過獨立自主的生活，應注意飲食、營養均衡、攝取有益健康的食物、避免肥胖，並經常運動。

2. 經濟因素

林麗惠（2006）、王永慈（2008）、李百麟（2009）、Charbonneau-Lyons（2002）、Fallon（1997）、Nutt（2001），以及Bowling和Dieppe（2006）均

指出經濟因素的重要性，強調成功老化取決於個體擁有足夠的物質和非物質資源，而且Charbonneau-Lyons等人（2002）更直指經濟況對於成功老化的重要影響。

3. 家庭因素

林麗惠（2006）、Charbonneau-Lyons（2002）和Fallon（1997）均指出家庭因素的重要性，強調家庭關係也是影響成功老化的重要因素。

4. 社交因素

黃富順（1995）、林麗惠（2006）、王永慈（2008）、李百麟（2009）、Charbonneau-Lyons（2002）、Elliott（1997）、Fallon（1997）、Wacks（1990），以及Bowling和Dieppe（2006）均指出社交因素的重要性，強調參加社交活動、喜歡和他人互動、與朋友的關係，都是成功老化的重要決定因素。

5. 學習因素

林麗惠（2006）、Charbonneau-Lyons（2002）、Fallon（1997）和Wacks（1990）均指出學習因素的重要性，強調持續投入學習或社會活動，保持心智和生理上的活躍，並持續發揮認知功能，有助於高齡者尋求個人的意義觀點及自我認同，進而邁向成功老化。

6. 適應因素

徐立忠（1996）、黃富順（1995）、林麗惠（2006）、Fallon（1997）和Wacks（1990）均指出適應因素的重要性，強調樂天知命、順應變遷、安於現狀，以及適應生活情境，將對成功老化有所影響。

二、成功老化之測量工具

在Phelan、Anderson、LaCroix和Larson（2004）的研究中，發展一份「成功老化知覺量表」，分別從生理、功能、心理以及社會四個層面，來評估日裔美國人、白人對於成功老化的知覺程度。此一量表共包括20個題項，如表16-1所示。

表16-1　成功老化知覺量表

層面	題項	層面	題項
生理	1.活得很長久（長壽） 2.維持身體的健康，直到接近死亡 3.擁有良好的遺傳基因，讓我順應老化 4.能獨立照顧自己，直到接近死亡 5.保持無慢性疾病	心理	1.對於自己的生活，大都感到滿意 2.能知足常樂 3.不感到孤單或寂寞 4.想到自己人生不久時，心中有種平靜的感受 5.對於此生沒有遺憾 6.對自我的感受良好 7.能隨心所欲，做自己想做的事
功能	1.能掌握影響老化的因素，例如：飲食，運動和抽菸 2.能調適老化所帶來的改變 3.在65歲退休後，能從事有酬勞的工作或志願服務 4.能因應晚年生活所帶來的挑戰 5.能持續學習新事物	社會	1.擁有自己的朋友和家人 2.和生活周遭的人相處良好 3.對於他人能發揮正向的影響力

　　另一方面，在林麗惠（2006）的研究中，以Rowe和Kahn（1998）的成功老化模式為依據，並參考相關研究工具（Charbonneau-Lyons, 2002），編製成功老化量表，以調查高齡者在成功老化各個層面的得分情形，如表16-2所示。

表16-2　成功老化量表

層面	題項	
生活適應	1.滿意自己的生活目標	7.覺得生活很愉快
	2.能接受自己的現況	8.覺得生活上有所依靠
	3.已完成許多重要的人生大事	9.有追求自我成長的想法
	4.能樂觀看待未來	10.能坦然面對人生中發生的重大事件
	5.生活大致都能符合自己的願望	11.覺得這輩子已經沒有什麼遺憾了
	6.有積極正向的生活態度	

層面	題項	
社會及親友關係	1.和親戚有良好的關係	6.有可以提供忠告的親朋好友
	2.常參加社會／宗教活動	7.有一些可以說心事的好朋友
	3.有志同道合的朋友	8.常參加志願服務，如擔任志工
	4.受到別人的尊重	9.能融入社區的生活
	5.常與他人來往	
健康自主	1.有適度的運動	6.能照顧自己的生活起居
	2.注重營養和養生	7.能安排自己的生活
	3.定期做健康檢查	8.能獨立從事日常活動
	4.了解健康資訊	9.有能力處理生活中固定或突發的事件
	5.和同年齡的人比較起來，覺得自己的健康狀況還不錯	10.能自己獨立去看醫生
經濟保障	1.經濟有保障	6.有理財規劃
	2.不需要爲錢而工作	7.能負擔緊急的醫療費用
	3.不需要爲錢煩惱	8.不用擔心額外的生活開支
	4.能負擔自己的生活費用	9.可以負擔自己的休閒旅遊費用
	5.不用向子女伸手要錢	
學習層面	1.有好的思考能力	6.有好的問題解決能力
	2.活到老學到老	7.認爲參加學習活動很重要
	3.能隨著社會變遷而改變自我	8.當外在環境無法改變時，能夠學習去適應它
	4.樂於參加學習活動	9.能將所學運用在老年的生活適應
	5.有好的記憶力	
家庭層面	1.和子女有良好的關係	4.不需要爲子女的事情煩惱
	2.滿意子女對待自己的態度	5.滿意子女的生活狀況
	3.和家人相處融洽	

　　此份成功老化量表，生活適應分量表的Cronbach α係數是.8503；社會及親友關係分量表的Cronbach α係數是.7960；健康自主分量表的Cronbach α係數

是.7150；經濟保障分量表的Cronbach α係數是.8398；學習層面分量表的Cron-
bach α係數是.8329；家庭層面分量表的Cronbach α係數是.7420；整個總量的
Cronbach α係數是.9404。此一量表中六項因素可解釋的總變異量為70.631%。

第四節　成功老化的因應策略與途徑

有關成功老化的因應策略與途徑，不同的學者根據其研究主題之不同而提出不同的論點。在Cracium（2012）的研究中，採半結構式的訪談法，針對22位（男、女受訪者各有11位）65～90歲的高齡者進行訪談，並採主題分析法進行訪談資料之分析，結果指出高齡者藉由持續不斷地參與學習、規劃未來，並且接受過去與活在當下，將有助於高齡者邁向成功老化。

高齡者能夠持續參與學習的前提是必需擁有健康的身心，因此，林麗惠（2006）的研究指出，高齡者認為成功老化的因應策略，包括身體、心靈二個層面。在身體層面上，強調高齡者應該要有良好的生活起居習慣、有適度的運動、應注重養生保健，以及應有適度的休閒娛樂，方能成功地因應老化。納入此一層面的字詞，包括：有適當的休閒娛樂、生活有規律、良好的生活起居習慣、有規律的作息、適度的休閒生活及運動、飲食正常、注意養生保健、充足睡眠、多運動少吃藥、食物清淡，以及講究衛生等。

在心靈層面上，則強調應該想開放下、有生活目標、不斷吸收新知充實自己、應有宗教信仰，以及藉由興趣或嗜好的培養，以成功地因應老化。納入此一層面的字詞，包括：不斷學習向前走向前看、少管子孫福、想開放下、一切順乎自然、不要將得失看得太重、不斷的自我成長、發展生命的潛能、懂得安排生活、有生活的目標、能坦然面對人生中發生的重大事件、有宗教信仰、能與時俱進，以及培養有益的嗜好等。

另一方面，面對高齡化社會的來臨，為了協助高齡者邁向成功老化，Demery（1987）提出下述六項可行的途徑：

一、積極參與

強調高齡期持續社會參與的重要性，藉由與他人（包括親友和鄰居）的互動，有助於高齡者持續發展自我，並與代間保持良好的關係；藉由持續的參與，也有助於建立積極正向的人生態度，以對抗晚年期因面臨疾病和死亡所產生的焦慮。

二、延續對生命的熱情

強調個體老化的速率，可藉由現代醫療的進步、養生保健的提倡，以及自我心理上對於生命的熱情而延緩，高齡者若能順應老化的現象而調整生活型態，將有助於邁向成功老化。

三、對老化過程持正向看法

既然老化是人生旅程中無可避免的歷程，高齡者就應面對現實，並持以正向的看法，而無須過度反應或擔心。藉由宗教信仰之協助、人生目標之實現，或成功老化之典範，都有助於培養高齡者對老化過程的正向看法。

四、對於高齡社會的正向圖象

強調應對高齡社會，描繪出一幅正向的圖像，例如：在高齡社會中充滿了健康的老人、有經濟安全之保障，且願意積極主動地參與家庭生活、社區事務和政治活動。

五、強調老化的正向特徵

　　為了去除社會大眾對於老化的迷思，應強調高齡者在心理、身體上，以及社會經濟方面的正向特徵，例如：強調「家有一老，如有一寶」、老當益壯、薑是老的辣等，以匡正社會大眾對於老化的正確觀念。

六、強調退休生活的重要性

　　在預期壽命延長的同時，也延長了高齡者退休後的歲月。高齡者應妥善規劃退休後的生活，讓自己處於退而不休的狀態，而非扮演無角色的角色。在退休生活中，終身學習活動的參與，除了有助於延緩老化現象之外，也開拓了高齡者參與社會的管道，進而邁向成功老化。

參考書目

一、英文部分

Baltes, P. B., and Baltes, M. M. (1990). "Psychological perspectives on successful aging: The model of selective optimization with compensation." pp. 1-34 in Successful aging: perspectives from the behavioral science, edited by P. B. Baltes and M. M. Baltes. New York: Cambridge University Press.

Bowling, A. and Dieppe, P. (2005). "What is successful ageing and who should define it." BMJ, 331: 1549-1551.

Bowling A. (2007). "Aspirations for older age in the 21st century: What is successful aging." International Journal of Aging and Human Development, 64: 263-297.

Charbonneau-Lyons, D. L. (2002). "Opinions of colleges students and independent-living adults regarding successful aging." Educational Gerontology, 28: 823-833.

Chou, K. L. and Chi, I. (2002). "Successful aging among the young-old, old-old, and oldest-old Chinese." International Journal of Aging and Human Development, 54(1): 1-14.

Craciun, C. (2012). "Successful Aging-Utopia or the Result of Lifelong Learning? Meaning and Representations of Ageing in Romanian Elderly." Ageing International, 37(4): 373-385.

Crowther, M. R., Parker, M. W., Achenbaum, W. A., Larimore, W. L., and Kownig, H. G. (2002). "Rowe and Kahn's model of successful aging revisited; positive spirituality-the forgotten factor." Gerontologist 42: 613-620.

Demery, M. (1987). "Some solutions for successful aging." Eric Document Reproduction Service No. ED283 995.

Elliott, E. C. (1997). Lessons from a life: an analysis of successful aging. Unpublished doctoral dissertation, California State University, Fullerton.

Fallon, P. E. (1997). An ethnographic study: personal meaning and successful aging of individuals 85 years and older. Unpublished doctoral dissertation, Texas Woman's University.

Garfein, A. J., and Herzog, R. (1995). "Robust aging among the young-old, old-old, and oldest-old." Journal of Gerontology, 50B: S77-87.

Glass, T. A. (2003). "Successful aging." pp. 173-181 in Brocklehurst's textbook of geriatric medicine and gerontology, edited by R. C. Tallis, and Fillit, H. M. London: Harcourt.

Griffith, T. D. (2001). The relationship between death awareness and successful aging among older adults. Unpublished doctoral dissertation, The Florida State University.

Henry, N. J. (1989). A qualitative study about perceptions of lifestyle and life satisfaction among older adults. Unpublished doctoral dissertation, Syracuse University.

Khaw, K. T. (1997). "Healthy aging." British Medical Journal, 315: 1090-1096.

Montross, L. P., Depp, C. D. J., Reichstadt, J., Golshan, S., Moore, D., Sitzer, D., and Jeste, D. V. (2006). "Correlates of self-rated successful aging among community-dewelling older adults." American Journal of Geriatric Psychiatry, 14(1): 43-51.

Moody, H. (2001). "Productive aging and the ideology of old age." pp. 179-241 in Productive aging: concepts and challenges, edited by Morrow-Howell, et al. John Hopkins University press.

Nutt, T. E. (2001). Bridging healthy pathways: successful aging and psychological well-being through social networks and learning. Unpublished doctoral dissertation, Texas A & M University.

Osgood, N. J. (1989). The science and practice of gerontology: a multi-disciplinary guide. New York: Greenwood.

Phelan, E. A., Anderson, L. A., LaCroix, A. Z., and Larson, E. B. (2004). "Older adult's view of successful aging—how do they compare with researchers' definitions." American Geriatrics Society, 52: 211-216.

Pruchno, R. A., Wilson-Genderson, M. and Cartwright, F. (2010). "A Two-Factor Model of Successful Aging." The Journals of Gerontology, Series B: Social Sciences, http://psychsocgerontology.oxford-journals.org/content/early/2010/07/12/geronb.gbq051.abstract (Date visited: July, 12, 2010).

Rowe, J. W. and Kahn, R. L. (1997). "Successful aging." The Gerontologist, 37(4): 433-440.

Rowe, J. W. and Kahn, R. L. (1998). Successful aging. New York: Dell publishing.

Schulz, R., and Heckhausen, J. (1996). "A life span model of successful aging." American Psychologist, 51(7): 702-714.

Shapiro, S. A. (1984). Leisure activity and life satisfaction in older men and women: a test of three theories of successful aging. Unpublished doctoral dissertation, University of Louisville.

Wacks, V. Q. (1990). Successful aging, coping and learning: a case study of two diverse groups of older adults. Unpublished doctoral dissertation, Virginia Polytechnic Institute and State University.

Wolfe, N. S. (1990). The relationship between successful aging and older adult's participation in higher education programs. Unpublished doctoral dissertation, University of California, Log Angeles.

WHO (2002). "Active ageing: a policy framework." http://whqlibdoc.who.int/hq/2002/WHO_NMH_NPH_02.8.pdf (Date visited: June, 18, 2010).

二、中文部分

王永慈（2008）〈成功與生產性老化典範建構的實證探究〉。論文發表於「高齡社會的來臨成果發表暨學術研討會」。臺北：行政院國家科學發展委員會高齡社會研究團隊，民國97年4月18-19日。

李百麟（2009）〈高齡者之生活滿意度與成功老化各因素關係之探討〉。《Journal of crisis management》6（2）：25-38。

周家華（1995）〈社會老年學理論研究〉。《臺北技術學院學報》28（2）：255-279。

林美玲、翁註重、李昀儒、邱文科，（2009）〈以健康成功老化為願景—探討高齡者參與產出型志願服務活動之實證研究〉。《臺灣職能治療研究與實務》5（1）：27-40。

林麗惠（2006）〈臺灣高齡學習者成功老化之研究〉。《人口學刊》33：133-170。

徐立忠（1996）《中老年生涯計畫》。臺北：中華高齡學學會。

徐慧娟、張明正（2004）〈臺灣老人成功老化與活躍老化現況：多層次分析〉。《臺灣社會福利學刊》3（2）：1-36。

黃富順（1995）〈成功的老化〉。頁118，收錄於中華民國成人教育學會編，《成人教育辭典》。臺北：中華民國成人教育學會。

John W. Rowe & Kahn著、張嘉倩譯，（1999）《活力久久》。臺北：天下文化。

葉宏明、吳重慶、顏裕庭（2001）〈成功的老化〉。《臺灣醫界》44（5）：10-11。

蔡文輝（2008）《老年社會學》。臺北：五南。

國家圖書館出版品預行編目資料

老年學導論／蔡文輝等著. ──初版. ──臺
北市：五南, 2015.09
　　面；　公分
　ISBN 978-957-11-8165-3（平裝）

1.老人學

544.8　　　　　　　　　104010804

1JC3

老年學導論

主　　　編 ─ 蔡文輝、盧豐華、張家銘

作　　　者 ─ 白明奇、李紹嶸、吳晉祥、林金立、林麗惠

　　　　　　 邱靜如、周學雯、官大紳、范聖育、黃基彰

　　　　　　 陳麗光、張家銘、楊登棋、楊宜青、楊靜利

　　　　　　 蔡文輝、劉立凡、盧豐華

發 行 人 ─ 楊榮川

總 編 輯 ─ 王翠華

企劃編輯 ─ 陳姿穎

編　　輯 ─ 邱紫綾

出 版 者 ─ 五南圖書出版股份有限公司

地　　址：106台北市大安區和平東路二段339號4樓

電　　話：(02)2705-5066　傳　　真：(02)2706-6100

網　　址：http://www.wunan.com.tw

電子郵件：wunan@wunan.com.tw

劃撥帳號：01068953

戶　　名：五南圖書出版股份有限公司

法律顧問　林勝安律師事務所　林勝安律師

出版日期　2015年9月初版一刷

定　　價　新臺幣650元